Standpunkte der Ethik

Lehr- und Arbeitsbuch für die gymnasiale Oberstufe

Lehrerband

Herausgegeben von Johannes Hilgart

Erarbeitet von Marten Bleekemolen, Johannes Hilgart,
Eva Lensch und Christin Schermuk

Schöningh
westermann

Teile des vorliegenden Lehrerbandes basieren auf:

Standpunkte der Ethik – Lehrerband. Herausgegeben von Hermann Nink. Erarbeitet von Carl Gneist, Johannes Hilgart, Burkhard Hoffmann, Claudia Kroneis und Hermann Nink. Paderborn: Schöningh 2012

westermann *GRUPPE*

Druck A³ / Jahr 2021
Alle Drucke der Serie A sind im Unterricht parallel verwendbar.

Umschlaggestaltung: Schöningh Verlag, Paderborn; Abbildung: © Ancient Harmony, 1925 (no 236) (oil on cardboard), Klee, Paul (1879–1940) / Kunstmuseum, Basel, Switzerland / Gift of Richard Doetsch-Benziger, 1960 / Bridgeman Images
Druck und Bindung: Westermann Druck GmbH, Braunschweig

ISBN 978-3-14-**025069**-6

Inhaltsverzeichnis

Zur Konzeption der Neubearbeitung

Mit den „Standpunkten der Ethik" liegt die vierte Neubearbeitung des 1994 erstmals erschienenen Buches vor. Eine erneute Neubearbeitung erschien nicht nur aus Aktualisierungsgründen notwendig, sondern auch aus Rücksicht auf teilweise veränderte Lehrpläne mehrerer Bundesländer.

Das Buch enthält ein einleitendes Kapitel über „Methoden im Philosophie- und Ethikunterricht". Die Präsentation der **Methoden** wurde eng verknüpft mit den entsprechenden Texten in den anderen Kapiteln des Buches.
Wie im Vorgängerband (2011) spielte der Gesichtspunkt einer **klaren Systematik**, verbunden mit dem in der Regel verwendeten Doppelseitenprinzip, eine wichtige Rolle. Darüber hinaus wurden, vor allem bei schwierigeren Texten, sowohl in der Randspalte als auch in den Fußnoten vermehrt **Verständnishilfen und Erläuterungen** hinzugefügt. Die Kapitel zu den einzelnen Themenbereichen sind systematisch und transparent aufgebaut und durch häufige **Querverweise** miteinander vernetzt. Die vielfältigen und abwechslungsreichen Aufgaben sind mithilfe von angemessenen Operatoren formuliert. Jedes Kapitel beginnt mit einer **Einstiegsdoppelseite** und endet mit einer Doppelseite, die das Gelernte zusammenfasst und Möglichkeiten zur Weiterarbeit bietet (**„Standpunkte kompakt"**). An vielen Stellen des Buches werden kontroverse Positionen bekannter Autoren zu ethischen Problemen zusammengestellt, woraus sich interessante Möglichkeiten der Unterrichtsgestaltung ergeben können (**„Standpunkte kontrovers"**).
Das **Personen- und Sachverzeichnis** wurde erweitert. Die Aufsplittung zentraler Begriffe im Sachverzeichnis soll dem Benutzer einen schnelleren Zugriff auf den gesuchten Zusammenhang erleichtern. **Biografien** wichtiger Philosophen und ein **Glossar** mit allen relevanten Begriffen des Fachs runden das Unterrichtswerk ab.

Der zumeist mit neuen Zusatzmaterialien und Klausurvorschlägen versehene Lehrerband kann und soll natürlich nicht die eigene fachwissenschaftliche Beschäftigung mit den Fragen und Positionen der Ethik ersetzen. Er ist ganz auf die unterrichtspraktische Arbeit mit den „Standpunkten der Ethik" angelegt. Er enthält:

- Erläuterungen zu Texten und Bildern
- Lösungshinweise zu den Aufgaben
- Zusatzmaterialien (die auch für Klausuren eingesetzt werden können)
- Klausurvorschläge (wobei diese in der Regel die unterrichtliche Behandlung bestimmter Texte des Buches voraussetzen und darauf Bezug nehmen)

Eine fruchtbare und erfolgreiche Arbeit mit den „Standpunkten der Ethik" wünschen
Herausgeber und Team

Abkürzungen: SB = Schülerband, LB = Lehrerband

Zur Umschlaggestaltung des Schülerbandes

Wie schon bei den Vorgangerbänden wurde ein Bild des Malers und Grafikers Paul Klee (1879 - 1940) für die Gestaltung des Umschlags verwendet. Das Bild mit dem Titel „Alter Klang" (1925) befindet sich in der Kunsthalle Basel.

Klee, in Bern geboren, besaß die deutsche Staatsbürgerschaft, da sein Vater Deutscher war (die Mutter eine Schweizerin). Als Vertreter der abstrakten Kunst stand er dem „Blauen Reiter" nahe und lehrte am Bauhaus in Weimar und Dessau. Als Professor an der Kunstakademie in Düsseldorf wurde er 1933 von den Nationalsozialisten entlassen, 17 seiner Werke wurden 1937 in der Ausstellung „Entartete Kunst" gezeigt, 102 Arbeiten aus öffentlichen deutschen Sammlungen beschlagnahmt. 1933 in die Schweiz emigriert, starb Klee 1940 in Locarno-Muralto.

Methoden

Zur Konzeption

Der Ethikunterricht war seit seiner Einführung immer schon methodenorientiert. In der „Bonner Erklärung“ von 2002 haben sich die für den Philosophie- und Ethikunterricht verantwortlichen Verbände auf Basiskompetenzen geeinigt, die auch für den Ethikunterricht verpflichtend sind. Diese Kompetenzen sind bildungsorientiert und unterscheiden sich von eindimensionalen Problemlösungs-Kompetenzmodellen wie dem von Weinert. Um diese philosophisch-ethischen Kompetenzen im Unterricht einzuüben, sind die in diesem Kapitel vorgestellten Methoden hilfreich.

Textkompetenz:	Methode: Texte verstehen und deuten (Hermeneutik)
Soziale Kompetenz („Im Unterricht lernen die Schüler, nicht bloße Meinungen, sondern rational begründete Argumente auszutauschen. In Rede und Gegenrede werden intellektuelle Schärfe und Kritikfähigkeit geschult.“)	Methode: Folgerichtig und stimmig argumentieren Methode: Eine Dilemma-Diskussion führen
Interkulturelle Kompetenz („Im Philosophie- und Ethikunterricht lernen die Schüler, kulturelle Phänomene zu interpretieren, indem sie deren grundlegende Deutungsmuster und religiöse Weltbilder reflektieren.“)	Methode: Texte verstehen und deuten (Hermeneutik) Methode: Filme untersuchen – Grundbegriffe der Filmanalyse Methode: Bilder und Kunstwerke beschreiben und deuten
Urteilskompetenz („Im Philosophie- und Ethikunterricht können sich die Schüler methodisches Wissen aneignen, mit dessen Hilfe ethische Probleme lösbar oder zumindest klarer erkennbar sind. Eine solche Urteilskompetenz dient sowohl der Persönlichkeitsentwicklung als auch der politischen Kultur in diesem Land.“)	Methode: Begriffe definieren Methode: Gedankengänge darstellen und prüfen Methode: Folgerichtig und stimmig argumentieren Methode: Einen Essay schreiben Methode: Gedankenexperimente durchführen
Orientierungskompetenz („Die neue Aufgabe besteht darin, sich technisch übermittelte Informationen als persönliches Wissen anzueignen. Um Wissen gemessen an eigenen Zielvorstellungen bewerten zu können, bedarf es einer übergreifenden Orientierung.“)	alle Methoden (s. auch Zusatzmaterial 2: Erfahrungsorientierte und schülerzentrierte Arbeitsformen)
Interdisziplinäre Methodenkompetenz („Angesichts der veränderten Situation unserer technischen Zivilisation fordern Bildungsforscher eine neue Lernkultur. Sie besteht darin, das Lernen selbst erlernbar zu machen, indem das Lernen methodisch reflektiert wird. Methodisches Lernen soll dazu befähigen, mit dem erworbenen Wissen flexibel und selbstständig umzugehen. Gerade die Philosophie vermittelt diese interdisziplinäre Methodenkompetenz. Die philosophisch reflektierten Methoden der Analyse, Konstruktion, Kritik, Interpretation oder Beschreibung lassen sich auch im Unterricht vermitteln, damit sie von Schülern in anderen Wissensbereichen angewendet werden können.“)	alle Methoden

Alle Zitate entstammen der „Bonner Erklärung der Deutschen Gesellschaft für Philosophie e. V.“ der Arbeitsgemeinschaft Philosophie und Ethik in der Schule, des Fachverbands Ethik e. V. und des Fachverbands Philosophie e. V. zur Kompetenzförderung im Philosophie- und Ethikunterricht an allgemeinbildenden Schulen, von 2002, http://fv-philosophie-nrw.de/themen/ [23.06.2017].

Die Kompetenzen, die das Lehrbuch vermitteln soll, entsprechen auch den in den EPA für das Fach Ethik genannten (http://www.kmk.org/fileadmin/Dateien/veroeffentlichungen_beschluesse/1989/1989_12_01-EPA-Ethik.pdf [24.07.2017], S. 7 f.).

Texte verstehen und deuten (Hermeneutik)

Zur Methode S. 10

Das auf beispielsweise den philosophiehistorischen Hintergrund eines Basistextes bezogene Wissen beeinflusst das Rezeptionsverständnis des Lesers ebenso wie die allgemeine, individuelle Erfahrung, die man als Mensch und Leser bereits vor dem Lesen sowie durch das Lesen mitbringt. So wird den Schülerinnen und Schülern die Angst vor dem scheinbar Unverständlichen genommen, indem ihnen verdeutlicht wird, dass jede Auseinandersetzung mit einem ersten Verständnisschritt beginnt und dass sie, je weiter sie auch in ihren (Lese-)Erfahrungen fortschreiten, nicht nur inhaltlichen, sondern auch rezeptionstheoretischen Zugewinn erhalten. Wichtig ist in diesem Zusammenhang, dass es sich bei philosophischen und ethischen Texten, ebenso wie bei im Deutschunterricht eingesetzten literarischen Formen, auch um verschiedene Interpretationsmöglichkeiten handelt, die im Einzelnen verfolgt, bestätigt oder widerlegt werden können, sodass es sich hier keinesfalls um unumstößliche Wahrheiten handelt, die offensichtlich zutage treten und nur entdeckt und benannt werden müssten. Dabei muss für die Schülerinnen und Schüler deutlich werden, dass es sich bei der Hermeneutik um einen Ansatz handelt, der eine theoretische Reflexion eines Textes mit fachwissenschaftlicher Erläuterung kombiniert, der jedoch stets eines Rückgriffs auf die individuellen Erfahrungen aus dem Alltag(-swissen) bedarf. Die grafische Darstellung erläutert diesen spiralförmigen Prozesscharakter sehr deutlich. Beim Einsatz des hermeneutischen Zirkels als Interpretationsmethode ist aber auch zu bedenken, dass es sich um einen komplexen Prozess handelt, der in seiner Erläuterungsfunktion bei noch unerfahrenen Lesern, hervorgerufen durch eine zu frühe Auseinandersetzung mit dieser Metaebene, durchaus auch ins Gegenteil führen könnte.
Als exemplarische konkrete Anwendung kann das platonische Höhlengleichnis herangezogen werden (SB, S. 30 f.). Möglich ist, in Bezug auf Phase eins des Leseprozesses das assoziative, vorläufige Gesamtverständnis der Schülerinnen und Schüler zunachst zeichnen zu lassen, beispielsweise auf OH-Folie oder an die Tafel. Können alle Beteiligte das Produkt des primären Textverständnisses sehen, so ergibt sich meist die Themennennung und -diskussion zwangsläufig, da sich die Mitschülerinnen und Mitschüler im Anschluss unmittelbar darüber miteinander austauschen können (Weg der Beschreibung). Im Vordergrund wird bei dem gewählten Beispiel sehr wahrscheinlich zunächst die ungewohnte Situation der Höhlenbewohner stehen, eventuell auch die Machbarkeit und Vorstellbarkeit einer solchen Situation. Genau dies kann dann anhand des Grundlagentextes noch einmal genau nachvollzogen werden, indem man die Schülerinnen und Schüler zur Textstrukturierung (Weg der Deutung) anhält: Deutlich soll hier auf den Gleichnischarakter eingegangen werden, der es möglich macht, einzelne Komponenten einer tatsächlichen Bedeutung der eigenen Wahrnehmung und Vorstellung bildlich zuzuführen (Sonnenlicht, Schatten, Höhlenbewohner, Gegenstände, Fesseln etc.). Anschließend lässt sich dann der letzte Schritt nachvollziehen, wenn dazu ergänzend Platons Ideenlehre als erkenntnistheoretischer Ansatz erläutert wird (eventuell durch einen Lehrervortrag oder ein Impulsreferat) und im Weiteren beispielsweise auf die Wahrnehmung der Realität seitens der Schülerinnen und Schüler Bezug genommen wird (Weg der Wertung).
Zu über- und zu bedenken wäre am Ende auch in vertiefender Hinsicht im Sinne des hermeneutischen Zirkels, inwiefern die dialogische bzw. gleichnishafte Darstellung bei Platon zum heutigen inhaltlichen Erkenntnisprozess beiträgt, diesen beeinflusst und steuert. So könnte eine Ergänzung oder ein Verweis bezüglich der Mäeutik Sokrates' sinnvoll sein, um ein ähnliches Verständnis erkenntnisphilosophischer Prozesse deutlich zu machen.

Gedankenexperimente durchführen

Zur Methode S. 12

Die Merkmale eines philosophischen Gedankenexperiments können exemplarisch am Beispiel von John Rawls' Vertragstheorie (SB, S. 314 f.) erarbeitet werden:

Grundsätzliche philosophische Frage:
Wie kann verbindliche politische Gerechtigkeit ohne metaphysische Begründung entstehen?

Annahme eines Standpunktes:
Ausgangspunkt ist das Prinzip einer allgemeinen Gleichheit aller, deren Grundsätze hinter einem „Schleier des Nichtwissens" aufzudecken sind.

Fiktive Situationsbeschreibung (Kontext):
Niemand ist über seine gesellschaftliche Position und seine natürlichen Begabungen informiert; alle befinden sich in der gleichen Lage; es herrscht „eine Symmetrie aller zwischenmenschlichen Beziehungen" (vgl. S. 314, Z. 31).

Schlussfolgerungen:
Im Fokus stehen hier klar die beiden Gerechtigkeitsprinzipien: „[...] einmal die Gleichheit der Grundrechte und -pflichten; zum anderen de[r] Grundsatz, dass [...] Ungleichheiten [...] nur dann gerecht sind, wenn sich aus ihnen Vorteile für jedermann ergeben [...]." (vgl S. 314, Z. 42 ff.)
Sinnvoll ist hierbei, den weitesten gedanklichen Raum einzunehmen und den Gedanken im wahrsten philosophischen Sinne des Wortes freien Lauf zu lassen.

Ein weiteres Gedankenexperiment aus der klassischen Philosophie, das zur Veranschaulichung der Methode dienen kann, fußt auf George Berkeleys Satz „Esse est percipi" (= Sein ist Wahrgenommenwerden). Möglicherweise zu durchdenken als konkrete Vorgabenbeispiele sind folgende Ideen (in Anlehnung an Berkeleys Trennung zwischen Subjekt und Objekt der Wahrnehmung):

- „Stellen Sie sich Bäume in einem Wald vor, Eichhörnchen, die den Stamm emsig hinauf- und hinunterflitzen ..." (die Situation ist noch entsprechend auszuschmücken). Gibt es diese Bäume auch, wenn Sie sie sich nicht vorstellen?

- „Stellen Sie sich vor, Sie haben als Einziger einen Flugzeugabsturz überlebt und befinden sich nun auf einer einsamen Insel, auf die Sie sich retten könnten ..." Existieren Sie, auch wenn niemand Sie wahrnimmt?
- Erweiterung/Vertiefung: „Es ist nicht logisch unmöglich, dass es die Welt erst seit fünf Minuten gibt und dass sie ins Dasein sprang, exakt wie sie ist, voll bewohnt von Leuten, die sich an eine ältere Vergangenheit ‚erinnern'." (Bertrand Russell, The Analysis of mind (1921). London: 1968, S. 159)

Einen Essay schreiben

Zur Methode S. 13

Demokrit (460 – ca. 370 v. Chr.), griechischer Philosoph, Begründer der Lehre des Atomismus. In seiner Ethik lehrte er, dass die Glückseligkeit in der Wohlgemutheit und im guten Befinden bestehe. Dazu bedürfe es einer entsprechenden Verfassung der Seele und des rechten Maßes der Lebensgestaltung, nicht aber des Reichtums und Ruhms.

Heraklit (um 550 - 480 v. Chr.), griechischer Philosoph, wurde von Platon als „Lehrer des Werdens" bezeichnet. Berühmt wurden seine „Fluss-Fragmente", darin die Sätze „Man kann nicht zweimal in denselben Fluss steigen", „Alles fließt". Heraklit wurde wegen seiner rätselhaften Sprache schon in der Antike „Der Dunkle" genannt.

Diogenes (von Sinope, um 400 - 328 v. Chr.), griechischer Philosoph und Wanderlehrer. Die bekannteste Anekdote über ihn erzählt davon, dass ihn, der bedürfnislos in einem Fass lebte, Alexander der Große aufsuchte und ihm einen Wunsch freistellte. Daraufhin soll Diogenes geantwortet haben: „Geh mir aus der Sonne!" (vgl. SB, S. 164)

Timon (von Athen): Als reicher und zunächst äußerst großzügiger Menschenfreund wird er aus Enttäuschung über die Schmarotzer seiner Freigiebigkeit zum absoluten Menschenhasser. (Shakespeare bearbeitete den Stoff in seiner Tragödie „Timon von Athen".)

Zur Abbildung S. 13

Das Gemälde Bramantes gehört zu einer Rezeptionstradition Demokrits und Heraklits, die sich auf Lukian von Samosata (ca. 120-ca. 180) bezieht und Demokrit aufgrund seines Konzepts der Wohlgemutheit (s.o.) als „lachenden Philosophen" darstellt. Heraklit firmierte als Gegenpart, als „der weinende Philosoph".

Bilder und Kunstwerke beschreiben und deuten

Zur Methode S. 15

Nicht nur die Arbeit mit visuellem Material im Unterricht, sondern auch das Gespräch mit den Schülerinnen und Schülern, das dieses Vorgehen thematisiert, ist von besonderer Bedeutung. So erhalten sie Aufschluss über die verschiedenen (methodischen) Einsatzmöglichkeiten von Bildern und Kunstwerken im Ethikunterricht. Auch die Klärung der (didaktischen) Funktionen solchen Materials (Problemaufriss, Ergebnissicherung, Vertiefung, Fallbeispiel etc.) kann in den Unterricht mit hineingenommen werden. Vor allem aber ist es ratsam, dass für Schülerinnen und Schüler der Unterschied zwischen einer automatisierten Aufnahme von visuellen Reizen im Alltag und einer lernorientierten Rezeption im Unterricht spürbar wird. Der selbstverständliche Konsum von Bildern muss daher ein Stück weit theoretisch eingeholt, reflektiert und neu eingeübt werden. Wesentliche Kategorien, die bei einer strukturierten Beschäftigung mit Bildmaterial hilfreich sein können, sind in dem Text „Bilder und Kunstwerke beschreiben und deuten" daher mit angegeben. Besonderes Augenmerk sollte auf den Verwendungsweisen von Bildmaterial liegen, die von einer rein analytischen Betrachtung bestehenden Materials abweichen: zum einen der gestalterische, handlungsorientierte Umgang mit Bildern[1] und zum anderen das selbstständige Finden oder Erstellen von Bildern, etwa um einen eigenen oder im Unterricht erarbeiteten Gedankengang zu illustrieren, zu hinterfragen, weiterzuführen etc.

[1] Eine Übersicht findet sich bei Brigitte Wiesen: Bilder zeigen den ganzen Menschen. In: Anschaulich Philosophieren. Hg. v. Barbara Brüning und Ekkehard Martens. Weinheim und Basel: Beltz 2007, S. 99 ff.

Selbst denken! Philosophie als Grundlage der Ethik

Abschnitte	Texte	Zusatzmaterialien und Klausurvorschläge
• Zum Einstieg (SB, S. 16 f.)	– „The Truman Show“ (LB, S. 11) – Markus Merz/Georg Seeßlen: Über das Denken (LB, S. 11)	
• Was ist Philosophie? (SB, S. 18 ff.)	– Zitate und Bilder (LB, S. 11 f.) – Philosophie – die Liebe zur Weisheit – Otfried Höffe: Gegenstand und Methode der Philosophie (LB, S. 12) – Karl Jaspers: Anfang und Ursprung der Philosophie (LB, S. 12 f.)	
• Einladung zum Selbstdenken (SB, S. 24 ff.)	– Wilhelm Schmid: „Exkursion in die Philosophie“ – Edward Hoppers Bild (LB, S. 13) – Sokrates als Vater des verstehenden Gesprächs (LB, S. 13 f.) – Ekkehard Martens: Stechfliege Sokrates (LB, S. 14) – Sokrates im Gespräch mit Menon: Was ist die Tugend? (LB, S. 14) – Platon: Das Höhlengleichnis – der Weg zum wahren Wissen (LB, S. 15 f.) – Franz Kafka: Im Tunnel (LB, S. 15 f.) – Karl R. Popper: Wahrheitssuche und intellektuelle Redlichkeit als ethische Prinzipien (LB, S. 16 f.) – Karl R. Popper: Alle Menschen sind Philosophen (LB, S. 17) – Friedrich Nietzsche: Was weiß der Mensch eigentlich von sich selbst? (LB, S. 17) – Tocotronic: Im Zweifel für den Zweifel (LB, S. 17) – Philosophie als Grundlage der Ethik (LB, S. 17 f.)	– **Zusatzmaterial 3:** Michael Hampe: Die Lehren der Philosophie (LB, S. 173) – **Zusatzmaterial 4:** Platons Ideenlehre/ Welt-und Menschenbild Platons und Kafkas (LB, S. 174) – **Zusatzmaterial 5:** Sascha Lobo: Zweifeln ist ja so geil (LB, S. 175)

Zum Einstieg S. 16

Der Hollywood-Film „Die Truman Show" von 1998 (Regie: Peter Weir) ist im Ethikunterricht vielfältig einsetzbar:

- **Thema Medienkritik:** Die Fernsehserie „Truman Show" missachtet das Selbstbestimmungsrecht ihrer Hauptfigur Truman, sie missbraucht ihn und sein Leben, um hohe Einschaltquoten zu generieren und hohe Werbeeinnahmen zu erzielen (dauerndes Product-Placement); es gibt Analogien zu „Dokusoaps" und anderen Phänomenen heutigen Fernsehens und zu bestimmten Internetseiten (manche YouTube-Kanäle etc.).
- **Thema Totalitarismus:** Truman ist der Regie der Serie total ausgeliefert, sie bestimmt sein Leben, seine Bezugspersonen und deren Verhalten, sein gesamtes Umfeld seit seiner Geburt; sie ist sogar bereit, ihn sterben zu lassen, wenn es der Logik des Drehbuchs entspricht; die Situation Trumans kann somit auch in Analogie zum Schicksal des Einzelnen in einem totalitären Staat verstanden werden.
- **Thema Religionsphilosophie/Religionskritik:** Christof, der Regisseur der „Truman Show", spielt sich Truman gegenüber wie ein Gott auf: traditionelle äußere Gottesattribute: sein „himmlischer" Regie-Platz in der Mond-Attrappe, Christof gebietet über das Wetter und die Gezeiten in Trumans Welt, Christof nennt sich selbst den „Schöpfer" Trumans usw. Trumans Auflehnung gegen Christof spiegelt die Emanzipation des aufgeklärten, mündigen Menschen von den überkommenen patriarchalen Gottesvorstellungen wider, die den Einzelnen wie ein Kind in Abhängigkeit halten wollen.

An dieser Stelle des Schülerbandes soll der Film aber dazu dienen, in die Grundhaltung der Philosophie allgemein einzuführen: Wie ein echter Philosoph zweifelt Truman an der Realität, die ihm von außen vorgegaukelt wird, und begibt sich auf eine lebensgefährliche Suche nach der Wahrheit. Dabei entdeckt er seine Freiheit, Eigenständigkeit und Unabhängigkeit, die jedes Bedauern, die Welt der Wahrnehmungs-, Denk- und Lebensgewohnheiten hinter sich lassen zu müssen, weit überwiegt.

Vgl. dazu auch das Unterkapitel „Medien und Ethik" im SB, S. 250 ff.

Markus Merz/Georg Seeßlen: Über das Denken

Zum Text S. 17

Auch dieser Text betont die Grundhaltung des philosophischen Denkens, das alles infrage stellt und sich nie zufriedengibt, dabei durchaus unangenehm sein und unabsehbare Folgen haben kann.

Zu den Aufgaben S. 17

5 Der *Denkende* ist eine Figur der Bewegung, der *Dumme*, der *Gelehrte* und der *Weise* sind Figuren des Stillstands.

Der *Denkende* will wissen, er gibt sich nie zufrieden und rebelliert dadurch gegen die „Macht", die einen etablierten Status verteidigt; Denken ist Bewegung, hat das Denken sein Ziel erreicht, hört es auf: Der *Denkende* verwandelt sich demnach in eine andere Figur, wenn sein Denken zu Ende ist.
Der *Dumme* weiß nicht genug oder will auch gar nicht genug wissen; wenn der *Dumme* genug von seinem Nichtwissen hat und es zu überwinden strebt, verwandelt er sich in den *Denkenden*.
Der *Gelehrte*, „der sich im Besitz des Wissens wähnt" (S. 17, Z. 16 f.), denkt nicht mehr, da er das vom Denken Angestrebte ja schon zu haben glaubt.
Der *Weise*, „der bekanntlich weiß, dass er nichts weiß, und das reicht ihm an Wissen für ein ganzes Leben" (Z. 17 f.), denkt auch nicht, da er dessen mögliches Ergebnis von vornherein für nichtig erklärt. Der *Gelehrte* und der *Weise* ähneln daher in ihrer Bewegungslosigkeit dem *Dummen*: „sodass wir beim Denken vor allem dem Erreichen einer höheren Stufe der Dummheit zusehen" (Z. 21 f.).

Was ist Philosophie?

Zu den Zitaten S. 18 f.

- **„Was wirklich ist, ist auch vernünftig"** (Hegel): Siehe dazu SB, S. 110. In diesem Satz aus Hegels Rechtsphilosophie drückt sich das Systemdenken Hegels aus, nach dem alles als ein sinnvoll strukturiertes Ganzes durch philosophische Erkenntnis darstellbar ist. Als Anekdote ist überliefert, dass Hegel auf die Frage eines Schülers, was denn sei, wenn sich die Wirklichkeit doch nicht als vernünftig entpuppe, geantwortet habe: „Umso schlimmer für die Wirklichkeit."

- **„Ich weiß, dass ich nichts weiß"** (Sokrates): Das Zitat stammt aus der von Platon überlieferten Verteidigungsrede (Apologie). Der Satz erfuhr vielfältige Interpretationen. Eine dieser Interpretationen deutet die Aussage dahingehend, dass Sokrates angesichts des zu erwartenden Todesurteils seine Gegner mit Witz und Ironie verspottet und damit seine geistige Überlegenheit demonstriert. Angeregt von dem Spruch des Orakels von Delphi, dass keiner weiser sei als Sokrates, sei er selbst, der „weder im Großen noch im Kleinen sich irgendeiner Weisheit bewusst" sei, ausgezogen, um die eigene Weisheit an der anderer Menschen zu messen. Schon sein erster Gesprächspartner sei jedoch nicht weise gewesen: „Und dann versuchte ich wiederholt, ihm zu beweisen, dass er sich zwar für weise halte, es aber nicht sei. Die Wirkung war, dass ich mich bei ihm und vielen von den Anwesenden verhasst machte. Als ich mich aber dann entfernte, ging mir der Gedanke im Kopf herum, diesem Menschen bin ich an Weisheit überlegen. Denn es scheint zwar, als wisse keiner von uns beiden irgendetwas Gutes und Rechtes; dieser glaubt es aber zu wissen, obgleich er nichts weiß, während ich zwar nichts weiß, es aber auch nicht glaube. Es scheint also, dass ich jedenfalls diesem ein wenig an Weisheit überlegen bin, und zwar darin, dass ich dann, wenn ich etwas nicht weiß, auch nicht glaube, ich wüsste es." (Platon, zitiert nach Eckhard Henscheid u. a.: Kulturgeschichte der Missverständnisse. Leipzig: Reclam 2000) Der Philosoph Karl R Popper deutet den Ausspruch des Sokrates wie folgt: „Ich weiß, dass ich nichts weiß, und deshalb weiß ich mehr als die anderen."

- **„Es gibt kein richtiges Leben im falschen"** (Adorno): Der Satz stammt aus den „Minima moralia". Er wurde von der 68er-Studentenbewegung dahingehend aufgefasst, dass die vom Kapitalismus geprägten gesellschaftlichen Verhältnisse ein „richtiges Leben" nicht ermöglichen. Auch das Private sei nur ein scheinbar „richtiges" Leben, weil es die gesellschaftspolitischen und somit die ungerechten und ausbeuterischen Verhältnisse lediglich widerspiegele bzw. perpetuiere.

- **„Ich denke, also bin ich"** (Descartes): Der Satz stammt aus den „Meditationen" und ist das Ergebnis eines methodischen Zweifels (s. dazu SB, S. 22 und 56). Dagegen der Philosoph Michael Hauskeller: „Ich denke, *aber* bin ich?"

- **„Man kann nicht zweimal in denselben Fluss steigen"** (Heraklit): Der griechische Philosoph Heraklit (um 530 – 480 v. Chr.) wurde wegen seiner rätselhaften Sprache „der Dunkle" genannt. Der Satz gehört zu den sogenannten „Fluss-Fragmenten", die Heraklit in der Sichtweise Platons als „Philosophen des Werdens" klassifizierten („Alles fließt"). Ein weiteres Heraklit-Zitat lautet: „Denen, die in dieselben Flüsse steigen, strömen andere und andere Wasser zu."

Zu den Aufgaben S. 19

1 Die Abbildungen auf der Doppelseite zeigen Philosophen in verschiedenen Situationen und Zusammenhängen und offenbaren eine große Bandbreite philosophischer Haltung und Tätigkeit. Hegel doziert vor Studenten in einem Universitätshörsaal, Descartes bewegt sich allein außerhalb geschlossener Seminarräume sinnend und nachdenkend im öffentlichen Raum, Russell verbindet seine philosophische Reflexion mit politischer Aktion, Kant tauscht sich im Kreis seiner Freunde und Bekannten in einem Diskurs aus.

Weiterführende Aufgabe: Referieren Sie über den Zusammenhang des Denkens der abgebildeten Philosophen mit ihrem Leben (als Lektüre immer noch gut geeignet: Wilhelm Weischedel: Die philosophische Hintertreppe, München: dtv [43]2016).

2 **Methodischer Hinweis:** Alternativ kann man die Aufgabe als „Standortbestimmung" gestalten.

3 **Methodischer Hinweis:** Die Schüler können die von ihnen geäußerten Fragen/Aussagen den in der Überblicksgrafik (SB, S. 37) genannten Fragen von Kant bzw. den philosophischen Disziplinen zuordnen.

Otfried Höffe: Gegenstand und Methode der Philosophie

Zu den Aufgaben S. 21

1 Weil die Philosophie Fragen stellt, die „sich [...] vielleicht verdrängen, aber schwerlich abweisen lassen" (Z. 9).

2 Mythos: „Geschichten von Göttern und Helden, vom Anfang und der Ordnung sowohl in der Natur als auch der Gesellschaft" (Z. 14 ff.);
Religion: „religiöse Offenbarung, ein Wort Gottes [...] eine Überlieferung, eine Tradition" (Z. 16 f).
Dagegen benutzt die Philosophie „ausschließlich [...] Mitte[l] der allgemeinen Menschenvernunft" (Z. 18 f.). Kennzeichen: (sachgerechte) Begriffe; (widerspruchsfreie und erklärungskräftige) Gründe, Argumente; elementare Erfahrungen (vgl. Z. 19 f.); ihr„Lebenselixier" (Z. 26): der *logos* „mit seinen vier Gesichtspunkten: Begriff, Argument, ‚logische' Ordnung, Sprache" (Z. 26 f.).

Karl Jaspers: Anfang und Ursprung der Philosophie

Zum Text S. 22 f.

Der Philosoph Karl Jaspers war einer der bedeutendsten Vertreter der Existenzphilosophie in Deutschland. Er war Professor für Psychologie und ab 1920 Professor fur Philosophie in Heidelberg. Von 1933 bis 1945 hatte er in Deutschland Lehrverbot, weil seine Frau jüdischer Herkunft war. Nach Kriegsende kehrte er auf den Heidelberger Lehrstuhl zurück, verließ diesen jedoch aus Enttäuschung über die politische Entwicklung in Deutschland und lehrte von 1948 bis 1961 in Basel. In seinen politischen Schriften kritisierte er u. a. die seiner Meinung nach freiheitsgefährdende Politik der Weltmächte und warnte vor der zunehmenden Technisierung der Welt, die zu Unfreiheit und Abhängigkeit führen könne. 1958 erhielt er den Friedenspreis des Deutschen Buchhandels. Werke u. a.: „Philosophie" (1932), „Von der Wahrheit" (1947). Der im SB abgedruckte Text geht auf einen Radiovortrag aus dem Jahr 1954 zurück.

Zu den Aufgaben S. 23

Zur Unterscheidung zwischen Anfang und Ursprung (Z. 3 – 11): Anfang bezieht sich auf den Beginn der Philosophie als wissenschaftlich-methodisches Denken (Z. 1 – 7). Ursprung bedeutet die Quelle, aus der der Antrieb zum Philosophieren kommt, demnach auch Mythos (Z. 8 – 11). Ursprung als Quelle, Motivation, Antrieb, als conditio humana.
Weitergehende Frage: Worin besteht der Unterschied zwischen Philosophie und Philosophieren? (Philosophie als wissenschaftliche Disziplin, Philosophieren als besondere Art des Fragens und des Denkens.) Staunen, Zweifel, Erschütterung des Menschen (durch Grenzsituationen, z. B.: *„Gewahrwerden der eigenen Schwäche und*

Ohnmacht" (Z. 49 f.), Schicksalsschläge, Tod). Letzteres ist der für die Existenzphilosophie zentrale Ursprung. Philosophie ist Denken um der Erkenntnis willen, das zwar der Rechtfertigung bedarf (also kein willkürliches Zweifeln um des Zweifelns und Fragens willen, sondern zielorientiert, demnach den „Boden der Gewissheit" gewinnend (Z. 43)), aber nicht einer konkreten Kosten-Nutzen-Kalkulation oder einem Handlungszwang unterworfen sein darf.

Zu den Bildern S. 22 f.

Die Abbildungen zeigen künstlerische Arbeiten zum Thema „Philosoph/Philosophin".
Der französische Bildhauer Auguste Rodin (1840 - 1917) gilt als Begründer der modernen Skulptur. „Der Denker" ist Bestandteil eines unvollendet gebliebenen Auftragswerkes zum Thema „Höllentor" und entstand 1879 - 1889. Die Figur sollte direkt über dem Eingang den wichtigsten Platz des Tores einnehmen und wie ein Fels im Chaos der vielen einstürzenden und sich windenden Körper wirken, die der Höllenschlund aufnimmt. Man konnte im „Denker" die Verkörperung des Dichters Dante sehen, wie er die in seiner „Göttlichen Komodie" erscheinenden Abbilder seiner Fantasie ersinnt bzw. über sie nachdenkt. Die Skulptur fand, bevor sie im Garten des Musée Rodin in Paris aufgestellt wurde, vor dem Panthéon Platz, „ein Denkmal, mit dem sich eine ganze Generation identifizierte" (Brockhaus: Moderne Kunst). Die Plastik lässt viele Deutungsmöglichkeiten zu: vom melancholischen Grübler bis zum schöpferischen Geist. Die Anspannung jedes einzelnen Muskels lässt den Akt des Denkens fast physisch greifbar werden.
Der Maler und Bildhauer Markus Lüpertz (geb. 1941) gehört zu den renommiertesten Künstlern der Gegenwart und war von 1988 bis 2009 Rektor der Kunstakademie Düsseldorf. Seit Mitte der 80er-Jahre gestaltet Lüpertz überlebensgroße Einzelfiguren, in denen kubistische Gestaltungsprinzipien mit ihrer Reduktion von Handlung und Bewegung erkennbar sind und häufig eine ironische Auseinandersetzung mit klassischen Schönheitsidealen darstellen. Die „Philosophin" entstand 2001, befand sich zeitweise im Foyer des Bundeskanzleramtes und stand im Sommer 2003 im Kurpark von Bad Homburg (von dort die Abbildung). Der Blick der Figur ist auf die Weite, auf die Welt gerichtet, was schon die leicht erhobene Kopfhaltung zeigt. Die Zuwendung zur Welt, zum Außen, zeigt nicht nur die offene Körperhaltung, sondern insbesondere die rechte, offene Hand, die ein Geben und Nehmen, ein Schenken und Empfangen zum Ausdruck bringt. Das Nachdenkliche, Philosophische drückt sich in der (typischen) Haltung der zum Kinn geführten linken Hand aus. Im Gegensatz zu Rodin zeigt die Plastik von Lüpertz eine extrovertierte weltzugewandte Haltung, die mit dem Außen kommuniziert und es in die philosophische Reflexion einbindet.
Im Bild „Sokrates mit dem Spiegel" von Pier Francesco Mola (1612 - 1666) hält Sokrates den beiden Jünglingen den Spiegel vor, um ihnen zu helfen, zu einem unvoreingenommenen Zugang zu sich selbst (bzw. zur Sache selbst) zu kommen. Das, was man von sich (bzw. einer Sache) zu wissen glaubt, wird einer Prüfung unterzogen. Insofern veranschaulicht das Gemälde durch das neugierige Überraschtsein der in den Spiegel Schauenden besonders die Funktion des Staunens und des Zweifelns (Jaspers, vgl. Z. 12 - 43).

Einladung zum Selbstdenken

Wilhelm Schmid: „Exkursion in die Philosophie" – Edward Hoppers Bild

Zum Text S. 24 f.

Wilhelm Schmid (geb. 1953) beschäftigt sich als freier Schriftsteller und Philosoph vornehmlich mit der „Lebenskunst-Philosophie". Siehe dazu auch seine Texte über das Glück im SB, S. 165–167.

Zu den Aufgaben S. 24 f.

1 Wenn möglich, könnte das Bild zunachst ohne Titel und Künstlernamen präsentiert werden – auf dem Whiteboard oder mithilfe einer Folie. (Fundstelle im Internet [11.2.2017]: https://www.wikiart.org/en/edward-hopper/excursion-into-philosophy-1959)

2 Innehalten, (Selbst-)Reflexion, Erfahrung, Zweifel, Vergangenheit-Gegenwart-Zukunft (vgl. Z. 32 – 49).

3 *Gemeinsamkeiten*: Philosophieren als reflexives Denken, Zweifel, Bezug der Philosophie zum konkreten Lebensvollzug. *Unterschiede*: Die für Jaspers zentralen Funktionen des Staunens und der Grenzsituationen werden von Schmid nicht genannt, ebenso fehlt der von Jaspers gezeigte Aspekt der Philosophie als Wissenschaft („Anfang").

Sokrates als Vater des verstehenden Gesprächs

Zum Text S. 26

1. Mäeutik
wird von Sokrates in zwei Schritten vollzogen:
- In der Elenktik (gr. „Kunst der Überführung") wird das Gegenüber durch beharrliches Nachfragen seines Nichtwissens überführt;
- in der Protreptik (gr. „Kunst der Hinwendung") wird der Dialogpartner zur richtigen Erkenntnis geführt, die schon in ihm angelegt ist und nur noch aus ihm „entbunden" werden muss.

Die Erkenntnis der Wahrheit ist wie eine Geburt: Die Wahrheit ist jedem zugänglich, sie ist im Verfahren des Nachdenkens und rationalen Prüfens begründet. Durch ein verzweigtes, gleichsam binäres Fragen wird dem Antwortenden, dem Gegenüber von Sokrates, die Erkenntnis der Wahrheit ans Licht gebracht. Allerdings: Der Geburtshelfer Sokrates steuert den Prüfvorgang und das Ergebnis stark durch die Formulierung der Behauptungen.

2. Die Lenkung des Gesprächs
Sicherlich dominiert Sokrates den Dialog. Allerdings war sein Dialogprinzip, die Gleichwertigkeit des Gesprächspartners anzuerkennen und ihn ernst zu nehmen.

3. Die sokratischen Dialoge
Sie zielen darauf ab, das theoretische wie praktische Wissen zu überprüfen und in beiden Bereichen dogmatisch verfestigte Vorurteile (= Nichtwissen) offenzulegen. Theoretisches Wissen betrifft die gedankenlose Verwendung von Begriffen, die nicht auf ihren Kern zurückgeführt werden. Praktisches Wissen betrifft die Werte, die letztlich den Entscheidungen zugrunde liegen. Sokrates zwingt also den Dialogpartner dazu, sich über die Begriffe wie über die Werte klar zu werden, was zunächst immer bedeutet, sich des unreflektierten Gebrauchs der Worte und Werte bewusst zu werden.

Ekkehard Martens: Stechfliege Sokrates

Zum Text S. 27

Der Philosophiedidaktiker Ekkehard Martens stellt in seinem Text nochmals die Unbequemlichkeit der philosophischen Grundhaltung des Sokrates heraus: Alle grundlegenden Werte und Begriffe einer Gesellschaft immer wieder infrage zu stellen, ist zwar nötig, um diese Gesellschaft lebendig zu halten, stört aber den normalen Ablauf der Dinge sowie die eingefahrenen Gewohnheiten der Mitbürger und ist deshalb für den Störer, den Philosophen, riskant, was an Sokrates' Schicksal ja ersichtlich wird.

Der Rückbezug auf die sokratische Art des Philosophierens zieht sich durch alle Epochen der Philosophiegeschichte und ist auch im Moment wieder sehr aktuell, z. B. in den Büchern Michael Hampes.

➡ **s. Zusatzmaterial 3, LB, S. 173**

Zu den Aufgaben S. 27

1 Die Stechmücke stört das ruhige Grasen des Pferdes, sie belästigt es, deshalb versucht das Pferd ständig, sie zu verscheuchen. Durch die Stechmücke bleibt das Pferd aber auch wach und aufmerksam, es kann sich seiner Trägheit nicht ganz ergeben.

2 Die Stechmücke bringt das Pferd auf Trab, hält es in Bewegung. Umgekehrt lässt der Zitterrochen den Menschen durch einen Stromschlag erstarren: „Denn auch der lässt jeden, der ihm nahe kommt und ihn berührt, erstarren. Und jetzt hast du, wie ich spüre, auch mir so etwas angetan, dass ich erstarre. Tatsächlich, an Leib und Seele bin ich starr geworden und weiß dir nicht zu antworten, obwohl ich schon tausendmal vielerlei Reden über die Tugend gehalten habe, vor vielen Leuten, und zwar sehr gute, wie ich meine. Jetzt aber kann ich überhaupt nicht mehr sagen, was sie ist." (S. 29, Z. 43 ff.)
Obwohl die Effekte vollkommen unterschiedlich sind, bewirken beide Tiere eine Unterbrechung des gewohnten Ablaufs und stören ihn dadurch.

3 Martens exemplifiziert die fünf Methoden selbst an den folgenden platonischen Dialogen: *Euthyphron*, *Apologie*, *Kriton* und *Phaidon* (Ekkehard Martens: Stechfliege Sokrates. Warum gute Philosophie wehtun muss. München: Beck 2015, S. 32 ff.).

Sokrates im Gespräch mit Menon: Was ist die Tugend?

Zum Text S. 28 f.

Verlauf des Gesprächs und Fortsetzung des Gesprächs:

Zeile 1 f.: Sokrates fragt nach der Definition der Tugend und hält das bisherige Ergebnis fest: Teile der Tugend seien „Gerechtigkeit", „Besonnenheit" u. a.
Zeile 4 – 13: Sokrates fragt verunsichernd, ironisch, ob Menon spiele, denn aus seinen Behauptungen ergebe sich ja, dass die Tugend aus Bestandteilen abgeleitet würde, nicht aus ihr selbst als Ganzes.
Zeile 14: Menon fragt, ob es denn nicht so richtig sei.
Zeile 15 – 28: Sokrates beweist, dass das Ziel des Gesprächs doch gewesen sei, Tugend zu definieren und nicht zu untersuchen, aus welchen Teilen sie bestehe.
Zeile 32 ff.: Ganz verwirrt vergleicht Menon Sokrates mit einem Zitterrochen, der diejenigen, die ihn berühren, lähme. So sei er jetzt gänzlich verwirrt und gelähmt (= Aporie). Ab Zeile 70 legt Sokrates seine Methode dar: Auch er selbst sei in die Aporie geraten, in die er andere führe. Das aber ist der Ansatz für eine neue Suche. Denn: Im Moment der Aporie weiß Sokrates so wenig wie der Gesprächspartner, was genau die Tugend ist. Aber: Da jeder in sich tief verborgen ein Wissen trägt, muss man es nun neu entdecken (= Anamnese).
Am Ende des Gesprächs befinden sich Menon und Sokrates auf der gleichen Stufe des Wissens. Jetzt kann es zu einer echten Auseinandersetzung kommen.

Zu den Aufgaben S. 29

1 Sokrates führt Menon in eine Aporie (Z. 68 ff.). Diese Aporie bietet aber einen neuen Ansatz: Menon und Sokrates finden einen methodischen Neuansatz für eine tiefer gehende Untersuchung am Schluss. Damit wären sie eventuell an dem Punkt „Neuer Ansatz: Frage" in der Modellzeichnung. Hier könnte eine Diskussion ansetzen.

2 Praktische Anwendung des Diskurses mit offenem Ergebnis. Mögliche Übersetzungen für „areté": Lebenshaltung; Lebensprinzip; Lebenseinstellung; Überzeugungen; menschliche Werte.

Platon: Das Höhlengleichnis – der Weg zum wahren Wissen

Franz Kafka: Im Tunnel

Zu den Texten S. 30 f.

Platon gilt als Begründer des Idealismus. Im Höhlengleichnis legt er sein Welt- und Menschenbild dar.

Die Menschen leben auf der Welt wie in einer Höhle. Sie halten die Bilder, die sie sehen, für wirklich, für die wahre Welt. Jedoch sind dies nur Abbilder, nur Schatten der wahren Dinge, die den Menschen verborgen bleiben, die als Ideen jedoch tatsächlich existieren. Demnach ist eine Idee eine in einer transzendenten Welt tatsächlich existierende Wesenheit, von der die Dinge in der Erscheinungswelt nur Abbilder sind. So gleichen etwa alle Pferde, die der Mensch wahrnimmt, einem idealen Pferd, das einer übersinnlichen Welt, der Ideenwelt, angehört.

In der Zeit der Präexistenz, dem Leben vor der Zeugung, fährt die Seele des Menschen als Kutscher durch den Urnebel. Die Kutsche wird von zwei Pferden gezogen, wobei eines der Tiere die triebhaften Neigungen, das andere die geistigen Fähigkeiten und Interessen verkörpert. Diese Kutsche bewegt sich dreidimensional durch den Nebel, manchmal gelangt sie dabei an den Rand, wo der Nebel sich lichtet. Immer dann erhält die Seele Einblick in das Reich der Ideen und schaut das Vollkommene. So weiß der Kutscher z. B., was rund ist, obwohl er nie einen vollkommen runden Gegenstand gesehen hat. Ebenso verhält es sich mit dem Schönen, Guten und Wahren. Für Platon ist Erkenntnis demnach wesentlich eine Wiedererinnerung (Anamnesis), d. h., dass die sinnlich erfahrbare Welt nicht die eigentliche Erkenntnisquelle ist, sondern der von aller sinnlichen Wahrnehmung losgelöste Geist ist in der Lage, die Ideen zu schauen. Diese Ideen sind hierarchisch gegliedert: Die wichtigste Idee ist das Gute an sich, es folgen die Ideen der moralischen Werte (das Schöne, Gerechte etc.) und schließlich die in der Natur vorkommenden Dinge (Baum, Hund etc.).

Die Fragetechnik des Sokrates erklärt sich durch die Anamnesis. Sokrates ging davon aus, dass bei den Menschen Wissen vorhanden ist, man musste nur richtig danach fragen. Seine Fragetechnik verstand er als „Hebammenkunst" (Mäeutik), weil er durch seine Fragen Wissen aus dem Gesprächspartner herausbringen, „zur Geburt verhelfen" konnte, von dem der Gefragte oft selbst nichts wusste (siehe dazu auch SB, S. 26 ff.).

Das Höhlengleichnis steht in Platons „Politeia" und muss daher im Kontext der Frage nach dem Wissen um Gerechtigkeit, aus dem gerechtes Handeln notwendigerweise folgt, gesehen werden. Somit ist das Höhlengleichnis auch ein politischer Text. Weil für Platon Erkenntnis und Handeln miteinander verbunden sind, kehrt der Philosoph, der die Ideen geschaut hat, in die Höhle zurück, um auch den dort Lebenden die Wahrheit und damit das rechte Handeln nahezubringen. Folgerichtig sollen Philosophenkönige die Lenker eines Staates sein. Dass dies jedoch in der Realität der Höhle nicht (immer) gelingt, zeigt das Ende des Höhlengleichnisses: Dem Philosophen wird kein Glauben geschenkt, er wird möglicherweise sogar umgebracht. So erging es Platons Lehrer Sokrates.

➧ **s. Zusatzmaterial 4, LB, S. 174**

Zu den Aufgaben S. 31

1 **Methodischer Hinweis:** Lektüre des Textes zunächst nur bis Z. 17, Anfertigung einer Skizze der Höhle. Mithilfe eines Tageslichtprojektors/Overheadprojektors lässt sich das Schattenspiel in einer Höhle simulieren. Zu beachten ist, dass sowohl „Gaukler" wie auch Gefangene sich ihrer jeweiligen Rollen bewusst werden.

2 Zu den Etappen und zum Weltbild siehe die Erläuterungen und die Grafik im Zusatzmaterial (LB, S. 174). Zum Menschenbild: Der Mensch strebt nach Wissen und Vollkommenheit, ist aber gebunden an Körper und Sinne, lässt sich täuschen (Dualismus von Körper und Geist-Seele), seine Erfahrung der Wirklichkeit ist begrenzt und unvollkommen, er verfügt aber über die Möglichkeit, die Wahrheit zu schauen.

3 Platon beschreibt einen Erkenntnis- und Bildungsprozess, Kafkas Eisenbahnreisende verharren im Zustand von Verwirrung und Unsicherheit. Dies zeigt sich auch im gegenläufigen Aufbau der beiden Texte: Platons Ausgangsbild wirkt zunächst verwirrend und realitätsfern, wird aber im Verlauf der Erzählung erklärt. Bei seiner Rückkehr in die Höhle kennt der von den Fesseln Befreite die Wahrheit und durchschaut das Täuschungsszenario in der Höhle. Anders bei Kafka: Das Unglück im Tunnel ist eine recht unwahrscheinliche, aber gut vorstellbare Situation, als Sinnbild menschlicher Existenz ist die Metaphorik des ersten Satzes unmittelbar einleuchtend („wobei Anfang und Ende nicht einmal sicher sind"). Die Aussagen des zweiten Satzes führen aber nicht aus dem „Tunnel" hinaus, sondern beziehen sich auf „uns" als Verunglückte: Die Bilder werden zunehmend verwirrender: „Wir" – Kafka trennt nicht scharf zwischen Bild- und Sachseite der Parabel wie Platon – sind unseren Sinnen ausgeliefert, unsere Wahrnehmungen sind letztlich Ergebnis „der Laune und Verwundung der Einzelnen", was wir sehen, ist nicht die Sonne, sondern sind „lauter Ungeheuer", statt objektiver Klarheit umgibt uns ein „kaleidoskopisches Spiel", das für jeden anders ist. Uns bleibt der Blick auf eine mögliche Wahrheit verstellt, alles ist subjektiv, Kommunikation findet nicht statt, jeder befindet sich sozusagen in seiner eigenen Höhle, aus der es kein Entkommen gibt. Die Täuschung in Platons Parabel kommt von außen (die Schauspieler hinter der Mauer produzieren die Schatten), bei Kafka sind die Schattenbilder unser eigenes Produkt. Wir sind uns selbst hilflos ausgeliefert. Auch rationale, ethische Fragen helfen nicht weiter. Aufklärung ist – im Gegensatz zu Platon – durch herkömmliches Denken (in Kategorien wie Ursprung/Ziel/Sinn) nicht zu erreichen.

Entwirft Platon eine sinnhafte, geordnete Welt, zu der der Mensch Zugang hat, so entfaltet Kafka ein Gegenbild: Orientierungslosigkeit, das Gefühl von Sinnlosigkeit, die Neigung, sich berieseln zu lassen von diffusen Sinneseindrücken, die Weigerung nachzudenken. Somit treibt Kafka die Situation der Gefangenen in der Höhle auf die Spitze: Ein Ausgang ist nicht in Sicht.

Mögliche Bezüge zur Gegenwart: Medienwelt, Konsum, Flucht in virtuelle Realitäten, Reizüberflutung.

Methodische Variante: Im Anschluss an den Textvergleich sollen die Schüler selbst eine Parabel verfassen und sich dabei formal an Kafkas Text orientieren. Der Beginn wird vorgegeben: „Wie sind in der Situation von …“

4 Virtuelle Welten, hervorgerufen durch audiovisuelle Medien, Simulatoren, und der Glaube an die Wirklichkeit der Bilder weisen Parallelen auf. Der von Platon aufgezeigte Weg aus der Höhle lässt sich aktuell als Bildungs- und Lernprozess verstehen (von der Fremdbestimmung zur Selbstbestimmung, von der Unselbstständigkeit zur Selbstständigkeit, vom Vorurteil zum begründeten Urteil, vom Scheinwissen zum Wissen etc.).

Karl R. Popper: Wahrheitssuche und intellektuelle Redlichkeit als ethische Prinzipien

Zum Text S. 32 f.

Zum Verständnis des Textes ist es sinnvoll, die Grundzüge von Poppers Wissenschaftstheorie darzustellen. Popper ist der Begründer des kritischen Rationalismus. Diese Wissenschaftstheorie basiert auf dem Prinzip der Fehlbarkeit unseres Wissens. Gegen die traditionelle Metaphysik wendet er ein, dass es der Wissenschaft nicht darum gehen kann, das Wesen der Dinge zu erfassen (Was ist Bewegung? Was ist das letzte Fundament unserer Erkenntnis?). Die Suche nach einer letzten und unumstößlichen Gewissheit bzw. nach einer Letztbegründung, wie sie der Rationalismus im Sinne Descartes' betreibt, ist für ihn ein Irrweg. Sie endet entweder in einem infiniten Regress bzw. einem Zirkelschluss oder mit dem Abbruch der Suche an einem archimedischen Punkt, der als letzte Wahrheit genommen wird. Letzteres ist für Popper der Kern des Dogmatismus von Ideologien. Nach Popper sind unsere Aussagen den Gesetzen der Logik und Rationalität unterworfen. In seinem Werk „Logik der Forschung“ (1934) zeigt er in der Auseinandersetzung mit dem Empirismus des Wiener Kreises auf, dass wissenschaftliches Denken nicht mit völliger Gewissheit beweisen kann, was wahr ist. Das Prinzip der empirischen Verifikation, wie es der Wiener Kreis vertrat, besagt, dass empirische Sätze durch Induktion bestätigt/verifiziert werden können. Popper zeigt, dass es kein logisches Verfahren gibt, mit dem man aus Erfahrungssätzen allgemein und universell gültige Aussagen ableiten kann: Ich kann nicht aus der Tatsache, dass ich bisher nur weiße Schwäne gesehen habe, mit letzter Gewissheit schließen, dass alle Schwäne überall und für immer und ewig weiß sind. Die Verifizierung dieser All-Aussage ist unmöglich, da wir nicht in der Lage sind, Wirklichkeit in einem absoluten Sinne zu erfassen, sondern lediglich in Segmenten. Unsere wissenschaftlichen Aussagen sind mehr oder weniger genaue Vermutungen (Hypothesen) über das, was ist. Sie sind vorläufig und können durch künftige Erfahrung revidiert werden. Dies gilt auch für sehr genaue und sichere Theorien. Man denke an die Newton'sche Physik, die durch die Einstein'sche Relativitätstheorie erschüttert wurde. Doch sind unsere Theorien daher nicht wertlos und beliebig. Sie lassen sich zwar nicht verifizieren, aber falsifizieren. Statt also die Wahrheit einer Theorie zu untermauern, fordert Popper zur permanenten empirischen und logischen Überprüfung auf, gerade weil sie dazu zwingt, den Wahrheitsanspruch einer Theorie aufzugeben, wenn sie der Prüfung nicht standhält. Die Hypothese, dass alle Schwäne weiß sind, wird durch die Beobachtung eines schwarzen Schwans falsifiziert. Es entsteht eine neue, präzisere Hypothese – Schwäne sind schwarz und weiß –, die sich ebenfalls der rationalen Kritik stellen muss. Das Prinzip der Verifikation führt leicht dazu, neue Erfahrungen zu unterschlagen, wenn sie uns nicht passen, und damit Fehler zu vertuschen. Demgegenüber werden unsere Vermutungen, Fragestellungen und Theorien durch Fehlerbeseitigung mittels rationaler Diskussion und experimenteller Prüfung immer genauer. Fortschritt entsteht durch diese kritische Prüfung jeder Einzelheit einer Theorie. Ein letztes Kriterium für Wahrheit kann es nicht geben, wir können von Theorien immer nur sagen, dass sie sich bisher bewährt haben.

Sein Falsifikationsprinzip kennzeichnet auch Poppers politisches Denken. So verwirft er zum Beispiel in seinem Werk „Die offene Gesellschaft und ihre Feinde“ (1957/58) (revolutionäre) Gesellschaftsutopien wie Platos Idealstaat oder den Kommunismus als dogmatisch und totalitär. Platos Staat ist für ihn der Prototyp dieser Utopien, die mit dem Anspruch antreten, das Glück auf Erden zu garantieren. Er stellt dem eine „Sozialtechnik der Einzelprobleme“ entgegen, die durch das Erkennen und Beseitigen konkreter Missstände und Probleme zu einer schrittweisen Verbesserung der Gesellschaft führen soll. Die Gesellschaft besteht aus freien Menschen, die die Verantwortung tragen für das, was sie tun, und diese nicht abwälzen können auf eine Autorität, die weiß, was richtig und falsch, gut und böse ist.

Den Grundgedanken der Popper'schen Philosophie bringt seine Übersetzung eines Textes von Xenophanes (ca. 570 – 475) sehr klar zum Ausdruck. Der Text eignet sich gut als Einstieg:

„Sichere Wahrheit erkannte kein Mensch/und wird keiner erkennen/Über die Götter und alle Dinge, von denen ich spreche./Sollte einer auch einst die vollkommenste Wahrheit verkünden,/Wissen könnt' er das nicht:/Es ist alles durchwebt von Vermutung.“

Zu den Aufgaben S. 33

1 Ethische Grundprinzipien der rationalen Diskussion und der neuen Berufsethik sind:

- Prinzip der Fehlbarkeit: Fähigkeit zur Selbstkritik, Offenheit für die Kritik durch andere;
- Prinzip der vernünftigen Diskussion: sachbezogen, spezifisch und genau, nicht personenbezogen, pauschal und vage;
- Prinzip der Annäherung an die Wahrheit: Wahrheit ist das regulative Prinzip für das Erkenntnisinteresse, muss als Ziel immer präsent sein.

Diese Prinzipien sind ethisch, weil sie Duldsamkeit, Toleranz, Redlichkeit und die potenzielle Einheit und Gleichberechtigung aller Menschen voraussetzen. Da niemand die Wahrheit besitzt, sind Ideologien abzulehnen.

2 Die von Popper genannten zwölf Punkte sollen nach der Erarbeitung der Grundstruktur (s. das Tafelbild) im Einzelnen besprochen und veranschaulicht werden. Hier kann man auch Beispiele aus Politik, Medizin und Wissenschaft anführen, die die Fehlbarkeit des Menschen verdeutlichen.

3 Hier sind kurze Rollenspiele möglich, in denen typische Unterrichtssituationen durchgespielt werden, in denen gegen die Prinzipien verstoßen wird oder in denen sie realisiert werden. An die Situationen werden im Anschluss an das Spiel die Kriterien Poppers angelegt.

4 Die sokratische Ignoranz reklamiert für sich die Erkenntnis des eigenen Nichtwissens als sicheres Wissen, d. h., sie ist letztlich der „Idee der Autorität" verpflichtet. Sokrates stellt sich über die anderen Menschen. Platon überliefert den Satz in seiner „Apologie". Sokrates steht als Angeklagter vor Gericht. So kann man den Ausspruch auch als Verspottung seiner Gegner deuten. Poppers Satz relativiert auch dieses Wissen des Nichtwissens und ist somit als Appell zur ständigen Selbstbeobachtung und Selbstkritik zu verstehen. Es räumt radikal die Fehlbarkeit des Forschers ein, der sich nie sicher sein kann, ob er nicht doch einmal sein Nichtwissen vergisst. Eine ähnliche Deutung der sokratischen Ignoranz (und Arroganz) liefert auch Heinz von Foerster.

Tafelbild

Alte und neue Berufsethik

Gemeinsam: Ideen der Wahrheit, Rationalität, intellektuelle Redlichkeit und Verantwortlichkeit

Alte Berufsethik
- Idee der Autorität (des persönlichen, allumfassenden, sicheren Wissens)
- Besitz von Wahrheit
- Sicherung durch logischen Beweis (Verifizierung durch Induktion)
- Verbot von Fehlern
- Vertuschung von Fehlern

Wisse alles auf deinem Gebiet! Mache keine Fehler!

Neue Berufsethik
- Idee des objektiven (= intersubjektiven) und unsicheren Wissens
- Gemeinsame Suche nach Wahrheit
- Falsifizierung von Hypothesen/Vermutungswissen
- Anerkennung von Fehlern
- Lernen aus Fehlern

Dein Wissen ist fehlbar. Suche die Fehler, die du und andere machen, und lerne aus ihnen!

Karl R. Popper: Alle Menschen sind Philosophen

Friedrich Nietzsche: Was weiß der Mensch eigentlich von sich selbst?

Tocotronic: Im Zweifel für den Zweifel

Zu den Aufgaben S. 34

2 „Der Intellekt, als ein Mittel zur Erhaltung des Individuums, entfaltet seine Hauptkräfte in der Verstellung; denn diese ist das Mittel, durch das die schwächeren, weniger robusten Individuen sich erhalten, als welchen einen Kampf um die Existenz mit Hörnern oder scharfem Raubtier-Gebiss zu führen versagt ist." (SB, S. 34, Z. 18 ff.)
Vgl. dazu die Mängelwesen-Theorie Arnold Gehlens (SB, S. 53).

3 „Wahrheit" als oberstes Ziel des platonischen Philosophen, der die Höhle verlässt, um ans Licht zu kommen, ist nach Nietzsche nicht das Ziel des menschlichen Intellekts. Um im Bild zu bleiben: Der Intellekt dient nach Nietzsche dazu, die Illusionen in der Höhle zu schaffen und sich mit ihnen zurechtzufinden, nicht ihnen zu entfliehen.

4 Der Zweifel ist eine der grundlegenden Haltungen aller Philosophie. Er steht im Zentrum der sokratischen Methode und mit Descartes am Beginn des neuzeitlichen Denkens (s. SB, S. 56). Übertriebene Skepsis ist heute aber auch in einer sich selbst so nennenden „Gegenkultur" verbreitet, die alles in Zweifel zieht, was nicht in ihr Weltbild passt.

➧ **s. Zusatzmaterial 5, LB, S. 175**

■ Standpunkte kompakt: Philosophie als Grundlage der Ethik

Zu der Grafik und den Texten S. 36 f.

Am Ende des Kapitels verdeutlichen der Text auf der linken Seite und die Grafik auf der rechten Seite oben in einem zusammenfassenden Überblick, der auf Kants vier Fragen basiert, die Grundfragen und Teilgebiete der Philosophie und die Stellung der Ethik hierin.

Die Aufgabe zum Text von Jonas Pfister auf der rechten Seite beantwortet dieser selbst folgendermaßen:

Erwiderung:

Wenn es so ist, dass jede Meinung wahr ist, dann müsste auch die Meinung wahr sein, dass die Meinung „Jede Meinung ist wahr" falsch ist. Dies ist ein Widerspruch: Wenn die Behauptung, dass jede Meinung wahr ist, wahr ist, dann ist die Behauptung falsch, denn es gibt eine Meinung, die besagt, dass diese Meinung falsch ist. Eine Meinung kann aber nicht zugleich wahr und falsch sein. Es ist deshalb gar nicht möglich zu behaupten, dass jede Meinung wahr ist, ohne sich in einen Widerspruch zu verstricken. Der Relativismus ist in dieser radikalen Form nicht haltbar. Der Einwand, Philosophie sei lediglich ein Streit um Meinungen, von denen alle wahr seien, ist deshalb entschieden zurückzuweisen.

Dass es eine objektive Wahrheit gibt, heißt noch nicht, dass wir sie auch erkennen können. So kann es sein, dass zwei Personen in einem philosophischen Gespräch an einen Punkt kommen, an dem sie ihre Ansichten nicht mehr weiter begründen können, aber auch nicht bereit sind, die Ansicht des anderen zu übernehmen. Und dies hat seinen Grund: Die grundsätzlichsten Ansichten können nicht weiter begründet werden und hängen von Wertungen ab, die von Mensch zu Mensch verschieden sind. Es gibt einen Punkt, an dem die Frage nach einer weiteren Begründung keinen Sinn mehr macht.

Dass man in einem philosophischen Gespräch auch zu einem Punkt kommen kann, an dem man seine Meinung nicht mehr weiter begründen kann, heißt jedoch nicht, dass die Gesprächspartner nicht doch in vielen Fällen zu einer Einigung kommen. Auch ist daraus nicht zu schließen, dass die nun erreichte Situation der ursprünglichen Situation gleichzusetzen ist. Die alte Situation war unreflektiert. In der neuen Situation hat man ein Bewusstsein dessen, worum es geht und was auf dem Spiel steht. Dieses Bewusstsein macht einen Unterschied aus. Auch hat dazwischen ein Prozess stattgefunden, der selbst einen Wert hat.

Jonas Pfister: Philosophie. Ein Lehrbuch. Stuttgart: Reclam 2006, S. 21 f.

Was ist der Mensch? Anthropologische Grundfragen

Abschnitte	Texte	Zusatzmaterialien und Klausurvorschläge
• Zum Einstieg (SB, S. 38 ff.)	– Der Mensch ist... Antworten aus Philosophie und Dichtung – Mensch und Menschenbild	
• Selbstdeutungen des Menschen im Mythos (SB, S. 42 ff.)	– Der griechische Mythos vom Eros (nach Platon) (LB, S. 23) – Platon: Der Mythos von Prometheus – Der biblische Mythos von der Erschaffung des Menschen – Der biblische Mythos vom Sündenfall und der Vertreibung aus dem Paradies (LB, S. 23) – Bruce Chatwin: Wie die Erde gesungen wurde... – der Mythos der australischen Ureinwohner (LB, S. 23)	– **Zusatzmaterial 6:** Albert Camus: „Wir müssen uns Sisyphos als glücklichen Menschen vorstellen" (LB, S. 176) – **Zusatzmaterial 7:** Charles Eisenstein: Die fabelhaften Pirahã (LB, S. 177)
• Mensch und Kultur (SB, S. 50 ff.)	– Aristoteles: Die Hand – „Werkzeug aller Werkzeuge" (LB, S. 24) – Aristoteles: Der Mensch braucht Gemeinschaft (LB, S. 24) – Karl Marx: Durch Arbeit verändert der Mensch seine eigene Natur (LB, S. 25) – Arnold Gehlen: Der Mensch als Mängelwesen und als Prometheus (LB, S. 25)	
• Die Wendung zum Diesseits – das Menschenbild im Humanismus (SB, S. 54 ff.)	– Ursprung und Zielsetzung des Humanismus – Giovanni Pico della Mirandola: Über die Würde des Menschen	– **Zusatzmaterial 8:** „Der Sex wird gewinnen" – Interview mit dem Evolutionsforscher Steve Jones (LB, S. 179) – **Zusatzmaterial 9:** Gerald Wagner: „Das kann man doch gar nicht vergleichen" (LB, S. 181)
• Ist der Mensch eine Maschine? – das Leib-Seele-Problem (SB, S. 56 ff.)	– René Descartes: Körper und Geist sind verschieden – Stanisław Lem: Gibt es Sie, Mr. Johns? (LB, S. 26) – Der Mensch – von der Vermessung zur technischen Reproduktion (LB, S. 26) – Michael Hauskeller: Gleicht unser Bewusstsein einem Computerprogramm?	– **Klausurvorschlag 1:** Margarete Stokowski: Busen, Natur und Vernunft (LB, S. 220)

Abschnitte	Texte	Zusatzmaterialien und Klausurvorschläge
• „Der Mensch ist nicht einmal Herr im eigenen Haus“ – Psychoanalyse (SB, S. 62 ff.)	– Sigmund Freud: Die psychische Struktur des Menschen (LB, S. 27) – Sigmund Freud: Die Macht des Es – Wie arbeitet die Seele des Träumenden? – Sigmund Freud: Die Bedeutung der Träume (LB, S. 28) – Christoph Stölzl: Was bleibt von Freud? (LB, S. 28)	

• Der Mensch zwischen Gut und Böse (SB, S. 68 ff.)	– Zitate und Bilder (LB, S. 28)
	– Das Böse – theologische und philosophische Deutungen (LB, S. 29)
	– Jean-Jacques Rousseau: Mensch, die Übel rühren von dir her! (LB, S. 30)
	– Franz M. Wuketits: Die Natur des Bösen (LB, S. 30)
	– David Buss: Die Idee einer Evolution des Bösen ist gefährlich (LB, S. 30)
	– Walter Schulz: Verharmlosen Aufklärung und Wissenschaft das Böse? (LB, S. 30)
	– Susan Neiman: Das Böse denken (LB, S. 31)
	– **Standpunkte kontrovers:** *Hilft uns die Unterscheidung von Gut und Böse bei der Bewältigung des Leids in der Welt?* (LB, S. 32)
	  – Michael Schmidt-Salomon: „Ohne Moral sind wir bessere Menschen“
	  – Hannah Arendt: „Das Böse ist banal“
		– **Klausurvorschlag 2:** Annemarie Pieper: Gut und Böse als Rätsel (LB, S. 221)
		– **Klausurvorschlag 3:** „Das Böse lebt in der Tat“ – Ein Gespräch mit Gerichtspsychiater Hans-Ludwig Kröber (LB, S. 222)
		– **Zusatzmaterial 10:** „Wir müssen uns dem Bösen stellen“ Interview mit Rüdiger Safranski (LB, S. 182)
		– **Zusatzmaterial 11:** Die Blinden und der Elefant (LB, S. 183)
		– **Zusatzmaterial 12:** Impulse zur Bearbeitung des Films „Elephant“ im Unterricht (LB, S. 184)

• Der Mensch zwischen Freiheit und Determination (SB, S. 80 ff.)	– Zitate und Bilder (LB, S. 34) – Freiheit! (LB, S. 35) – Tragik und Tragödie (LB, S. 35) – Thomas Nagel: Pfirsich oder Torte? (LB, S. 35) – Freiheit und Verantwortung: Eine Illusion? (LB, S. 36) – Dorothea Harrer: Gedächtnis ermöglicht Bewusstsein (LB, S. 36) – Wolf Singer: Keiner kann anders als er ist (LB, S. 36) – Daniel Hell: Die Seele als Ort der Freiheit (LB, S. 37) – Lana und Lilly Wachowski: The Matrix (LB, S. 37)	– **Zusatzmaterial 13:** Die Freiheitsstatue in New York (LB, S. 186)

Abschnitte	Texte	Zusatzmaterialien und Klausurvorschläge
	– Der sich befreiende Mensch (LB, S. 38) – Henry David Thoreau: Von der Pflicht zum Ungehorsam (LB, S. 38) – Albert Camus: Der Mensch in der Revolte (LB, S. 39) – Jean-Paul Sartre: Tote ohne Begräbnis (LB, S. 40) – Jean-Paul Sartre: Die Existenz geht der Essenz voraus (LB, S. 40) – Jean-Paul Sartre: Der Mensch – zur Freiheit verurteilt (LB, S. 41)	– **Zusatzmaterial 14:** Tafelbild zu Camus: „Nein!“ (LB, S. 187) – **Zusatzmaterial 15:** Mögliche Tafelbilder zu Sartre (LB, S. 188) – **Klausurvorschlag 4:** Jean-Paul Sartre: Die Republik des Schweigens (LB, S. 223)
• Utopien: Ausdruck der Freiheit (SB, S. 100 ff.)	– Tagtraum und Märchen (LB, S. 41) – Jan Born: Wir spinnen uns unsere Träume zusammen (LB, S. 42) – Thomas Morus: Die Insel Utopia (LB, S. 42) – Herbert Wilkens: Freiheit von Arbeit – ein Recht auf Auskommen? (LB, S. 42) – Johan Huizinga: Homo ludens – Der spielende Mensch (LB, S. 43) – Die Spiele der Menschen (LB, S. 43) – Spielräume der Freiheit: Die Kunst (LB, S. 43) – Friedrich Schiller: Der Spieltrieb – Spielräume der Freiheit: Architektur (LB, S. 44)	– **Klausurvorschlag 5:** Julia Decker: Was heißt es, sich frei zu entscheiden? (LB, S. 224) – **Zusatzmaterial 16:** Günter Wallraff: Am Fließband (LB, S. 189) – **Zusatzmaterial 17:** Die Arten der Entfremdung nach Karl Marx (LB, S. 190) – **Zusatzmaterial 18:** Keine Macht für niemand – Freiheit in der Popmusik (LB, S. 191) – **Klausurvorschlag 6:** Franz J. Degenhardt: Irgendwas mach ich mal (LB, S. 225)

• Der Mensch in der Geschichte (SB, S. 108 ff.)	– Georg Büchner: Der Fatalismus in der Geschichte (LB, S. 45)
	– Arthur Schopenhauer: Die ewige Wiederkehr des Gleichen (LB, S. 46)
	– Aphorismen zu „Geschichte“
	– **Standpunkte kontrovers:** *Gibt es in der Geschichte einen Fortschritt?* (LB, S. 46)
	  – „Geschichte verläuft nach einem vernünftigen Plan“ – die Geschichtsphilosophie von G. W. F. Hegel
	  – Breyten Breytenbach u. a.: „Es gibt keinen Fortschritt“
	– Aleida Assmann: Die Zeitkonzepte der „Moderne“ und „Postmoderne“ (LB, S. 47)
		– **Zusatzmaterial 19:** Schaubild zu Hegel (LB, S. 192)

Abschnitte	Texte	Zusatzmaterialien und Klausurvorschläge
	- Jean-François Lyotard: Zu den großen Erzählungen (LB, S. 48) - Aleida Assmann: Ist die Zeit aus den Fugen? (LB, S. 48) - Richard von Weizsäcker: Ein Tag der Befreiung – Rede am 8. Mai 1985 vor dem Bundestag (LB, S. 49) - Iris Hanika: Das Eigentliche (LB, S. 50)	- **Klausurvorschlag 7:** Günther Anders: Selbst das eigene Ende wurde unterschlagen (LB, S. 226) - **Klausurvorschlag 8:** Eric Hobsbawm: Rückblick auf das letzte Jahrhundert (LB, S. 227)

Zum Einstieg S. 38 f.

Die Kapitel und Fragestellungen zum Wesen des Menschen sind insgesamt als Angebot zur Öffnung vorgängiger Perspektiven angelegt worden. Dazu ist es hilfreich, sich diese eigenen vorgängigen Zuschreibungen zunächst bewusst zu machen.

Der Einstieg soll den Schülern bewusst machen, welche anthropologischen Zuschreibungen sie unbewusst gegenüber Menschen anderer Zeiten, aus anderen Lebensräumen, anderen Kulturen machen. Mit der Reflexion über all diese Zuschreibungen mag sich im Laufe des Unterrichtsfortschritts eine Erschütterung verschiedener Fixationen ergeben:

Kulturchauvinismus, Gender-Vermutungen, Negativ- oder Positivbewertungen, Speziesismus insgesamt.

Die vermutliche Einstellung der Lernenden zu Frühmenschen, es handele sich um eine weniger entfaltete, „wildere" menschliche Vorform des heutigen, kulturell vielfältiger agierenden Exemplars, könnte eine erste solche Erschütterung erfahren.

Die archäologische Arbeit der letzten Jahrzehnte war außerordentlich produktiv und hat die Erkenntnisse zur Frühgeschichte des Menschen entscheidend verbessert:

- Die Höhlenmalereien können seit Entdeckung der französischen und spanischen Höhlen entscheidend zum Kunstbegriff beitragen. Kunst wird damit vom vermuteten „Endprodukt" menschlicher Kultur zu ihrem Beginn. Die Verankerung von Kunsttätigkeit, Schöpfertum kann als transzendierende, anthropologische Konstante erarbeitet werden und als wesentliches Merkmal des Menschen aller Epochen beschrieben werden. Die Unterscheidung zwischen „naiver" und „elaborierter" Kultur wird fraglich werden.
- Die Zeichnungen selbst arbeiten sowohl figürlich als auch symbolisch. Es kann große Freude bereiten, die symbolischen/metaphorischen Anteile der Bilder von den konkreten/figürlichen zu unterscheiden und zu befragen.

Zudem kann das Zusammenspiel von changierenden Zeichnungen und Feuerschein als Technik einer frühen „Filmkunst" beschrieben werden, die Realismusdebatte in der Kunst also bereits für die Jungsteinzeit befeuern: Ist Kunst eine Abbildung des Wirklichen? Soll sie etwas anderes sein?

Damit sind wir bei ästhetischen Fragen der Gegenwart, eine anthropologische Fortentwicklung seit 40 000 Jahren erscheint vor diesem Hintergrund fraglich.

- Die Differenziertheit der Kultur des „Mannes aus dem Eis" /Ötzi zeigt sich an den bei ihm gefundenen Gegenständen: wärmedämmende Kleidungstechnologie, medizinische Kenntnisse und Operationstechnik, Jagdstrategien, Feuerungstechnik. Ihn als unwissenden „Wilden" zu bezeichnen, wird sich mit wachsender Kenntnis verbieten.
- Nebenbei erfahren die Schüler etwa die Lebensumstände in Mittel- und Westeuropa während der letzten Kaltzeit, die vor etwa 115 000 bis 110 000 Jahren begann und vor etwa 12 500 bis 10 000 Jahren endete. Die wissenschaftliche Erforschung alter menschlicher Funde ermöglicht später eine gründlichere Abgrenzung von Welterschaffungserklärungen in Mythos und Wissenschaft (vgl. SB, S. 46).
- Die wissenschaftlichen Theorien zum „Ursprung des Menschen" ebenso wie zum Beginn der Welt sind einerseits faktenbasiert, archäologische Funde sind hierfür ein anschauliches Beispiel (vgl. physikalische Fakten zum Ursprung des Kosmos).

Andererseits sind die Theorien fehleranfällig, denn die Interpretation der Fakten unterliegt dem akademisch jeweils vorherrschenden Verständnishorizont. Man kann die Schüler zum Symbolsystem in den Höhlenmalereien befragen: Welche Zeichen können wir bereits lesen? Wobei würde es uns helfen, wenn wir alle Symbole lückenlos lesen könnten? Wie wird es unser Verständnis von der Höhle insgesamt verändern, wenn wir sie irgendwann lesen können?

So kommt es zu einem Fortschritt bei der Ausdeutung alter Funde, der dem wissenschaftlichen Fortschritt geschuldet, aber auch zu verdanken ist. (Z. B. wurden alte Siedlungsstrukturen auf Sardinien, sogenannte Nuragen, zunächst als Verteidigungsbauten verstanden, heute nimmt man an, es seien eher Vorratstürme gewesen. In das Verständnis der Bauten auf Sardinien passt ein größerer Teil vorher unverstandener Fundstücke, damit ergibt sich eine „bessere" Theorie des Siedlungszusammenhangs.)

Die Begründung für die jeweilig neue Interpretation muss sich jeweils rational (also logisch-systematisch passend und an Fakten belegt) überprüfen lassen, damit man nach und nach zu einem verbesserten Verständnis des noch Unverstandenen vordringen kann. Diese gedankliche Arbeit kann an der Einstiegsseite exemplarisch exerziert werden.

Die Beschäftigung mit Mythen zeigt demgegenüber unveränderliche Interpretationen, die andere Inhalte und Wissensformen repräsentieren und als Kulturgüter tradiert werden müssen (vgl. SB, S. 42–49).

Selbstdeutungen des Menschen im Mythos

Der griechische Mythos vom Eros (nach Platon)

Zu den Aufgaben S. 43

4 **Agape** ist ein griechisches Wort für *Liebe*, welches durch das Neue Testament auch außerhalb des Griechischen zum festen Begriff geworden ist. Es bezeichnet eine göttliche oder von Gott inspirierte uneigennützige Liebe.

Eros bezeichnet in der antiken griechischen Literatur und in der philosophischen Tradition eine unterschiedlich definierte und beschriebene Form starken Begehrens oder Verlangens, das den Menschen wie eine übermenschliche Macht zu ergreifen scheint und daher mythisch auf die Einwirkung der Gottheit Eros zurückgeführt wurde.

Sexus ist der biologische Unterschied zwischen den Geschlechtern und die biologisch-evolutionäre Begründung für die Anziehung der beiden zueinander. Ähnlich wie die *Libido*, Begriff für die natürliche Lust an Sexualität (lateinisch *libido*: „Begehren, Begierde"), stammt Sexus aus einem eher physiologischen Analysefeld, Libido aus einem psychologischen. Beides beschreibt die Anteile der Energie, die mit den Trieben der Sexualität verknüpft sind – die psychische und die körperliche. Als Synonym zu sexueller Lust und Begehren ist *Libido* inzwischen auch in den allgemeinen Sprachgebrauch eingegangen.

Der biblische Mythos vom Sündenfall und der Vertreibung aus dem Paradies

Zu den Aufgaben S. 47

3 Die Strafen des Göttervaters Zeus und des biblischen Gottes beziehen sich allesamt auf die Eigenständigkeit des Menschen, seine Zufriedenheit, seine Freiheit. Dass Eva wählen kann zwischen Gehorsam und Ungehorsam, dass die Kugelmenschen ohne Sehnsucht selbstzufrieden existieren, dass sie mit Prometheus Feuer entfachen können, ist für die Götterwelt offenbar unerträglich. Die Strafen stellen jeweils einen unfreien Zustand her, in dem die jeweilige Götterwelt auf eine Chance auf eine demütige Unterwerfung der Menschheit hoffen kann.

5 Poppers Wissenschaftsbegriff ist auf die Überwindung von Fehlannahmen gerichtet und damit auf Fortschritt. Er beschreibt die Methode, über stetige Falsifizierungen der geltenden Erklärungen die verbleibenden Fehler nach und nach herauszufinden und damit „besseres Wissen" zu erlangen.

Der Mythos zielt demgegenüber gar nicht auf Wissen in diesem Sinne, er entziffert eher paradoxe oder rational nicht lösbare Probleme mithilfe von Bildern und Gleichnissen, muss also parabolisch aufgelöst werden. Zum Beispiel kann die Frage, warum der Mensch grundsätzlich mit nichts für längere Zeit zufrieden ist, nicht mit Antworten der Wissenschaft beantwortet werden. Eine mythische Antwort auf diese Frage kann demnach nicht wissenschaftlich falsch oder richtig sein, sondern im Sinne eines Verständnisses für den Menschen nur mehr oder weniger zutreffend.

Mit den Schülerinnen und Schülern könnten bereits zu Beginn des Kapitels „Selbstdeutungen des Menschen ..." Fragen gesammelt werden, die sich für eine wissenschaftliche Antwort nicht eignen, dennoch aber wichtige Fragen des Menschseins sind. So entsteht eine Plausibilität für Mythen, bevor die Problematisierung auf S. 46 (SB) angeleitet wird.

- Woher stammt die erotische Anziehung/Sehnsucht des Menschen? (Wenn nicht der griechische Mythos die Antwort gibt ...)
- Mit welchem Merkmal hat sich die Spezies Mensch wirklich von den Tieren entfernt?
- Warum handeln Menschen gelegentlich böse, obwohl sie das Gute kennen?
- Was genau ist Heimweh?
- Warum hat der Mensch einen Begriff von „Gerechtigkeit", obwohl er sie nirgends in Reinform beobachten kann?
- Warum müssen wir sterben?

Bruce Chatwin: Wie die Erde gesungen wurde ... – der Mythos der australischen Ureinwohner

Zu den Aufgaben S. 49

4 Hilfreich ist die Anlage einer Tabelle und der Entwurf von Vergleichskategorien, die Schüler/-innen könnten weitere Vergleichsachsen finden.

Parameter	Prometheus	biblisch	Aborigines
Anlass der Weltentstehung	Das Schicksal lässt es „an der Zeit sein“.	Gottes Wille	Die Formen des Lebens liegen schlafend ... als Anlage bereits in der irdischen Substanz vor.
Erster Beweger	Das Schicksal → Götter gehen an die Arbeit → Epimetheus und Prometheus erhalten den Auftrag der Ausstattung → Fehler des E. wird von P. durch einen Raub an den Göttern kompensiert (das Feuer und das Schmiedenkönnen von Hephaistos und Athene).	Trennung von Licht/Schatten, Festem und Wasser, Erschaffung der Landschaft, Pflanzen, Tiere, Menschen	Die Sonne hat das Verlangen, geboren zu werden ... → Wärme erweckt die Ahnen, die „niemals jung gewesen waren“, also der Zeit enthoben waren. Diese beginnen zu gebären.
Rolle des Menschen	Selbstständigkeit aus zweiter Hand: Seine Geschenke nutzen: die Handwerkskunst und das Feuer als Kunst gebrauchen, damit also schöpferisch sein (abgeleitet von der Schöpferkraft der Götter)	Abbild Gottes: 1. soll ebenfalls herrschen – aber nur über andere irdische Wesen, Aufträge erfüllen ... 2. freie Entscheidung und Ungehorsam sind möglich	Ahnen: 1. Selbst erwachen 2. Selbstbenennung „ich bin“ 3. Nennung weiterer Namen für weitere Dinge 4. Die Welt in ein Liedernetz einhüllen 5. Rückkehr ins Innere
Motive/Bilder	Sonne/Feuer/Schmiedekunst Brüder E. und P. Raub als Motiv mangelnder Demut/Ordnung	Frucht am Baum der Erkenntnis Angst/Nacktheit/Scham Schlange/kriechende Haltung Arbeit/Mühsal/Schmerz Vertreibung aus dem Paradies	Erwachen – Benennen/ Sprechen/ Singen → die musikalische Spur
...			
...			

Mensch und Kultur

Aristoteles: Die Hand – „Werkzeug aller Werkzeuge“

Zum Text S. 50

Ein Vergleich mit dem folgenden Text von Kant bietet sich an:

Teleologisches Denken bei Kant

Alle Naturanlagen eines Geschöpfes sind bestimmt, sich einmal vollständig und zweckmäßig auszuwickeln. Bei allen Tieren bestätigt dieses die äußere sowohl als innere oder zergliedernde Beobachtung. Ein Organ, das nicht gebraucht werden soll, eine Anordnung, die ihren Zweck nicht erreicht, ist ein Widerspruch in der teleologischen Naturlehre. Denn, wenn wir von jedem Grundsatze abgehen, so haben wir nicht mehr eine gesetzmäßige, sondern eine zwecklos spielende Natur; und das trostlose Ungefähr tritt an die Stelle des Leitfadens der Vernunft.

Immanuel Kant: Idee zu einer allgemeinem Geschichte in weltbürgerlicher Absicht, Erster Satz, in: Berlinische Monatsschrift 11 (1784), S. 385 ff.

Zum Bild S. 50

Albrecht Dürer: Studie einer Hand

Albrecht Dürer (1471–1528) hat Hände sehr häufig gezeichnet, von einfachen Fingerübungen bis zu Gesten und Tätigkeiten. Es sind oft akribische Vorarbeiten zu großen Gemälden wie z. B. „Jesus unter den Schriftgelehrten“. Berühmt geworden sind vor allem die „Betenden Hände“ (1508), die die Hände eines betenden Apostels zeigen.

Aristoteles: Der Mensch braucht Gemeinschaft

Zum Text S. 51

Stufenbau menschlicher Zusammenschlüsse: Mann/Frau (Ziel: Fortpflanzung, Arterhaltung), Herr/Sklave (Ziel: Arterhaltung durch Arbeitsteilung Kopf-Hand), Hausgemeinschaft/Familie (Ziel: Regelung des täglichen Zusammenlebens), Dorfgemeinschaft (Ziel: Befriedigung von „über den Tag hinausreichenden Bedürfnissen“), Staat/Polis (Ziel: „um des Lebens willen“ entstanden, „um des vollkommenen Lebens willen“ bestehend). Unter der Vollkommenheit versteht er die sittliche Vervollkommnung der Bürger (vgl. Z. 34–38.)

Zu den Aufgaben S. 51

1 **2** Der Mensch ist im Gegensatz zu anderen Lebewesen vernunftbegabt, tätig handelnd, werkzeugherstellend und -gebrauchend. Somit liegt der Zweck seiner Existenz in sich selbst. Aristoteles setzt zwei Prämissen. Erstens: Die Natur verwirklicht von allen Möglichkeiten immer die beste. Zweitens: Der Zweck ist der Ursprung eines Dings, einer Sache. Bezogen auf die Aussage des Anaxagoras bedeutet dies, dass die Natur nur demjenigen ein Werkzeug zuteilt, der damit auch umgehen kann. Der Mensch ist somit alles andere als ein „Mängelwesen", wie ihn Gehlen bezeichnen sollte (SB, S. 53), sondern ihm sind viele Hilfsmittel gegeben, die er selbst verändern und weiterentwickeln kann, was ihm somit göttliche Qualitäten verleiht. Vergegenständlicht ist dies in der Multifunktionalität der Hand.

3 Der Staat ist Endstufe und Ziel aller menschlichen Bestrebungen. Als Ziel ist er von Natur aus Anfangspunkt der Entwicklung (vgl. Z. 37 f.).

4 Die Diskussion sollte beleuchten, dass die These sowohl eine Zumutung beinhaltet als auch eine Zusage: Der Mensch sei **bedürftig** der Gemeinschaft und **erlange erst darin** seine spezifische Würde.
Wer sich den Aufgaben der Gemeinschaft nicht stelle, unterschreite die Möglichkeiten des Menschseins, oder er erhebe sich unrechtmäßig über seine Natur, als könne er sich selbst genügen.
Hilfreich für SuS ist ein kleiner Fünf-Minuten-Schreibauftrag zu Beginn der Diskussion: „eine Widerrede formulieren" ... Widersprechen Sie Aristoteles in fünf Sätzen!

5 Schüler könnten auch hier zu jeweils drei Beispielen aufgefordert werden: Wo zeigt sich Ihrer Meinung nach, dass Aristoteles' Ansicht überholt ist?

Mögliche weitere Arbeitsaufträge:
1. Reflektieren Sie Ihre eigenen Erfahrungen mit Alleinsein und Gemeinschaftsleben und vergleichen Sie dies mit den Aussagen des Aristoteles.
2. Wie würde Aristoteles die zunehmende Zahl von Singlehaushalten („Atomisierung der Gesellschaft") bewerten? Wie das Leben einer Mönchsgemeinschaft, wie das eines Eremiten?

Karl Marx: Durch die Arbeit verändert der Mensch seine eigene Natur

Zum Text S. 52

In Anlehnung an Hegels geschichtsphilosophische Deutung der Weltgeschichte als eines sich in den verschiedenen Formen seiner Entfremdung entfaltenden Geistes mit dem Ziel der Selbstfindung entwickelt Marx die anthropologische Bestimmung des Menschen als Gattungswesen, das sich selbst in freier, bewusster Tätigkeit (Arbeit) hervorbringt und entwickelt („seine eigene Natur verändert"). Siehe dazu auch die Biografie im SB, S. 406, in der u. a. auch das Marx'sche Verständnis von Sinn und Rolle der Arbeit dargestellt ist. Die Arbeit, von Marx ursprünglich als Mittel zur Selbstverwirklichung aufgefasst (durch die Arbeit wird der Mensch erst zum Menschen), verkehrt sich im Kapitalismus ins Gegenteil: Durch Spezialisierung, Arbeitsteilung und Mehrwertabschöpfung durch den Kapitalisten wird der Arbeitende seiner Arbeit entfremdet und seine Arbeitskraft ausgebeutet.

Entfremdung des Menschen
- vom Produkt seiner Arbeit, das zur Ware wird und dessen Wert sich nicht aus dem Prozess und Gebrauch ergibt, sondern auf den Warenwert (Geld) reduziert wird;
- von seiner Arbeit, da sie nur noch der Selbsterhaltung dient (Zwangsarbeit) und die Arbeitskraft selbst zur Ware wird (Prostitutionscharakter);
- von seinen Mitmenschen, da Konkurrenzverhalten und Abhängigkeit zunehmen;
- von sich selbst.

Zu den Aufgaben S. 52

1 Das Unterscheidungskriterium ist nicht das Produkt selbst, sondern die Art seines Entstehens bzw. das Verhältnis zu seinem Hervorbringer.

2 Siehe die Erläuterungen zum Text. Die Schüler können in diesem Zusammenhang eigene Tätigkeiten (vom Ferienjob über Praktika bis zum Malen eines Bildes) oder die Arbeit ihrer Eltern mithilfe der Marx'schen Begriffe analysieren. Diskussionsmöglichkeit: Ist die jeweilige Tätigkeit Arbeit im Sinne von Selbstverwirklichung oder eher Entfremdung? Sind die Unterscheidungen von Marx überhaupt sinnvoll?

3 Unsere Gesellschaft definiert sich weitestgehend über Arbeit und Beruf. Arbeitslosigkeit bedeutet demnach: Gefühl von Überflüssigsein, Ansehensverlust, sozialer Abstieg, Verlust von sinnerfüllender Tätigkeit. Möglicher Ausweg: Abkopplung der Arbeit von Erwerbsarbeit, z. B. durch ehrenamtliche Tätigkeit.

Arnold Gehlen: Der Mensch als Mängelwesen und als Prometheus

Zum Text S. 53

Gehlen gibt in seiner Anthropologie eine biologische Erklärung der Kultur, da sie auf biologisch feststellbaren Eigenarten des Menschen beruht, die Gehlen als „Mangel" deutet. Wie Prometheus gleicht der Mensch diesen Mangel durch aktives Handeln aus, indem er die Natur für sein Überleben umgestaltet und sich die Kultur als zweite Natur schafft. So ist der Mensch biologisch zur Naturbeherrschung gezwungen.

Zu den Aufgaben S. 53

1

Tafelbild

Tier	**Mensch**
spezialisiert	primitiv-unspezialisiert
instinktgesteuert	instinktarm
funktional-spezialisierte Organe	organisch mittellos nicht überlebensfähig
umweltgebunden	weltoffen (umweltenthoben), Reizüberflutungen ausgesetzt
Instinktsicherheit sichert Überleben	Kultur sichert Überleben Kultur als „zweite Natur“

2 Gehlen sieht die Prometheus-Figur positiv, während Jonas die Schattenseiten prometheischen Handelns in den Blick rückt (s. SB, S. 226).

3 Die Brüchigkeit der „zweiten Natur“ zeigt sich in
- von Menschen verursachten neuartigen Gefährdungen (z. B. Atombombenversuche und -abwürfe, radioaktive Verstrahlung durch Atomreaktorunfälle, Klimaveränderungen durch CO_2-Ausstoß, Verkehrsunfälle);
- der Abhängigkeit von Rohstoffen;
- der Hilflosigkeit angesichts unvorhersehbarer Naturereignisse (Erd- und Seebeben, Vulkanausbrüche, Überschwemmungen);
- der Verletzlichkeit durch die Anfälligkeit hoch technisierter Systeme (z. B. Stromausfall, Zusammenbruch von Kommunikationssystemen).

Ist der Mensch eine Maschine? – das Leib-Seele-Problem

Stanisław Lem: Gibt es Sie, Mr. Johns?

Zu den Aufgaben S. 59

1 Die Argumente für und gegen die These sollen beleuchtet werden:
- Die Absichten des Unternehmens stehen im Horizont des kommerziellen Zweckes eines solchen Unternehmens: Geld verdienen zu wollen, ist aber einem Marktteilnehmer gegenüber, wie es Mr. Johns ist, nicht „tückisch“, sondern erwartungsgemäß.
- Dass das Unternehmen die besondere existenzielle Abhängigkeit ihres Kunden nicht als Problem dieses Horizontes erkennt, kann als „tückisch“ interpretiert werden. Mr. Johns’ Identität ist vom Ergebnis des Marktgeschehens allerdings viel abhängiger als etwa die Identität des Präsidenten von Cybernetics Comp. Insofern sind die Waffen nicht gleich verteilt. Der jeweils „freiere“ Marktteilnehmer kann die Zwangslage des anderen tückisch ausnutzen.
- Diskutieren kann man die Anfangsmotivation von Mr. Johns, Rennen zu fahren und sich letztlich in die Abhängigkeit eines Körperteileherstellers zu geben. War diese Entscheidung „frei“? Über die väterliche Erziehung zum Auto kann auch diese Freiheit problematisiert werden.
- Die narzisstische Figurenzeichnung des Rennfahrers kann problematisiert werden oder auch „typisch menschliche Schwäche“ als Entschuldigung formuliert werden.

Die ungleichen Ausgangssituationen von Marktteilnehmern können auch auf weniger pointierte Märkte ausgeweitet reflektiert werden. Jedes Geschäft hat einen relativen „Gewinner“ und einen „Verlierer“. Insofern sind der Markt und seine Beziehungen stets „tückisch“.

3 Descartes nennt den Geist des Menschen „ein und denselben Geist, der empfindet“, auch wenn man einzelne Teile des Körpers abschneidet. Er würde dem zusammengeflickten Rennfahrer also einen integren Geist zusprechen.

Der Mensch – von der Vermessung zur technischen Reproduktion

Zu den Bildern S. 60

„Transhumanismus“ (zusammengesetzt aus lateinisch *trans = jenseits, über, hinaus* und *humanus = menschlich*) ist eine philosophische Denkrichtung, die die Grenzen menschlicher Möglichkeiten, sei es intellektuell, physisch oder psychisch, durch den Einsatz technologischer Verfahren erweitern will. Die Interessen und Werte der Menschheit werden als „Verpflichtung zum Fortschritt“ angesehen.

Die Vertreter des Transhumanismus finden sich vor allem im angelsächsischen Raum. Es handelt sich dabei um eine lose und heterogene Verbindung von Vertretern unterschiedlicher soziokultureller Hintergründe und unterschiedlicher Disziplinen. Transhumanisten sehen die Wurzeln ihrer Philosophie im Renaissance-Humanismus und dem Zeitalter der Aufklärung angelegt. Es wird von Transhumanisten intensiv diskutiert, ob und inwiefern Friedrich Nietzsche als Ahnherr des Transhumanismus angesehen werden kann und sollte.

Der Biologe und Eugeniker Julian Huxley hat 1950 in seinem Buch *New Bottles for New Wine* den Begriff Transhumanismus im gleichnamigen Kapitel postuliert:

„Mensch, der Mensch bleibt, aber sich selbst, durch Verwirklichung neuer Möglichkeiten von seiner und für seine menschliche Natur, überwindet.“

Eine moderne Definition des Transhumanismus geht auf Max More zurück:

„Transhumanismus ist eine Kategorie von Anschauungen, die uns in Richtung eines posthumanen Zustands führen. Transhumanismus teilt viele Aspekte mit dem Humanismus, einschließlich eines Respekts vor Vernunft und Wissenschaft, einer Verpflichtung zum Fortschritt und der Anerkennung des Wertes des menschlichen (oder transhumanen) Bestehens in diesem Leben. [...] Transhumanismus unterscheidet sich vom Humanismus im Erkennen und Antizipieren der radikalen Änderungen in Natur und Möglichkeiten unseres Lebens durch verschiedenste wissenschaftliche und technologische Disziplinen [...].“

Die frühen Transhumanisten trafen sich formal in den frühen Achtzigerjahren an der Universität von Kalifornien in Los Angeles, die zur zentralen Anlaufstelle für Transhumanisten wurde.

Der Schwerpunkt der Transhumanismus-Bewegung ist die Anwendung neuer und künftiger Technologien, u. a.:

- Nanotechnologie, Biotechnologie mit Schwerpunkten in der Gentechnik und der regenerativen Medizin
- Gehirn-Computer-Schnittstellen, das Hochladen des menschlichen Bewusstseins in digitale Speicher
- Entwicklung von Superintelligenz, Weiterentwicklung der Kryonik

Die Technologien sollen es jedem Menschen ermöglichen, seine Lebensqualität nach Wunsch zu verbessern, sein Aussehen sowie seine physikalischen und seelischen Möglichkeiten selbst bestimmen zu können. Niemand soll zu irgendeiner Veränderung gezwungen werden.

Es lassen sich im Transhumanismus Unterströmungen ausmachen, die aber selten klar voneinander abgegrenzt sind:

- Demokratischer Transhumanismus: Eine politische Philosophie, die liberale Demokratie, Sozialdemokratie und Transhumanismus zusammenführt
- Extropianismus: Eine Richtung des Transhumanismus, welche sich bemüht, die weitere Evolution des Menschen proaktiv zu beschleunigen
- Singularitarianismus: Eine Bewegung basierend auf dem Glauben, dass eine technologische Singularität – die Erschaffung einer Superintelligenz – möglich ist, und überlegte Tätigkeit befürwortet, um diese in sicherer Form herbeizuführen. Diese Phase wird als Transzendenz der menschlichen Spezies gesehen.

Die Eugenik spielt im Transhumanismus eine zentrale Rolle. Allerdings hofft man, nicht durch Sterilisation eine Geburt zu verhindern, sondern durch Genmanipulation für die Geburt eines gesunden Kindes zu sorgen. Dabei soll die menschliche Evolution künftig, an vom Menschen gewählten Zielen orientiert, gesteuert werden. Diese Züchtung von Menschen soll nicht in staatlicher Hand liegen (wie etwa von der nationalsozialistischen Eugenik angestrebt), sondern in die Hände der einzelnen Eltern gelegt werden.

In Deutschland knüpfen ähnliche Diskussionen eher an Friedrich Nietzsches Begriff des *Übermenschen* an und sind damit nicht vornehmlich technisch orientiert, sondern immer auch von Gedanken einer kulturellen Weiterentwicklung durchdrungen.

Quelle: https://de.wikipedia.org/wiki/Transhumanismus [25.07.2017]

„Der Mensch ist nicht einmal Herr im eigenen Haus“ – Psychoanalyse

Sigmund Freud: Die psychische Struktur des Menschen

Zum Text S. 62 f.

Ich – Es – Über-Ich: Der seelische Apparat nach Freud

Das Ich ist der Kern der Persönlichkeit, die bewusste Instanz, die Erlebnisse und Handlungen einer Person steuert. In der Psychoanalyse wird das Ich als diejenige Organisationsinstanz des psychischen Apparates neben dem Es und dem Über-Ich angesehen, die zwischen den Erfordernissen der Realität (Umwelt), den Triebwünschen des Es und den moralischen Forderungen des Über-Ichs (Gewissen) vermittelt. [...]

Das Es umfasst die Gesamtheit des Unbewussten. Neben den triebhaften Bedürfnissen und Impulsen findet sich im Es auch das Abgewehrte und Verdrängte. Das Es kann man sich als einen „brodelnden Kessel“ vorstellen, in dem sich alle Wünsche und Bedürfnisse gleichzeitig rühren; es kennt keine Ordnung und keine Zeit, sondern nur das Lustprinzip. Die Triebenergie des Es ist der Motor menschlichen Fühlens und Handelns: Die Libido (ein Teil des Lebenstriebes) bildet die Grundlage für Interesse, Freundschaft und Liebe, der Aggressionstrieb die Basis für Kampf und Zerstörung, aber auch für alles, was Initiative und Zupacken erfordert, wie zum Beispiel die Arbeit. Freud sah es als Aufgabe des Ichs an, das Es zu zügeln; das kommt in der berühmten Formulierung zum Ausdruck: „Wo Es war, soll Ich werden.“

Brockhaus Psychologie, Leipzig/Mannheim 2001, S. 258, 149

Zu den Aufgaben S. 63

3 Freud stellt den Menschen zwar als ein von seinen Trieben gesteuertes Lebewesen dar, das sich aber dieses Umstandes bewusst werden kann und in der Lage ist, ein starkes Ich auszubilden („Wo Es war, soll Ich werden.“). Dies ist auch das therapeutische Ziel der von Freud entwickelten Psychoanalyse.

Sigmund Freud: Die Bedeutung der Träume

Zu den Aufgaben S. 66

1 Die Traumdeutung ist für den Psychoanalytiker deshalb von großer Bedeutung, weil bei der Traumbildung „Anteile des unbewussten Es" (SB, S. 66, Z. 15) beteiligt sind, die dem Ich im Wachzustand nicht zugänglich sind. Die Aufdeckung von Verdrängtem ist durch die Traumdeutung möglich. Allerdings ist der Traum auch deutungsbedürftig, da das Ich sich sträubt, das Verdrängte ins Bewusstsein dringen zu lassen. So ist der erinnerte und erzählte Traum der „manifeste Trauminhalt", hinter dem verborgene Motive/Bedeutungen stecken, die „latenten Traumgedanken". Die Traumarbeit ist der „Vorgang, der aus den Letzteren den Ersteren hervorgehen" lässt (SB, S. 66, Z. 9). Zentral hierbei sind die beiden „Werkmeister" (Freud) des Traums: Verdichtung und Verschiebung. Sie erschweren die Deutung eines Traums erheblich: Im Alltag klar Getrenntes und Verschiedenes erscheint im Traum verbunden (Verdichtung), die Wichtigkeit von Ereignissen/Dingen im manifesten Traum und im Traumgedanken differieren (Verschiebung).
Die Traumdeutung ist nun der Versuch auf Basis der Traumerzählung, der freien Assoziationen (unzensiert, nichts ausklammernd, offen auch für nebensächlich oder abwegig Erscheinendes) und Einfällen des Patienten und den Fragen und Deutungen des Analytikers den verborgenen Traumgedanken offenzulegen.
Beispiel für Verdichtung: Verschiedene Personen werden im Traum zu einer einzigen. „Eine solche Mischperson sieht etwa aus wie A, ist aber gekleidet wie B, tut eine Verrichtung, wie man sie von C her kennt, und dabei ist noch ein Wissen, dass es die Person D ist." (S. Freud) Auch scheinbar unsinnige Worte – die berühmten Freud'schen Versprecher – wie etwa die Formulierung: Es sind „Tatsachen zum Vorschein gekommen" (S. Freud), sind Verdichtungen.
In seinen „Vorlesungen zur Einführung in die Psychoanalyse" gibt Freud viele Beispiele für die in der Aufgabe genannten Begriffe. Der Text ist im Internet verfügbar unter http://gutenberg.spiegel.de/buch/926/1.
Referate über die einzelnen Kapitel bieten sich zur vertiefenden Beschäftigung mit dem Thema an.

3 **Mögliche Werke sind:**
Filme: Inception (Regie: Christopher Nolan, USA 2010); Dreamscape – Höllische Träume (Regie: Joseph Ruben, USA 1984); Geheimnisse einer Seele (Regie: Georg Wilhelm Pabst, Deutschland 1926)

Kunst: Heinrich Maria Davringhausen: Der Träumer; Francisco de Goya: Der Schlaf der Vernunft gebiert Ungeheuer (SB, S. 75)

Literatur: E.T.A. Hoffmann: Der Sandmann; Novalis: Heinrich von Ofterdingen

Christoph Stölzl: Was bleibt von Freud?

Zu den Aufgaben S. 67

1 In erster Linie ein „gewandeltes Rechtsgefühl", das z. B. im Strafrecht bzw. in Strafverfahren seine „tiefsten Spuren hinterlassen hat" und dazu führt, eine „psychologische Autopsie des Verbrechens" vorzunehmen.

Der Mensch zwischen Gut und Böse

Zu den Zitaten S. 68 f.

Goethe: Mephisto richtet diese Worte an Faust in der Szene „Studierzimmer" und gibt sich als „Teil von jener Kraft, die stets das Böse will und stets das Gute schafft", zu erkennen. Dazu M. Kommerell: „Ist Faust die Person, so ist Mephisto das Nein zu diesem Prinzip, obschon ihn die Person nicht entbehren kann [...] Es erinnert an Leibniz, wenn das Böse im großen Haushalt gerechtfertigt wird. Gott setzt den Teufel; nicht sich selbst, aber dem Leben zur Belebung. Damit Farbe sei, bedarf es der Mithilfe des Finsteren [...] Der Haushalt, der ihn einschränkt, sichert ihn auch. Er wird immer kleine Spiele gewinnen und große Spiele verlieren, vor allem: er wird immer spielen" (zitiert nach Erich Trunz: Goethe: Faust). Bereits die Volkssage, die Goethe in seinem Werk aufgriff, spricht von einem verhängnisvollen Pakt mit dem Teufel als dem Destruktiv-Negierenden. Die Radierung von Titus Lerner zeigt das Doppelgesichtige, Maskenhafte und Verführerische Mephistos, während Faust nachdenklich-überlegend den Einflüsterungen zuhört.
Dürrenmatt: Bei dem Textausschnitt handelt es sich um die Charakterisierung des Verbrechers Gastmann durch den Schriftsteller. Er sieht in Gastmann die Personifizierung des Nihilismus. Gut und Böse sind bei Gastmann nicht an Werte gebunden, sondern der absoluten Willkur des Einzelnen und dem Zufall unterworfen.
Arendt: Das Zitat stammt aus Arendts Bericht über den Eichmann-Prozess 1961 (s. SB, S. 79 und S. 188) und veranschaulicht das, was sie in den Begriff „Banalität des Bösen" fasste, der die Veralltäglichung des Bösen im Nationalsozialismus zeigt.
Bettelheim: In seinem Buch „Kinder brauchen Märchen" zeigt Bettelheim, dass viele Märchenmotive und -figuren die innere Wirklichkeit von Kindern unmittelbar ansprechen und ihnen dadurch Anregung, Orientierung und Ermunterung vermitteln.
King: Der Text stammt aus „Danse Macabre" (1981), in dem sich King mit fantastischer Literatur und Film beschäftigt. Der Einbruch des Bösen in den Alltag wird nach King einerseits von äußeren Kräften (z. B. in seinem Roman „Es") hineingetragen, schlummert aber auch in der inneren Konstitution des Menschen.
Ein Beispiel für den letztgenannten Aspekt ist die Erzählung „Der seltsame Fall des Dr. Jekyll und Mr. Hyde" (1886) von **Robert Louis Stevenson**: Der Arzt Dr. Jekyll entwickelt ein Elixier, das es ihm ermöglicht, die bisher von ihm nicht zugelassenen, negativen Seiten

seiner Persönlichkeit freizulegen (im Sinne einer Persönlichkeitsspaltung). Schließlich verwandelt er sich – zunächst nur zeitweilig, später dauerhaft – in den missgestalteten, „bösen“ Mr. Hyde, der all das auslebt, was Jekyll unterdrückt hat (sexuelle Ausschweifungen, Verbrechen). Eine moderne Variante dieses Motivs findet sich in dem Roman „American Psycho“ von Bret Easton Ellis (1991).
Badham: Der amerikanische Filmregisseur („War Games“) bezieht sich auf die uralte Kinderschreckfigur des „schwarzen Mannes“, der unsterblich und abgrundtief böse ist.
Dagerman: Vor allem seine ersten Romane und Erzählungen (aus der unmittelbaren Nachkriegszeit) kreisten um die Themen Schuld, Angst und Verzweiflung (z. B. „Schwedische Hochzeitsnacht“, 1949).
Mögliche Erweiterungsfrage: Worin liegen die Ursachen für den in den letzten Jahren festzustellenden Boom der Kriminalliteratur, der Kriminalfilme und der Renaissance des Horrorfilms? (Nervenkitzel? Wirklichkeitsflucht? Reaktion auf zunehmende gesellschaftliche Übersensibilisierung gegenüber jeglicher Aggressionsäußerung und auf eine inflationäre Ausweitung des Gewaltbegriffs? Faszination des Bösen? Besondere Eignung des Genres zur Darstellung sozialpsychologischer Zustände (post-)moderner Gesellschaften?)

Das Böse – theologische und philosophische Deutungen

Zu den Aufgaben S. 71

1 ein Beispiel für eine grafische Strukturierung:

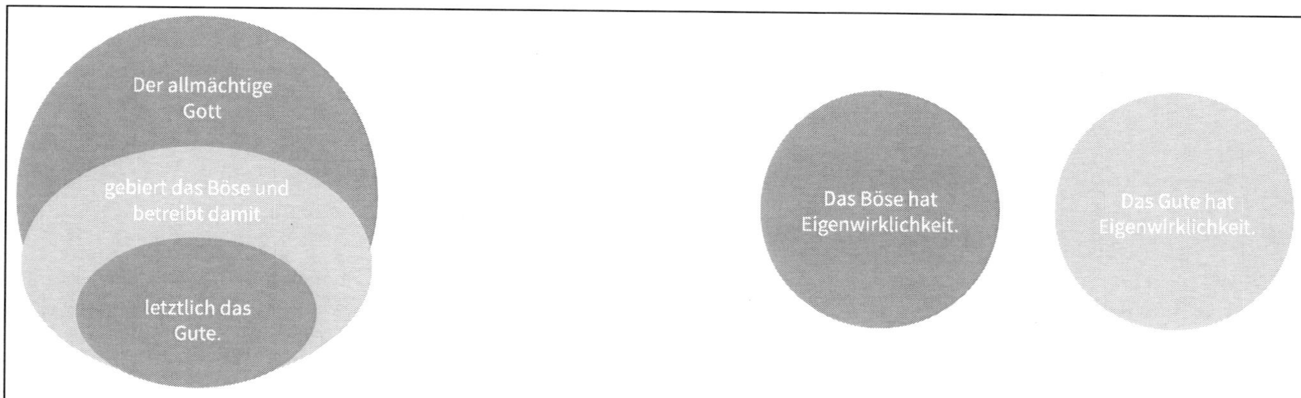

Die monistische Interpretation: Der Mensch kann nicht den ganzen Gott erfassen, daher kommt es zu bösen Taten.

Die dualistische Interpretation: Der Mensch kann beiden Mächten verfallen, daher kann es zu bösen Taten kommen.

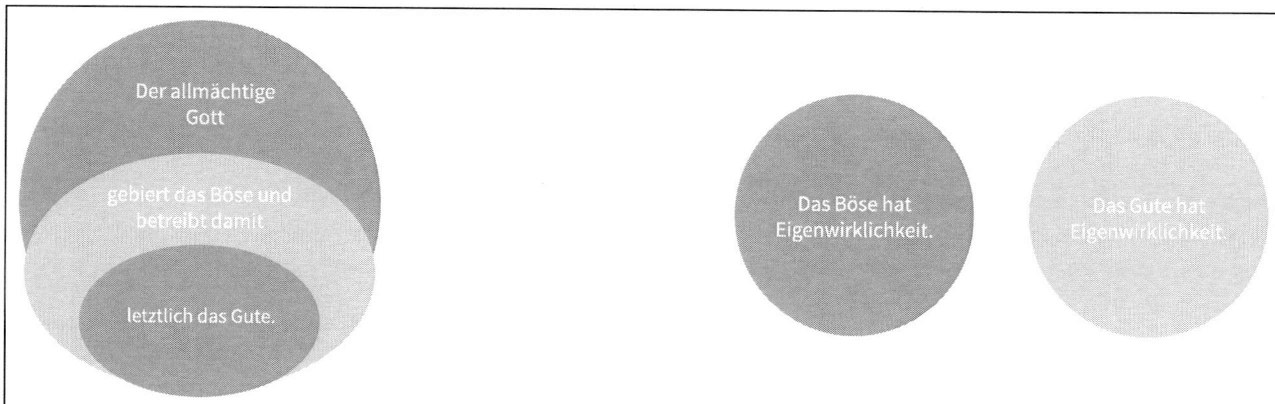

Die monistische **oder** dualistische Sicht

versucht, das Böse zu verstehen/zu ordnen, auch durch Kategorisierung in

metaphysisches, (göttlich erzeugtes) | **natürliches,** (z. B. Erdbeben) | **moralisches Böses,** (menschlich erzeugtes)

was jeweils die Ordnung der Welt gefährdet. Aber jedes Verständnis **lotet die Grenzen der Vernunft aus.**

Mittelalter: Das Böse gefährdet durch des Menschen Fehlbarkeit die göttliche Ordnung.

J.-J. Rousseau: Der Mensch hat sich durch Abkehr vom natürlichen Zustand zum Bösen entwickelt.

I. Kant: Böse ist, was ich mit der Vernunft als falsch hätte erkennen können, aber dennoch gewählt habe.

F. Nietzsche: Das natürliche Böse ist nur eine Projektion des Menschen, der unbedingt verstehen will.

H. Arendt: Das Böse wird manchmal auch aus Gleichgültigkeit ergriffen, ist dann sogar banal.

Aktuelle Philosophie sieht, dass „das Gute" in der Perspektive des einen „das Böse" in der Sicht des anderen sein kann (z. B. Fundamentalismus vs. säkulare Weltsicht).

Aber: Es bleibt bei der Bedrohung des bereits Verstandenen durch das Zufällige, Ungerechte, Grausame, Chaotische.

2 Die Ergänzungen sollen das Schülergespräch vom Anfang systematisch einfügen.

Jean-Jacques Rousseau: Mensch, die Übel rühren von dir her!

Franz M. Wuketits: Die Natur des Bösen

Zu den Aufgaben S. 73

1 Nach Rousseau ist die Welt wohlgeordnet, Güte und damit Gerechtigkeit sind ihre Fundamente. Das „Übel" als „Unordnung" geht allein vom Menschen aus, der sich selbst zu sehr von der Natur entfernt, indem er nur an sein „persönliches Interesse" denkt und nicht auf seine natürlichen „Neigungen" (Z. 18) hört.
Andererseits jedoch trägt der Mensch das „Gute" in sich, das sich in der „Selbstliebe" und der Hinwendung zum Mitmenschen äußert. Die Moral liegt nach Rousseau „im menschlichen Herzen" (Z. 23 f.), d. h., sie ist ihm von Natur gegeben. Daher ist der Mensch von Natur aus gut (siehe auch die Angaben in der Biografie im SB, S. 403).

2 **3** Für den Soziobiologen Wuketits ist die Natur „moralisch absolut neutral" (Z. 12 f.). In ihr zählt nur das Überleben, wofür ihr „alle Mittel recht" sind. Gut und Böse als moralische Kategorien sind als „Spätprodukt der Evolution" (Z. 36) Fiktionen des Menschen, der diese auf die Natur überträgt (anthropomorphe Sicht der Natur). Jedoch sind Aggressivität und Hass „anthropologische Universalien", die dem Bedürfnis „individuellen genetischen Überlebens" (Z. 34 f.) entstammen, und können vom jeweiligen Milieu und den sozialen Rahmenbedingungen positiv oder negativ beeinflusst werden (Z. 47–57).

Das Bild vom „edlen Wilden", wie es Rousseau entwarf, entbehrt nach Wuketits jeglicher Grundlage. Rousseau könnte Wuketits aber entgegenhalten, dass dieser den Menschen auch als Wesen sieht, das letztlich seinen Naturanlagen folgen muss. Aus sozialpsychologischer Sicht könnte man ihm eine biologistische Sicht des Menschen vorhalten, die besonders im letzten Satz zum Ausdruck kommt.

David Buss: Die Idee einer Evolution des Bösen ist gefährlich

Zu den Aufgaben S. 74

1 a.) Sie würde dazu missbraucht, einen Täter zu entlasten und „ungestraft davonkommen zu lassen". b.) Sie würde zwischen der Täter- und Opferperspektive nicht unterscheiden, weil sie z. B. die Tötung Fremder anders behandeln würde als die Tötung von Mitgliedern der eigenen Gruppe bzw. von Stammesgenossen. Ähnlich verhält es sich mit den Tötungsaufrufen im Zusammenhang mit dem Terrorismus. (Die fragwürdigen Jubelszenen in den USA und die öffentlich bekundete „Freude" der Kanzlerin über die Tötung Osama bin Ladens im Mai 2011 durch ein US-Kommando wären weitere Belege.)

2 Die Tatsache nicht zu negieren bzw. „wegzuwischen" versuchen, dass es „dunkle Seiten der menschlichen Natur" gibt. Die Aufforderung, „in den Spiegel zu schauen, um uns dem Bösen in uns selbst zu stellen".

3 Die Diskussion soll die Perspektivität des Begriffs „böse" als Fremdzuschreibung erkennen lassen.

Zum Buchtipp S. 74

„Wenn aus Menschen Mörder werden", so der Untertitel des Buches „Abgründe" von Josef Wilfling. Nach 42 Dienstjahren und der Bearbeitung von rund 100 Fällen von Mord und Totschlag zieht der ehemalige Leiter der Münchner Mordkommission eine Art Fazit. Aus dem Inhalt: „Töten Frauen anders als Männer?", „Perversitäten", „Heimtücke".

Walter Schulz: Verharmlosen Aufklärung und Wissenschaft das Böse?

Zum Text S. 75

Nach Schulz ist eine eindeutige Definition des Bösen nicht möglich. Es existiert aber als „anthropologisches Urphänomen", das auf dem Egoismus gründet und dessen radikalste Ausprägung die Grausamkeit darstellt. Daher ist das Böse eine permanente Bedrohung für den Menschen. Ein mögliches Beispiel für diese Deutung des Bösen als schrankenloser Egoismus bzw. radikaler Individualismus ist der Satanismus im Sinne Aleister Crowleys, dessen Motto lautet: Tue, was du willst. Das Böse sei eine menschliche Anlage, die selbst erkannte Ordnung/Sinnhaftigkeit zu zerstören. Sollte die Wissenschaft behaupten, sie könne das Böse durch rationale Analyse restlos aufklären und erklären, stellt dies für Schulz eine Verharmlosung des Bösen dar. Das Gleiche gilt für eine sich daraus entwickelnde Ethik, die vorgibt, dass „eines Tages der Mensch, emanzipiert, mündig und sich selbst reflektierend, nur noch von der Vernunft gesteuert wird, jenseits von Gut und Böse“ (Z. 27 ff.). Jenseits einer solchen Überschätzung des Menschen durch Wissenschaft und Ethik, die auf eine Verharmlosung bzw. Leugnung des Bösen hinausliefe, stellt Schulz heraus, dass es eine Ethik braucht, die den Menschen nicht als Illusion zeichnet und dennoch Gut und Böse als moralische Dimensionen für ein verantwortliches Handeln darstellt.

Zu den Aufgaben S. 75

2 Für Rousseau ist der Mensch von Natur aus gut. Das Böse ist durch eine entsprechende Gesellschaftsordnung zu eliminieren. Für Wuketits ist das Böse eine moralische Setzung, die sich aus der Natur nicht ableiten lässt. Beide erkennen das Böse nicht als ein den Menschen stets begleitendes Phänomen an. Schulz würde ihnen also vorwerfen, sie „verharmlosten“ den Menschen.

Susan Neiman: Das Böse denken

Zum Text S. 76 f.

Warum bezeichnen wir die einen irdischen Begründungszusammenhänge als „gut“, andere als „böse“? Mithilfe Kants erklärt Susan Neiman ihre Gedanken zu den moralischen Gründen und sagt, dass man die Welt irgendwie „wollen kann“. Man könne nicht wollen, dass wohltätiges Handeln grundsätzlich mit verheerenden Folgen beantwortet, vielmehr wolle man ja, dass wohltätiges Handeln mit wohltätigen Folgen beantwortet werde. Ein systematischer Zusammenhang von gutem Handeln und schlechten Folgen werde zwar gelegentlich beobachtet, könne aber nicht anders als missraten, ungerecht oder böse empfunden werden. Nicht einmal Zufallsbeziehungen als „normaler“ Begründungszusammenhang seien amoralisch akzeptabel.
So verknüpft sich das moralische Ansinnen der Aufklärung letztlich mit erkenntnistheoretischen Fragen:

1.

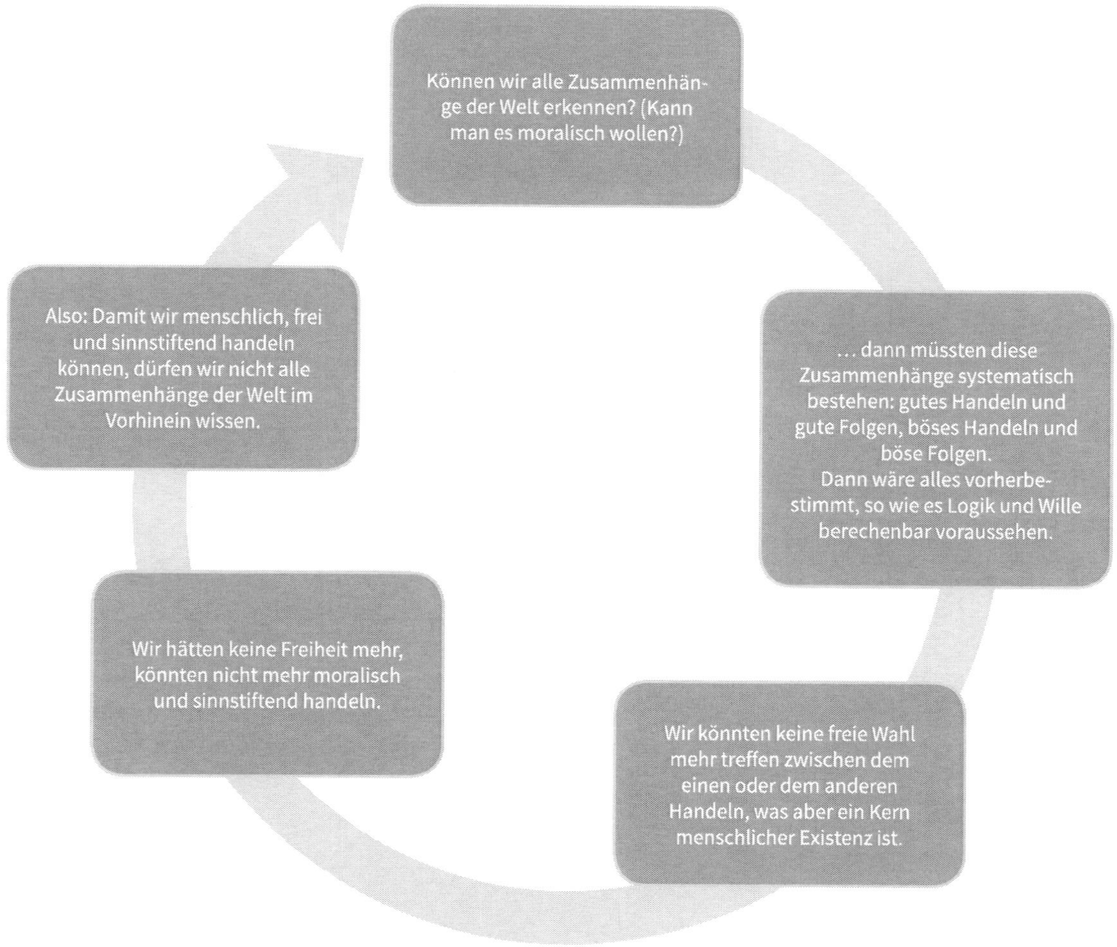

Damit der Mensch also ein moralisches Wesen sein kann, braucht er die Undurchschaubarkeit der Weltzusammenhänge. So allein könne er die „zwecksetzende“ Vernunft entfalten und nicht allein die „zweckrationale“. Ein klein wenig könne der Mensch damit kleine Schöpfungsmomente erleben, indem er sich die bessere Welt „vorstellen kann“ – wenn sie schon nicht existiert.

2. Beispiele für Anwendungsfragen:
   Wenn wir wüssten, wie unsere Technologien zur Energiegewinnung tatsächlich Nah- und Spätfolgen für die Umwelt entfalten …
   Wenn wir im Vorhinein wüssten, wie unser Eingreifen in einen bewaffneten Konflikt sich auswirken wird …
   könnten wir noch frei und verantwortlich entscheiden?
3. Man könnte sie als feige empfinden … Sich hinter dem Nichtwissen zu verstecken, könnte den Menschen mehr entlasten, als moralisch akzeptabel ist.
   Umgekehrt könnte er auch nicht moralisch entscheiden, wenn er alles im Vorhinein wüsste …

Kain und Abel

Adam erkannte Eva, seine Frau; sie wurde schwanger und gebar Kain. Da sagte sie: Ich habe einen Mann gewonnen mithilfe des Herrn. 2 Sie gebar ein zweites Mal, nämlich Abel, seinen Bruder. Abel wurde Schafhirt und Kain Ackerbauer. 3 Nach einiger Zeit brachte Kain dem Herrn ein Opfer von den Früchten des Feldes dar; 4 auch Abel brachte eines dar von den Erstlingen seiner Herde und von ihrem Fett. Der Herr schaute auf Abel und sein Opfer, 5 aber auf Kain und sein Opfer schaute er nicht. Da überlief es Kain ganz heiß, und sein Blick senkte sich. 6 Der Herr sprach zu Kain: Warum überläuft es dich heiß, und warum senkt sich dein Blick? 7 Nicht wahr, wenn du recht tust, darfst du aufblicken; wenn du nicht recht tust, lauert an der Tür die Sünde als Dämon. Auf dich hat er es abgesehen, doch du werde Herr über ihn! 8 Hierauf sagte Kain zu seinem Bruder Abel: Gehen wir aufs Feld! Als sie auf dem Feld waren, griff Kain seinen Bruder Abel und erschlug ihn.
9 Da sprach der Herr zu Kain: Wo ist dein Bruder Abel? Er entgegnete: Ich weiß es nicht. Bin ich der Hüter meines Bruders? 10 Der Herr sprach: Was hast du getan? Das Blut deines Bruders schreit zu mir vom Ackerboden. 11 So bist du verflucht, verbannt vom Ackerboden, der seinen Mund aufgesperrt hat, um aus deiner Hand das Blut deines Bruders aufzunehmen. […]

Lutherbibel 1984, Genesis 4,1–16; Lutherbibel, revidierter Text 1984, durchgesehene Ausgabe in neuer Rechtschreibung, © 1999 Deutsche Bibelgesellschaft, Stuttgart

➡ Standpunkte kontrovers: Hilft uns die Unterscheidung von Gut und Böse bei der Bewältigung des Leids in der Welt?

Zu den Texten S. 78 f.

Schmidt-Salomon plädiert dafür, die Polarisierung von „Gut“ und „Böse“ nicht länger zur Lösung gesellschaftlicher Probleme zu verwenden. Er möchte eine Ethik installieren, die auch zu einem Verständnis für den Fremden kommt, ohne „das Böse“ zu nennen, sodass Menschen einander grundsätzlich verstehen können.
Hannah Arendt war auf der Suche nach Erklärungen für das abgrundtief unmenschliche Verhalten der Nazibürokraten im „Dritten Reich“. Sie akzeptiert und konstatiert „das Böse“ als Ergebnis eines solchen Verhaltens und fragt rückwärts nach dessen Gründen.

Zu den Aufgaben S. 79

1 **Thesen:**

	Michael Schmidt-Salomon		Hannah Arendt
These	Die moralische Unterscheidung in Gut und Böse hat keinen praktischen Nutzen, es eignet sich nur zur Abgrenzung von der gegnerischen Position.	TH 1 + Analogie	Totalitäre Herrschaft hat, ohne es zu wollen, entdeckt, dass es ein radikales Böses gibt. So wie die Opfer der Tötungsmaschine nicht mehr als Menschen angesehen wurden, sind auch die Täter nicht mehr als Menschen erkennbar.
TH, Normen-arg. (Gleichheit)	Eine Ethik soll aber versuchen, Interessen aller zu verstehen und zu berücksichtigen. Die Vereinbarung auf gemeinsame Rechte, universelle Rechte ist das höhere Ziel gegenüber der Kennzeichnung von Gut und Böse.	TH 2 + Fakt/ Beobachtg. Eichmann	Prinzipiell ist das Böse aber nicht radikal, sondern ein Oberflächenphänomen. Es entsteht beiläufig, wenn jemand seine anderen Ziele verfolgt.

	Michael Schmidt-Salomon		Hannah Arendt
Fakt + TH	Zwar gibt es eine biologische Veranlagung zum Polarisieren, aber das muss man nicht noch kulturell verstärken.	Bsp. Eichmann	... hatte nicht etwa beschlossen, böse zu handeln, war nur beflissen; auch Beflissenheit war eigentlich nicht kriminell, eher naiv auf sein Fortkommen gerichtet.
Fakt +TH	Aus Auschwitz lernen heißt, auf die Idee des Bösen zu verzichten, denn es ist genau aus solch einer Idee heraus möglich geworden.	implizite These	Die Gedankenlosigkeit, die entsteht, weil der Täter von der totalen Herrschaft von seinen anderen Zielen abgebracht worden ist, wirkt schlimmer als ein böses Ziel.
TH + Analogie, Evidenzb.	Unsere Annahme, der Wille sei völlig frei, ist falsch ... es wäre das einzige in der Welt, das keine Ursache hätte... Dann müssen wir aber auch die Unfreiheit des „böse Handelnden“ akzeptieren.	These	Eichmann war nicht dumm, sprach von der staatlichen „Umwertung aller Werte“ und entschuldigte damit sein Handeln in diesem Kontext ... dumm und gedankenlos ist nicht dasselbe.
TH	An der Sanktionierung von Rechtsgütern sollten wir festhalten, damit Menschen ihre Lebensregeln untereinander vereinbaren können, aber ohne moralische Verurteilung derer, die sie nicht einhalten.	Schlussfol. gerung	Realitätsferne und Gedankenlosigkeit haben das größere Menschheitsverbrechen ermöglicht als alle bösen Triebe zusammengenommen.

➧ **s. Klausurvorschläge 2 und 3, LB, S. 221 f.**

➧ **s. Zusatzmaterialien 10, 11 und 12, LB, S. 182 ff.**

2 Die praktischen Folgen:
Schmidt-Salomon will auf die Kennzeichnung des Bösen verzichten, um prinzipiell die Fähigkeit der Konfliktteilnehmer zur Übereinkunft aufrechtzuerhalten – **alle Parteien sind Menschen** und genießen deshalb gleiche und universelle Akzeptanz. Keine Tat ist somit „undenkbar“, **es muss nur der angemessene Sühnewert für den Bruch der Gemeinschaftsregeln gefunden werden**. MSS möchte **einen achtungsvollen Umgang – auch mit schlimmen Straftätern** – ermöglichen, „als wären sie ein Mensch“.
Arendt steht vor dem Scherbenhaufen totalitärer Herrschaft. Damit **sieht sie sowohl die Opfer als auch die Täter der NS-Tötungsfabriken nicht mehr als Menschen an**. Überrascht stellt sie fest, dass es gar nicht abgründige Gedanken sind, die einen Täter zum Täter machen, sondern seine Fixierung auf andere Prioritäten, z. B. den eigenen beruflichen Aufstieg. Dabei **passiere „das Böse“ sozusagen nebenbei.**
In der Nebensächlichkeit der Tötung, nebenbei passiert zu sein, **steckt eine weitere tragische Missachtung der Opfer ... der Täter wollte sie ja noch nicht einmal vernichten ... Das Böse ist also ein doppeltes Zufallsergebnis aus der Missachtung der Menschen**, einmal der eigenen Mitarbeiter im Apparat durch die totale Herrschaft und zweitens der Opfer in den KZs durch ihre Peiniger.

3 Ein aktueller Bösewicht ist schnell gefunden, über den die Lerngruppe möglichst einhellig urteilen sollte:
- Diktatoren aus Ländern, aus denen möglichst keiner der Schüler stammt (Vorsicht Beschämung!),
- aktuelle Terroristen, möglichst noch bekannt, aber schon gefasst oder tot,
- evtl. auch „böse“ Filmhelden – allerdings sind sie oft gar zu typisiert gezeichnet.

In der Debatte sollten die Unterschiede zur „Sühnefähigkeit“ erörtert werden. Damit verändert sich die Perspektive in die Zukunft: Wozu soll die Strafe dienen? Die Gruppe Schmidt-Salomon wird eine günstigere Zukunftsprognose erstellen als die Gruppe Arendt.

Der Mensch zwischen Freiheit und Determination

Zur Konzeption

Freiheit und Begrenzung bzw. Bestimmtheit des Menschen stehen in einem wechselseitigen Verhältnis. Diese Aussage ist banal und doch wesentlich für dieses Thema. Freiheit ergibt sich für den Menschen dadurch, dass er sich in eine Beziehung setzt zu all den vorgefundenen Systemen oder Ordnungen, in die er hineingeboren wurde: zu seinen Erbanlagen, zu seiner Familie, zu seiner Muttersprache, seiner sozialen Herkunft, der Geschichte seines Volkes (Ethnie) usw. All diese vorgeformten Systeme scheinen ihn übermächtig zu determinieren, so wie z. B. die Regeln der Grammatik der Sprache, die er nicht gemacht hat. Und doch wird selbst der einfachste Mensch auf seine Weise diese traditionell-konventionelle Sprache sprechen, entweder fehlerhaft oder bewusst abweichend in Wortwahl und Aussprache. In dieser besonderen Anwendung der Lebensordnungen, hier der Muttersprache, zeigt sich die individuelle Differenz, die Subjektivität des Einzelnen. Schon

durch den schieren Gebrauch der Systeme in allen möglichen Lebensbereichen, durch die Praxis seiner individuellen Existenz konstituiert der Mensch seine Freiheit.
Die Konzeption dieses Kapitels richtet sich darauf, dieses Gegeneinander, diese **Interdependenz von Bestimmung (Determination) und Freiheit** (philosophisch definiert als Bestimmung der Bestimmtheit) zu verdeutlichen. In verschiedenen Materialien wird das Einzelwesen und Sozialwesen Mensch, seine Individualität und Sozialität, seine Autonomie und Heteronomie untersucht. Zunächst wird das **Problem der freien Entscheidung** beleuchtet. Als Einstieg dient eine Sammlung von Aphorismen und Denkanstößen zum ersten Systematisieren von Begriffen und zur historischen Dimension des Wortes „Freiheit". Durch hirnphysiologische Forschungsergebnisse wurde im vergangenen Jahrzehnt die Willensfreiheit (Grundlage unseres Menschenbilds und unserer Verfassung) besonders heftig problematisiert und diskutiert. Dieser Diskussion wird hier ein breiter Raum gegeben. Daraufhin wird die Determiniertheit des Menschen im Alltag, zum Beispiel durch die sozialen Rollen, knapp beleuchtet.
Im weiteren Verlauf des Kapitels werden mögliche Wege, Freiheit zu erringen, eröffnet:
- in der Gegenwehr, der Revolte gegen Unterdrückung,
- in der freiwilligen Verpflichtung, dem Engagement,
- im utopischen Zukunftsentwurf,
- im Spiel,
- in der Kunst.

Zu den Bildern S. 80 f.

Die drei Bilder zeigen verschiedene Aspekte des Freiheitsbegriffs: Der Wanderer auf dem Berggipfel zeigt die Vorstellung von individueller Freiheit als Einsamkeit, freiwilligem Rückzug in die Natur, aber auch Ungebundenheit, was mit euphorischen und triumphalen Gefühlen verbunden sein kann.
Der Freiheitsbegriff, der der politischen Forderung nach Freiheit, wie sie auf dem rechten Bild auf S. 80 dargestellt wird, zugrunde liegt, umfasst etwa Freiheit von Unterdrückung jeder Art, Meinungsfreiheit, Pressefreiheit, Religionsfreiheit usw. Dass die Forderungen der Französischen Revolution hier gerade auf einem Plakat der Russischen Revolution von 1917 verbildlicht werden, zeigt eine weitere Ambivalenz des Freiheitsbegriffes, der ja in der kommunistischen Welt bis 1991 als Freiheit von den Zwängen der kapitalistischen Wirtschaftsordnung verstanden wurde (so etwa in der Benennung des „Freien Deutschen Gewerkschaftsbundes" und der „Freien Deutschen Jugend" in der DDR) – ein Freiheitsbegriff, der unserem „westlichen" Verständnis diametral entgegengesetzt ist und in der Geschichte des Kommunismus ja immer wieder ein Alibi für massenweise Unterdrückung elementarster Freiheitsrechte geboten hat.
Die Innenaufnahme einer Shoppingmall auf S. 81 symbolisiert das heute bei vielen Menschen vorherrschende Verständnis von Freiheit als Konsumfreiheit.

Zu den Aufgaben S. 81

2 Handlungsfreiheit: *J.-J. Rousseau; J. Swift; F. Nietzsche; W. Busch*
Wahlfreiheit: *G. W. Leibniz; W. Busch*
Willensfreiheit: *J.-J. Rousseau; G. W. Leibniz; H. de Montherlant*
Die meisten Zitate können in zwei Kategorien eingeordnet werden. Die Diskussion über die Einordnung sollte zeigen, dass „Freiheit" ein vieldeutiger (polyvalenter) Begriff ist, dessen Definition sich verändert je nach Standpunkt: Wird mehr auf die „innere" oder „äußere" Freiheit abgehoben?

Zum Text S. 81

Vor der Aufklärung:

Der **freie Bürger** (= Mann)
ist
selbstbestimmt (autonom).

Der Sklave/die Sklavin
ist
fremdbestimmt (heteronom).

Nach der Aufklärung:

Jeder Mensch ist ein Individuum
(= ein unwiederholbares Einzelwesen).
Jeder Mensch ist **frei geboren,** deshalb autonom.

Er kann denken,
was er will.

Er kann handeln,
wie er will.

DENK- und WILLENSFREIHEIT — HANDLUNGS- und WAHLFREIHEIT

d
a
g
e
g
e
n

LEBENSBEDINGUNGEN
(genetische, biologische, biografische, soziale, politische, historische, geografische B.)

➡ **s. Zusatzmaterial 13, LB, S. 186**

Tragik und Tragödie

Zur Aufgabe S. 82

1 Die Unausweichlichkeit in Hamlets Handeln (was immer er tut, er verstößt gegen ethische Normen seiner Zeit: Entweder er weicht der Verpflichtung aus, auf die ihn sein Vater festgelegt hat, oder er verstößt gegen das Gebot, nicht zu töten, schon gar nicht die Mutter) gibt es für Jugendliche in unserer permissiven Gesellschaft nicht mehr in dieser verschärften Form. Auch die schweren Vater-Sohn-Konflikte sind selten geworden, u. a. weil Jugendliche mit Unterstützung des Sozialstaats sogar das Elternhaus verlassen, eine Lehre machen oder studieren können. Allerdings können z. B. in traditionell religiös lebenden Familien durchaus solche schweren ethischen Konflikte gerade für Söhne aufbrechen, wenn der Vater oder die Verwandtschaft diese z. B. zum „Ehrenmord" verpflichten, zur Beschneidung von Töchtern aufrufen o. Ä.

Thomas Nagel: Pfirsich oder Torte?

Zu den Aufgaben S. 83

1 Determinismus ist die Vorherbestimmtheit jeder Handlung von den zeitlich vor ihr liegenden Bedingungen. Es gibt keine Willkür, Spontaneität im Sinne von Unvorhersagbarkeit der Handlung. Im Nachhinein ist sie immer nachvollziehbar determiniert.

Freiheit und Verantwortung: Eine Illusion?

Zur Aufgabe S. 84

1
- Der Mensch kann sich selbst erforschen, also mit seiner Fähigkeit, wahrzunehmen und das Wahrgenommene zu reflektieren, sein Gehirn selbst zum Forschungsobjekt machen, er kann in sich hineinschauen (Fähigkeit zur Introspektion).
- Er kann andere Menschen durch seine Kenntnisse über die Psyche des Menschen manipulieren.
- Er kann kraft seiner Fähigkeiten der Selbsteinsicht täuschen, Masken aufsetzen, seinen Gesichtsausdruck beherrschen und verändern (Schauspieler): Ich bin sehr glücklich, ich bin motiviert …

Dorothee Harrer: Gedächtnis ermöglicht Bewusstsein

Zum Text S. 85 f.

Harrers Darstellung umreißt **erstens** die Aufnahme von Gedächtnisinhalten in verschiedenen Gedächtnissystemen. **Explizites steht demnach dem impliziten Gedächtnis entgegen, also bewusst Gewusstes dem unbewusst Gewussten**. Die Schüler sollen hier einen Einblick in die unbewussten Anteile ihres Wissens benennen und erkennen.
Zweitens wird der Prozess des Behaltens thematisiert: Der stete Umbau von Gedächtnisinhalten im Hippocampus sorgt so für ein Verständnis von Gedächtnisinhalten als **dynamischen Inhalten**, nicht als fixierten Wissenspaketen.
Die **dritte Achse** der Erklärung zeigt, dass **Konsolidierungsphasen ohne aktive Lernarbeit** das Behalten von Inhalten im Gedächtnis verbessern.

Zu den Aufgaben S. 85 f.

1 Die Gehirnleistung „Lernen und Behalten“ unterliegt **nur zum Teil bewussten** Aktivitäten.
Die Inhalte des Erinnerten werden außerdem im Laufe der Zeit umgebaut und weiterverarbeitet. Die absoluten Erinnerungsinhalte geraten dabei in Gefahr. Aber nur mit dem stetigen Neuverwerten kann das Gehirn diese Inhalte speichern.
Ohne Erholung, z. B. in Schlafphasen, kann kein Behalten gelingen. Zum Erinnern gehört also eine Aufnahmephase und eine Konsolidierungsphase.

2 Einige Lerninhalte kann man sich bewusst ins Gehirn holen, kann die Erinnerung auch mit angemessener Konsolidierungszeit verbessern. Aber man **kann nicht verhindern, dass die Inhalte sich verändern**, über die Jahre würde man sie auch vergessen, wenn sie nicht stets verändert würden.
Andere Gedächtnisinhalte kann man nicht bewusst herstellen, sie finden durch prozedurale Prozesse von allein Eingang in das Gedächtnis.
Man **kann niemals über alles Auskunft geben, was man gelernt hat**.

3 Von den bewussten Inhalten des Wissensapparates kann man sicherlich Auskunft geben, nicht aber von den prozeduralen Prägungen, die man unbewusst erfahren hat. Wenn man aufgefordert wird, über seine Handlungsmotive Auskunft zu geben, wird man vielleicht sogar meinen, man kenne sie, das wird aber nicht stimmen, denn die unbewussten sind ja unbewusst.
Alle werden im Laufe ihrer Kindheit Verhaltensmuster prozedural gelernt haben, die sie nachher nicht benennen können. Aber sie werden das jeweils für bewusste Entscheidungen halten, was sie tun.

4
1. Kennenlernen des Musizierens bei anderen, z. B. älteren Musikern,
2. erste Versuche und Übungsphasen, um das Instrument ebenfalls zu erlernen (Ausprobieren, Instrumentenerwerb, Lehrersuche etc.),
3. Einüben von Stücken auf dem Instrument mit Übephasen und Konsolidierungsphasen,
4. Kennenlernen von keltischen traditionellen Mustern und Abgrenzung dieser Kulturmuster von anderen Traditionen (E-Musik, andere folkloristische Trad., Jazz, Pop etc.).

Die **aktive und bewusste Entscheidung soll von den Schülern in der Diskussion gut begründet einer der Phasen zugeordnet** werden. „Was macht mich zum irischen Folk-Geiger?“

Wolf Singer: Keiner kann anders, als er ist

Zum Text S. 87 f.

Singer stellt **die Gehirnleistung des Menschen in den natürlichen Kontext aller Lebewesen** mit neuronalen Leistungen.
Seine These ist, dass **es in der Natur stets dieselben Verfahren gibt, mit denen neuronale Prozesse organisiert werden**, wenn sich ähnliche körperliche Voraussetzungen finden. Daher schließt er von der Organisation der einfacheren Organismen mit ihren lückenlos erklärbaren Verhaltensweisen auf die neuronalen Zusammenhänge der höheren Lebewesen.
Dass der Mensch sich seiner Handlungen bewusst ist und **von den Handlungsmotiven Auskunft geben möchte**, ist als Wesenszug dem Menschen zwar allein eigen, müsse aber **nicht notwendigerweise heißen**, dass **diese Selbstaussagen stimmen**. Das menschliche Gehirn habe die Neigung, das eigene Handeln in größtmöglicher Kohärenz zu erklären (vgl. Z. 19 ff).
Irrtümer seien aber möglich: Im Experiment zeige sich, dass es möglich sei, einem Menschen Handlungsanweisungen zu geben, die er durchaus ausführt und anschließend mit bewussten

Entscheidungen seinerseits begründet. Diese **bewussten Gründe würden dann ad hoc erfunden, um die Kongruenz von Handeln und Motivation sozusagen hinterher herzustellen** (vgl. Z. 35 f.). Warum sich solch eine Fehlinterpretation des eigenen Handelns evolutionär beim Menschen entwickelt habe, diskutiert Singer anhand der sozialen Verbände, in denen Menschen leben. Die **Mitteilbarkeit von Handlungsmotiven** und ihre Bewertung durch die Gruppenmitglieder sei **für menschliche Gesellschaften wichtiger gewesen als die Richtigkeit der Selbstinterpretation** des einzelnen Menschen.
Der Aufbau der Begriffe „Intention" und **„Verantwortung" scheine für dieses Zusammenleben von Vorteil** gewesen zu sein, auch wenn die Handlung nicht immer bewusst und intentional ausgeführt worden sei.
Allerdings müsse damit aus neurologischer Sicht dann die Unterscheidung in „freie" und „weniger freie" Entscheidungen neu bewertet werden. Die Bewertung von Fehlverhalten möchte Singer daher neu an diese Erkenntnisse anpassen.
Frühe Prägungen, Tumore im Hirn, genetische Dispositionen müssten berücksichtigt werden, um einem Straftäter **weniger diskriminierend zu begegnen**.
Allerdings solle es dabei bleiben, dass **Entscheidungen, die „bewusst" als Fehlverhalten getroffen** würden, weiterhin von der Gesellschaft sanktioniert werden. Die **Wertordnungen aus dem deklarativen Gedächtnis seien ja ein wirksames Bindeglied für menschliche Gesellschaften**. Die Gesellschaft werde weiterhin daran arbeiten, Regeln des Zusammenlebens per Aufnahme ins deklarative Gedächtnis zu festigen.

Zu den Aufgaben S. 88

1 Die nachträgliche Begründung von Handlungen findet ganz alltäglich statt. Man könnte z. B. fragen, warum man heute Morgen mit dem Fahrrad und nicht mit dem Bus in die Schule gefahren ist. Zu diskutieren ist, ob man nach der Lektüre des Textes die bewusste Erklärung und mögliche unbewusste Antriebe differenzieren kann. Die unbewussten wird man aber nicht besser ermitteln können ... sie sind ja weiterhin unbewusst.

2 Nach der Straftheorie von Zippelius gibt es beim Rechtsprechen und **Strafen zweierlei Zwecke**: **absolute**, die eine **Vergeltung**, also den Ausgleich von Schaden bezwecken, und **relative**, die sich auf einen Täter und seine **Gesellschaft beziehen**. Die absolute Gegenrechnung von Straftat und Strafe missachtet, dass **dieser** Täter möglicherweise gar nicht so frei entschieden hat, die Tat zu begehen. Die relative Perspektive auf Strafe vernachlässigt, dass das Opfer immerhin einen nennenswerten Schaden bei der Tat davongetragen hat, den man entgelten müsste.
Deswegen plädiert Zippelius dafür, immer beide Zwecke des Strafens gemeinsam zu bedenken: Vergeltungsaspekte (die eine Sühne ermöglichen) und aktuelle Relation zu einem Täter und seinem Umfeld.
Die Annahme, ein Straftäter habe völlig determiniert und unfrei gehandelt, wäre mit der Aberkennung menschlicher Würde verbunden. Singer könnte dieser Gefahr unterliegen. Er behauptet, Täter hätten gar keine Handlungsfreiheit. Nur der (wenigstens teilweise) freie Mensch ist sühnefähig und damit auch strafwürdig. Wenn man annehmen möchte, dass Straferziehung möglich ist, muss man dem Menschen Wandlungsfähigkeit und damit auch freie Anteile zusprechen. Die SuS müssten diskutieren, ob Singer das tut (vgl. Z. 44–51).

3 Mit Hinweis auf diese Zeilen (44–52) soll erörtert werden, ob Singer der Gesellschaft empfiehlt, hier eine „so-tun-als-ob"-Empfehlung ausspricht, um Verantwortung in der Gruppe und Sanktion von Straftaten zu ermöglichen oder ob er wirklich noch Reste von bewussten und freien Entscheidungen für möglich hält.

Daniel Hell: Die Seele als Ort der Freiheit

Zu den Aufgaben S. 89

1 Hell behauptet, dass die Seele oder „Seelisches" das **Selbsterleben** des Menschen ist. Dieses Selbsterleben, z. B. Angst oder Panik (aber auch Glück, Liebe, Wut, Unsicherheit), kann nur jeder für sich und in sich fühlen oder reflektieren. Angst, Panik bedeutet innere Erregung höchsten Ausmaßes, Zittern, Zuschnüren der Kehle usw. Dieser seelische Zustand kann von einem bildgebenden Verfahren wiedergegeben werden (etwa in einer MRT), insofern dort eine Aktivitätssteigerung in bestimmten Hirnregionen nachgewiesen wird.
Das Bild der MRT kann aber überhaupt nicht das jedem Menschen wohlbekannte Erleben von Angst vermitteln. Dagegen drückt das Bild von Munch genau diese Erfahrung aus und ergreift deshalb den Betrachter. Düstere, bedrohliche Farben mit schwankender Linienführung (= Schwindel); die Verzerrung der Welt durch das Zittern der Angst; das Einschnüren der Kehle, die Enge wird in dem von den Händen zusammengepressten Gesicht mit dem aufgerissenen Mund (= Schreien) vermittelt.

2 Ohne sich selbst zu spüren, könnte niemand z. B. eine mitleidige Handlung vollziehen. Es gäbe auch kein schlechtes Gewissen, kein Schuldgefühl, wenn die moralischen Handlungen nur automatisch nach vorgegebenen Regeln durchgeführt würden.

Lana und Lilly Wachowski: The Matrix

Zu den Aufgaben S. 90

1 Mögliche Ängste:
- von anonymen Kräften beherrscht und manipuliert zu werden (Staatsapparate, undurchschaubare ökonomische Märkte, Computerprogramme, Überwachungskameras),

- desinformiert werden vom Medien- und Politapparat (Verfälschung der Realität; Verschweigen oder Vortäuschen von Fakten).

2 Ist die Autonomie des Menschen fraglich, so beschleicht uns ein grundsätzliches Unbehagen. Aber wie weit sind wir davon entfernt, völlig fremdbestimmt zu handeln? Aktuelle politische Gefahren zeigen, wie schnell eine Gruppe Menschen in einen Sog von „öffentlicher Meinung" gezogen werden kann.

3 Die Konsequenzen könnten in geordneter Weise tabellarisch ermittelt werden:

Beeinflussungsart	Direkte Auswirkung	Fernwirkung
Mediale Produkte, Inhalte, die vom „Leser" verarbeitet werden		
Körperlicher Eingriff mit Veränderung der Gedankeninhalte		
Kopplung von erwünschten bzw. unerwünschten Inhalten mit emotionalen Körperreaktionen/Konditionierung		
...		
...		

Der sich befreiende Mensch

Zu den Aufgaben S. 91

1 Bild **„Woman's Lib":** Aggressive symbolische Aktion (Kreuzigung) gegen Rollenmuster (Frau als erotischer Körper und als Hausfrau); Bild **„Gay Pride Parade":** Spielerische, humorvolle Aktion gegen Diskriminierung homosexueller Orientierung (Humor bzw. Spott hat etwas Befreiendes); Bild von der **Selbstverbrennung:** Opferung des eigenen Lebens (höchste aggressive Aktion gegen sich selbst) als Protest gegen die Unterdrückung einer Religion.

Henry David Thoreau: Von der Pflicht zum Ungehorsam

Zum Text S. 92

Die Rahmenbedingungen dieses Essays:
Thoreaus Geburtsort Concord/Mass. war um die Mitte des 19. Jh. eines der Zentren sozialreformerischer Bewegungen. Viele bekannte amerikanische Literaten, v. a. der berühmte Ralph Waldo Emerson, Freund Thoreaus, interessierten sich für neue soziale Konzepte. Gemeinden und Modell-Farmen im Sinne des französischen Frühsozialisten Charles Fourier entstanden in Neuengland. Progressive Lehrmethoden wurden in den Schulen ausprobiert. Bezeichnendes Ereignis in Thoreaus Leben: Als Lehrer prügelte er seine Schüler nicht, wie es üblich war. Deswegen kritisiert vom Direktor, ließ er seine Schüler antreten, gab jedem einen leichten symbolischen Schlag und kündigte: ein Modell für Revolte im alltäglichen Leben.

Concord entwickelte sich damals zu einem geistigen Mittelpunkt Neuenglands. Thoreau unterrichtete nach dem Studium erst am Gymnasium von Concord, dann, nach der Kündigung, richtete er zu Hause mit seinem Bruder eine sehr beliebte Privatschule ein. Nach dem Tod des Bruders gab er diese Tätigkeit auf. Thoreau hatte zeitlebens keine innige Beziehung zu Geld und bürgerlichem Besitzstreben. Mit vielen Talenten begabt, versuchte er, sich mit kleinen Arbeiten durchzubringen.
Berühmt wurde – allerdings erst nach seinem Tode – sein Rückzug in eine selbst gezimmerte Hütte am „Walden-See" bei Concord. Der Bericht über die Jahre am See, das Buch „Walden", hat spätere Generationen, v. a. jugendliche Aussteiger der 60er- und 70er-Jahre, stark beeindruckt (Hippies, Landkommunen).
Ein Ereignis aus dieser Zeit des Hüttenlebens bildet auch den Hintergrund der Strategie der Steuerverweigerung, die in dem vorliegenden Text entwickelt wird:
Im Jahre 1846 wurde Thoreau in Concord verhaftet, von seinem guten Freund, dem Constabler Staples, weil er die Wahlsteuer seit vier Jahren nicht bezahlt hatte. Thoreau lehnte auch nach der Verhaftung ab zu zahlen und zog vor, ins Ortsgefängnis zu gehen, was Staples sehr unangenehm war. Nach einer Nacht war er aber schon wieder frei, weil jemand – wahrscheinlich seine Tante – den Steuerbetrag bezahlt hatte.
Thoreau war kein philosophischer oder politischer Denker im strengen Sinne. Er war ein **radikaler Individualist**, der sich weder staatlichen Einschränkungen noch dem Zwang des puritanischen Erwerbsstrebens unterwerfen konnte (vgl. auch seinen Essay „Leben ohne Prinzipien", 1854). Aus dieser inneren Disposition heraus engagierte er sich heftig für die verfolgten Indianer, für die Sklavenbefreiung und gegen den amerikanischen Expansionskrieg mit Mexiko.
Dieser Essay ist kein originärer Wurf, sondern steht in einem geistigen Zusammenhang, führt verschiedene Anregungen zusammen.

Die Steuerverweigerung hatte schon Thoreaus Freund Branson Alcott theoretisch wie praktisch vorgeführt. Die ethische Rechtfertigung von zivilem Ungehorsam (dem individuellen Gewissensrecht mehr verpflichtet zu sein als einer Obrigkeit) hat eine lange Tradition seit „Antigone“ von Sophokles bis hin zu dem „Discours de la servitude volontaire“ von Étienne de La Boétie, dem Freund Montaignes. Thoreaus Essay verknüpft diese geistigen Verbindungslinien in einem Stück kraftvoller Literatur. **Diese Abhandlung beeinflusste** Gandhi, der die Schrift am Ende des 19. Jh. in Südafrika kennenlernte. Im Zweiten Weltkrieg lasen diese Schrift viele Resistance-Gruppen gegen Nazideutschland. Und schließlich hat die „Civil-Rights“-Bewegung in den USA der 60er- und 70er-Jahre davon profitiert.

Zu den Aufgaben S. 92

1 Die Diskussion könnte folgende Gesichtspunkte ergeben:
- Wer im Gefängnis sitzt, kann sich nicht mehr wehren.
- Wenn viele ihre Solidarität mit dem zu Unrecht Gefangenen zeigen und ins Gefängnis gehen, indem sie symbolisch die gleiche Tat begehen, hat das eine starke Wirkung auf die Gesellschaft.
- Diese Art von radikaler Konsequenz ist zwar theoretisch wirksam, aber wirklichkeitsfremd.

2 Hier gilt es, genauere Informationen von Steuerberatern und Finanzbeamten einzuholen. Protest auch gegen eine verwirrende Steuergesetzgebung, die einfache Menschen nicht verstehen und die Besitzenden in unserer Gesellschaft auf ihre Lücken hin ausnutzen. Die Frage der Gerechtigkeit im Steuerrecht sollte diskutiert werden.

Albert Camus: Der Mensch in der Revolte

Zum Text S. 93 f.

Grundgedanken des Buches:
Das Absurde, Sinnlose des Daseins begegnet dem Menschen in der Geschichte seiner gesellschaftlichen Großgruppe (Staat, Nation) und der Menschheitsgeschichte in Gestalt der Unmenschlichkeit, Ungerechtigkeit und der Unterdrückung der menschlichen Würde. In der Revolte gegen diese Absurdität stellt der Revoltierende seine eigene Würde wie die der anderen wieder her. „Ich revoltiere, also sind wir.“ Die Revolte bezieht ihre Kraft aus Werten, die zu allen Menschen gehören. Daraus ergibt sich die Solidarität der Revolte. Camus unterscheidet zwei Arten der Revolte:
- **Die metaphysische Revolte** ist die Absage an eine göttliche Weltordnung, die die Erniedrigung des Menschen zulässt und ihn auf ein Jenseits vertröstet.
  (Camus führt sie in der Figur des Iwan Karamasow vor, der Gott verneint, selbst wenn dessen Existenz augenscheinlich bewiesen wäre, weil in der von ihm geschaffenen Welt Kinder leiden müssen.)
- **Die historische Revolte**, die sich gegen soziale Ungerechtigkeit wendet.

Beide Arten der Revolte können in der Verabsolutierung degenerieren:
- Die metaphysische Revolte kann zu einer nihilistischen Vergöttlichung des Menschen führen, dem alles erlaubt ist.
- Die historische Revolte kann sich dem Ziel einer absolut gerechten, perfekten Gesellschaftsordnung unterordnen, ein Ziel, das zu erreichen alle Mittel rechtfertigt.
- Dagegen setzt Camus **das „mittelmeerische Denken“**, das maßvoll das konkrete Leben des Einzelnen berücksichtigt und die Humanität aller Handlungen anstrebt.

Zu den Aufgaben S. 94

1 „Höchstes Gut“ ist über mehrere Schritte abzuleiten:
1. Eine Art Recht auf etwas im Revoltierenden (vgl. Z. 15–19).
2. Im Revoltieren ist Ja und Nein: Ja zu einem Wert, Nein zu der Verletzung der Werte (vgl. Z. 13–15).
3. Dieser Wert ist im Moment der Revolte das „Alles“ des Revoltierenden (vgl. Z. 49 ff.). Es wird das „höchste Gut“ (vgl. Z. 48).
4. Dieses „Alles“, mit dem er sich identifiziert, das er anerkannt wissen will, kann z. B. „Freiheit“ heißen (vgl. Z. 51 f.).

2 In Sartres Drama bedeutet die Verweigerung des Redens Freiheit, innerer Aufstand gegen die äußere Unterdrückung. Bei Camus bedeutet es: Verzweiflung, Anerkennung der absurden Bedingungen des Lebens, Resignation (Z. 22 ff.).

3 ➧ **s. Zusatzmaterial 14, LB, S. 187**

4 Die Diskussion sollte problematisieren, dass es keinen zeitlichen Fixpunkt geben kann, von dem aus man „richtig“ oder „falsch“ festlegen kann. Die Bewertung des Sklaven für seine eigene Situation ist ein Ergebnis seines Bewusstseins und seines Gefühls von Würde. Auf jeden Fall hat er zuvor auf eine eigene Bewertung verzichtet, insofern kann die spätere Bewertung als Fortschritt bezeichnet werden.

5 Aktuelle Beispiele für Sklaverei sind Situationen des Ausgeliefertseins z. B. durch Armut, die Menschen zu unwürdigen Arbeitsverhältnissen treibt: Arbeit in der Fremde, um die Familie zu ernähren, Weggeben eines Kindes in die Schwerindustrie oder zur Prostitution. Beispiele sind Länder in Asien, Osteuropa, Afrika.
Wichtig ist die Reflexion der Möglichkeiten, diesen Zustand selbstständig zu verändern. Welche aktiven Möglichkeiten hat ein verkauftes Kind, eine Frau, die sich als Leihmutter verkauft, die sich als Braut heiraten lässt, um ihre Herkunftsfamilie zu ernähren?

Jean-Paul Sartre: Tote ohne Begräbnis

Zum Text S. 95 ff.

Dieses Stück Sartres kann auf verschiedenen Ebenen verstanden werden.

Politisch:
Sartre gestaltet den heldenhaften Kampf von Résistance-Mitgliedern, die nicht nur **Nein denken** (siehe Zusatzmaterial 14, S. 187), **sondern handeln**. Sie kämpfen gegen die Furcht vor der Folter und gegen den akuten Schmerz auch im Angesicht des Todes (sie wissen, dass sie todgeweiht sind), um ihre Würde und ihre Ideale vor den Folterern (Franzosen wie sie) zu bewahren. Sartre will in diesem Stück von 1946 die Résistance und ihre Denkhaltung als Grundlage für die neue französische Nachkriegsgesellschaft festschreiben.

Philosophisch:
In dem Kampf der Folterer gegen die Gefolterten wird auch ein Ringen um die Festlegung und Abstufung der Beteiligten deutlich. In „Das Sein und das Nichts" untersucht Sartre den **„Blick" als zentrales Moment der zwischenmenschlichen Beziehung**. Die Scham, die den Menschen überfällt, wenn er sich plötzlich bewusst wird, von einem anderen angesehen zu werden, enthüllt sich in der Seinsanalyse als Scham, festgelegt worden zu sein, **zu einem Objekt degradiert zu werden** durch den Blick des anderen, der sich damit als Subjekt beweist. Dagegen besinnt man sich auf die Kraft der eigenen Subjektivität, die im Den-anderen-Ansehen kontert, die den anderen zu einem Objekt macht (vgl. sich anstarren, niederstarren).
Hier in diesem Theaterstück versuchen die Folterer, die sich ihrer Niedrigkeit als Menschen dumpf bewusst sind, die Freiheitskämpfer auf ihre reine Körperlichkeit, ihr An-Sich festzulegen. Wenn der körperliche Schmerz die Widerständler überwältigt, ihren Willen bricht, ihren Entwurf, nichts zu verraten, zerstört, dann haben die Folterer gewonnen. Sie haben die Berechtigung ihres eigenen Handelns, ihren Verrat, ihre Inhumanität und ihren Nihilismus legitimiert: Es gibt keine wirkliche Freiheit; man kann jeden Menschen auf seine Fleischlichkeit reduzieren. Darum halten die Résistance Mitglieder den Schmerz aus: um ihren Entwurf der Freiheit des Menschen zu beweisen. Der Sadist Clochet legt Sorbier auf den Feigling fest und auf alles, was er will: „Du bist Jude ..." (Z. 38 ff.). (Siehe auch die Zusammenfassung von Sartres Existenzialismus im SB, S. 97 ff.)

Zum Bild S. 96

Siegfried Neuenhausen: Denkmal für Joao Borges de Souza
Zu Siegfried Neuenhausen: geb. 1931 in Dormagen, Bildhauer (Skulpturen, Keramik). Sein Werk kann bezeichnet werden als „kritischer Realismus", er prangert oft Diktatur und Folter an und führte Arbeitsprojekte in Gefängnis und Psychiatrie durch.

Der gefesselte Mensch, dessen Kopf verhüllt ist, damit er die Umwelt nicht sehen kann, scheint keine Möglichkeit der Wahl irgendeiner Aktion zu haben. Dennoch befindet er sich gemäß der existenzialistischen Philosophie in einer Situation: Er könnte z. B. einen Fluchtplan schmieden oder eine Strategie planen, mit der er die Schmerzen der Folter überstehen kann, um seine Mitgefangenen nicht zu verraten. Jedes Mal setzt er sich mit seiner Lage auseinander, verhält sich ihr gegenüber frei durch Auswahl einer Handlung. Aber: In der Fesselung eines Menschen wird das Konzept der „Verdammung" zur Freiheit sehr problematisch.

Zu den Aufgaben S. 97

1 **2** Sorbier hält sich (das wird schon in Gesprächen mit seinen Kameraden deutlich) für einen „Feigling", weil er eine zarte Konstitution hat und sehr schmerzempfindlich ist. Dadurch, dass Clochet ihn beliebig festlegen kann („du bist ein Feigling", „du bist Jude" usw.) und ihn zu seinem Objekt macht, empfindet Sorbier sich als Abschaum. Seiner Freiheit, seiner Menschlichkeit beraubt, steht er auf gleicher Stufe mit den dummen und brutalen Folterern.
Als er seine Freiheit durch den Entschluss zum Freitod beweist, hat er gegen Clochet gewonnen. Er überwindet seinen Lebenswillen und seine Angst durch einen Entwurf.

Jean-Paul Sartre: Die Existenz geht der Essenz voraus

Zu den Aufgaben S. 98

1 ➧ **s. Zusatzmaterial 15, LB, S. 188**

2 Weil es kein vorgängiges „Wesen" des Menschen gibt, ist der Mensch zur Freiheit verurteilt. Er hat sich nicht geschaffen, muss aber nun etwas aus sich machen.
Wenn man sein Leben plant, gehören dazu die Übernahme von Verantwortung und die Bereitschaft, Missempfindungen auszuhalten. Umgekehrt kann sich auch niemand herausreden: „Ich wollte ja eigentlich, aber ich konnte mich einfach nicht überwinden ..."
Sartres Verpflichtung zur Definition seines eigenen Wesens macht dem Menschen viel deutlicher, dass er sein Leben gewählt hat.

3 Ausreden kann es nicht geben. Sartres „Dasein" ist völlig frei. Aber der Philosoph behauptet nicht, dass das Leben damit leichter oder schwerer würde. Entschuldigungen für eine selbst gewählte Unfreiheit kann Sartre damit durchaus gelten lassen, weil die eigenen Kräfte vielleicht nicht ausreichen, die verantwortliche Wahl durchzustehen.

Jean-Paul Sartre: Der Mensch – zur Freiheit verurteilt

Zu den Aufgaben S. 99

1

Tafelbild

moralische Pflicht gegenüber der Mutter ist auf die Zukunft gerichtet: diese Mutter braucht den zweiten Sohn zum seelischen Überleben Moral der Sympathie, der individuellen Hingabe	Wer ist objektiv genug, die Entscheidung zu treffen?	die moralische Pflicht gegenüber dem Bruder/der Ehre des französischen Widerstands gegen Hitlerdeutschland: ist auf die Vergangenheit gerichtet: Da der Bruder getötet wurde, verlangt es ihn nach Rache ... Moral der großen Zusammenhänge

2 Lesen nur bis Z. 27, dann sollten die Schüler eine Entscheidung diskutieren. Wichtig ist, keine der beiden als höherrangig zu priorisieren. Wenn sich die Klasse allzu einig ist, muss die Gegenseite argumentativ gestärkt werden .

3 Sartre hätte die vermeintlich „überlegene“ Rolle als „väterlicher Ratgeber“ abgelehnt. Das resultiert aus seinem existenzialistischen Ansatz, der jeden Menschen auf seine Subjektivität zurückwirft. Damit nimmt er jeden Menschen als moralisches Subjekt ernst, lehnt aber auch Entschuldigungen und Rechtfertigungen mithilfe „höherer Werte“ ab.

Utopien: Ausdruck der Freiheit

Tagtraum und Märchen

Zum Bild S. 100

Ludwig Richter: Das tapfere Schneiderlein

Ludwig Richter ist neben Moritz von Schwind der führende Vertreter der deutschen Spätromantik. Nach einer Lehrzeit als Künstler in Italien erhielt er eine Anstellung als Zeichenlehrer bei der Meißener Porzellanmanufaktur. Später trat er die Nachfolge seines Vaters als Lehrer für Landschaftsmalerei an der Dresdner Kunstakademie an. Richters Werk neigt zum Volkstümlich-Idyllischen; die deutsche, heimatliche Natur spielt in seinen Landschaften eine wichtige Rolle. In seinem Spätwerk schuf er v.a. Illustrationen von Volksmärchen und Legenden, mit denen er im deutschen Bürgertum beliebt und bekannt wurde.
Der Holzschnitt idyllisiert (gr. Eidillion: Bildchen) und verharmlost das Märchen und die Figur des Schneiderleins. Sinnvoll wäre hier ein Vergleich mit der Interpretation Blochs.
Wird in dieser Illustration das Tapfere, Aufrührerische, Kluge des Schneiders vermittelt? Seine Armut? Seine Hoffnung auf Aufstieg?

Zu den Aufgaben S. 100

1
- Ruhm: Entdecktwerden als Sänger(-in), Schauspieler(-in), Sportler(-in), prominent werden (ein Wunsch, der von den Castingshows der privaten Fernsehkanäle bedient wird);
- Liebe: Mädchen träumen nach wie vor von ewiger Liebe mit Traumhochzeit. Jungen träumen davon, dass das angehimmelte Mädchen plötzlich die besonderen Werte des Jungen erkennt; er kann sich vor ihr bewähren, sie retten usw. Dieser Wunschtraum wird von Teenie- und Highschool-Filmen erfüllt;
- Reichtum: Selbsterhöhung durch Konsum von Luxus;
- Schönheit: Dieser Traum wird von Sendungen wie „Germany's Next Topmodel“ bedient;
- Macht: Eben noch verlacht, verspottet, gedemütigt – nach heimlichem Training plötzlich stark und überlegen.

Insgesamt erfüllen die Tagträume den Wunsch nach Selbsterhöhung und Selbstausdehnung.

2 Der Schneider – einer der weniger angesehenen, weil unmännlichen Handwerksberufe im Mittelalter – schwach, geduckt in dunkler Stube arbeitend, überwindet die viel Stärkeren und Mächtigeren kraft seiner überlegenen Intelligenz (Klugheit).

3 Die Lerngruppe sollte ein Märchen wählen, das allen bekannt ist.

Jan Born: Wir spinnen uns unsere Träume zusammen

Zum Text und zu den Aufgaben S. 101

1 Nachtträume sind nach den Untersuchungen von Jan Born weniger kreativ als allgemein angenommen. Sie sortieren die gedanklichen Inhalte des Tages um, ordnen dabei Gedächtnisinhalte nach Relevanz in den Langzeitspeicher in der Großhirnrinde und den Zwischenspeicher des Hippocampus. Das Bewusstsein scheint diese Ordnung mit zu beeinflussen. Die Trauminhalte, die morgens erinnert werden, sind eher nicht im Schlaf, auch nicht in der REM-Phase entstanden, vielmehr sind sie die Leistung des wachen Gehirns. Der Schläfer versucht, sich an etwas zu erinnern, das er vermeintlich im Schlaf erlebt hat.
Die messbare Gehirnaktivität der REM-Phase lässt nicht vermuten, dass viel erlebt wird.

2 Diese These erscheint nach der Lektüre des Textes eher fraglich. Die Traumaktivität scheint reproduktiv oder bestenfalls ordnend zu sein, die Träume, an die wir uns am Morgen zu erinnern glauben, sind wahrscheinlich erfunden.
Der Begriff Freiheit müsste in diesem Zusammenhang als „frei von Zwängen" oder „frei von physikalischen Bedingungen" erläutert werden. Beides erscheint eher unwahrscheinlich. Gleichwohl sind die erinnerten Träume des Morgens Geschichten ohne direkten Begründungszusammenhang mit der erlebten Tagwelt des Träumenden. Das lässt sie „freier" erscheinen.

Thomas Morus: Die Insel Utopia

Zu den Aufgaben S. 102

1 Mögliche Gegengründe:
Machtstreben, Streben nach Bewahrung von Erworbenem, Bevorzugung der eigenen Familie (Erbe, Anhäufung von Gütern) bei der Verteilung, Neid/Hass/Rache, unterschiedliche geistige und körperliche Begabungen.

2 Die Verselbstständigung des Finanzsystems (Bankensystems), die Abkopplung der Finanzprodukte von der Warenproduktion wäre durch die Abschaffung des Geldes unmöglich.

Herbert Wilkens: Freiheit von Arbeit – ein Recht auf Auskommen?

Zum Text S. 103

Der Text führt in eine anthropologische Grundfrage: **Kann der Mensch ohne Arbeit seinem Leben einen Sinn geben?** Zum Einstieg kann auf den biblischen Mythos von der Vertreibung aus dem Paradies zurückgegriffen werden (SB, S. 47), bei der Adam zur anstrengenden Arbeit und Eva zur Geburt unter Mühen und Schmerzen verpflichtet wird. Gott setzt damit die Lebenszwecke der beiden in Bezug zur mühevollen Arbeit.
Im 19. Jh. haben Karl Marx und Friedrich Engels die Frage nach der Gerechtigkeit in der Welt und nach der menschenwürdigen Existenz an die konkreten Arbeitsbedingungen geknüpft: Dort, wo das Privateigentum von Produktionsmitteln nicht mehr die Menschen unterjocht, die nichts anderes als ihre Arbeitskraft haben, könne eine gerechte Gesellschaft gedeihen. Dann also müsse eine Gesellschaft geschaffen werden, in der keiner Privateigentum für sich arbeiten lasse und alle den ehrenwerten Titel „Arbeiter" erhalten. Die Geschichte hat diesem Experiment wenig Erfolg beschieden.
In der modernen Gesellschaft entsteht ein umgekehrtes Problem: Im Zuge der Industrialisierung und der „Wirtschaft 2.0", der Digitalisierung, stellt sich zunehmend die Frage, ob es noch gelingen wird, allen Mitgliedern einer Gesellschaft den Zugang zur Erwerbsarbeit zu ermöglichen. Wenn nicht, muss deren Menschenrecht auf würdige Existenz unabhängig von Arbeit und der entsprechenden Sinnstiftung ermöglicht werden, um allen Menschen Teilhabe am öffentlichen Leben zu ermöglichen.
Im **Jahr 2009 reichte eine freiberufliche Erzieherin, Susanne Wiest**, die Kleinkinder betreut, eine **Petition zum Deutschen Bundestag** ein, dass er sich mit der Einrichtung eines „bedingungslosen Grundeinkommens" (BGE) befassen möge. Ihre Rede ist als Pdf verfügbar unter: http://www.archiv-grundeinkommen.de/petitionen/susanne-wiest/20101108-Rede-Susanne-Wiest-Bundestag-Petitionausschuss.pdf
Sie argumentierte, sie arbeite den ganzen Tag, könne mit ihrer Arbeit aber kein menschenwürdiges Lebenseinkommen erarbeiten, sodass die Arbeit des Tages ihr und ihren Kindern kein Auskommen ermöglicht. Sie sei auf staatliche Hilfen angewiesen, die nur unter demütigenden Bedingungen ausgezahlt würden, eine würdevolle Existenz sei so nicht möglich.
Mit dem Experiment in Namibia haben die Schüler die Möglichkeit, die Wirkungen von Kapitalfluss zu bewerten. Das Dorf hat offenbar vom neuen Kapital sehr profitiert: Es wuchs das Vertrauen der Kaufleute, dass Kunden, die anschreiben müssen, am nächsten ersten eines Monats ihre Schulden begleichen werden. Es wuchs der tertiäre Sektor, kleine Dienstleistungen, wie etwa Taxiunternehmen, die ohne ein Grundkapital im Dorf nicht hätten gedeihen können.

Zu den Aufgaben S. 103

1 Die Diskussion wird die **europäisch-protestantische Arbeitsethik** unserer Leistungsgesellschaft gegen die **Menschenwürde ohne Gegenleistung** thematisieren.
Soll ein Mensch nur gewürdigt werden, wenn er Leistung bringt, oder soll er um seiner selbst willen erhalten werden? Die Diskussion bringt Schülerinnen und Schüler dazu, ihre pessimistischen oder optimistischen Varianten zu thematisieren und den Sinn des Lebens entweder mit der Arbeit zu verknüpfen oder ihn davon unabhängig zu formulieren.
Und wie entwickelt sich eine Gesellschaft, die sich so oder so entscheidet?

Die „Was-passiert-dann-Frage“ bringt Schülerinnen und Schüler zu einer konkreten Utopie – oder zu konkreten politischen Modellen.

2 Möglicherweise gibt es weitere Vorstöße zum BGE, im Internet findet sich umfangreiches Archivmaterial für Projekte und Recherchen.

Johan Huizinga: Homo ludens – Der spielende Mensch

Zum Text S. 104

Stichworte zur Konzeption des Werks:
- das Spielerische als konstituierendes Element alles Kulturellen;
- steht außerhalb und über der Sphäre der Notwendigkeit (= reale Zwänge);
- „verwirrende Unauflöslichkeit zwischen Spiel und Ernst“ (Huizinga).

So zeigt sich in Huizingas Definition des Spiels wieder die Interdependenz von Freiheit und (Zweck-)Gebundenheit (Regeln, Determination) als Grundbedingung sowohl der einzelnen Existenz wie des gesellschaftlichen Lebens und der Kultur.

Zu den Aufgaben S. 104

2 Folgende Definitionen sind möglich:
1. Sinn: Ablösung von der Kinderwelt der Schule durch Spiel (vgl. Initiationsriten der Naturvölker oder alte Zunftrituale der Gesellenprüfung z. B. bei den Druckern).
2. Spielregeln:
   - Die Schule gerät in die Macht der Beherrschten.
   - Es ist vieles für eine kurze, festgelegte Zeit erlaubt, was sonst verboten wäre (Störung festgelegter Abläufe).
3. Die Regeln für die Initiation sind in Naturvölkern von den Erwachsenen formuliert worden.

Die Spiele der Menschen

Zu den Aufgaben S. 105

1 Das Kinderspiel früher hatte auch imaginäre, fiktionale Elemente, z. B. im Räuber- und Gendarm-Spiel, Indianerspiel, Hochzeitsspiel usw. Jedoch blieben die Imaginationen im Kontakt mit der realen Umwelt. Sie fanden im Wald, am Bach, auf der Straße, auf dem Dachboden usw. statt, und die Mitspieler waren die realen Spielfreunde. Insofern hatten die Spiele Welterkundungscharakter. Geschicklichkeitsspiele (z. B. Murmelspiel) hatten keine fiktionalen Anteile.
Heute gibt es natürlich die realen Welterkundungsspiele nach wie vor. Aber eine neue Art von Spielen ist entstanden und nimmt immer mehr Platz ein: Spiele in virtuellen Welten ohne körperliche Bewegung. Überall sieht man Kinder, wenn sie auf etwas warten müssen, auf ihren Handys spielen, allein, ohne Mitspieler, auf sich bezogen. Sogar das völlige Abtauchen auf ihren PCs zu Hause ist selbstverständlich geworden, das Verschwinden in einer „second world“.
Mögliches Tafelbild:

Tafelbild

	Agon (gr. Kampf)	**Alea** (lat. Würfel)	**Mimikry** (gr. mimos, der Schauspieler)	**Ilynx** (gr. Wasserfall)
Paidia freies Spiel ohne zuvor vereinbarte Regeln				
Ludus Spiel nach vorher vereinbarten Regeln zur Ermittlung eines Siegers				

2 Wertvoll ist die Sammlung der aktuellen Spiele, sodass Schülerinnen und Schüler anschließend ihre eigenen Spielzwecke und Freiheitsgewinne reflektieren können.

Spielräume der Freiheit: Die Kunst

Zu den Bildern S. 106

Die beiden ausgewählten Maler Baselitz und Pollock stehen für Künstler, deren Ansporn zum Malen und deren Haltung zur Kunst stark geprägt ist durch eine Befreiung vom Vorgefundenen, vom Traditionellen – trotz Bewunderung für die Kunst vergangener Zeiten.

Georg Baselitz: Der Wald auf dem Kopf

„Das Charakteristikum meiner Bilder", so Baselitz, „war und ist immer der Gegenstand, und der hatte oft mit meiner Biografie zu tun – Personen, Landschaften, Ereignisse." Dieser Gegenstand hat ihn bereits auf seiner ersten Einzelausstellung 1963 in der Galerie Werner und Katz mit einem Schlag bekannt gemacht. Die Kontroverse, die um provokante Arbeiten wie „Die große Nacht im Eimer" (1962/1963) und „Der nackte Mann" (1962) im Berlin der 60er-Jahre entsteht, rückt den damals 25-Jährigen in den Fokus des Kulturgeschehens.

Baselitz' Frühwerk ist geprägt vom Protest, zunächst gegen den „sozialistischen Realismus", der in der Ostberliner Akademie gepflegt wurde, wo er zuerst studierte. Nach seiner Übersiedlung nach Westberlin setzte er sich ab vom dort herrschenden Trend der amerikanischen Pop-Art und der damals die europäische Kunst dominierenden nicht gegenständlichen Malerei des Informel und des Tachismus. In seinen frühen Arbeiten (z. B. „Die große Nacht im Eimer", 1962) greift er Tabuthemen auf, wie pubertäre Sexualfantasien, verletzte Körper etc., die er mit expressiver Geste und Farbigkeit ausführt. Immer ist Baselitz gegenständlicher Maler. Er will aber keine Geschichten im Bild erzählen und malt deshalb seit etwa 30 Jahren seine Bilder „kopfunter". Seine Motive stehen auf dem Kopf. Er braucht die Bindung und Begrenzung durch den Gegenstand, will sich gleichzeitig aber auch davon befreien, weil es ihm um Fragen des malerischen Prozesses geht, um Probleme von Farbe, Linie, Punkt.

Jackson Pollock: Die blauen Pfähle

„Von Zeit zu Zeit muss es einen Maler geben, der die Malerei zerstört. Cezanne tat dies. Picasso tat es mit dem Kubismus. Und schließlich tat es Pollock. Er hat unsere Vorstellung vom Bild radikal über den Haufen geworfen. Danach konnte es wieder neue Bilder geben."

(Willem de Kooning, 1956, amerikanischer abstrakter Maler, sehr einflussreich für Pollock. Dieser erbat von seinem Vorbild ein Bild, erhielt es als Geschenk und zerstörte es vor de Koonings Augen sofort.)

Zitate von Jackson Pollock:

„Malen ist ein Seelenzustand [...] Malerei ist Selbsterfahrung. Jeder gute Künstler malt, was er ist."

„Bindet eine leere Konservendose an eine Schnur von ein oder zwei Metern Länge, bohrt ein kleines Loch in den Boden, füllt die Dose mit flüssiger Farbe. Lasst die Dose am Ende einer Schnur über eine flachliegende Leinwand hin und her schwingen. Leitet die Dose durch Bewegungen der Hände, der Arme, der Schulter und des ganzen Körpers. Auf diese Weise tröpfeln überraschende Linien auf die Leinwand. Das Spiel der Gedankenverbindung kann dann beginnen."

„Nur wenn ich den Kontakt zum Gemälde verliere, kommt Mist dabei heraus. Sonst aber ist es reine Harmonie, ein leichtes Geben und Nehmen, und dann entsteht ein gutes Gemälde."

Filmtipp: Ed Harris drehte als Regisseur und Hauptdarsteller einen Spielfilm über den Künstler: „Pollock" (2000). In diesem Film wird die widerspruchsvolle, genialische Person Pollock, sein Kampf mit dem Alkohol und mit seinen Leinwänden gezeigt.

Zu den Aufgaben S. 106

2 Wenn Künstler sich nicht verbitten, als Spieler betrachtet zu werden, könnten sie sich unterschiedlich nach Callois' Spielkategorien zuordnen. Hier empfiehlt es sich, Werke und Selbstaussagen der jeweiligen Künstler zusammenzubringen, evtl. anlässlich einer Ausstellung oder eines Projektes.

3 Schillers Begriff des Spiels beinhaltet ein dynamisches Schwingen zwischen Stoff- und Formtrieb, also den beiden Zwängen, in denen er den Menschen befangen sieht.
Das Spiel allein befreie den Menschen von diesen Zwängen, indem der jeweils zweite korrigierend auf den ersten einwirke und Schönheit herstelle.

Spielräume der Freiheit: Architektur

Zum Text S. 107

Elisabeth Spieker: Günter Behnisch – Die Entwicklung des architektonischen Werkes. Gebäude, Gedanken und Interpretationen

Für das sich nun herausbildende Grundmotiv seiner Arbeit – die Wiederannäherung oder Versöhnung von Natur, Mensch und Technik – wurden auch Impulse durch akademische Aufgaben und theoretische Schriften wirksam: Erst nach der „Fertigstellung" der Bauten wurde das Entstandene in literarischen und philosophischen Gedankengängen reflektiert, nicht nur zur Bestätigung des in einem „Schöpfungsprozess" erreichten Zustandes, sondern gleichzeitig als neue Anregung für das Zukünftige. Diese Vorgehensweise wurde zum Bestandteil des prozesshaften Bauens, dessen Formfindung aus dem pragmatischen Umgang mit den situativen Aspekten entstand, und nicht begründet wurde in einer vorausgehenden Theorie. Nicht nur jedes Gebäude für sich, sondern das Werk in seiner Gesamtheit entwickelte sich aus dem prozesshaft unvollendeten Denken. Daraus wuchs nicht ein festes Theoriegebäude, sondern ein eigenes, undeterminiertes Gedankengefüge, das Behnisch eine emotional und intellektuell ausgeglichene Weltsicht ermöglichte.

[...] Darüber hinaus will Behnisch nicht nur bestehende Realitäten widerspiegeln, sondern auch Vorstellungen von einer wünschenswerten Zukunft einfließen lassen. Sie sollen den Benutzer sinnlich und geistig anregen und ihm somit den Blick in eine neue, optimistische Gegenwelt eröffnen.

Auf der Suche nach einer neuen, diesem Anspruch gerecht werdenden Form wird der Vorgang des Bauens als ein offener, quasi unendlicher Prozess betrachtet. Auf diesem Lösungsweg werden die situativen Aspekte der speziellen Aufgabe als Anlässe für die Gestaltfindung aufgenommen. Bedeutungen und Inhalte werden nicht freigestellt, sondern bewusst neu besetzt, betrachtet aus einer positiv und hoffnungsvoll besetzten Weltsicht, die Bezüge herstellt und ebenso aber Widersprüche, Konflikte und Mehrdeutigkeit einschließt.
Behnisch erreicht durch seine besondere Vorgehensweise eine sehr weitgehende Freiheit für die formale Gestaltung der Bauten und für die Aufnahme neuer Inhalte. Die Poesie seiner Architektur begründet sich aus der Bereitschaft, das technische Werk zu öffnen für Dinge, die nicht Bestandteil der erfahrbaren Wirklichkeit sind, sondern die dem Menschen eine neue, hoffnungsvolle Vorstellung von einer möglichen Weise des Lebens vermitteln. Damit überwindet Behnisch die Abgeschlossenheit einheitlicher, geometrischer Ordnungsvorstellungen und schafft erweiterbare „Lebens"-Räume, die seine Idee vom Bauen als eine Frage nach dem Menschen ausweist, die sich auch im Wandel der Zeit als nachhaltig und tragfähig erweisen kann.

http://elib.uni-stuttgart.de/opus/volltexte/2006/2485/pdf/k01_kontext.pdf; 13.10.2011

Zu den Aufgaben S. 107

1 **2** Die Beschäftigung mit moderner Architektur ist im öffentlichen Diskurs oft auf die Frage „gefällt mir" – „gefällt mir nicht" beschränkt. Dabei beinhaltet Architektur eine ganze Menge politischer Implikationen, oft sogar Visionen der Baumeister.
Schülerinnen und Schüler könnten den Fragen nachgehen: „Wer hat dieses Gebäude wann entworfen? Welche Herrschaftsform galt in dieser Zeit im Staat? Welches Schönheitsideal war das vorherrschende?"
Daraus resultieren Abweichungen oder Entsprechungen, originelle Bauwerke werden als Statement erkennbar oder epigonale als billige Reaktionen. Freiheitsräume für die Bewohner sind in aktuellen Stadtplanungsvisionen in Japan, Megacities in der arabischen Welt oder in emblematischen Bauten Europas zu erkennen, Museen, Regierungs- und Parlamentsbauten, Kaufhäusern, Sportstadien.

Der Mensch in der Geschichte

Zur Konzeption

Die Aufgabe dieses Unterkapitels soll sein, die Schüler und Schülerinnen aufmerksam zu machen auf die Folgen von Geschichtsauffassungen für das Handeln des Einzelnen.

Das Leben auf der Erde ist zeitlich, was auch bedeutet, dass es irgendwann in seiner lebendigen Gestalt endet. Die Antwort auf die Frage, wie der Einzelne sich im Ablauf der Ereignisse erfährt, die wir im Allgemeinen „Geschichte" nennen, hat durchaus ethische Bedeutung. Wenn im geschichtlichen Ablauf kein Sinn zu erkennen ist, warum sollte man sich noch um politische Mitgestaltung bemühen, außer zum Zweck persönlichen Vorteils? Wenn die Geschichte zwangsläufig einem Plan folgt, warum sollte man sich dem Geschehen entgegenstellen, sei nun ein Hitler oder ein Caligula an der Macht? Und wesentlich für das Verständnis des Handelns der Menschen im 18./19. Jahrhundert mit seinen wegweisenden Revolutionen ist die Überlegung, ob die Menschen nicht einen Naturzustand kannten, in dem sie „human" lebten und auf den sich das Naturrecht des Menschen berufen könnte.

Georg Büchner: Der Fatalismus in der Geschichte

Zum Text S. 108

Dieser Brief wurde geschrieben in der Zeit, als der 21-jährige Büchner sein Drama „Dantons Tod" schrieb. Er setzte sich mit Büchern französischer Historiker über die Französische Revolution auseinander, betrieb Quellenstudien.

Zu den Bildern S. 108

John Gast: Amerikanischer Fortschritt
Das bekannte, in vielen Geschichtsbüchern reproduzierte Bild ist eine allegorische Darstellung des amerikanischen Sendungsbewusstseins und legitimierte die Expansion über den ganzen nordamerikanischen Kontinent. Im 19. Jh. wurde dies als „manifest destiny" (= offenkundiges, unausweichliches Schicksal) verstanden. So hatte es 1845 der einflussreiche Journalist John O'Sullivan formuliert: „Es ist die offenkundige Bestimmung der Nation, uns auszubreiten und den ganzen Kontinent in Besitz zu nehmen, den uns die Vorsehung anvertraut hat, um das große Experiment der Freiheit zu entwickeln …" Damit wurde vielen Amerikanern suggeriert, es bestehe ein göttlicher Auftrag, sich über den Kontinent auszudehnen.
Eine weiße, engelhafte Riesengestalt repräsentiert Amerika. Manche bezeichnen sie auch als „Columbia", abgeleitet von Christoph Kolumbus (s. auch „District of Columbia"). Diese weibliche Personifizierung der USA schreitet zügig nach Westen. Wilde Tiere wie die Bisons und Indianer fliehen vor ihrer Erscheinung in Richtung des Pazifiks. Unter dem Arm trägt sie ein Buch, das Symbol von Kultur, Literatur, Alphabetismus, kodifiziertem Recht. Fortschreitend legt sie auch die Telegrafendrähte, die die Kommunikation für ganz Amerika herstellt. In ihrem Gefolge sind Jäger und Trapper als Kundschafter, Bauern mit Ochsengespannen und Pflug, Siedler mit Planwagen auf der Suche nach Land. Wichtig vor allem ist die Eisenbahn, die Atlantik und Pazifik miteinander verbindet. Gasts Gemälde wurde als Druck massenhaft verbreitet.
In diesem Bild wird die Auffassung eines linearen historischen Fortschritts deutlich, dem damals viele weiße Amerikaner verpflichtet waren. Die nativen Völker Amerikas gehörten nicht zu diesem Fortschritt der Zivilisation. Sie galten als „barbarisch".

Manhattan nach der Zerstörung des World Trade Centers
Der fundamental-islamistische Terrorakt richtete sich gegen ein Symbol der amerikanischen Dominanz, gegen die weltweite Ausdehnung der westlichen Werte über die globalisierte Marktwirtschaft, gegen Säkularisierung, gegen die westlich verstandene Freiheit und Demokratie, also gegen all das, was Gasts Bild „Amerikanischer Fortschritt" verherrlichte.

Zu den Aufgaben S. 108

1 Es scheint ein gewisser Widerspruch zwischen Büchners Haltung zur Geschichte und seinem politischen Engagement zu bestehen. Aber: Er leidet an der Geschichte und er leidet mit den Menschen. Aus diesem Mitempfinden heraus ist sein Handeln begründet. Es ist kein Handeln, das sich auf den erhofften Fortschritt, auf eine grundsätzliche Verbesserung der Menschheit richtet. In diesem Moment der Geschichte will Büchner ganz einfach den Menschen helfen, ohne sich Illusionen über den prinzipiellen Erfolg zu machen.

2 Zusätzlich möglich ist auch eine Zeitleiste als Kontrast, die statt auf eine Verbesserung auf eine Verschlechterung der Lage des Menschen hinweist.

3 **Zu dem Bild „Amerikanischer Fortschritt":**
Ein naiver Fortschrittsglaube der westlichen, christlichen Zivilisation, die bedenkenlos über Natur und Naturvölker hinwegschreitet – Hoffnung auf Verbesserung der menschlichen Existenz durch Landnahme, Kultur, Technik, Kommunikation.

Zu dem Foto „Manhattan nach der Zerstörung des WTC":
Das WTC, die triumphalen höchsten Gebäude New Yorks, Symbol der Macht der westlichen Zivilisation, wird mit den eigenen, höchstentwickelten technischen Geräten (= Flugzeugen) zerstört, von Menschen, die sich auf eine alte Religion berufen – dann könnte dies als Beweis dafür dienen, dass zivilisatorischer, technischer Fortschritt nicht Fortschritt im Sinne der Menschlichkeit bedeuten muss.
Infolge des 11. September 2001 verschärfte sich der latente Konflikt zwischen den Kulturen, die disparate Auffassungen von Geschichte und Fortschritt vertreten.

Arthur Schopenhauer: Die ewige Wiederkehr des Gleichen

Zum Text S. 109

In diesem Text wird eine Erfahrung veranschaulicht, die alle Menschen machen: Wir leben in einer zyklischen Zeit, in einer steten Wiederholung (Herzschlag, Verdauung, Stoffwechselvorgänge, kosmische Gesetzlichkeiten usw.) – alles soll und muss sich wiederholen.
Und andererseits leben wir unausweichlich auf einem Zeitpfeil, wobei ständig unwiderruflich vergangene Momente produziert werden – am Ende wartet der Tod auf jeden Einzelorganismus, auf jede Errungenschaft (vgl. Z. 5).

Zur Aufgabe S. 109

1 Die altrömische Erzähltradition kannte mehrere dieser Heldensagen, in denen das Individuum dem Staat, der Gemeinschaft aller, geopfert wird oder sich selbst opfert. Der Staat als verallgemeinerte, vernünftige Gesetzlichkeit steht über dem einzelnen Leben. Berühmt ist der Satz „Süß und ehrenvoll ist es, fürs Vaterland zu sterben" (dulce et decorum est pro patria mori), mit dem noch deutsche Gymnasiasten in den Ersten Weltkrieg getrieben wurden bzw. zum freiwilligen Kriegsdienst.

➡ Standpunkte kontrovers: Gibt es in der Geschichte einen Fortschritt?

Zum Text S. 110

➧ **s. Zusatzmaterial 19, LB, S. 192**

Zum Text S. 111

Breyten Breytenbach hat eine künstlerische Mehrfachbegabung, er ist Lyriker, Maler, Romancier, Essayist. Er wurde in Südafrika zur Zeit der Apartheid geboren und engagierte sich früh gegen die Unterdrückung der Farbigen. 1975 reiste er aus dem französischen Exil illegal in Südafrika ein, um Verbindungen zu Widerstandsgruppen zu knüpfen. Er wurde verhaftet und schließlich wegen Hochverrats zu zehn Jahren Gefängnis verurteilt. 1982 ist er auf Drängen der französischen Regierung und des internationalen PEN vorzeitig freigelassen worden. Durch diese Vorgänge wurde er international bekannt. Sein essayistisches und erzählerisches Werk ist geprägt von der Frage nach der Aufgabe des Schriftstellers, nach der Funktion der Literatur, nach der Freiheit des Denkens und Schreibens. In den „End Papers" (1986)[1] formuliert er sein Credo:
„Kunst um der Kunst willen, Kunst, losgelöst von der Klasse (oder der ethnischen Gruppe oder Gemeinschaft), die sie hervorbringt, Kunst, unabhängig von Politik oder neben ihr existierend, gibt es in der Realität nicht."
Die Rede von Breytenbach ist dialektisch aufgebaut. Einerseits die Zeichen, die auf Fortschritt weisen: technischer Fortschritt, politischer Fortschritt (Freiheit, Menschenrechte, Gerechtigkeit), ökonomischer Fortschritt (Wohlstand und materieller Ausgleich). Andererseits führt jeder Fortschritt zu einem „dialektischen Prozess [...], durch den wir ebenso viel verloren, wie wir gewannen, mehr noch vielleicht" (Z. 14 f.).

[1] Breyten Breytenbach: End Papers. Essays. London: Faber and Faber 1986

Zu den Aufgaben S. 111

1 Aufgabe 1 soll mit einem produktiven Einstieg das intuitive Gefühl der Diskutierenden formulieren, dass „alles im Laufe des Lebens aufwärtsgeht, **alles immer besser wird**". Andere Schüler und Schülerinnen werden dem **bereits skeptisch** gegenüberstehen. Viele bringen bereits vor der Unterrichtseinheit die Erkenntnis mit, dass der Mensch **mithilfe des technischen Fortschritts seine natürliche Lebensgrundlage zunehmend zerstört**. Die Ausbeutung unseres Planeten hat bereits Ausmaße angenommen, die an Hegels Idee des fortschreitenden „vernünftigen Planes" durchaus zweifeln lassen.

Historisch war jedoch die **moralische Katastrophe der Naziherrschaft** der größte Einbruch in das Vertrauen in den menschlichen Fortschritt: Mit der bestialischen Vernichtung von Millionen Menschen ist eine „wachsende Menschwerdung" im Sinne Kants nicht vereinbar, und Max Horkheimer und Theodor W. Adorno versuchten vielmehr, diese Bestialität als Spätfolge der Aufklärung selbst zu verstehen.

Die Debatte steht diesmal **vor den analytischen Texten von Assmann und Lyotard**, um in der Lerngruppe zunächst das Bewusstsein für Geschichtlichkeit zu entwickeln, wie es in der europäischen Geistesgeschichte seit Kant formuliert wurde: **Zunächst linear** analog zur Lebensperspektive eines Menschen, später in **skeptischer Abkehr von diesem Modell**.

2 Aufgabe 2 soll die beiden Perspektiven auf eine Alltagsfrage anwenden, sodass es möglich wird, die beiden Perspektiven auf geschichtlichen Fortschritt in eine politische Haltung zu übersetzen.

Dazu hilft die Diskussion über „Green Energy" im Europäischen Parlament, wo allmählich ein Umdenken, namentlich der grünen Parlamentarier, stattfindet: Aus der Hoffnung, man könne mit der konsequenten Umstellung auf grüne Energie ein klimaneutrales Europa gewinnen, ist die Einsicht geworden, dass mehr und neue Energiequellen vor allem die energieverbrauchende Wirtschaft ankurbeln. So verbraucht ein Eifeldorf, dessen Verbrauch mit dem regenerativen Strom des Windrades gedeckt werden konnte, heute mithilfe des technischen Fortschrittes und des Windrades viel mehr Energie, weil es dank des Windrades Unternehmen angezogen hat, die Energie brauchen. Das Hauptproblem ist also mit der Energiewende noch nicht gelöst: dass nämlich Menschen immer mehr Profit generieren wollen. Das Problem ist also die Gier, der Glaube an das ungebremste Wachstum, nicht der Energieverbrauch.

3 Die Podiumsdiskussion sollte die Positionen ausformulieren:
- Hegel mit seinem Optimismus, dass der Geist mithilfe menschlicher Entwicklung bessere „Freiheit" erlangen könne,
- Breytenbach mit der resignativen Einsicht, dass Fortschritt nicht die großen Schritte gehen kann, solange der Mensch seine Grundprobleme nicht löst.
- Die Bundeskanzlerin/der Bundeskanzler sollte eine pragmatische Mittelposition einnehmen: Gutes politisch unterstützen, wo es geht, die Ziele etwas bescheidener und kurzfristiger setzen als ein Philosoph.

Aleida Assmann: Die Zeitkonzepte der „Moderne" und „Postmoderne"

Jean-François Lyotard: Zu den großen Erzählungen

Zu den Texten S. 112 f.

Die beiden Historiker Jean-François Lyotard und Aleida Assmann beschreiben aus einer späteren, einer Sicht der „Postmoderne" die „Perspektive der Moderne" als linear denkendes Zeitkonzept.

Assmann stellt aus ihren Literatur- und historischen Recherchen fest, dass die sogenannte „Sattelzeit" in Europa um 1770 mit dem modernen Zeitkonzept begonnen habe, welches die linear vergehende Zeit zum Rückgrat der Zeitbetrachtung erklärt und damit ältere, traditionelle Zeitkonzepte verdrängt habe. Kreisartige Zeitkonzepte, die z. B. das Zusammenleben mit der Natur erforderten, seien zunehmend in Europa verschwunden.

Damit sei es möglich gewesen, „Geschichte" und „Zukunft" als Kollektivsingular zu benennen und abstrakter zu betrachten. Im Mittelpunkte des Zeitregimes der Moderne stehe die „emphatische Orientierung auf die Zukunft".

Ein prominentes Beispiel sei die Selbstdefinition der US-Bürger als Amerikaner, die ein gemeinsamer Zukunftstraum, weniger aber eine gemeinsame Geschichte zur Nation zusammenhalte. Die heterogenen Herkunftsgeschichten der US-Bürger dürften diese Gemeinsamkeit nicht gefährden, daher sei sie von den jeweils neu Eingebürgerten auch individuell verdrängt worden. Wer Amerikaner werden wolle, müsse seine Herkunft ein gutes Stück vergessen. Einige Volksgruppen in den USA könnten an dieser hoffnungsvollen Geschichte aber nicht teilnehmen, die zwangsweise dorthin verbrachten Schwarzen wie etwa auch die verdrängten und ausgerotteten Ureinwohner zeigen mit ihren Bürgerrechtsbewegungen, dass dieses utopische Amerika nicht alle Einwohner gleichermaßen berücksichtigt.

Zur Aufgabe S. 112

1 Das Gedankenexperiment ähnelt dem auf S. 108, Aufgabe 2. Jetzt aber sollte es reflektierter durchgeführt werden: Wo liegen die möglichen Fehler einer solchen Sinnsuche?

Die Schülerinnen und Schüler sollten sich a.) ihre Experimente vorstellen und b.) anschließend mit einer Tabelle analysieren (mögliche Gruppenarbeit zu viert oder fünft).

Mögliche Arbeitshilfe als Tabelle/Tafelbild:

Art der Betrachtung **Mögliche Schülerexperimente**	**Kreisförmige Vorstellung der Zeit**	**Lineare Vorstellung der Zeit**	**Skeptische, nihilistische Vorstellung von Zeit**
Exp. 1: Der Verlauf und Ausgang eines aktuellen Krieges	Phasen von Krieg und Frieden wechseln einander ab.	Beginn des Konfliktes Stufen der Eskalation Ausgang/Friedensabkommen	Niemals wird der Mensch zum ewigen Frieden gelangen.
Exp. 2: eine Lerngeschichte und deren Abschluss durch eine Prüfung	Immer wieder sucht man sich Aufgaben, die man mit etwas Mühe zu bewältigen versucht, dann ist man zufrieden und schreitet zur nächsten fort.	Anfang des Lernweges ohne Kenntnisse Erwerb von Kenntnissen Abschlussprüfung	Objektiv weiß man damit nicht mehr als zuvor, es bleibt das Streben nach zu lösenden Aufgaben.
Exp. 3: eine technische Entwicklung eines aktuellen Phänomens	Von einer Erfindung/Errungenschaft gelangt man zur nächsten. Es bleibt bei dem Drang, etwas Neues zu erfinden und die Welt damit von einer neuen Seite zu betrachten.	Erfindung des binären Systems/Lochkartenrechners Erfindung einer digitalen Rechenmaschine in den 1960ern PCs für private Haushalte Erfindung des Internets Digitalisierung aller Lebensbereiche	Eigentlich kommt man der Weltkenntnis damit nicht näher.
Exp. 4: ...			

Zu den Aufgaben S. 113

1 Von der christlichen Heilsgeschichte bis zu Marx' katastrophischer Vision der kapitalistischen Zerstörung menschlicher Gesellschaft zieht Lyotard eine Gemeinsamkeit der modernen „großen Erzählungen". Sie alle würden von einer Idee legitimiert, die Zukunft bringe eine Lösung/Erlösung, nicht von einer Ursprungsidee, einer sinnstiftenden Gründung. Lyotards These ist, dass diese moderne Ausrichtung auf eine sinnstiftende Zukunft nicht mehr gelingt und damit die „großen Erzählungen" ihres Kerns beraubt worden sind. Die Beherrschung der Welt durch Subjekte, die mit wachsender Technik diese Welt zu ergründen suchten, habe eine zerstörerische Eigendynamik bekommmen. Die Welt sei durch bessere Bildung, vermehrte Freiheit nicht beherrschbarer geworden, nur ihre Einzelheiten besser bekannt.

3 Die Reflexionsaufgabe könnte in einem Essay niedergeschrieben werden. Als Hausaufgabe oder auch als formal recht freie Variante einer Kursarbeit müsste der explizite Bezug zu den Texten über Hegel sowie von Breytenbach, Assmann und Lyotard eingefordert werden.

Aleida Assmann: Ist die Zeit aus den Fugen?

Zum Text S. 114 f.

Assmann thematisiert den Moment, in dem ein „Bruch der Zeit", eine Wende empfunden und ausgesprochen wird. Sie recherchiert in der Kunst und findet Zeugnisse des entsprechenden Bewusstseins in den 1910er bis 1980er-Jahren, wo das Zeitkonzept der Moderne auf Skepsis stieß.
Bis ein solches Bewusstsein in größeren Bevölkerungsgruppen entsteht und sich auch in bspw. politischen Trends und Bewegungen äußert, mag es noch etwas dauern, im Rückblick jedoch zeigen sich Korrespondenzen zwischen dem Lebensgefühl einer Generation, die etwa die Umweltzerstörung bewusster in ihre negative (Über-)Lebensperspektive aufnimmt, und den künstlerischen Werken einer Epoche.
Die kollektive Einigung auf ein Zeitkonzept folgt diesen Erfahrungen und Zuschreibungen.

Zu den Aufgaben S. 115

1 Als Flussdiagramm könnte man festhalten:

Moderne

- Virgina Woolf: „Im Dezember 1910 hat sich das Bild des Menschen verändert."

Postmoderne

- J.-F. Lyotard: „Die großen Erzählungen sind beendet."

Nebeneinander von Vergangenheit, Gegenwart, Zukunft

- Lorenz/Bevernage: „Feste Definitionen von Vergangenheit sind falsch, da die Grenzen von verschiedenen Kulturen unterschiedlich gesetzt werden."

2 Die Aborigines Australiens beziehen ihre Ahnen aktiv und aktuell in die eigene Lebensweisheit und -praxis mit ein. Damit sind die Ahnen nicht so „vergangen" wie in Europa, wo sie auf Friedhöfen abgelegt und dann oft vergessen werden. Die orale Kultur sichert die Lebenskenntnisse der Alten in den Geschichten ab, die den Lebenden immer wieder erzählt werden. Unsere Kultur legt Lebenswissen zwar in Büchern und elektronisch gespeicherten Texten nieder, der einzelne Mensch aber kann dieses Wissen vernachlässigen und weglegen.
Vorteile der oralen Kultur sind die **stärkere Bewahrung alten Wissens**, der konservativere, vorsichtigere Lebenswandel der nachwachsenden Generation, zugleich sind das auch die Nachteile: Neues Wissen gelangt nur sehr zögerlich in den Kanon der Erzählungen, der nachwachsenden Generation wird weniger eigene Gestaltungsmöglichkeit gegeben.

Richard von Weizsäcker: Ein Tag der Befreiung – Rede am 8. Mai 1985 vor dem Bundestag

Zum Text S. 115 f.

Weizsäckers Rede war nicht unumstritten. Während die nationale und internationale Presse sie als Durchbruch feierte, stieß sie bei nationalkonservativen Kräften auf Kritik. Das Eingeständnis, dass eine Niederlage im Krieg (mit der Folge eines zerstörten und besetzten Deutschlands) gleichzeitig eine „Befreiung" darstellte, ging einigen zu weit. Ebenso konnten es rechts stehende Politiker schwer ertragen, dass Weizsäcker auch den Widerstand „der Arbeiterschaft, der Gewerkschaften und der Kommunisten" ehrte, der oft ignoriert wird, obgleich er sich schon seit 1933 gegen die Hitlerdiktatur erhob – anders als der gefeierte „20. Juli 1944". Die persönliche Auseinandersetzung Richard von Weizsäckers mit den nationalsozialistischen Verbrechen steht außer Frage: Sein Vater Ernst Heinrich Freiherr von Weizsäcker war Staatssekretär des Auswärtigen Amtes unter Hitler und SS-Brigadeführer. Wegen Mitwirkung an den Deportationen französischer Juden nach Auschwitz wurde er in Nürnberg als Kriegsverbrecher verurteilt. Er berief sich wenig glaubhaft auf Nichtkenntnis der Judenvernichtung. Sein Sohn Richard v. W. half den Verteidigern seines Vaters als junger Jurist und hielt seinen Vater für unschuldig. Das wirft ein besonderes Licht auf seine Rede.

Zur Aufgabe S. 116

1 Grundsätze einer politischen Ethik, die aus der Rede abzuleiten sind:

a. Jeder hat sich der Geschichte wahrhaftig (vgl. Z. 5) zu stellen, um „das eigene historische Gedächtnis als Leitlinie für unser Verhalten in der Gegenwart" (Z. 23 f.) nutzen zu können.

Daraus ergeben sich ethisch-politische **Sollensnormen**:

- Die schwächsten, hilflosesten Bürger müssen geschützt werden.
- Die Freiheit der Überzeugungen muss bedingungslos bewahrt werden, auch dann, wenn diese sich gegen die eigene Meinung richten.
- Rassisch, religiös und politisch Verfolgten muss eine Zuflucht gewährt werden.

b. Jeder sollte aus der Beschäftigung mit der Vergangenheit lernen, „wozu der Mensch fähig ist“ (Z. 44), im schlechtesten wie im besten Sinn, dann kann er als Mensch unter Menschen mit dem Bösen rechnen und auf das Gute setzen.

Iris Hanika: Das Eigentliche

Zu den Aufgaben S. 117

1 Z. 5f.: Das Attentat auf Hitler war Vorlage für den Hollywoodfilm *„Operation Walküre“* mit Tom Cruise als Graf Stauffenberg (siehe Plakat in der Randspalte).
Z. 6f.: Der Roman *„Der Vorleser“* von Bernhard Schlink erzählt die Liebesgeschichte zwischen einer ehemaligen KZ-Aufseherin und einem pubertären Jungen. Er wurde 2008 verfilmt unter gleichem Titel.
Z. 7f.: Der Kampf jüdischer Partisanen in Russland war Thema des Films *„Unbeugsam - Defiance“*, ein Kriegsfilm aus dem Jahr 2008. Der Film verwendet als Vorlage das Buch: *Defiance: The Bielski Partisans* von Nechama Tec.
Z. 8ff.: Der „groteske Moralschinken“ einer Freundschaft ist Gegenstand des Films *„Der Junge im gestreiften Pyjama“* von 2009.

2 Die Gräuel der Naziverbrechen, die so ungeheuerlich sind, dass man es kaum ertragen kann, sie sich vorzustellen, sind „fürs Massenpublikum kompatibel“ (Z. 22f.) gemacht worden. Die Zeitzeugen sterben aus. Jetzt kann die Geschichte rücksichtslos als Material verwendet werden für abenteuerliche Fiktionen von den Guten (Juden und Widerständler) und den Bösen (Nazis): „herrlicher Stoff für Hollywood“ (Z. 38). Die Gaskammer wird zum „Gruselkabinett“, wie in einem beliebigen Horrorfilm, von dem sich kein Deutscher mehr betroffen fühlen muss, so wie Historienfilme über die Römerzeit auch keinen Italiener mehr verantwortlich machen können.
Die Filme über den Nationalsozialismus sind zu einem Genre verkommen wie Thriller oder Western, „[e]s sind nur Chiffren, wir sind nicht gemeint“ (Z. 44 f.).

3 **Weizsäcker** fordert Erinnerung an den Nationalsozialismus und seine Verbrechen, um die Wiederholung eines solchen Geschehens unmöglich zu machen und um politisch-ethische Schlussfolgerungen ziehen zu können.

Hans Frambach, die Figur des Romans, behauptet, dass die ständige Konfrontation mit dem Nationalsozialismus in kommerziellen Filmen, eine Art Erinnerungsindustrie, das Verantwortungsgefühl für die Vergangenheit aufhebt.

Die beiden Texte bewegen sich in verschiedenen Diskursarten:

Einerseits eine politische Grundsatzrede, die an die Zuhörer appelliert, die Wirkung erzielen will, die eine bestimmte politische Richtung begründen bzw. durchsetzen will;
andererseits ein fiktionaler literarischer Text, der mit dem ästhetischen Mittel der Figurenrede (erlebte Rede) ein Problem aus der Sicht der sprechenden Figur darstellt.
Insofern könnte man sie nicht so ohne Weiteres aufeinander beziehen. Allerdings kann die Kritik an der filmischen Erinnerungsindustrie auch auf die Rituale der politischen Erinnerungskultur übertragen werden: Hunderte von Sonntagsreden mit ihren immer gleichen Floskeln mögen im Einzelfall durchaus ernst gemeint sein, stumpfen aber auch ab. Und der vorgeschriebene Geschichtsunterricht mit dem Ansinnen der Betroffenheit bei den Schülern kann durchaus auch auf Widerstand oder Langeweile stoßen.
Allerdings: Diese Rede Weizsäckers fällt aus dem Rahmen der üblichen Festreden zum Nationalsozialismus, was die Rezeption der Rede auch belegt. Hier wollte ein Bundespräsident offensichtlich Zeichen setzen für die Politik Deutschlands. Deshalb trifft die Kritik der Figur Frambach hier wohl nicht zu.

Ethik und Moral – wozu ?

Abschnitte	Texte	Zusatzmaterialien und Klausurvorschläge
• Zum Einstieg (SB, S. 120 f.)	– fiktive Zitate und Comic („Calvin & Hobbes") (LB, S. 53)	
• Was ist Ethik? (SB, S. 122 ff.)	– Annemarie Pieper: Gegenstand und Ziele der Ethik (LB, S. 54) – Elias Canetti: Der gute Mensch (LB, S. 54) – Norbert Hoerster: Normative Ethik und Metaethik (LB, S. 54 f.) – Dilemmageschichte: Aus alter Freundschaft (LB, S. 54 f.)	

• Gibt es eine allgemeinverbindliche Ethik? (SB, S. 126 ff.)	– Richard B. Brandt: Was ist „ethischer Relativismus"? (LB, S. 55 f.)
	– Das Sein-Sollen-Problem und der naturalistische Fehlschluss (LB, S. 56)
	– **Standpunkte kontrovers:** *Ist in der Moral alles relativ?* (LB, S. 56 f.)
	  – Annemarie Pieper: „Moralischer Relativismus ist ein Fehlschluss"
	  – Richard Rorty: „Solidarität bedarf keiner metaphysischen Stützung"
	– Norbert Hoerster: Minimalmoral (LB, S. 57)
	– Michael Walzer: „Minimalmoral" – das ist Moral pur (LB, S. 57 f.)
		– **Klausurvorschlag 9:** Caroline Fourest: Die letzte Utopie (LB, S. 228)
		– **Klausurvorschlag 10:** Edmund Burke: Betrachtungen über die Französische Revolution, 1790 (LB, S. 229)

• Menschenwürde – ein zentraler Begriff der Ethik (SB, S. 132 ff.)	– Johannes Reiter: Menschenwürde als Orientierungspunkt (LB, S. 58) – Dieter Birnbacher: Mehrdeutigkeiten im Begriff der Menschenwürde (LB, S. 58) – Niklas Luhmann: Würde und Freiheit (LB, S. 58) – Peter Bieri: Würde als Lebensform (LB, S. 58)	
• Moralvermittlung und Moralentwicklung (SB, S. 136 ff.)	– Georg Lind: Ist Moral lehrbar? (LB, S. 58 f.) – Die Stufen moralischer Entwicklung nach Kohlberg (LB, S. 59) – Carol Gilligan: Gerechtigkeit und Fürsorge (LB, S. 59 f.) – Annemarie Pieper: Feministische Ethik und Gendertheorie (LB, S. 59 f.)	

Abschnitte	Texte	Zusatzmaterialien und Klausurvorschläge
• Moralkritik (SB, S. 140 ff.)	– Was ist und will Moralkritik? – Max Stirner: „Ich bin weder gut noch böse“ (LB, S. 60 f.) – Thrasymachos: Die Gerechtigkeit ist der Vorteil des Ungerechten (LB, S. 61) – Die Sophisten – Abraham opfert Isaak (LB, S. 61 f.) – Søren Kierkegaard: Warum tut Abraham das? (LB, S. 61 f.) – Friedrich Engels: Die „ewigen Wahrheiten“ der Moral (LB, S. 62) – Karl Marx und Friedrich Engels: Leben und Bewusstsein (LB, S. 62 f.) – Bertolt Brecht: Was nützt die Güte? (LB, S. 62 f.) – Friedrich Nietzsche: Gegen eine Moral des Mitleidens (LB, S. 63) – Friedrich Nietzsche: „Herrenmoral“ und „Sklavenmoral“ (LB, S. 63) – Friedrich Nietzsche: Aus den „Werkstätten“ der „Sklavenmoral“ (LB, S. 63) – Winfried Schröder: Kritik der Moralkritik (LB, S. 63) – Rainer Erlinger: Warum ich ein Moralist bin (LB, S. 64)	
• Die Faszination des Amoralischen (SB, S. 152 f.)	– Oscar Wilde: Das Bildnis des Dorian Gray (LB, S. 64)	**Zusatzmaterial 20:** Bernard Williams: Der Amoralist (LB, S. 193)
• Moral in der postmodernen Welt (SB, S. 154 ff.)	– Zygmunt Bauman: Vagabund und Tourist – zwei typische Verhaltensmuster in der Postmoderne (LB, S. 64 f.) – Gerhard Schulze: Moral nach außen, Moral nach innen (LB, S. 65) – Jérôme Bindé: Vier neue Gesellschaftsverträge (LB, S. 65) – Franz M. Wuketits: Gegen eine Diktatur der Moral – Heinz Bude: Über den Begriff „Gutmensch“ (LB, S. 65 f.)	**Zusatzmaterial 21:** Ist es okay, in armen Ländern Urlaub zu machen? (LB, S. 194)

Zur Konzeption

Das Kapitel ist grundlegend für die Beschäftigung mit der Ethik und stellt das Basiswissen hinsichtlich des Wesens, der Problematik, der Zielsetzung und der Begrifflichkeit der Disziplin Ethik zur Verfügung. Insofern dient dieses Kapitel auch als motivierender Einstieg in die grundsätzlichen und prinzipiellen Fragestellungen philosophischer Ethik.

Strukturschema des Kapitels

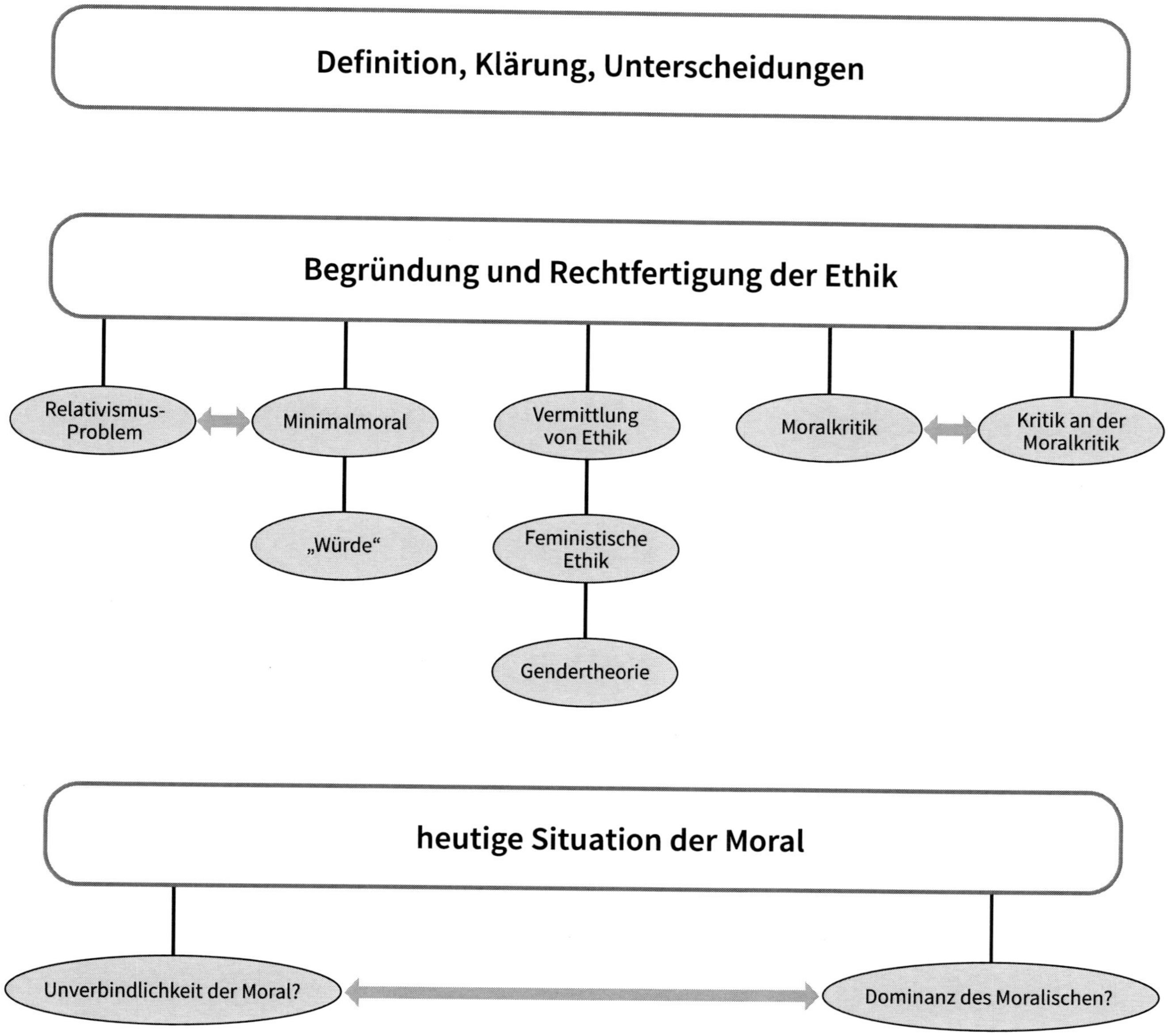

Grafik: Franz-Josef Domke

Zum Einstieg

Die Einstiegsdoppelseite soll in zwei der zentralen Themenfelder des Kapitels einführen: die Begriffsbestimmung von „Ethik“ und die Moralkritik. Die Aufgaben können, müssen aber nicht, verwendet werden.

Zu den Aufgaben S. 120 f.

1 **2** Die Bearbeitung dieser Aufgaben kann dazu dienen, die bislang erworbenen Auffassungen und Einstellungen der Schülerinnen und Schüler zum Fach Ethik zu sammeln, zu überprüfen, eventuell zu korrigieren, sie aber auch in die eigene Unterrichtsplanung mit einzubeziehen. Deshalb sollte die Arbeit an dieser Einstiegsseite an den Beginn des Ethikunterrichts in der Oberstufe gestellt werden.

3 **4** Der rechte Teil der Einstiegsdoppelseite kann als Beginn einer Unterrichtsreihe über Moralkritik dienen (s. S. 140–151), aber auch ganz generell den Sinn und die Tragweite moralischer Vorstellungen anhand von persönlichen Erfahrungen und Alltagssituationen der Schülerinnen und Schüler fragwürdig machen bzw. infrage stellen. Der Einsatz einer der beschriebenen erfahrungsorientierten und schülerzentrierten Arbeitsformen (s. LB, S. 172) kann hier angebracht erscheinen.

Was ist Ethik?

Annemarie Pieper: Gegenstand und Ziele der Ethik

Elias Canetti: Der gute Mensch

Zu den Texten S. 122 f.

Annemarie Pieper unternimmt in ihrem Text den Versuch, den Begriff „Ethik“ zu definieren und seinen Sinn im menschlichen Zusammenleben darzustellen. Für eine noch klarere Unterscheidung zwischen „Moral“ und „Ethik“, als es Piepers Text leistet, ist der kurze Abschnitt von Dieter Birnbacher in der rechten Randspalte hilfreich.
Piepers Text eignet sich besonders für den Einsatz am Beginn des Oberstufenunterrichts: Nach einer gemeinsamen Rückschau auf den oft sehr heterogenen Ethikunterricht der Unter- und Mittelstufe kann Piepers Darstellung dazu verwendet werden, einen Ausblick auf den Ethikunterricht der Oberstufe und sein höheres Abstraktions- und Reflexionsniveau im Umgang mit den Problembereichen Moral und Ethik zu gewähren.
Der kurze Ausschnitt aus Canettis Autobiografie unter dem Titel „Der gute Mensch“ zeigt an einem Beispiel, dass philosophische Gedankenexperimente immer schon Teil der literarisch-intellektuellen Kultur Europas waren. Natürlich kann und soll der Text als Anregung dienen, dieses oder ein ähnliches Gedankenexperiment im Kurs selbst durchzuführen.

Zu den Aufgaben S. 122

1 Die Unterscheidung zwischen „Ethik“, „Moral“, „Wert“ und „Norm“ ist ein Dauerthema des Ethikunterrichts der Sekundarstufe I. Was von den Ergebnissen dieses Unterrichts bei den Schülerinnen und Schülern noch übrig geblieben ist, kann mithilfe dieser Aufgabe abgefragt und/oder überprüft werden. Auch eine Verknüpfung mit der Kapiteleinstiegsseite 120 und den dortigen Aufgaben ist hier natürlich sehr sinnvoll.

2 Die Fragestellung für den Essay kann hier noch geschärft werden: „Grenzen Sie dabei Ihr eigenes Verständnis vom ‚guten Willen‘ vom entsprechenden Verständnis Immanuel Kants ab (s. SB, S. 182).“

3 Mit „sterilisierend“ meint Canetti hier das Bemühen um eine genaue philosophische Definition des Begriffs „gut“, womöglich noch mit philosophiehistorischem Hintergrund. Den Wiener Literaten ging es eher um eine „fruchtbare“ (als Gegensatz zu „sterilisierend“ verstanden), vielleicht auch assoziativ-wuchernde, eher freie literarische Diskussion. Wenn man Canetti bei der Nachahmung dieses Gedankenspiels im Unterricht folgen möchte, ist es geraten, nicht allzu strenge Regeln und Maßstäbe an den Verlauf der gedanklichen und diskursiven Arbeit des Kurses anzulegen – es soll ja auch Spaß machen!

4 **Ergänzender Hinweis:** Canetti glaubte damals, tatsächlich einen „guten Menschen“ getroffen zu haben, der genau seinen Idealen entsprach. Es handelte sich um Abraham Sonne (1883–1950) – bei Canetti immer „Dr. Sonne“ genannt –, einen österreichisch-jüdischen Gelehrten und Dichter, der zum Begründer der neuhebräischen Lyrik wurde und sich Avraham Ben Yitzhak nannte. Ben Yitzhak/Sonne konnte nach dem „Anschluss“ Österreichs an NS-Deutschland 1938 aus Wien nach Palästina entkommen.

Zusätzliche Aufgabe: Recherchieren Sie über Leben und Wirken Abraham Sonnes/Avraham Ben Yitzhaks und versuchen Sie herauszufinden, was Canetti an ihm so faszinierte, dass Sonne/Ben Yitzhak für ihn das Musterbeispiel eines „guten Menschen“ werden konnte.

Norbert Hoerster: Normative Ethik und Metaethik

Dilemmageschichte: Aus alter Freundschaft

Zu den Texten S. 124 f.

Hoerster stellt in seinem Text die vier wichtigsten Positionen der normativen Ethik (religiös, deontologisch, utilitaristisch, egoistisch) vor. Er eignet sich daher gut als Vorbereitung des zweiten Kapitels, „Modelle normativer Ethik“. Wird der Text hierfür verwendet, so bietet sich ein ausführlicher Einstieg an.

Zu den Aufgaben S. 125

2 **3** Anhand des in der Dilemmageschichte gegebenen Beispiels können unterschiedliche normativ-ethische Positionen thematisiert und gegenübergestellt werden: Darf man seinen Freund verraten? Man könnte hier folgenethisch, aber auch prinzipienethisch argumentieren (vgl. Kants berühmtes Lügenbeispiel, s. SB, S. 181). Metaethisch ist dagegen die sich aus dem Dilemma ergebende Diskussion darüber, welche normative Ethik denn hier Anwendung finden sollte.
Im Prinzip kann dafür natürlich auch jede andere Dilemmageschichte, z. B. aus dem Band, dem die vorliegende entnommen wurde, verwendet werden.

Methodischer Hinweis zum Thema: Welche Möglichkeiten habe ich, eine Handlung/Entscheidung moralisch zu rechtfertigen? Welche grundlegenden Normen und Werte gibt es, an denen ich mich orientieren kann?

Ziel: die Erkenntnis, dass die vier Grundpositionen nicht bloß abgehobene Theorien von Philosophen sind, sondern oft unseren alltäglichen Urteilen zugrunde liegen.

Aufgabe: Die Schülerinnen und Schüler bilden Gruppen (4 – 5 Personen). Sie erhalten eine etwas ausführlichere Darstellung der von Hoerster konstruierten Konfliktsituation:

Herr A. (45) ist verheiratet und hat mit seiner Frau (40) zwei Kinder (7 und 10). Sie wohnen in einem schönen Einfamilienhaus. Herr A. ist als Personalchef eines großen Unternehmens beruflich sehr erfolgreich. Seine Frau übt ihren Beruf als Erzieherin seit der Geburt des ersten Kindes nicht mehr aus, da sie sich um den Haushalt und die Kinder kümmert. Seit einem Jahr hat Herr A. ein Verhältnis mit seiner Sekretärin. Er möchte sich von seiner Frau scheiden lassen, um die Sekretärin zu heiraten.

Aufgabe: Sprechen Sie über diese Entscheidungssituation. Sammeln Sie, was für und was gegen eine Scheidung sprechen könnte. Berücksichtigen Sie dabei möglichst viele Aspekte. Notieren Sie auf Karteikarten in maximal zwei Sätzen jeweils einen Grund, der für/gegen die Scheidung spricht (3 – 4 Gründe pro Seite). Sie müssen nicht selbst von diesen Gründen überzeugt sein.

Alternative: Da das Beispiel gängige Klischees über die Geschlechterrollen bestätigt, könnte man auch die Rollen tauschen: Herr A. als Hausmann, Frau A. als erfolgreiche Geschäftsfrau, die ein Verhältnis mit einem Mitarbeiter hat. Man kann auch beide Varianten verwenden und in der Auswertung diskutieren, inwiefern die Rollenzuschreibung das Ergebnis beeinflusst hat.

Auswertung: Die Präsentation erfolgt im Stil der **Metaplan-Technik**. Man sollte einen Stuhlkreis bilden, in der Mitte werden die Kärtchen abgelegt. Jede Gruppe liest ihre Argumente vor und erläutert sie knapp. Die Kärtchen werden zunächst geordnet nach „Scheidung: pro und kontra" abgelegt. Die auf die erste Gruppe folgenden Gruppen sollen darüber hinaus ihre Argumente den bereits abgelegten Kärtchen zuordnen (wozu könnte dieses Argument passen? Welches Argument ist ihm ähnlich?). Haben alle Gruppen ihre Kärtchen abgelegt, können im Plenum Veränderungen vorgenommen werden. Dabei sollte jede Verschiebung begründet werden. Wenn eine von allen weitgehend akzeptierte Struktur erarbeitet wurde, sollten sich verschiedene Argumentationsgruppen herausgestellt haben. Die Schülerinnen und Schüler sollen nun versuchen, Überschriften/Oberbegriffe für die einzelnen Gruppen zu finden. Impuls: „Können Sie erkennen, welche allgemeinen Grundsätze, die auch auf andere Situationen übertragbar sind, sich hier zeigen?" Die bisherigen Erfahrungen mit dieser Übung haben gezeigt, dass mindestens drei der vier ethischen Grundpositionen vorhanden sind. Auch kann man erkennen, dass die vier Grundpositionen sowohl Argumente für als auch gegen die Scheidung liefern (besonders klar bei Utilitarismus und Egoismus).

Textarbeit: Nun erfolgt die gemeinsame Lektüre des Hoerster-Textes. Erst nach der Lektüre des Hoerster-Textes sollten Schüler die einzelnen Argumente bewerten und ihre eigene Position hierzu formulieren. Auch kann darüber diskutiert werden, welche der vier Positionen der gegenwärtigen gesellschaftlichen Moral zugrunde liegen.

Auswertung des Prozesses (Metaplan und Textarbeit) unter der Frage: Wann sind wir deskriptiv, wann normativ und wann metaethisch vorgegangen? (Die Suche nach möglichen Argumenten ist deskriptiv, die Zuordnung ist metaethisch, die abschließende persönliche Stellungnahme dürfte weitgehend normativ sein.)

Gibt es eine allgemeinverbindliche Ethik?

Richard B. Brandt: Was ist „ethischer Relativismus“?

Zum Text S. 126

Der Text von Richard B. Brandt mag auf den ersten Blick etwas trocken-akademisch erscheinen, er gleicht das aber durch Genauigkeit und Trennschärfe bei der Begriffsbestimmung aus. Die Trennschärfe ist bei diesem Thema besonders wichtig, da sich Schülerinnen und Schüler im Fach Ethik gerne auf relativistische Positionen zurückziehen, die sie nicht weiter reflektieren. Eine solche Reflexion über den verbreiteten Relativismus kann der Text anregen und leiten.
Die Grafik zum Relativismus auf SB, S. 161 bezieht sich auf Brandts Definitionen und erweitert sie um Ergänzungen und Einwände, die auf den nach S. 126 folgenden Seiten zur Sprache kommen.

Zu den Aufgaben S. 126

1 Satz 1: Seins-Satz: Die Aussage ist angesichts der Realität überprüfbar.
Satz 2: Sollens-Satz: Hier wird schon eine Wertung impliziert: Wenn es schwer möglich ist, die Richtigkeit der unterschiedlichen Urteile festzustellen, *sollte* man es gleich lassen und somit akzeptieren, dass diese unterschiedlichen Urteile gleichermaßen gültig sind.
Satz 3: Sollens-Satz: Interessant ist vor allem Satz 2, weil hier der Übergang zwischen Sein und Sollen vollzogen wird.

3 **Kultureller Relativismus:** Hier genügt normalerweise ein Blick auf den aktuellen Ethikkurs, der das Problem gerade bearbeitet: Die unterschiedlichen Herkunftsgeschichten, sozialen und ethnischen Hintergründe der Schülerinnen und Schüler wie auch die Heterogenität kultureller, gruppenspezifischer und familiärer Wertvorstellungen, die wahrscheinlich im Kurs vorgefunden werden, lassen etwas anderes als kulturellen Relativismus im Sinne Brandts, der sich ja nur auf den ersten seiner Sätze bezieht, kaum zu.
Anders sieht es beim **ethischen Relativismus** in Brandts Sinne aus: Während der kulturelle Relativismus die Unterschiede erst einmal nur vorfindet und konstatiert, vielleicht auch die Heterogenität thematisiert und die verschiedenen Wertvorstellungen auf der Suche nach Gemeinsamkeiten sondiert und diskutiert, stellt sich der ethische Relativismus diesen Widersprüchen gar nicht erst, sondern lässt sie alle gleichermaßen stehen und gelten, anstatt sich mit ihnen auseinanderzusetzen. Dieser ethische Relativismus ist bei Schülerinnen und Schülern sehr beliebt, die sich dieser Auseinandersetzung aus Bequemlichkeit entziehen möchten: „Das muss jeder für sich selbst entscheiden.“ „Hier gibt es keine richtigen und falschen Meinungen.“ usw.

4 **Mögliche Gesichtspunkte des kulturellen Relativisten:** Offensichtlich herrschen in China andere Wertvorstellungen. Wir können es schaffen, mit China übereinzukommen, wenn wir auf der Basis unserer gegenseitig respektierten unterschiedlichen Wertvorstellungen verhandeln und uns auf einen gemeinsamen Nenner einigen. Dazu müssen wir natürlich möglichst viel über die andere Kultur wissen und sie in ihrem Eigenwert voll und ganz akzeptieren.
Mögliche Gesichtspunkte des ethischen Relativisten: Wir haben kein Recht, unsere Wertvorstellungen denjenigen anderer Länder und Kulturen vorzuziehen; wenn wir überhaupt von Moral und Werten sprechen wollen, dann müssen wir eben akzeptieren, dass es unterschiedliche Vorstellungen davon gibt. Die chinesische Moral und die europäisch-aufgeklärten Wertvorstellungen sind gleichrangig und gleichwertig, keine Seite hat das Recht, der anderen Vorwürfe zu machen oder sie zu belehren. Mehr ist dazu nicht zu sagen.
Mögliche Gesichtspunkte des Relativismus-Gegners: Es gibt einen allgemeinverbindlichen Wertestandard: Die Menschenrechte – die auch die VR China als UNO-Mitglied akzeptiert hat usw.

5 **Hume:** Wenn sich Gut und Böse nicht in den Gegenständen der Betrachtung finden, sondern „lediglich in uns selbst“ (S. 127, Z. 23), dann ist einer subjektivistischen Moralbetrachtung Tür und Tor geöffnet, die sich gut mit dem ethischen Relativismus verträgt.
Moore vertritt dagegen einen etwas differenzierteren Standpunkt: Er weist vor allem auf die unterschiedliche Qualität von Seins-Sätzen und Sollens-Sätzen hin und plädiert für „Vorsicht gegenüber Wahrheitsansprüchen moralischer Art“ (S. 127, Z. 40 f.), denn in Werturteilen seien „immer auch Gesichtspunkte enthalten, die bei dem Urteilenden selbst liegen“ (S. 127, Z. 43 f.). Damit leugnet Moore nicht generell einen übersubjektiven Wahrheitsanspruch, seine Position kommt daher eher dem kulturellen Relativismus nahe.

Das Sein-Sollen-Problem und der naturalistische Fehlschluss

Zu den Aufgaben S. 127

1 Beispiele: Verurteilung von Homosexualität unter der (auch wissenschaftlich unhaltbaren) Berufung auf das Tierreich und die Arterhaltung als Funktion von Sexualität; Behauptung der Unmöglichkeit des Friedens unter Berufung auf Tierwelt und Menschheitsgeschichte; politischer Opportunismus; Verurteilung utopischer Entwürfe als idealistische Spinnerei unter Berufung auf die böse Natur des Menschen; Rassismus, da dieser die Tatsache unterschiedlicher Hautfarben als Kriterium zur Abwertung von Menschen benutzt (ebenso Sexismus und Ethnozentrismus).
Dem naturalistischen Fehlschluss sitzen nach Moore alle die auf, die eine endgültige Definition von Glück oder dem Gu

ten vorschlagen. Interessant wäre eine Diskussion über die Frage, ob auch Kants kategorischer Imperativ auf einem solchen Fehlschluss basiert.

2 Weil sie aus der Beschreibung des gesellschaftlichen Status quo ableiten, dass dieser unveränderbar und erstrebenswert ist.

➡ Standpunkte kontrovers: Ist in der Moral alles relativ?

Zu den Texten S. 128 f.

Die beiden Beiträge zur kontroversen Frage nach dem ethischen Relativismus stammen von äußerst renommierten Vertretern ihres Fachs, deren Argumentationsweise und Position hier den Schülerinnen und Schülern erstmalig (Rorty) oder nochmals ausführlicher (Pieper) vorgestellt werden.

Zu den Aufgaben S. 129

1 Pieper plädiert für eine differenzierte Betrachtungsweise ohne moralische Überheblichkeit. Toleranz bedeutet nicht Gleichgültigkeit, sondern aktive Auseinandersetzung um die besseren Argumente, Notwendigkeit des Gesprächs/der Verständigung über Inhalt und Bedeutung der Menschenrechte; Protest und Kritik sind angebracht, wenn Gespräch und Verständigungswillen fehlen.

Wer behauptet, in der Moral sei alles relativ, übersieht einerseits den Unterschied zwischen Basisnormen und den aus diesen abgeleiteten Folgenormen, andererseits ist er nicht in der Lage, seine eigene normative Schlussfolgerung zu begründen. Schließlich kann er nicht beanspruchen, ein gültiges normatives Urteil darüber abzugeben, wie man sich in moralischen Angelegenheiten generell verhalten soll.

Rorty sieht unsere universalistische Moral als Ausdruck unserer heutigen, von der Aufklärung geprägten europäischen Lebensweise an. Zur Begründung der ihr zugrunde liegenden Werte kann keine höhere universelle Vernunft herangezogen werden, sondern nur der aktuelle und stets neu zu aktualisierende Vergleich zwischen der Lebensqualität in Gesellschaften mit diesen Werten und solchen ohne sie. Ein solcher „pragmatistischer" Standpunkt, der auf Letztbegründungen verzichtet, erscheint als relativistisch. Dass dieser Relativismus oft so stark abgelehnt wird, erklärt Rorty mit dessen Abkehr von letzten Resten der Metaphysik: Das quasibiologische Vorrecht der menschlichen Spezies auf gemeinsame Rechte erscheint vielen Menschen weiterhin unverzichtbar. Pragmatisten wie Rorty verzichten auf alle Letztbegründungen und Menschheitsuniversalismen, weil sie sie gar nicht benötigen, um ihr höchstes Ideal, die Solidarität, zu postulieren.

Der zentrale Unterschied zwischen beiden Positionen liegt darin, dass Pieper trotz aller Abschwächungen in ihrem Text nach wie vor von „einer übergeordneten, neutralen Ebene" (S. 128, Z. 27) ausgeht, die den unterschiedlichen Wertvorstellungen von Gruppen und Kulturen vorgeordnet ist. Sie nimmt an, dass es „so etwas wie einen überregionalen Bereich gibt, der jedem Menschen unangesehen seiner Rasse, Religion und Volkszugehörigkeit *zusteht*" (S. 128, Z. 31 f.).

Das ist genau das, was Rorty meint, wenn er von dem „Gedanke[n], die Zugehörigkeit zu unserer biologischen Art bringe gewisse ‚Rechte' mit sich" (S. 129, Z. 23 f.) spricht, den er ablehnt.

In seinem Text „Moral ist kulturspezifisch" auf S. 333 des Schülerbandes vertritt Rorty eine ähnliche Position.

3 Die gemeinsame Basis ist sicher das, was Rorty „Solidarität" nennt (S. 129, Z. 36 f.), die er aber anders begründet, als es in letztendlich universalistischen Auffassungen wie der Piepers geschieht.

Norbert Hoerster: Minimalmoral

Zum Text S. 130

An der Geltung einer Minimalmoral, so Hoerster, haben alle Individuen rationalerweise ein Interesse. Sie beinhaltet: Schutz des Lebens, Schutz der körperlichen Integrität und der Bewegungsfreiheit, Einhaltung von Verträgen und Abmachungen, Wahrheit der Mitteilungen, Privateigentum an Konsumgütern. Die Geltung und Einhaltung dieser Normen kann sowohl vom Staat (im Sinne der Staatstheorie Hobbes') durch entsprechende Sanktionen behauptet werden, besser aber durch die breite gesellschaftliche Akzeptanz dieser Moral, die von sich aus eigene, weniger massive, aber dennoch sehr wirksame äußere (z. B. Lob, Tadel) und innere Sanktionsmechanismen (z. B. schlechtes Gewissen) hervorbringt. Das „schwere Geschütz staatlicher Sanktionen muss also nicht immer in Stellung gebracht werden, um Werte und Normen zu schützen bzw. durchzusetzen" (mögliches Beispiel: moralische Forderung nach ehelicher Treue).

Interessant und diskussionswürdig ist, dass Hoerster das Privateigentum als eins der fünf Elemente einer Minimalmoral nennt. Platon sah im Eigentumsbesitz die Ursache der Selbstsucht, im frühen Christentum mit seiner Tendenz zum Güterkommunismus erfuhr es eine prinzipielle Geringschätzung, in den utopischen Entwürfen von Thomas Morus („Utopia", 1516) und Campanella („Der Sonnenstaat", 1602) erscheint es als Instrument der Unterdrückung, Karl Marx sah in ihm das Mittel, sich die Arbeitsleistung anderer anzueignen und diese der Arbeit und den hergestellten Produkten zu entfremden, J. G. Fichte dagegen betont die Bedeutung des Eigentums für die menschliche Freiheit.

Die Hauptfunktion des Eigentums sieht der Jurist und Rechtsphilosoph R. Zippelius wie folgt: „Es bietet materielle Bedingungen für eine persönliche Freiheitsentfaltung. Es ermöglicht Vorsorge für den persönlichen Lebensbedarf und gibt dadurch auch der persönlichen Selbstständigkeit und dem individuellen Selbstvertrauen einen Rückhalt. [...] Das Eigentum ist ein Instrument, persönliche Leistungen zu belohnen, und gibt hierdurch einen Leistungsanreiz.

Es gewährleistet jedem die von ihm rechtmäßig erworbenen Güter, setzt der Begehrlichkeit seiner Mitmenschen wirksame Schranken und dient auf diese Weise dem Rechtsfrieden. Nicht zuletzt gewährleistet das Privateigentum, dass ein Teil der gesellschaftlichen Interessenregelungen sich in privater Selbstgestaltung vollzieht, und setzt damit der staatlichen Wirksamkeit Grenzen" (Reinhold Zippelius: Rechtsphilosophie, München: Beck, 5. Aufl., 2007, S. 231).

➧ **s. Klausurvorschlag 9, LB, S. 228**

Michael Walzer: „Minimalmoral" – das ist Moral pur

Zu den Aufgaben S. 131

1 Mit „dünner" Moral bezeichnet Walzer eine kleine Gruppe einfacher moralischer Prinzipien, die alle verstehen und auf die sich viele Menschen schnell einigen können. „Dichte" Moral ist dann die sich in der Wirklichkeit, angesichts deren Komplexität und der in ihr vorgefundenen Interessenskonflikte, verkomplizierende Moral.

2 Die „dünne" Moral mit ihren einfachen und schlagkräftigen Forderungen steht am Anfang eines Prozesses und gestaltet dann ihre weitere Ausprägung und notwendige Umwandlung in eine „dichte" Moral entscheidend mit. So gedacht bleibt das aktive und aktivierende Moment dieses Konzepts von Minmalmoral, auf das es Walzer ja entscheidend ankommt, erhalten.

Die gegenteilige Formulierung von einer „Anpassung" der „dünnen" Moral an die Wirklichkeit suggeriert, dass die übermächtige Wirklichkeit die „dünne" Moral mehr oder weniger gewaltsam in ihr komplexes Gefüge miteinbeziehen und dadurch sterilisieren bzw. zur Passivität verurteilen würde. Die von der „dünnen" Moral ausgehende Bewegung würde von der Wirklichkeit erstickt und käme zum Stillstand. Aber so ist es laut Walzer ja gerade nicht, was für ihn den Vorteil einer „dünnen" Moral ausmacht.

3 Eine solche „dünne" Minimalmoral, wie sie Walzer vorschwebt, kann durch ihre Intensität, gleichzeitig ihre Offenheit und Beweglichkeit Menschen leichter dazu mobilisieren, sich gegen Moralverletzungen und Ungerechtigkeiten, etwa des Staates, zusammenzuschließen und dagegen vorzugehen.

4 Denkbar sind hier Begriffe wie „Freiheit" (s. Bild SB, S. 131), „keine Gewalt"/„Gewaltlosigkeit", vielleicht auch „Transparenz".

5 Walzers „dünne" Ursprungsbegriffe der Moral haben eine gewisse Ähnlichkeit mit Platons Ideen, von denen die wahrgenommene Realität nur ein Abbild ist. Allerdings ist die Verdichtung der Begriffe nach Walzer eine stets notwendige und unvermeidliche Erweiterung, die zwar die Stoßkraft der Minimalmoral reduziert, ihr dafür aber mehr Komplexität verleiht. Die platonischen Abbilder dagegen sind ganz klar zweitrangig gegenüber den Ideen.

➧ **s. Klausurvorschlag 10, LB, S. 229**

Menschenwürde – ein zentraler Begriff der Ethik

Johannes Reiter: Menschenwürde als Orientierungspunkt

Dieter Birnbacher: Mehrdeutigkeiten im Begriff der Menschenwürde

Zu den Texten S. 132 f.

Während Johannes Reiter die Allgemeinverbindlichkeit der Menschenwürde in den Mittelpunkt seiner Darlegung stellt, wodurch sie als „allgemeine[r] Nenner" (S. 132, Z. 9) im „Pluralismus der Weltanschauungen" (Z. 2) dienen könne, ohne sie aber inhaltlich zu spezifizieren, problematisiert Dieter Birnbacher diesen seiner Auffassung nach „leeren" Würdebegriff. Nach Birnbacher gehört zu einem substanzielleren Konzept von Menschenwürde auf jeden Fall die Verbindung mit einigen unabdingbaren Minimalrechten (Abwehr- und Anspruchsrechten), ohne deren Gewährung es obsolet sei, von Menschenwürde zu sprechen. Neben minimaler Freiheit und minimaler Selbstachtung (vgl. Z. 11) betont er hier neben der Schmerzfreiheit vor allem die „Versorgung mit den biologisch notwendigen Existenzmitteln" (Z. 9 f.), ein grundlegendes soziales Menschenrecht, über das immer wieder hinweggesehen wird – vielleicht weil es so schwer zu verwirklichen ist.

Einen Überblick über den Begriff der „Menschenwürde", seine Definition und seine Geschichte, bietet der Auszug aus dem „Historischen Wörterbuch der Philosophie" auf S. 161 im Schülerband.

Niklas Luhmann: Würde und Freiheit

Zu den Aufgaben S. 134

1 Luhmann sieht den Menschen stets als Akteur in sozialen Systemen an. In diesem Sinne ist die Selbstdarstellung eines Menschen erste Bedingung dafür, ob und wie er in einer sozialen Situation, die immer eine Kommunikationssituation ist, von den anderen wahrgenommen wird. „Person", der man „Menschlichkeit" zuschreiben kann, ist ein Mensch nicht von selbst bzw. ohne sein Zutun. „Person" wird er erst in einer sozialen Situation, bei der seine eigene Selbstdarstellung eine entscheidende Rolle spielt, denn außerhalb der sozialen Zusammenhänge kann ein Mensch nicht leben.

2 „Die Würde des Menschen ist keineswegs eine Naturausstattung wie vermutlich gewisse Grundanlagen der Intelligenz. Sie ist auch nicht einfach ein ‚Wert', den der Mensch wegen einer bestimmten Naturausstattung ‚hat' oder ‚in sich trägt'. [...] Würde muss konstituiert werden." (Z. 19 ff.)
Die Auffassung von Menschenwürde, gegen die Luhmann sich hier wendet, ist genau diejenige, die Reiter vertritt.

Peter Bieri: Würde als Lebensform

Zum Text S. 135

Ähnlich wie Luhmann (SB, S. 134) vertritt auch Bieri hier eine aktive Definition der Menschenwürde: Würde ist nichts, das der Mensch qua Geburt und von sich aus ohne sein Zutun einfach hat – sie ist eine bestimmte „Lebensform", die er gestalten muss. Die passive Komponente des Würdebegriffs kommt nur in Bieris erster „Dimension" zum Tragen: „die Art, wie ich von den anderen Menschen behandelt werde" (Z. 5). Seine zweite und dritte Dimension – mein Verhältnis zu den anderen und mein Verhältnis zu mir selbst – sind aktive Komponenten der Würde. Das wichtigste Element einer Menschenwürde als Lebensform ist für Bieri eine auf Selbsterkenntnis beruhende Selbstständigkeit.

Zu den Aufgaben S. 135

2 Kants Ethik beruht auf dem Postulat des eigenen vernunftgeleiteten Urteils, das er allen Menschen zutraut, das er von ihnen aber auch einfordert. Vgl. den Lexikonartikel im Schülerband auf S. 161: „Eine wichtige Stellung nimmt der Begriff der Menschenwürde in der Moralphilosophie Kants ein [...]. Der Grund dafür, dass die menschliche und jede vernünftige Natur Würde hat, liegt nach Kant in der Autonomie des Menschen, die sich in der Fähigkeit erweist, sich selbst gegebenen und dennoch allgemeinen Gesetzen zu unterwerfen." (Z. 25 ff.)
Der entscheidende Begriff, der Bieris und Kants Denken hier verbindet, ist „Autonomie".

Moralvermittlung und Moralentwicklung

Georg Lind: Ist Moral lehrbar?

Zu den Aufgaben S. 136

3 Wenn Moral eine problemlösende Fähigkeit ist, ist sie auch lehr- und erlernbar. Wenn aber Moral eine – eventuell sogar angeborene – Haltung oder Gesinnung ist, kann man sie nicht lernen und einüben, man muss die Menschen dann in moralische und unmoralische sortieren, die unmoralischen aussondern und den moralischen die korrekten Regeln der Moral eintrichtern, wenn es sein muss, auch durch Zwang. Diese letztere Auffassung von Moral ist aber mit unserem aufgeklärt-demokratischen Menschenbild nicht vereinbar.
Zwar leugnet niemand, dass angeborene Eigenschaften und anders festgelegte Werthaltungen im Leben von Menschen eine große Rolle spielen: Diese sind aber durch Erziehungsprozesse veränderbar. Die zwingende Konsequenz aus diesem Gedanken ist, dass diese Erziehungsprozesse dann eben auch für alle durchgeführt werden, am besten im Rahmen einer Institution, die alle gleichermaßen besuchen müssen, nämlich der Schule. Moralische Erziehung muss also in den Schulen betrieben werden.

Die Stufen moralischer Entwicklung nach Kohlberg

Zum Text und zu den Aufgaben 2 bis 4, S. 137

Kohlbergs Forschungen wie auch seine Modelle sind zwar auf die gesellschaftlichen Bedingungen in den USA bezogen, erheben aber den Anspruch, interkulturell und überregional und nicht nur auf eine einzige Kultur bezogen zu sein.
Kohlbergs Stufenschema fußt auf **Jean Piagets** Forschungsergebnissen. Dieser zieht eine Parallele zwischen der kognitiven und der moralischen Entwicklung des Kindes. Kohlberg erweitert den Ansatz Piagets und versucht, in seinen Untersuchungen nachzuweisen, dass die moralische Entwicklung immer und überall in sechs aufeinanderfolgenden Stadien erfolgt. Diese lassen sich auf drei Ebenen darstellen: In der präkonventionellen Ebene herrscht eine hedonistische Orientierung vor (Orientierung an Strafvermeidung und Nutzen), in der konventionellen Ebene eine Orientierung an Recht/Ordnung und Tugend (Orientierung an Normen und Rollenmustern), in der postkonventionellen Ebene an selbst akzeptierten Grundsätzen.
Kohlbergs Forschungen legen den Schluss nahe, dass im Bereich der Moral die Männer in der Regel das Prinzip autonomer Individualität bevorzugen und gerechtigkeitsorientiert sind und somit zu den Stufen 5 und 6 schreiten, während Frauen in der Regel das Prinzip der Rücksichtnahme auf andere bevorzugen und damit auf den Stufen 3 bzw. 4 „stehen bleiben": Gerechtigkeitsmoral gegenüber Fürsorgemoral.
Carol Gilligan warf Kohlberg in ihrem Buch „In a Different Voice" (1982) vor, seine Untersuchungen ausschließlich mit männlichen Testpersonen durchgeführt zu haben und die (männliche) Gerechtigkeitsmoral als die höherwertige anzusehen – wie es sein „Stufenmodell" ja auch suggeriert. Sie konstatiert zwar, dass die moralische Urteilskompetenz von Frauen in der Regel nicht über die dritte Stufe des Kohlberg'schen Stufenmodells hinausgeht, legt aber dar, dass das weibliche Moralbewusstsein bzw. -verhalten deswegen keineswegs defizitär, sondern eine gleichberechtigte moralische Haltung sei, die ihre eigene und völlig berechtigte — moralische Logik und Qualität habe. Beide Moralorientierungen würden sich darüber hinaus sinnvoll ergänzen. Eine einseitige Betrachtungsweise würde die beiden Perspektiven gegeneinander ausspielen. Beispiel: Aggression und Gewalttätigkeit würden aus der Sicht von Frauen abgelehnt, weil sie mitmenschliche

Bindungen zerstören bzw. beeinträchtigen; Männer dagegen sähen Gewalt häufig als berechtigtes Verhalten an, um der Gerechtigkeit zum Sieg zu verhelfen. Männer würden also Frauen vorwerfen, das Gerechtigkeitsideal geringzuschätzen bzw. naiv zu sein, Frauen dagegen sähen in der Gewaltbefürwortung der Männer eine Zustimmung zu sinnloser Brutalität.

Zur Aufgabe 1, S. 137

Ebene	Orientierung	Wesentliche Elemente
Vorkonventionell (Handlungsfolgen)	1. Bestrafung und Belohnung	Respekt vor Macht; Vermeidung von Sanktionen
	2. Naiv egoistisches Nützlichkeitskakül	Bedürfnisbefriedigung des Selbst, der anderen
Konventionell (Rollen, Erwartungen)	3. Ideal des braven Jungen, des netten Mädchens	Billigung durch das persönliche Umfeld
	4. Gesetz und Ordnung, Aufrechterhaltung von Autorität an sich	Pflichtbewusstes Handeln aus Respekt vor Autorität und Ordnung
Nachkonventionell (Gemeinsame Rechte, Prinzipien)	5. Rechtlich zugestandene Gleichwertigkeit	Anerkennung von Rechtsmaßstäben der Gesellschaft
	6. Ethische Prinzipien	Universalisierbarkeit der ethischen Prinzipien

Carol Gilligan: Gerechtigkeit und Fürsorge

Annemarie Pieper: Feministische Ethik und Gendertheorie

Zu den Texten S. 138 f.

Die Hauptleistung der feministischen Einwände Gilligans ist das „Öffnen“ von Kohlbergs Modell für mehrere „höchste Prinzipien“. Damit ergibt sich eine multiperspektivische Möglichkeit, moralische Leitlinien metaethisch zu beschreiben.

Zu den Aufgaben S. 138

1 Die zwei Moralen – Gerechtigkeit und Fürsorge – sind nach Gilligan zwei grundsätzlich verschiedene moralische Wahrnehmungsweisen einer Situation, was zu unterschiedlichen Urteilen und Handlungen führt.

Tafelbild

Zwei moralische Perspektiven: Gerechtigkeit und Fürsorge

Gerechtigkeit	Fürsorge
Aspekt: Gleichheit/Ungleichheit Unterdrückung als Problem	Aspekt: Bindung/Trennung Verlassenheit als Problem
Grundsatz: „Handle anderen gegenüber nicht unfair. Halte dich an vereinbarte Verträge und Richtlinien!“ formale Übereinstimmung	Grundsatz: „Lasse jemanden, der in Not ist, nicht im Stich, sondern hilf ihm, so gut du kannst!“ menschliche Verbundenheit, Empathie
männliche Perspektive	weibliche Perspektive

Versuche, beide Perspektiven miteinander zu verbinden durch: „Schaffung und Erhaltung von **verantwortlicher Verbundenheit** mit anderen“

Literaturhinweise:

- Annemarie Pieper/Urs Thurnherr: Angewandte Ethik. Eine Einführung. München: Beck 1998 [Kapitel: „Feministische Ethik“]
- Sabine Doye u. a. (Hg.): Philosophische Geschlechtertheorien. Ausgewählte Texte von der Antike bis zur Gegenwart. Stuttgart: Reclam 2002
- Christina von Braun und Inge Stephan (Hg.): Gender@Wissen. Ein Handbuch der Gender-Theorien. Stuttgart: UTB [3]2013
- Thomas Laubach (Hg.): Gender – Theorie oder Ideologie? Freiburg i. Br.: Herder 2017

Moralkritik

Max Stirner: „Ich bin weder gut noch böse“

Zum Text und zu den Aufgaben S. 141

Max Stirner (eigentlich Johann Caspar Schmidt) gilt als ein höchst umstrittener Außenseiter der Philosophiegeschichte; viele seiner Zunft haben ihn als mittelmäßigen Denker, als Monomanen oder gar als Psychopathen angesehen. Der Text im Schülerband ist der Prolog seines Werks „Der Einzige und sein Eigentum“.
Stirners Forderung „Mir geht nichts über Mich!“ bringt seinen radikalen Subjektivismus auf den Punkt. Ihre Bedeutung lässt sich durch genaue Analyse der Argumentation klären.
Stirner bringt verschiedene Beispiele, die alle zeigen sollen, dass das Individuum permanent fremdbestimmt und als Mittel missbraucht wird, kurz: Der Einzelne gilt nichts; wenn er eigene Ziele verfolgt, wird er als Egoist verteufelt, und zwar von denen, die selbst nur an sich „denken“. So kommt er zu dem Ergebnis: Ich „will, statt großen jenen Egoisten ferner uneigennützig zu dienen, lieber selber der Egoist sein“ (Z. 28 f.).

Sein Subjektivismus trägt solipsistische Züge: „Ich bin nicht Nichts im Sinne der Leerheit, sondern das schöpferische Nichts, aus welchem ich selbst als Schöpfer alles schaffe." Stirner kann durchaus als Vorläufer Nietzsches gesehen werden, der seinen Übermenschen sehr ähnlich charakterisiert.

Problematisch sind Stirners Beispiele. Er macht keinen Unterschied zwischen Abstrakta – etwa die Werte Gerechtigkeit, Humanität, Freiheit oder die religiösen bzw. anthropologischen Begriffe Gott und Menschheit – und Konkreta wie dem Sultan oder dem Volk. Die genannten Werte sind ja Zielvorstellungen, die den Zweck haben, das soziale Miteinander für den Einzelnen erträglich zu gestalten, und somit kommt das Sicheinsetzen für die Werte letztlich auch dem, der sich in ihre Dienste stellt, zugute. Stirner leugnet damit die Dimension des Sozialen; er konstruiert ein Individuum, das völlig losgelöst von gesellschaftlichen Einflüssen existieren kann (ein „schöpferisches Nichts"). Diese Position ist sowohl aus biologischer als auch aus soziologischer Sicht unhaltbar. Das Ich ist keine Tabula rasa, sondern steht in permanenter Interaktion mit seiner Umwelt. Stirner selbst lebte sehr zurückgezogen. Er lehnte Solidargemeinschaften ab. „Es kann jedoch zu freien und beliebig kündbaren Vereinigungen von ‚Einzigen' zu ‚Vereinen von Egoisten' kommen – solche bieten sich schon als rationales Mittel der Arbeitsorganisation an –, worin sich interpersonale Kommunikation allerdings in Konsumbeziehungen erschöpft" (a. a. O., S. 856).

Stirner schreibt konsequent in der ersten Person, wobei die entsprechenden Possessiv- und Personalpronomen großgeschrieben sind, um seinen radikalen Individualismus hervorzuheben. Auch lehnt Stirner jede Form einer übergeordneten und für alle verbindlichen Wertordnung ab und setzt nur sich selbst als höchsten Wert, wobei der „Einzige", um mit Nietzsche zu reden, „jenseits von Gut und Böse" steht. Somit lässt sich im strengen Sinne weder von einer ethischen noch von einer moralischen Argumentation reden (keine Verbindlichkeiten, keine Verallgemeinerung, keine soziale Dimension). Dennoch sind Stirners Ausführungen normativ, da er sich mit gegebenen moralischen Forderungen auf einer zum Teil sehr persönlichen Ebene auseinandersetzt. Natürlich liegt dabei der Verdacht eines „naturalistischen Fehlschlusses" (s. SB, S. 127) durch Stirner nahe, denn macht er nicht die von ihm als solche festgestellte Realität – jeder denke sowieso nur an sich – zur Grundlage seiner ethischen Forderungen?

Trotz alldem sind Stirners Überlegungen bedenkenswert, insbesondere wenn man sie auf die gesellschaftliche Situation seiner Zeit bezieht: Napoleons Neuordnung Europas, Restauration, Vormärz. Sein radikaler Ansatz schärft den Blick für die ideologische Dimension der oben genannten Zielvorstellungen wie Gerechtigkeit, Humanität, Volk etc.: Wie oft wurden diese Ideale missbraucht? Wie viele Menschen mussten für sie sterben? Augenfällig wird dieser Zusammenhang bei den konkreten Beispielen, die Stirner bringt. Sie zeigen, dass die Sorge um sich selbst bei allem Einsatz für Höheres nicht vernachlässigt werden sollte. Fanatismus und Unterdrückung, der Missbrauch von Menschen als Mittel fur „höhere Zwecke" könnten diskutiert und an Beispielen aufgezeigt werden.

Man kann Stirners Text mit den Positionen anderer Moralkritiker vergleichen (z. B. mit Thrasymachos, s. SB, S. 142). Deutlich abzugrenzen ist Stirners Egoismus von der Rücksichtslosigkeit oder der viel beschworenen Ellenbogenmentalität. In beiden drückt sich ja letztlich eine unreflektierte Affirmation der bestehenden Verhältnisse aus, denen das Ich sich unterwirft.

Thrasymachos: Die Gerechtigkeit ist der Vorteil des Ungerechten

Die Sophisten

Zu den Texten S. 142 f.

Thrasymachos greift einen oft vorgebrachten Einwand gegenüber moralischen Forderungen auf: Sie sind zu idealistisch, orientieren sich nicht an der gegebenen Realität in der Gesellschaft, setzen ein zu positives Menschenbild voraus. So wirft er bzw. die Figur, die Platon „Thrasymachos" nennt, Sokrates vor, dass er die egoistischen Motive der Herrscher nicht erkennt. Im Gegensatz zu Hoerster (s. SB, S. 130) ist Thrasymachos der Meinung, dass moralisches Handeln dem Handelnden eher schadet als nutzt. Er argumentiert mit Beispielen aus Alltag und Politik, die zeigen sollen, dass der, der skrupellos Gesetze missachtet bzw. sie zu seinen Gunsten zu nutzen weiß, gegenüber dem „Gerechten" stets im Vorteil ist. Er greift Erfahrungen auf, die viele Schülerinnen und Schüler kennen dürften.

Zu den Aufgaben S. 142

1

Tafelbild

Der Gerechte	Der Ungerechte
hat Nachteile	hat Vorteile
gehorcht	herrscht
ist einfältig/dumm	ist klug
ohnmächtig	mächtig

schadet ⬅ GERECHTIGKEIT ➡ nutzt
= Gesetzestreue der Untertanen
= Herrschaftsinstrument

Begründung:
- das tatsächliche Verhalten der Menschen (privat/öffentlich), die Wertschätzung von besonders großen Ungerechtigkeiten (Bewunderung for besonders raffinierte Verbrecher); Beispiele aus dem Lebensumfeld der Schüler lassen sich ergänzen: erfolgreiches Schummeln, Lügen, Konkurrenz- und Ellenbogenmentalität
- das Gesellschaftssystem (Tyrannis)

3 Thrasymachos' Gerechtigkeitsbegriff ist eigentlich ja gar keiner, sondern ein Angriff auf jede Art von Gerechtigkeitsvorstellung, der gegenüber er ganz klar der Ungerechtigkeit und dem Egoismus den Vorrang gibt. Damit zieht er Bedeutung und Sinn des Abstraktums „Gerechtigkeit" überhaupt in Zweifel. Natürlich entspricht sein Gedanke daher keinem der Gerechtigkeitskriterien Perelmans. Am ehesten ließe sich noch eine Ähnlichkeit zum fünften Kriterium feststellen: „Jedem gemäß seinem Rang." (S. 313, Z. 35) Perelman meint damit aber das Gerechtigkeitsverständnis einer kleinen

aristokratischen Gruppe, während Thrasymachos auf den Einzelnen abzielt, der Vorteile nur für sich selbst sucht.
Auch Rawls' Theorie steht der Auffassung von Thrasymachos' natürlich diametral entgegen, weil Rawls' Leitvorstellung die „Fairness" ist, deren Grundsätze sich im Zusammenleben der Menschen bewähren müssen. Thrasymachos dagegen geht es nur um den Einzelnen und seine Vorteile gegenüber anderen.

Abraham opfert Isaak

Søren Kierkegaard: Warum tut Abraham das?

Zu den Texten S. 144 f.

Es mag ungewöhnlich erscheinen, einen Text von Kierkegaard in einem Kapitel über Moralkritik unterzubringen. Dabei steht er für eine weitere bedeutende moralkritische Position, die im 20. Jahrhundert weitverbreitet war.
Kierkegaards religiös-radikale Moralkritik ist im Kern ebenso relativistisch wie viele der in diesem Kapitel vorgestellten Auffassungen (z. B. die von Engels). Er relativiert die herrschende Moral allerdings im Sinne eines höheren, göttlichen Gesetzes, das er absolut setzt: Gottes Gesetz steht über allen menschlichen Regeln und Wertvorstellungen, es „suspendiert" sie (S. 145, Z. 25). Das sieht man an Abrahams gottgefälliger Tat, die aller gängigen menschlichen Moral widerspricht, auch der seiner eigenen Zeit.
Abrahams unmoralische Tat ist in Kierkegaards Verständnis die Tat eines gläubigen Einzelnen, der sich herausnimmt, eher auf den absurd erscheinenden Befehl Gottes zu hören als auf „das Allgemeine" (Z. 1), die herrschende Moral. „Warum tut es denn Abraham? Um Gottes willen und in Eins damit um seiner selbst willen." (Z. 32 f.) Kierkegaards Glaubensvorstellung hat nichts zu tun mit dem Versuch, Religion und Vernunft zu vermitteln: Für ihn steht fest: „Der Glaube ist eine Leidenschaft." (Z. 43 f.) Er kann damit nicht Grundlage einer allgemeingültig-vernünftigen Moral sein.
Die Radikalität und Rücksichtslosigkeit seines Individualismus macht Kierkegaard zu einem Vorläufer der Existenzialisten im 20. Jahrhundert. „Der Glaube ist eben dies Paradox, dass der Einzelne als Einzelner höher ist denn das Allgemeine, ihm gegenüber im Rechte ist, ihm nicht unter-, sondern übergeordnet ist […]; dass der Einzelne als Einzelner in einem absoluten Verhältnis zum Absoluten steht." (Z. 10 ff.)
Parallelen wie auch Unterschiede zwischen Kierkegaards Denken und dem der Existentialisten liegen auf der Hand: „Der Mensch ist Freiheit. Wenn wiederum Gott nicht existiert, so finden wir uns keinen Werten, keinen Geboten gegenüber, die unser Betragen rechtfertigen. So haben wir weder hinter uns noch vor uns, im Lichtreich der Werte Rechtfertigungen oder Entschuldigungen. Wir sind allein. Das ist es, was ich durch die Worte ausdrücken will: Der Mensch ist verurteilt, frei zu sein. Verurteilt, weil er sich nicht selbst erschaffen hat, anderweit aber dennoch frei, da er, einmal in die Welt geworfen, für alles verantwortlich ist, was er tut." (Jean-Paul Sartre: Der Mensch – zur Freiheit verurteilt, SB S. 98, Z. 1 ff.)
Leitbild beider Positionen ist die absolute individuelle Freiheit des Menschen, wobei Sartre von der Rückversicherung eines Glaubens an eine höhere Macht/Gott verzichtet, auf die sich Kierkegaard noch bezog (vgl. dazu auch SB, S. 409).
Søren Kierkegaard ist eine eminent wichtige Figur der Philosophie- und Geistesgeschichte, daher ist die Aufnahme eines seiner Texte in den Schülerband allein daher schon gerechtfertigt. Das hohe sprachliche und gedankliche Niveau des Beitrags lässt es aber angeraten erscheinen, ihn vorrangig in leistungsstärkeren Kursen einzusetzen.

Zu den Aufgaben S. 145

2 „Ein acte gratuit ist eine absurde, meist gewalttätige und zerstörerische spontane Handlung ohne Sinn oder nachvollziehbare Motivation." (https://de.wikipedia.org/wiki/Acte_gratuit [26.06.2017])
Gemeinsamkeiten: Der acte gratuit ist eine unmoralische/amoralische Handlung, er erfolgt unvermittelt und plötzlich, gewöhnliche Menschen begehen keine solchen Handlungen und verstehen sie auch nicht.
Unterschiede: Beim acte gratuit ist das handlungsleitende Motiv kein höheres Gesetz, z. B. der Befehl Gottes wie bei Kierkegaards Abraham-Isaak-Interpretation, sondern eine bloße Laune oder Eingebung, die der absoluten Freiheit des Einzelnen entspringt.
Die berühmtesten Beispiele für einen acte gratuit in der Literatur finden sich in André Gides „Die Verliese des Vatikans" (1914) und natürlich vor allem in Albert Camus' „Der Fremde" (1942) – verarbeitet im berühmten Popsong von The Cure „Killing an Arab" (1978), neuerdings wieder aufgegriffen in Kamel Daouds breit diskutiertem Erfolgsroman „Der Fall Meursault – eine Gegendarstellung" (2013). Beispiele in neuerer Literatur sind J.G. Ballards „Crash" (1973), Bret Easton Ellis' „American Psycho" (1991) und Leslie Kaplans „Fever" (2005).

3 Eine gewisse Ähnlichkeit ist vorhanden: Gottes Gesetz steht über dem der Menschen, seine treuesten Anhänger dürfen es in seinem Namen brechen. Islamistische Terrorgruppen betonen immer wieder ihre abweichende, vermeintlich höherrangige Lebensauffassung und Moral, z. B. in dem berühmten Satz „Ihr liebt das Leben, und wir lieben den Tod" aus dem Bekennerschreiben zu den verheerenden Terroranschlägen in Madrid 2004 oder auch in verschiedenen Manifesten des IS. Andererseits steht bei Kierkegaard immer die Entscheidung eines gläubigen Einzelnen im Mittelpunkt, *niemals* eine Gruppe, die sich anmaßt, nach ihren Vorstellungen von der Religion das „Allgemeine" aller anderen Menschen zu bestimmen.

Friedrich Engels: Die „ewigen Wahrheiten" der Moral

Zum Text S. 146

Engels' Moralkritik stellt eine Variante des ethischen Relativismus dar (s. SB, S. 126 und 161): Jede Klasse habe ihre eigene Moral, Grundlage dieser unterschiedlichen Klassenmoralen der Menschen seien die „ökonomischen Verhältnisse, in denen sie produzieren und austauschen." (S. 146, Z. 15 f.) Eine einheitliche „höhere" Moral gebe es nicht und könne es nicht geben. Engels ergänzt diese Feststellung aber durch die Hoffnung, nach einem revolutionären Umsturz des Wirtschafts- und Gesellschaftssystems werde durch die dann für alle Menschen einheitliche politisch-ökonomische Grundlage ihres Lebens auch eine für alle einheitliche – menschliche – Moral möglich: „Eine über den Klassengegensätzen und über der Erinnerung an sie stehende, wirklich menschliche Moral wird erst möglich auf einer Gesellschaftsstufe, die den Klassengegensatz nicht nur überwunden, sondern auch für die Praxis des Lebens vergessen hat." (Z. 28 ff.)

Karl Marx und Friedrich Engels: Leben und Bewusstsein

Bertolt Brecht: Was nützt die Güte?

Zu den Texten S. 147

In dem kurzen Abschnitt aus Marx' und Engels' Schriften wird die materialistische Grundeinstellung der beiden Denker deutlich: Das Denken und alle „höheren", geistigen Elemente des menschlichen Lebens hängen allein von ihren materiellen und ökonomischen Verhältnissen, von Produktion und Tausch ab: Nicht das Bewusstsein bestimmt das Leben, sondern das Leben bestimmt das Bewusstsein (vgl. S. 147, Z. 14 f.).
Die Grafik zum Begriffspaar „Basis und Überbau" ergänzt diesen Grundgedanken des Marxismus.

Brechts Gedicht besteht aus zwei Teilen. Im ersten Teil wird der Nutzen der Werte Güte, Freiheit und Vernunft infrage gestellt. Im zweiten Teil zieht Brecht die Konsequenzen: Der Leser wird aufgefordert, eine grundlegende Veränderung der gesellschaftlichen Bedingungen anzustreben („Anstatt nur gütig zu sein, bemüht euch …" (Z. 8)). Der zweite Abschnitt enthält im Grunde die Aufforderung, ein Paradies auf Erden zu schaffen.

Zu den Aufgaben S. 147

2 Die Schüler sollten versuchen, einige Grundzüge der von Brecht geforderten Welt zu formulieren. Sie könnten in einer Gruppenarbeit ihre eigene Utopie entwerfen. Dabei muss problematisiert werden, ob es einen Zustand geben kann, der die Güte „überflüssig macht". Schließlich wäre auch die beste Gesellschaft nicht in der Lage, alles Leid (Krankheit, Tod …) vom Menschen abzuwenden.

3 Brechts grundlegender Einwand besteht darin, dass die moralische Haltung der Güte letztlich nichts an den schlechten **Verhältnissen** ändert, sondern diese geradezu stabilisiert (die Gütigen oder die „Objekte" ihrer Güte werden getötet; frei sind lediglich einige Privilegierte, die Vernunft eignet sich nicht fürs Überleben). Das entspricht ganz der Auffassung von Marx und Engels, dass die materiellen Besitz- und Produktionsverhältnisse die Moral bestimmen („Basis und Überbau") und nur deren Veränderung auch eine Änderung der Moral herbeiführen könne (s. o.). Eine Veränderung allein der Oberfläche, des „Überbaus", kann sogar schädlich sein, weil sie den unterdrückten Menschen vorgaukelt, damit wäre es getan. Deshalb ist eine solche rein oberflächliche Veränderung ganz im Sinne derjenigen, die keine Veränderung der „Basis" wünschen. Am Ende des Gedichts ruft Brecht indirekt zur revolutionären Gesellschaftsveränderung auf.

Friedrich Nietzsche: Gegen eine Moral des Mitleidens

Zu den Aufgaben S. 148

1 Leiden ist „Zucht", und nur diese Zucht hat „alle Erhöhungen des Menschen bisher geschaffen" (Z. 39 f.). In der Tat entstanden viele große Kunstwerke aus ungeheurem Leidensdruck. Andererseits handelt es sich bei den von Nietzsche angesprochenen „Erhöhungen" um Ausnahmefälle. Die Menschen, die ungetröstet an ihrem Leid zerbrechen, kommen Nietzsche nicht in den Blick.

Literaturhinweis:
Peter Sloterdijk: Du musst dein Leben ändern!, Frankfurt/M.: Suhrkamp 2009

2 „Religion der Behaglichkeit" meint das Bemühen, Leid und Schmerz als böse, hassenswert und als „Makel am Dasein" zu achten und alles daran zu setzen, das Leid zu mildern, ja gar „abzuschaffen", also einen Zustand der „Behaglichkeit" herzustellen. Der Sinn und die Notwendigkeit des Leidens und die notwendige Auseinandersetzung damit werden verdrängt und stattdessen die Flucht in die Idylle eines leidfreien Lebens angetreten.

3 a.) Das Mitleid bleibt notwendigerweise oberflächlich und flach, weil das, woran „wir am tiefsten und persönlichsten leiden, […] fast allen Anderen unverständlich und unzugänglich" ist (Z. 2 f.). Der Mitleidige „weiß Nichts von der ganzen inneren Folge und Verflechtung, welches Unglück für *mich* oder für *dich* heißt" (Z. 10 f.), er entkleidet „das fremde Leid des eigentlich Persönlichen" (Z. 6 f.) und verkleinert den Leidenden.
b.) Diesem Mitleidsbegriff stellt Nietzsche seine Ansicht gegenüber, dass es nicht das Ziel sein könne, *„das Leiden ab[zu]schaffen"* (Z. 35), sondern dass erkannt werden müsse, dass es eine „Zucht des Leidens" gebe und nur diese Zucht „alle Erhöhungen des Menschen bisher geschaffen" habe (Z. 39 f.). Damit verwirft er die (Glücks-)Lehren von Hedonismus, Eudämonismus und Utilitarismus als „Vordergrunds-Denkweisen" (Z. 23).

Friedrich Nietzsche: „Herrenmoral“ und „Sklavenmoral“

Friedrich Nietzsche: Aus den „Werkstätten“ der „Sklavenmoral“

Zu den Texten S. 149

Die beiden Texte sind Auszüge aus Nietzsches Werk „Zur Genealogie der Moral“ (1887). Sie eignen sich nicht, um die Moralkritik Nietzsches ausführlich zu behandeln. Dies ist im Rahmen des Kapitels auch nicht vorgesehen. Zur vertiefenden Beschäftigung mit dem Thema bietet sich eine Lektüre der ersten und zweiten Abhandlung der „Genealogie der Moral“ an.

Winfried Schröder: Kritik der Moralkritik

Zu den Aufgaben S. 150

1 Schröder begründet seine Aussage mit den „theoretischen Defiziten“ (S. 150, Z. 16) der Moralkritik, die er vor allem darin sieht, dass die Kritiker nicht gut genug begründen könnten, warum ihre Werte, die sie über die Moral stellen, wirklich höherrangig sind und somit unsere altruistischen Neigungen in den Schatten stellen.
Schröders Verdikt wird aus seiner Sicht von der Gewaltgeschichte des 20. Jahrhunderts belegt, deren brutaler Verletzung jeglicher Moral von den Moralkritikern der Boden bereitet worden sei.

4 Hier kann das abgebildete „Spiegel“-Titelbild, das eine geistige Verbindung zwischen Nietzsche und Hitler behauptet, mit herangezogen werden. Diese Art der Nietzsche-Kritik ist und war weitverbreitet, besonders bei sich als links oder antifaschistisch verstehenden Intellektuellen. Besonders sichtbar wurde die – im Ganzen unberechtigte – Behauptung, Nietzsche sei ein „rechter“ Denker und Vorläufer der Nationalsozialisten gewesen, in der DDR, wo die Beschäftigung mit Leben und Werk des Sachsen Nietzsche verpönt oder sogar verboten war.

Rainer Erlinger: Warum ich ein Moralist bin

Zu den Aufgaben S. 151

1 Ein Marxist würde die von Erlinger beschriebene Allgemeinverbindlichkeit der Moral bestreiten, weil es aus seiner Sicht ja keine Allgemeinheit gibt, sondern nur Gruppen/Klassen mit unterschiedlichen ökonomischen Lebensbedingungen, unterschiedlichen Werten und eben auch unterschiedlichen Moral- und Wertvorstellungen. „Die Moral“, von der Erlinger spricht (z. B. SB, S. 151, Z. 22), ist somit eine (gefährliche) Illusion, vgl. SB, S. 146 f.

2 Die „Einschränkung der Willkür“ (Z. 27), die für Erlinger die Moral ausmacht, ist ja gerade das, was Nietzsche an ihr stört: Für ihn ist Moral von schwachen Menschen erfunden worden, um die Freiheit („Willkür“) starker Einzelner zu unterdrücken und zu fesseln. In diesem Sinne ist das „Recht des Stärkeren“ (Z. 35), allerdings nicht im Sinne reiner brutaler Gewalt, sondern eher in dem einer schöpferischen Individualität weniger besonderer Menschen, tatsächlich Nietzsches Alternative zur Moral, vgl. SB, S. 148 f.

Die Faszination des Amoralischen

Oscar Wilde: Das Bildnis des Dorian Gray

Zum Text S. 152 f.

Die Aufnahme literarischer Texte wie die dieses Ausschnitts aus Oscar Wildes berühmtesten Werk in den Schülerband rechtfertigt sich nicht nur in der oft plastischeren und schülernäheren Formulierung philosophischer Gedanken in erzählender Literatur, als sie in vielen Fachtexten geleistet wird. Literarisch-fiktionale Texte gelten inzwischen auch bei vielen zeitgenössischen Philosophen und Denkern als der reinen Theorie gleichwertige Medien zur Reflexion philosophischer Probleme, so etwa bei Richard Rorty, Michael Hampe, aber auch bei Jan-Philipp Reemtsma. Erzählende Literatur hat rein theoretischen Texten sogar noch voraus, dass sie philosophische Reflexionen in einen erzählten Erfahrungsraum fiktiver Figuren einbettet, der es den Lesern besser erlaubt, die geäußerten Gedanken nachzuvollziehen. Die Lektüre fiktionaler Texte wie auch die Arbeit an Filmen ist deshalb schon seit Jahren ein zentrales Element modernen Philosophie- und Ethikunterrichts.
„Das Bildnis des Dorian Gray“ ist seit seinem Erscheinen stets populär geblieben, nicht nur wegen des spektakulären Plots, sondern auch, weil der Roman die in der Moderne weitverbreiteten Zweifel an den traditionellen moralischen Werten zur Sprache bringt, diese Zweifel aber durch den Ausgang der Romanhandlung am Ende doch widerlegt: Der Böse wird bestraft. Zeichen der Popularität des Romans sind unter anderem seine zahlreichen Verfilmungen.

Zu den Aufgaben S. 153

1 Lord Henrys Position kann man als einen extrem individualistischen Hedonismus bezeichnen, der sich über die geltenden moralischen Maßstäbe hinwegsetzen will und darf, hier gibt es große Ähnlichkeiten zu Nietzsches Moralkritik:
„‚Gut sein heißt in Harmonie mit sich selbst sein‘, erwiderte er, indem er mit seinen blassen, schmalen Fingern den dünnen Stiel seines Glases umfasste. ‚Missklang herrscht, wo man gezwungen wird, in Harmonie mit andern zu sein. Das eigene Leben, das ist es, worauf es ankommt. Was das Leben der Nächsten angeht, kann man, wenn man ein Affe oder ein Pfaffe sein will, sich mit seinen moralischen Ansichten darüber wichtig machen, aber es geht einen nichts an. Überdies hat der Individualismus in Wahrheit das höhere Ziel. Die moderne Moral besteht darin, den Maßstab ihres Zeitalters zu

akzeptieren. Ich bin der Meinung, dass es für jeden einigermaßen kulturfähigen Menschen eine Form der gröbsten Unmoral ist, den Maßstab seiner Zeit zu akzeptieren." (S. 152, Z. 16 ff.)
Die Idee des Gewissens wird als mittelalterlich abgetan: „‚Lieber Freund, die mittelalterliche Kunst ist entzückend, aber die Empfindungen des Mittelalters sind nicht mehr Mode.'" (S. 153, Z. 33 f.)
Das höchste Lebensziel, das weit über jeglicher Moral und weit über allen Konzepten von „Glück" steht, ist für Lord Henry der Genuss – der Genuss der Schönheit und der Genuss seiner selbst:
„‚Ich bin nie aufs Glück aus gewesen. Wer braucht Glück? Ich bin auf Genuss aus gewesen.'" (Z. 51 f.)

2 Ähnlichkeiten gibt es mit den extremindividualistischen Ansätzen Stirners und Nietzsches, aber auch mit der Moralkritik der Sophisten.

➧ **s. Zusatzmaterial 20, LB, S. 193**

Moral in der postmodernen Welt

Zygmunt Bauman: Vagabund und Tourist – zwei typische Verhaltensmuster in der Postmoderne

Zu den Aufgaben S. 155

1 Beide Lebensformen sind geprägt von totaler Freiheit.
„Der Vagabund zieht durch einen unstrukturierten Raum; wie ein Wanderer in der Wüste, der nur die Spuren kennt, die seine eigenen Fußabdrücke hinterlassen, bevor sie vom Winde verweht werden, strukturiert der Vagabund den Platz, den er zufällig gerade irgendwo einnimmt, nur um die Struktur wieder zu verwischen, wenn er geht." (S. 154, Z. 12 ff.)
Der Vagabund wird aber durch seine wirtschaftlichen und sozialen Bedürfnisse, seine Armut doch manchmal zu Taten gezwungen, die seine totale Freiheit einschränken. Seine Freiheit ist durch Verzicht erkauft.
Der Tourist dagegen ist materiell gut ausgestattet und kann sich deshalb wie ein reicher, konsum- und genussorientierter Vagabund verhalten:
„Das ästhetische Vermögen des Touristen – seine Neugier, seine Lust auf Vergnügen, sein Wille und seine Fähigkeit, neue angenehme und angenehm neue Erfahrungen zu durchleben – scheint von der nahezu totalen Freiheit geprägt zu sein, seine Welt zu strukturieren; eine Art von Freiheit, die der Vagabund, der für sein Auskommen von der rauen Wirklichkeit der aufgesuchten Orte abhängt und der dem Missvergnügen wohl nur durch Flucht entgehen kann, allein aus seinen Träumen kennt. Die Touristen zahlen für ihre Freiheit; ihr Recht, nicht auf Anliegen und Gefühle von Einheimischen zu achten, das Recht, ihr eigenes Netz von Bedeutungen zu spinnen, erwerben sie in einer kommerziellen Transaktion." (S. 154, Z. 20 ff.)
Entscheidener Bestandteil der vom Touristen erkauften Freiheit ist die Freiheit von moralischen Verpflichtungen und Gewissensregungen, die ihn am Konsum und Genuss hindern könnten.

4 ➧ **s. Zusatzmaterial 21, LB, S. 194**

Gerhard Schulze: Moral nach außen, Moral nach innen

Zu den Aufgaben S. 156

1 Die folgende Passage enthält die Kernaussage bzw. -definition des Textes. Hierauf können sich die Schülerinnen und Schüler bei der Erledigung dieser Aufgabe vorrangig beziehen.
„Es gibt eine Moral nach außen – Altruismus, Rücksicht, Gemeinschaftssinn – und eine Moral nach innen – die Glückssuche des Einzelnen. Beides kann zwar in Konflikt geraten, aber beides hat den gleichen Rang. [...] Man ist nicht nur den anderen etwas schuldig, sondern auch sich selbst." (S. 156, Z. 15 ff.)

2 Auch Max Stirner sieht das Glück in der Erfüllung der Wünsche und Bedürfnisse jedes Einzelnen, ohne dabei Gewissensbisse haben zu müssen. Allerdings überbetont er diese Seite der Moral – die „innere Moral" in Schulzes Begrifflichkeit – und lässt alles, was das Handeln mit anderen und für andere betrifft, aus seiner Konzeption eines philosophischen Egoismus ganz aus.
Gerhard Schulze geht es vor allem um das Gleichgewicht zwischen den beiden von ihm konstatierten Moralauffassungen: Während der Vorrang der „äußeren Moral" in der Gesellschaft das Glück des Einzelnen stört und einschränkt, würde ein völliges Außerachtlassen der „äußeren Moral", wie Stirner es vorsieht, die Grundlagen der Gesellschaft zerstören, die es dem Einzelnen ja ermöglicht, seine eigenen Glücksvorstellungen zu verfolgen.
„In der Gesellschaft der Glück suchenden Einzelnen stehen die Moral nach innen und die Moral nach außen gleichrangig nebeneinander, doch nur ganz allmählich setzt sich diese Symmetrie auch im Denken der Menschen und ihren Diskursen durch." (S. 156, Z. 25 ff.)

3 Solche Definitionsaufgaben dienen der gedanklichen und sprachlichen Klärung, sie halten zum genauen Denken an, einer Grundvoraussetzung aller ernsthaften Beschäftigung mit Ethik und Philosophie (s. SB, S. 7).

Jérôme Bindé: Vier neue Gesellschaftsverträge

Zu den Aufgaben S. 157

2 Vgl. den Eintrag zur „Vertragstheorie" im Glossar des Schülerbandes (S. 421).

Heinz Bude: Über den Begriff „Gutmensch“

Zum Text S. 159

Der Begriff „Gutmensch“, der einst erfunden wurde, um eine gewisse satt-selbstgefällige Haltung, die in den wohlhabenden Schichten westlicher Gesellschaften verbreitet ist, satirisch zu kennzeichnen, ist heute leider in ein falsches Licht geraten bzw. gesetzt worden: Die rechtspopulistischen Bewegungen in Deutschland, vor allem die „Pegida“ und die „AfD“, benutzen das Wort, um ihren politischen Gegnern, dem von ihnen sogenannten „Establishment“, eine heuchlerische Haltung zu unterstellen, die sich darin gefalle, bestimmten Gruppen, vor allem Ausländern, Vorteile zu gewähren und sich damit moralisch überlegen zu fühlen, gleichzeitig aber die Bedürfnisse der Einheimischen, vor allem derer, die sich von der Politik vernachlässigt fühlen, zu missachten. Diese Kritik, die immer mit der Kritik an angeblichen Denk- und Sprachverboten einhergeht (Stichwort: „Political Correctness“), hat den Begriff „Gutmensch“ in den Jahren seit 2015 kontaminiert, die Wahl zum „Unwort des Jahres 2015“ war eine Folge davon.
Budes Text von 2013 wurde noch vor dieser Entwicklung geschrieben und bezieht sich auf die ursprüngliche Begriffsverwendung, Synonym: „Pharisäer“.

Zu den Aufgaben S. 159

1 „Moralischer Konsum“ ist eine Haltung, die auf oberflächliche Reize mit Empathie und entsprechenden „wohltätigen“ Handlungen reagiert. Ob diese Handlungen der Sache wirklich dienlich sind und den Leidenden helfen, interessiert den moralischen Konsumenten weniger: Er möchte ein gutes Gewissen und das Gefühl, ein guter Mensch zu sein, erwerben. Dazu ist er bereit zu zahlen. Der moralische Konsument kauft sich also ein gutes moralisches Gefühl.
Beispiele für dieses Phänomen wären Charity-Galas, groß angelegte Spendenaktionen, bevorzugt an Weihnachten, aber auch – diskussionswürdig! – bestimmte Begründungsarten des Veganismus.

2 Um wirklich moralisch zu sein, reicht es nicht, einen kleinen Teil seines Geldes zu investieren, der einem gar nicht wehtut. Erst bei aktivem Einsatz für andere, der das eigene Leben auch beeinträchtigen könnte und ein gewisses Risiko für einen selbst darstellt, kann man wirklich von Moral sprechen. Wenn Moral einfach käuflich wäre, wie es der „moralische Konsum“ suggeriert, wäre sie nicht mehr viel wert.

4 Auf den ersten Blick scheinen sich die beiden Beschreibungen diametral zu widersprechen: Während Bauman ein Fehlen verbindlicher moralischer Haltungen in unserer Gesellschaft moniert, behauptet Bude: „Wir haben nämlich nicht zu wenig, sondern zu viel Moral in unserer Gesellschaft.“ (S. 159, Z. 2)
Damit meint Bude aber – s.o. – eine oberflächliche und pseudomoralische Haltung, die glaubt, sich ein gutes Gewissen erkaufen zu können. Damit passt sie gut zu Baumans Typ des „Touristen“.
Die moralisch-verantwortliche Haltung selbstbewusster Individuen, die Bude am Ende des Textes darstellt, ist eigentlich genau das Gegenteil dessen, was Bauman konstatiert, und könnte auch für Letzteren ein erstrebenswertes Ideal sein.

■ Standpunkte kompakt: Ethik und Moral

Zu den Grafiken und Texten S. 160 f.

Die Grafiken greifen nochmals zwei zentrale Themenbereiche des vorausgehenden Kapitels auf: die Begriffsunterscheidungen im Wortfeld „Ethik“ und das Problem des Relativismus. Die Grafik auf der linken Seite orientiert sich an Hoersters (SB, S. 124 f.) und Birnbachers (SB, S. 123, Randspalte) Unterscheidungen, die Skizze auf der rechten Seite an Brandts Bestimmungen (SB, S. 126), ergänzt durch Einwände und Zusätze aus den Beiträgen zu diesem Unterkapitel (SB, S. 126–131).
Der Textbeitrag auf der linken Seite bietet eine knappe Zusammenfassung der Unterkapitel „Moralvermittlung und Moralentwicklung“ (SB, S. 136–139), „Moralkritik“ (S. 140–151) und „Moral in der postmodernen Welt“ (S. 154–159). Abgerundet wird die Doppelseite durch einen Ausschnitt aus dem „Historischen Wörterbuch der Philosophie“ zur geistesgeschichtlichen Entwicklung des Begriffs der „Menschenwürde“.

Wie lässt sich Moral begründen? Modelle normativer Ethik

Abschnitte	Texte	Zusatzmaterial und Klausurvorschläge
• Zum Einstieg (SB, S. 162 f.)	– Bild: Jacques-Louis David: Der Schwur der Horatier (1784) (LB, S. 70) – Die Heißluftballonfahrt (LB, S. 70)	
Das Glück anstreben – Glücks- und Tugendethiken (SB, S. 164 ff.)		
• Erscheinungsformen des Glücks (SB, S. 164 ff.)	– Bild: Pieter Bruegel d.Ä.: Das Schlaraffenland (um 1567) (LB, S. 70) – Bild: Gaspard de Crayer: Alexander der Große und Diogenes (LB, S. 70) – Wilhelm Schmid: Das Zufallsglück (LB, S. 71) – Wilhelm Schmid: Das Wohlfühlglück (LB, S. 71) – Wilhelm Schmid: Das Glück der Fülle (LB, S. 71)	– **Zusatzmaterial 22:** Erscheinungsformen des Glücks (LB, S. 195) – **Klausurvorschlag 11:** Was ist das Glück? – Interview mit einem Glücksforscher Alfred Bellebaum (LB, S. 230)

• Was macht ein erfülltes Leben aus? – Antworten der antiken Philosophie (SB, S. 168 ff.)	– Glück und Tugend in der antiken Philosophie – ein Überblick
	– Aristoteles: Die drei Wege glückseligen Lebens (LB, S. 71 f.)
	– Aristoteles: Tugend als Mitte (LB, S. 72)
	– Epikur: Lust als höchstes Lebensziel (LB, S. 72)
	– Epiktet: Annahme des Schicksals (LB, S. 72 f.)
	– Seneca: Glück, Tugend und Laster (LB, S. 73)
	– Seneca: Über den freiwilligen Tod (LB, S. 73)
	– Die Stoa (LB, S. 74)
	– Mihály Csíkszentmihályi: „Flow" – ein zeitgemäßer Weg zum Glück? (LB, S. 74)
	– **Standpunkte kontrovers:** *Ist das Glück das höchste Lebensziel?* (LB, S. 74 f.)
	  – Harald Hütter: „Wir brauchen ein abstraktes höchstes Ziel im Leben, das nicht ganz erreichbar ist" (LB, S. 74 f.)
	  – Paul Watzlawick: „Was wären wir ohne Unglücklichkeit?" (LB, S. 74 f.)
		– **Zusatzmaterial 23:** Aristoteles: Die Klugheit (phronēsis) – aus der „Nikomachischen Ethik" VI 5 (1–3) und 8 (1, 2b–4) (LB, S. 196)
		– **Zusatzmaterial 24:** Vergleich der Glücks- und Tugendauffassungen der Stoa von Epikur und Aristoteles (LB, S. 197)
		– **Zusatzmaterial 25:** Tristan Garcia: Intensiv leben – bis zum Zusammenbruch (LB, S. 198)
		– **Zusatzmaterial 26:** Sigmund Freud: „Die Absicht, dass der Mensch ‚glücklich' sei, ist im Plan der ‚Schöpfung' nicht enthalten" (LB, S. 199)
		– **Klausurvorschlag 12:** Wilhelm Schmid: Glück ist nicht das Wichtigste im Leben (LB, S. 231)

Abschnitte	Texte	Zusatzmaterial und Klausurvorschläge
Sich an Prinzipien halten: Gesinnungsethik/Sollensethik (SB, S. 180 ff.)		
• Die Moralphilosophie von Immanuel Kant (SB, S. 180 ff.)	– Schaubild: Immanuel Kant: Der Mensch als „Bürger zweier Welten“ (LB, S. 75) – Kafka und sein Erbe – Marcus George Singer: Warum es nicht richtig ist zu lügen (LB, S. 76) – Joachim Zelter: Rechtfertigung eines Lügners (LB, S. 76) – Immanuel Kant: Wie muss der Wille beschaffen sein, damit er moralisch gut ist? (LB, S. 76 f.) – Immanuel Kant. Pflicht und Neigung (LB, S. 76 f.) – Immanuel Kant: Imperative als Gebote der Vernunft (LB, S. 78) – Immanuel Kant: Kategorischer Imperativ – Maximen auf dem Prüfstand (LB, S. 78 f.) – Formeln des kategorischen Imperativs (LB, S. 78 f.) – Slavoj Žižek: Kants Begriff der Pflicht (LB, S. 79 f.) – Nadeschda Tolokonnikowa: Warum Kant wichtig ist (LB, S. 80) – Hannah Arendt: Eichmann und die Ethik Kants (LB, S. 80)	
• Alles Lebendige achten – ein gesinnungsethisches Prinzip (SB, S. 190 ff.)	– Albert Schweitzer: Die Ehrfurcht vor dem Leben (LB, S. 81)	
• Kritik an der Gesinnungsethik (SB, S. 192 ff.)	– Max Weber: Gesinnungsethik und Verantwortungsethik (LB, S. 81 f.) – Fjodor M. Dostojewski: Moralische Selbstbestimmung überfordert den Menschen (LB, S. 82)	
Das Wohl aller anstreben: Utilitaristische Ethik/Folgenethik (SB, S. 194 ff.)		
• Klassischer Utilitarismus (SB, S. 194 ff.)	– Jeremy Bentham: Über das Prinzip der Nützlichkeit (LB, S. 82 f.) – Jeremy Bentham: Das Prinzip des größten Glücks als Grundlage der Moral – das hedonistische Kalkül (LB, S. 83) – John Stuart Mill: Was heißt Utilitarismus? (LB, S. 83 f.)	– **Zusatzmaterial 27:** Tabelle zur „Berechnung“ des größtmöglichen Glücks (LB, S. 200) – **Zusatzmaterial 28:** Beispielberechnung anhand des hedonistischen Kalküls (LB, S. 201)

Abschnitte	Texte	Zusatzmaterial und Klausurvorschläge

• Arten des Utilitarismus (SB, S. 198 ff.)	– Peter Singer: Präferenzutilitarismus (LB, S. 84 f.)
	– William K. Frankena: Zwei Formen des Utilitarismus: Regel- und Handlungsutilitarismus (LB, S. 85)
	– Weltglücksbericht 2016 (LB, S. 86)
	– Bhutan: Brutonationalglück (LB, S. 86)
	– **Standpunkte kontrovers:** *Sind alle Menschen Personen?* (LB, S. 86 f.)
	  – Peter Singer: „Nur Personen haben ein Recht auf Leben" (LB, S. 86 f.)
	  – Robert Spaemann: „Alle Menschen sind Personen" (LB, S. 86 f.)	

• Utilitarismus in der Kritik (SB, S. 204 ff.)	– Bernard Williams: Stärken und Schwächen des Utilitarismus (LB, S. 87 f.) – Robert Spaemann: Kritik am Utilitarismus (LB, S. 87 f.)	
Einfühlen und Mitempfinden – Mitleidsethik (SB, S. 206 ff.)		
	– Dimitré Dinev: Barmherzigkeit (LB, S. 88 f.) – Neues Testament: Gleichnis vom barmherzigen Samariter (LB, S. 89 f.) – Arthur Schopenhauer: Die Tugend der Menschenliebe (LB, S. 90) – David Hume: Über das moralische Gefühl (LB, S. 90 f.) – Vittorio Hösle: Gefühle können keine universalistische Ethik begründen (LB, S. 91) – Walter Schulz: Zur Kritik an der Mitleidsethik (LB, S. 91)	– **Zusatzmaterial 29:** Fritz Breithaupt: Gemischte Gefühle bei Empathie (LB, S. 202)
Miteinander reden – Diskursethik (SB, S. 212 ff.)		
	– Jürgen Habermas: Die ideale Sprechsituation (LB, S. 91 f.) – Harald Weinrich: Die Diktatur des Sitzfleisches (LB, S. 92) – Dieter Wunderlich: Der ideale Diskurs ist utopisch (LB, S. 92)	– **Zusatzmaterial 30:** Irmhild Saake: Habermas und die heutige Gremienethik (LB, S. 203)

Zum Einstieg und zu den Aufgaben S. 162 f.

1 Die drei Horatier-Brüder leisten ihrem Vater den Eid, bis zum Tod zu kämpfen; sie und ihr Vater sehen es als ihre Pflicht, für die römische Republik zu kämpfen (Pflichtbewusstsein, Gesinnungsethik, deontologische Ethik).

2 Die Frauen der Horatier wirken leidend, ängstlich, sie denken an die Gefahr, in die sich die Männer begeben, und an die möglichen Folgen für sie und ihre Familien (Verantwortungsethik, teleologische Ethik).

Zu den Aufgaben S. 163

2 Mögliche Argumente: Wissenschaftler argumentiert mit seiner Bedeutung/seinem Nutzen für die Gesellschaft; Kapitän ist derjenige, der den Ballon steuern und in der Luft halten kann; 16-jähriger Junge hat seine Zukunft noch vor sich, kann noch viel für die Gesellschaft leisten; alleinerziehende Mutter verweist auf ihre Kinder, die sie brauchen; Prominenter verdeutlicht, dass er vielen Menschen Freude bereitet; der deutsche Bundeskanzler verweist auf seine Verantwortung für das Land; der Rentner sagt, er habe sich diesen Flug verdient, da er sein ganzes Leben hart gearbeitet hat; körperlich behinderter Mensch beruft sich auf sein Menschenrecht auf Leben (Allgemeine Erklärung der Menschenrechte Artikel 3).

3 Kriterien: Nutzen; Mitleid; Menschenrechte; Überzeugungskraft/überzeugendes Auftreten.

Das Glück anstreben – Glücks- und Tugendethiken

Die Frage nach Glück ist einerseits allgegenwärtig, andererseits fragten sich die Menschen zu allen Zeiten und in allen Kulturen, wie sie sich dem Glück annähern können, was das Glück ist.
Ausgangspunkt ist die Arbeit am Begriff (systematischer Zugang), es werden die drei Dimensionen des Glücks (Zufallsglück, Wohlfühlglück und Glück der Fülle) erschlossen. Anschließend werden verschiedene Glückskonzepte von der Antike bis in die Gegenwart untersucht (chronologischer Zugang). Abschließend soll diskutiert werden, ob Glück wirklich das höchste Lebensziel sein sollte bzw. ist.

Erscheinungsformen des Glücks

Zu den Aufgaben S. 164

1 Das 1567 von Pieter Bruegel dem Älteren gemalte Bild zeigt drei, nach übermäßiger Völlerei bewegungsunfähige Männer auf einem Hügel liegend. In ihrer Umgebung sind viele essbare Dinge, ein Haus, einige Bäume bzw. Pflanzen und im Hintergrund ein See abgebildet. Die Kleidung der Männer und die bei ihnen liegenden Gegenstände lassen erkennen, dass es sich wahrscheinlich um einen Bauern, einen Ritter und einen Gelehrten handelt.
Beschreibung:
Was gibt es zu essen und zu trinken? Würste, Fladenbrot, Gänse, Wein, Milch, Schwein, Eier.
Wie wird die Nahrung angeboten? Milchsee, Brotkaktus, Wurst-Zaun, laufendes Ei.
Wie sehen die Personen aus und welche Berufe haben sie? Soldaten, Ritter, Bauer, Lehrer oder Gelehrter.
Wie kommt man ins Schlaraffenland? Durch den Hirsebrei am oberen rechten Bildrand.
Wie ist die Stimmung? Gedämpft, Menschen wirken erledigt bzw. träge, erschöpft.

2 Ja: Sorglosigkeit; Nein: langweilig, Völlegefühl.

3 Alexander der Große (356 – 323 v. Chr., war König von Makedonien, er eroberte Vorderasien, Ägypten sowie das Perserreich bis nach Indien): selbstbewusst (steht, Hand in die Seite gestemmt), kräftig (Muskeln), prächtige Rüstung, roter Mantel als Zeichen seines königlichen Status, weitere königliche Insignien (linker Bildrand) sind Adler mit Blitz (verweist auf Zeus) und behelmter Kopf (verweist auf Athene), diese stehen für Macht und Weisheit; Gefolgschaft (Soldaten und Berater).
Diogenes von Sinope (412 – 323 v. Chr., war ein Kyniker, griech. „kyon“ = „Hund“, diese lehnten den Besitz materieller Güter ab, die Kyniker folgten dem Ideal der Bedürfnislosigkeit, in der Askese liegt die Glückseligkeit): ärmlich (vgl. Kleidung), alt, weise (weißer Bart), evtl. Bettler, einfache Kleidung, barfuß, wirkt gelassen.

4 Alexander der Große ist glücklich, weil er viel Macht besitzt, sehr erfolgreich ist, reich ist, viele Gefolgsleute hat; er ist unglücklich, weil er sich um seine Macht und seinen Reichtum sorgen muss (Neider).
Diogenes von Sinope ist glücklich, weil er alles, was er zum Leben bracht, hat; er hat keine Angst, etwas zu verlieren; er ist unglücklich, weil er allein ist, nichts besitzt.

5 Wege zum Glück sind verschieden: Glück durch materielle Dinge (Genuss, Lusterfüllung, Triebbefriedigung, Macht, Geld) oder Glück durch Entsagung (Ablehnung von Besitz, von weltlichen Genüssen).

Wilhelm Schmid: Das Zufallsglück; Das Wohlfühlglück; Das Glück der Fülle

Die Texte von Wilhelm Schmid, S. 165 ff., können in Gruppen erarbeitet werden.

Zum Text und zu den Aufgaben S. 165 ff.

➧ **Zusatzmaterial 22, LB, S. 195**

Was macht ein erfülltes Leben aus? – Antworten der antiken Philosophie

Aristoteles: Die drei Wege glückseligen Lebens

Zum Text S. 169 f.

Theoretische Hintergründe der Nikomachischen Ethik
Aristoteles entwickelte eine Art früher Psychologie. Er sieht drei Seelenteile im Menschen zusammenwirken:

- die Pflanzenseele (vegetative Tätigkeit, sichert Ernährung, Fortpflanzung, Wachstum),
- die Tierseele (regelt Wahrnehmung, Bewegung, Lust und Unlust),
- die Vernunft, das Rationale, das diese irrationalen Teile der menschlichen Psyche kontrolliert.

Aus dieser Kontrolle ergeben sich die (I.) **Ethischen Tugenden,**

die schon vorhanden sind, zu denen sich der Mensch aber entscheiden muss im Zuge seiner Einordnung in die vorgefundene Gesellschaft, seine Polis. Insofern sind diese Tugenden auch politische Tugenden. Das Prinzip der ethischen Tugenden ist die Mäßigung, die Mitte.

Über den ethischen stehen die Verstandes-Tugenden, die (II.) **Dianoetischen Tugenden** (griech. dianoia = Denkkraft; dianoetisch den Verstand betreffend, denkend):
1. die Kunst der Hervorbringung (techne),
2. die Klugheit (phronesis) mit direktem Bezug zum politischen Handeln,
3. die Wissenschaft (episteme), die zur „Theorie" gehört (vgl. Lebensform der Betrachtung, der theoretischen Anschauung),
4. der Geist (nus), jene Kraft, die die Prinzipien klärt,
5. die Weisheit (sophia).

➧ **s. Zusatzmaterial 23, LB, S. 196**

Zu den Aufgaben S. 170

1

Tafelbild

Aristoteles – Nikomachische Ethik

DAS GUTE

(= das Ziel, das um seiner selbst willen erstrebt wird)

Die Glückseligkeit (Eudämonie) als höchstes Gut

Drei Lebensformen der Glückseligkeit

Das Leben des **Genusses**	Das politische Leben der Ehre und **Tüchtigkeit**	Das Leben der Betrachtung und **Weisheit**
		Diese Lebensform ist: **die beste** (der Geist/die Vernunft ist das Beste im Menschen) **frei von Ermüdung** (lebenslang anhaltend) **die genussreichste** (Reinheit des Genusses) **in sich ruhend** (autark) **voller Muße**

Die Voraussetzung auch des glückselig in sich ruhenden Lebens der Weisheit: „gute äußere Verhältnisse"

2 Aristoteles geht davon aus, dass jeder Mensch gemäß seinen Fähigkeiten seine Ziele setzen und sie erreichen sollte. Seine Fähigkeiten zu entfalten und durchzusetzen – im Genuss, im Beruf, in der Politik, im Denken –, bedeutet eine Steigerung des Lebensgefühls dadurch, dass der jeweilige Mensch im Einklang mit sich selbst ist. Er erreicht dadurch eine gewisse Autarkie, die einen sehr hohen Rang in Aristoteles' Wertekatalog einnimmt. Die höchste Form der Unabhängigkeit von anderen stellt die Lebensweise des Denkens, der theoretischen Durchdringung des Lebens dar, was nicht heißt, dass nicht auch mit den anderen Zielen (auch dem der Lust) Glück erreicht werden kann.

3 Wichtig: Aristoteles als Realist betont als Voraussetzung auch einer Existenzform der Weisheit, dass „gut[e] äußer[e] Verhältniss[e]" (Z. 54) vorhanden sein müssen. Tag für Tag hart um sein Leben kämpfen zu müssen, ist keine gute Bedingung für Glück.
Hieran anschließend ein Diskussionsimpuls: Welche äußeren Bedingungen halten Sie heutzutage für unverzichtbar, um glücklich leben zu können?
- geräumige Wohnung?
- Auto, Telefon, Alterssicherung, Krankenkasse?
- intakte Umwelt?
- Bildung?
- ...?

Aristoteles: Tugend als Mitte

Zu den Aufgaben S. 171

1 Das Ausleben der Leidenschaften führt zu Übermaß und Mangel und hat Handlungen zur Folge, die als „Schlechtigkeiten" zu bezeichnen sind.

2 Es gibt Handlungen, die in sich schlecht sind und für die es folglich keine Mitte geben kann.

3 Siehe LB, S. 74 zu SB, S. 176, Aufgabe 2.

Epikur: Lust als höchstes Lebensziel

Zum Text und zu den Aufgaben S. 172

Zur Biografie und Lehre:
Das Leben Epikurs und seine Lehre stehen in einem engen Zusammenhang. Epikur, Sohn eines Lehrers, wurde schon als Kind in die Philosophie eingeführt und genoss eine gute Ausbildung. Allerdings wählte er strikt aus, wer oder was ihm von den Philosophen und ihren Theorien zusagte, und legte später Wert darauf, Autodidakt genannt zu werden.
Mit 35 Jahren, 306 v. Chr., kaufte er sich in Athen ein Haus mit Garten und eröffnete eine erfolgreiche epikuräische Schule, genannt **„Der Garten"**. Sie war gekennzeichnet dadurch, dass sie auf Freundschaft gründete und deshalb kostenlos war. Sie wurde besucht von **Anhängern aus allen sozialen Schichten, sogar Sklaven und Frauen** waren zugelassen. Gerade Letzteres setzte die Schule allen möglichen Verdächtigungen aus.
Vor allem die Stoiker (siehe SB, S. 176) verleumdeten Epikur in der Antike. Der Stoiker Diotimos schrieb 50 obszöne Briefe unter Epikurs Namen; andere bezichtigten ihn, Orgien zu feiern, junge Menschen zur Prostitution zu verführen, Alkoholiker zu sein. Und selbst Plutarch setzte in Umlauf, er habe ein erotisches Tagebuch geführt, in dem er seine Affären säuberlich aufgelistet habe. Seine Lehre wurde mancherorts verboten, seine Anhänger wurden dort aus der Stadt gejagt.
Warum?
Es darf vermutet werden, dass v. a. **Epikurs Verachtung der Politik und der Politiker** (in der griechischen Antike in hohem Ansehen, siehe Aristoteles' Definition des Menschen als Zoon politikon) zu dieser Kampagne führte. Darüber hinaus lehnte er die Unterschiede zwischen den sozialen Klassen und den Geschlechtern ab, **lebte gleichberechtigt mit Sklaven und Frauen**, während z. B. Platon in seinen Schriften noch Tipps gab, wie man sich Sklaven besser unterwerfen könne.
Der Schlüssel zu seiner ethischen Lehre war seine Auffassung der **Freundschaft**: „Von allem, was die Weisheit für die Glückseligkeit des ganzen Lebens bereitstellt, ist bei Weitem das Größte die Gewinnung der Freundschaft."
Er stellte sie höher als die Liebe, weil sie nicht so extrem und deshalb dauerhafter sei. „Seine Freundesschar ist so groß, dass selbst ganze Städte sich nicht mit ihr messen können", schrieb Diogenes Laertius, bezogen auf die Einwohnerzahl damaliger Poleis. Ein reicher Epikureer namens Diogenes von Oinoanda ließ folgenden Spruch an einer extra dafür gebauten Säulenhalle in Stein hauen: „Mein Leben neigt sich dem Ende zu, und ich will nicht scheiden, ohne eine Hymne auf Epikur gesungen zu haben für das Glück, das ich durch seine Lehre erfahren habe. Ich möchte der Nachwelt diese Botschaft weitergeben: Durch die Aufteilung der Erde hat jedes Volk ein anderes Vaterland. Aber die bewohnte Welt bietet allen Menschen, die zur Freundschaft fähig sind, ein einziges gemeinsames Zuhause: die Erde."
Epikur setzt zwar *hedoné* als höchstes Lebensziel an, erläutert jedoch ein Lustkonzept, das dem der „Spaßkultur" entgegensteht: Nicht bloßes sinnliches Genießen ist damit gemeint, sondern – ganz in der antiken Denktradition verankert – die Lust der Erkenntnis, der Genügsamkeit, der Klarheit der Seele. Epikureismus, oft missverstanden, dürfte nicht als Begründung für heutigen „Fun" herangezogen werden.

Epiktet: Annahme des Schicksals

Zu den Aufgaben S. 173

1 Dinge, die in der Macht des Menschen liegen: Alles, was unser eigenes Wer ist: Meinung, Trieb, Begierde, Abneigung, Wahrnehmung – das Innenleben.

Dinge, die nicht in der Macht des Menschen liegen: Alles, was nicht das eigene Werk ist: Leib, Gesundheit, Besitztum, Ansehen, Stellung, äußere Ereignisse.
Konsequenzen: Wenn der Mensch sich bewusst wird, was in seiner Macht liegt und was nicht, dann kann ihn nichts Schädliches treffen, er kann zu nichts gezwungen werden, er wird keine Feinde haben – er ist zufrieden.

2 Mögliche Lebensmaximen: Nimm Dinge, die du nicht ändern kannst, hin. Das Leben ist eine Bühne, spiele deine dir zugewiesene Rolle ordentlich. Verachte das, was nicht in deiner Macht steht. Befreie dich von äußeren Gegebenheiten. Halte dich mit Urteilen über andere zurück, Äußerlichkeiten täuschen.

Seneca: Glück, Tugend und Laster

Zu den Aufgaben S. 174

1 Die Beherrschung der Leidenschaften (Triebe) kraft der Vernunft war wesentliches Ziel der Stoa: **Pathos** (= Leidenschaften) umzuwandeln in **Apathie** (= Leidenschaftslosigkeit, innere Ruhe). Die Vernunft, der „Geist", der **Logos** in jedem Menschen verbindet ihn mit dem ganzen Universum, das von einem höchsten Logos (= göttliche Kraft) bestimmt ist. Das Leben der Menschen in einem vom Logos durchwalteten Universum ist vorherbestimmt, jeder Mensch hat also sein „Schicksal" (gr. heimarméne, lat. fatum). Zu erkennen kraft seiner gottähnlichen Vernunft, was sein Schicksal ist, bzw. sich ihm gelassen zu überlassen, macht frei. Dagegen ist derjenige unfrei und getrieben, der gegen sein Schicksal dumpf ankämpft.
Ziel der Stoa: diese überlegene Ruhe, die aus der Akzeptanz des Schicksals kommt, zu erreichen. Daraus ergeben sich andere Tugenden: Freundlichkeit, Harmonie, Gesundheit usw.

2 Gegen den Alkoholmissbrauch: Im Rausch tut man Dinge, derer man sich nachher schämt; geistige Gesundheit leidet; Verrohung.
Gegen den Reichtum: Man besitzt viele unnütze Dinge, man schafft sich Dinge an, weil andere sie haben, Reichtum verblendet, man erkennt nicht, was die wichtigen Dinge sind.

3 Beispiele für Normen eines modernen Stoikers: „Rege dich nicht auf über die Widrigkeiten in der Politik und der Gesellschaft." „Sei gelassen." „Kümmere dich nicht um äußere Dinge." „Suche das Glück in dir selbst mithilfe der Vernunft." „Vernunft ist die Voraussetzung für ein glückliches Leben." – Diese Maximen greifen den Aspekt auf, dass es Dinge gibt, die man nicht beeinflussen kann. „Vervollkommne dich selbst." – Dies ist für die Stoiker die Aufgabe des Menschen. „Lebe im Einklang mit der Natur." – Die Gesetze der Natur bestimmen den Lauf der Welt. „Halte Maß." – Übermaß lässt erkennen, das man sich nicht kennt, dass man nicht um seine Grenzen weiß. Außerdem bringt es die Laster hervor. „Urteile nicht voreilig."

Seneca: Über den freiwilligen Tod

Zu den Aufgaben S. 175

1 **2**

Senecas Argumente	Gegenargumente
Nicht das Leben an sich ist ein Gut, sondern nur ein sittliches Leben.	Das Leben an sich hat bereits einen Wert.
Der Mensch ist in der Lage, den Zeitpunkt seines Todes selbst zu bestimmen (Freiheit).	Natur bestimmt den Ausgang, dieser sollte nicht vorweggenommen werden.
Wenn zu viel Lästiges sowie Widrigkeiten (z. B. Krankheiten, Grausamkeiten) die Gemütsruhe stören, dann kann man das Leben beenden.	Das Störende kann wieder vorübergehen. Es ist feige, den Widrigkeiten auszuweichen. Zeigt sich nicht in den Widrigkeiten, welche Stärken der Mensch hat?
Besser würdig sterben, als unwürdig leben.	Wenn ein Leben unwürdig ist, dann sollte man die Umstände ändern, damit man wieder in Würde leben kann.
Das Leben währt nicht ewig, daher sollte der Mensch das Ende „aktiv" gestalten".	So wie der Mensch nicht bestimmt, wann und wie er in die Welt kommt, sollte er auch nicht sein Lebensende bestimmen.

Die Stoa

Zu den Aufgaben S. 176

1 Ziel der Stoa ist das dauerhafte Glück, die Seelenruhe, die „Windstille der Seele", um dies zu erreichen, sollte der Mensch gleichmütig gegenüber den Schicksalsschlägen sein (Ataraxia), er sollte frei von Leidenschaften und Affekten sein (Apatheia), d.h, die Vernunft sollte diese kontrollieren, und er sollte innerlich unabhängig von dem ihm möglicherweise umgebenden Leid sein (Autarkia).

2 ➧ **Zusatzmaterial 24, LB, S. 197**

3 Diskussionspunkte: Akzeptanz der Umstände; da der Mensch die Dinge, die nicht in seiner Macht stehen, akzeptieren soll, dauern Veränderungen länger; Einteilung, „was in der Macht des Menschen steht und was nicht", ist nicht so eindeutig und damit nicht überzeugend, es gibt Dinge, die teilweise beeinflussbar sind, z. B. der Körper, ich kann ihn teilweise beeinflussen, z. B. durch Sport und Ernährung; die Auswirkungen der äußeren Umstände hängen davon ab, welchen sich der Mensch aussetzt.

Mihály Csíkszentmihályi: „Flow" – ein zeitgemäßer Weg zum Glück?

Zu den Aufgaben S. 177

1
- „Flow" ist ein Zustand völliger Konzentration auf eine Sache, Vergessen aller äußeren Umstände und seiner selbst, ein Gefühl des Fließens, das Gefühl, Teil eines Größeren zu sein, vollständige Kontrolle, höchstes Glück.
- Im „Flow" erreicht man eine Balance zwischen Herausforderungen und Fertigkeiten.
- „Flow" ist ein Treibmittel für die Evolution, da es Individuen herausfordert und motiviert/belohnt.
- Gefahren von „Flow": Suchtgefahr, Vergessen, dass es bei individuellem Flow auch Verlierer geben kann.

2 **Aristoteles:** s. die Erläuterungen im LB, S. 71 f. zu SB, S. 170, Aufgabe 2.

Epikur: Das höchste Glück ist ein Zustand ohne Schmerz, ohne Lust und ohne Angst – der „Flow" ist das Gefühl der vollständigen Kontrolle über Geist und Körper, der vollständigen Balance, dabei werden alle negativen Umstände des Lebens vergessen.

Stoa: Die „Ataraxie", die Unerschütterlichkeit, ist der angestrebte höchste Zustand – der „Flow" ist geprägt von Ruhe, Konzentration und Kontrolle.
Alle antiken Glückskonzeptionen betonen das Maß und die Mitte – der „Flow" hält genau die Balance zwischen individuellen Herausforderungen und Fertigkeiten.

3 Das Ziel der „Selbstverwirklichung", das für Hutterer noch über dem Glück steht, ja für das Streben nach Glück nur das geeignete Mittel ist, wird im „Flow" realisiert. „Flow" bezeichnet genau den Zustand, den „Selbstverwirklichung" eigentlich meint. Somit verbindet das „Flow"-Konzept Glück und Selbstverwirklichung, die von Hutterer hierarchisch getrennt werden.

➧ **s. Zusatzmaterial 25, LB, S. 198**

➡ Standpunkte kontrovers: Ist das Glück das höchste Lebensziel?

Zum Text S. 178

- Ziel für den Menschen: größtmögliche Zahl an Menschen dabei zu unterstützen, ihr Glück zu erreichen, dann würden wir in einer besseren Welt leben, utilitaristischer Ansatz (vgl. Z. 5);
- übergeordnetes Ziel: Glück bzw. Lebenszufriedenheit oder Lebensqualität;
- Begründung: Alle Menschen streben nach Glück (anthropologische Konstante, Faktenargument) (vgl. Z. 6), die positive Psychologie hat festgestellt, das Glück muss aktiv hergestellt werden (Autoritäts-/Faktenargument) (vgl. Z. 14);
- das Glück stellt er selbst wieder in den Dienst eines anderen, noch höheren Ziels: die Selbstverwirklichung, dieses übergeordnete Ziel, was nicht ganz erreichbar ist, gibt Menschen Bedeutung und Richtung, dient als „Leuchtturm" (vgl. Z. 31 ff.);
- Voraussetzung: Bewusstseinsveränderung bei den Menschen notwendig;
- Ziel des Glücks und der Selbstverwirklichung wird als Leitbild der ganzen Gesellschaft postuliert (vgl. Z. 36 ff.).

Die Argumentation von Hutterer bleibt vage und ist widersprüchlich, denn wie soll die individuelle Selbstverwirklichung zur Richtschnur der überindividuellen Gesellschaft werden?
Die Methode, sich ein „unerreichbares Ziel" (Ideal) zu setzen, um damit nähere Ziele zu erreichen, ist in ihrer schlichten Bauart beliebig. Man könnte sich auch andere „höhere", unerreichbare Ziele vorstellen, die den Menschen anspornen.
Glück als gesellschaftliches Leitbild und Ideal kann zu einem Glückstotalitarismus führen, wenn eine Regierung den Menschen vorschreiben will, dass und auf welche Weise sie glücklich zu sein haben (vgl. z. B. die Dystopien „Brave New World" von A. Huxley, „Wir" von J. Samjatin, „Corpus delicti" von J. Zeh (s. auch SB, S. 248 f.)).

Zum Text S. 179

- Nur gute Tage sind nicht zu ertragen;
- Suche nach dem Glück beschert uns kein Glück;
- Weltliteratur ist voller Tragödien, Katastrophen, Verbrechen;
- Unglück ist schöpferisch.

Watzlawicks Text enthält kaum ausgearbeitete Argumente, die die Notwendigkeit des Unglücks belegen.

Zu der Aufgabe S. 179

1 Beispiele für „schöpferisches Unglück“: Verarbeitung von Unglück in der Literatur und Kunst hat große Werke hervorgebracht (z. B. Goethe: Leiden des jungen Werthers, Caspar David Friedrich); Not macht erfinderisch; Menschen lernen aus negativen Erfahrungen, Unglück als Ansporn, Dinge zu verbessern (Medizin, Technik).

Literaturhinweis:

- Wilhelm Schmid: Unglücklichsein. Eine Ermutigung. Berlin: Insel Verlag, 2012

➔ **Klausurvorschlag 12, LB, S. 231**

Sich an Prinzipien halten: Gesinnungsethik/Sollensethik

Zur Konzeption

Das Kapitel beginnt mit einem Schaubild zu Kants Menschenbild als Grundlage seiner Moralphilosophie. Anschließend wird die Frage nach der moralischen Bewertung von Wahrhaftigkeit und Lüge thematisiert. Hier wird deutlich, dass es zwei grundsätzlich verschiedene Bewertungen gibt – aus **teleologischer** Sicht (z. B. Utilitarismus) ist es erforderlich, jeweils die Situation und die Folgen lügenhaften Verhaltens zu berücksichtigen, wohingegen die **deontologische** Sichtweise lediglich die Handlung selbst und die ihr zugrunde liegende Gesinnung bzw. Handlungsmotivation überprüft.
Im Mittelpunkt des Kapitels steht sodann Kants Gesinnungsethik. Der nachfolgende Text von Hannah Arendt veranschaulicht die ethische Position Kants und zeigt, welchen Missverständnissen und Fehldeutungen der kategorische Imperativ und Kants Pflichtbegriff ausgesetzt war (und sein könnte). Eine andere Form gesinnungsethischer Ethikbegründung stellt der anschließende Text von Albert Schweitzer dar.
Der Text von Max Weber problematisiert und kritisiert ein Handeln, das sich, vor allem im politischen Bereich, nur an Gesinnung und Prinzipien orientiert. Dostojewskis Text bezieht dieses Problem auf den religiös-gesellschaftlichen Bereich, indem er die gesinnungsethische Position Jesu mit einer Kritik seitens eines Kirchenvertreters (des Großinquisitors) konfrontiert.

Die Moralphilosophie von Immanuel Kant

Immanuel Kant: Der Mensch als „Bürger zweier Welten“

Zu den Aufgaben S. 180

1 Der Mensch kann sich als Sinnenwesen und als Vernunftwesen betrachten. Als Sinnenwesen ist er durch seine Triebe, Neigungen und Gefühle bestimmt, diese unterstehen dem Prinzip der Kausalität der Naturgesetze. In der empirischen Betrachtungsweise ist der Mensch als Teil der Natur unfrei bzw. heteronom (fremdbestimmt), er ist abhängig von objektbezogenen Wünschen, er strebt nach Glückseligkeit.
Als Vernunftwesen ist der Mensch Teil der intelligiblen Welt, diese ist nur dem Denken zugänglich und untersteht den Gesetzen der Vernunft. Mittels der Vernunft erkennt der Mensch, was zu tun seine Pflicht ist (was sittlich, moralisch geboten ist), und aus der Sittlichkeit kann die Idee der Freiheit erschlossen werden. Das geistige Ich ist autonom (frei, selbstbestimmt) und daran interessiert, sittlich bzw. moralisch zu handeln.
Der Wille des Menschen wird zum einen von dem Streben nach Glückseligkeit (persönliche Interessen) und dem Streben nach Sittlichkeit (Vernunft) bestimmt.

2 Willensbestimmung durch Gefühle, Neigungen, Begierden: Hunger, Durst, Hass, Liebe, Schmerz, Spieltrieb, Sicherheitsbedürfnis, Aggressionstrieb, Neugier.
Willensbestimmung durch Vernunft: Lernen, Regeln beachten, Handeln nach universellen Prinzipien (z. B. Menschenrechte).

3 Konflikt zw. Neigung und Vernunft: Lernen vs. Freunde treffen, im Internet surfen; gerne viel gutes Essen genießen vs. Gesundheit; morgens weiter schlafen wollen vs. Aufstehen und zur Arbeit gehen; einen Freund nicht verraten vs. die Wahrheit sagen.

Zu der Aufgabe S. 181

1 Der übergroße Kopf symbolisiert die Bedeutung des Denkens; drei Bücher entsprechen den drei Kritiken von Kant (Kritik der reinen Vernunft, Kritik der praktischen Vernunft, Kritik der Urteilskraft); Königsberger Klops verweist einerseits auf die Herkunft von Kant aus Königsberg und andererseits auf seine Mittagstafel mit Freunden; Kerzenständer als Symbol der „Erleuchtung“, der Eingebung, diese schreibt er in seinen Kritiken nieder.

Marcus George Singer: Warum es nicht richtig ist zu lügen

Zum Text S. 181

Nach Singer ist das **Prinzip der Verallgemeinerung** für die Ethik grundlegend. Für die moralische Beurteilung einer Handlung ist es wichtig zu überlegen, was der Fall wäre, wenn alle diese Handlung ausführten. Diese Folgen einer möglichen kollektiven Praxis sind für das ethische Kalkül maßgebend. Jeder, der handelt, ohne dass man wünschen kann, dass alle so handeln, muss Gründe dafür nennen. Kriterium für solche Gründe: Der Grund für die Ausnahme darf sich nicht wiederholen. Das Wahrheitsgebot begründet Singer mit den „verheerenden" Folgen, „wenn es jeder täte". Auch ein spezieller Grund für eine Lüge, eine Ausnahme, kann nicht angegeben werden, da „der Wunsch zu lügen kein unterscheidendes Merkmal" ist. Die Begründung für das Wahrheitsgebot, dass die Lüge allgemein missbilligt wird, lehnt er ab. An anderer Stelle sagt Singer dazu: „Moral ist nicht das Gleiche wie öffentliche Meinung, noch stimmt sie immer damit überein. Dass bestimmte Verhaltensweisen weithin missbilligt werden, ist eine wesentliche Quelle ethischer Probleme und kann nicht etwa eine automatische Antwort auf sie sein. Auch kann soziale Missbilligung als Quelle (und manchmal als Folge) von Bräuchen und Traditionen nur lokale, nicht aber fundamentale Regeln begründen."
Im Anschluss an den kategorischen Imperativ Kants postuliert Singer mit dem „Prinzip der Verallgemeinerung" ein Metakriterium der Moral: „Man sollte keine Handlungen ausführen, deren allgemeine Ausführung schlechte Folgen hat." Die kantische Bedingung, dass moralisches Handeln verallgemeinerungsfähig sein muss, verbindet Singer allerdings mit utilitaristischen Prinzipien.
Im Unterschied zu Kant, der Maximen verallgemeinert, fordert Singer die Verallgemeinerbarkeit von (moralisch relevanten) Handlungen und die Reflexion ihrer Folgen. Die Schwäche von Singers Ansatz („Was würde geschehen, wenn jeder so handelte?") liegt in dem empirisch nachzuweisenden Argument, dass ja nicht jeder so handeln wird. Hierauf wäre dann nur noch gesinnungsethisch zu antworten: Es soll aber jeder so handeln, um dem Prinzip der Humanität zu genügen.

Joachim Zelter: Rechtfertigung eines Lügners

Zum Text S. 181

Zelters Text nimmt auf Alltagssituationen Bezug, daher bieten sich – ausgehend von konkreten Erfahrungen der Schüler – eine oder mehrere **Fallanalysen** an.
Beispiel: Ein Schüler schreibt Gedichte und trägt voller Begeisterung einige davon einem Mitschüler vor. Er möchte von ihm wissen, ob sich die Texte nicht auch zur Interpretation im Deutschunterricht eignen. Der Mitschüler hält sie für kitschig und schlecht formuliert. Was soll er antworten?
Zur Entscheidungsfindung können dann die Texte von Zelter, Bonhoeffer und Singer herangezogen und besprochen werden. Am Ende können die Lösungen im Rollenspiel vorgestellt werden.

Mögliche Impulse zum Weiterdenken:
Definieren Sie die Begriffe „Wahrheit" und „Lüge".
Wie viel Wahrheit verträgt der Mensch?
Wollen die Menschen belogen werden?
Kann das Aussprechen der Wahrheit Hoffnungen zerstören und Menschen in ihrer Entwicklung behindern?
Welche Rolle spielen die Situation oder die Beziehung der Personen zueinander?
Was bedeutet Wahrhaftigkeit?
Welche Möglichkeiten gibt es, die „Wahrheit" auszusprechen?
In welchen Fällen sollte es ein Recht auf Lüge geben?

Immanuel Kant: Wie muss der Wille beschaffen sein, damit er moralisch gut ist?

Immanuel Kant: Pflicht und Neigung

Zu den Texten S. 182 f.

Kant stellt zu Beginn die **These** auf, dass nur ein **„guter Wille"** einschränkungslos als gut gedacht werden kann. Er zeigt zunächst, dass Eigenschaften, die gemeinhin als „gut" angesehen werden – er nennt bestimmte Fähigkeiten („Talente" wie Verstand, Witz, Urteilskraft) und „Anlagen" (Mut, Entschlossenheit, Beharrlichkeit, Selbstbeherrschung etc.) –, dies nicht im absoluten Sinne sind, da sie „ohne Grundsätze des guten Willens höchst böse werden" können. Kant veranschaulicht dies an dem „Bösewicht", der kalt und voller Selbstbeherrschung Böses tut. Ein weiteres Beispiel wäre der Naziverbrecher Eichmann (s. SB, S. 188 f.), der mit Entschlossenheit und Beharrlichkeit den Mord an den Juden organisierte. Hier kann man auch die sogenannten **Sekundärtugenden** wie Fleiß, Disziplin, Ordnungssinn oder Pünktlichkeit diskutieren, deren Wert abhängig ist von dem Zweck oder dem Willen, dem sie dienen. Möglich wäre auch eine Bezugnahme auf Horkheimers Begriff der „instrumentellen Vernunft". Aus alldem schließt Kant, dass der gute Wille nicht seinerseits wieder an einen bestimmten Zweck gebunden werden darf. Unter Wille versteht Kant „die Aufbietung aller Mittel, soweit sie in unserer Gewalt sind". Nützlichkeit oder Erfolg sind kein Maßstab für den guten Willen, ebenso kann er nicht selbst wiederum einem konkreten Gesetz unterworfen sein, da ansonsten seine Autonomie infrage stünde.
Daher muss das Gesetz, dem der Wille sich unterwirft, ein **allgemeines**, von der **Vernunft** erkanntes Prinzip sein, das nicht an konkrete Handlungen und Zwecke gebunden ist. Dieses Gesetz nennt Kant den **kategorischen Imperativ**, den er im Text in seiner allgemeinsten Form formuliert (Z. 40 ff.). Er grenzt ihn von **hypothetischen Imperativen** ab, die sich immer auf einen angestrebten Zweck beziehen und damit nur ein bedingtes Sollen aussprechen.

In diesem Zusammenhang führt Kant den Begriff der **Pflicht** ein. Ein **pflichtgemäßes Handeln** entspringt aus der Achtung für das Gesetz, dem guten Willen. Kant unterscheidet an anderer Stelle zwischen Handlungen aus **Neigung**, pflichtgemäßen Handlungen (Legalität) und **Handlungen aus Pflicht** (Moralität). Die zentrale ethische Frage, die ich mir stellen muss, lautet: „Kannst du auch wollen, dass deine Maxime (= der subjektive Handlungsgrundsatz) ein allgemeines Gesetz werde?" Kant zeigt am Beispiel des Lügens und des unehrlichen Versprechens auf, dass die Einhaltung des formalen Gesetzes unmittelbar von der Vernunft her einsichtig ist. Es bedarf keiner empirischen Hypothesen. Somit verleiht diese **freiwillige Unterwerfung** Gewissheit und Sicherheit. Für Kant bedeutet dies Freiheit, denn die Vernunft unterstellt sich in der Pflicht ihrer eigenen Gesetzmäßigkeit. Jede „Feinabstimmung", sei es durch konkrete gesellschaftliche Bedingungen, Erziehung, den Willen Gottes oder religiöse und andere Autoritäten, ist ausgeschlossen.
Zur Vorbereitung und Strukturierung der Textlektüre sollten die Schüler zunächst in Einzelarbeit und dann in der Kleingruppe ihr Verständnis der zentralen Begriffe Kants – (guter) Wille, Vernunft, Neigung, Pflicht – darlegen, einander zuordnen und bewerten. Bei der Texterarbeitung wird deutlich, dass Kant diesen Begriffen eine ganz spezifische Bedeutung gibt, die sich gegebenenfalls mit dem Verständnis der Schüler vergleichen lässt.

Zu den Aufgaben S. 182

1 Absatz 1: Was kann warum ohne Einschränkung für gut gehalten werden? Ein guter Wille, die Talente des Geistes, Charaktereigenschaften oder Glücksgaben können gut, aber auch böse sein, wenn der Wille nicht entsprechend gut ist. Absatz 2: Was geschieht ohne einen guten Willen? Ohne Grundsätze eines guten Willens können Eigenschaften höchst böse sein, z. B. nüchterne Überlegung kann einem Dieb nützlich sein. Absatz 3: Wodurch ist der gute Wille gut? Allein durch sein Wollen, er ist an sich gut. Absatz 4: Welches Prinzip muss den Willen bestimmen, damit er ein guter Wille genannt werden kann? Die allgemeine Gesetzmäßigkeit der Handlung, d. h. die Frage: Kann ich wollen, dass meine Maxime ein allgemeines Gesetz werde?

2 Kant würde Brods Verhalten als klug und schlau bezeichnen, zugleich aber auch als pflichtwidrig. Der gute Wille ist nicht durch das, was er bewirkt gut, sondern allein durch das Wollen. Brod hat sich dazu entschlossen, sein Versprechen zu brechen, weil für ihn der literarische Wert der Werke Kafkas wichtiger war als ein Versprechen gegen über einem Toten. Man kann nicht wollen, dass Brods Handlung zum allgemeinen Gesetz werde, weil dann der Sinn von Versprechen hinfällig wird, man kann nicht mehr darauf vertrauen, dass ein Versprechen eingehalten wird.
Man sollte hier noch einmal die Ethik Kants in ihrer Bedeutung würdigen. Sie ist der Versuch, eine verbindliche Ethik zu begründen, die sich nur auf die Vernunft und Einsicht gründet. Kant sieht den Menschen als freies, autonomes Individuum an, das die Grundsätze, denen es sich selbst unterwirft, auch innerlich bejaht. Pflicht ist für Kant Selbstverpflichtung und nicht die kritiklose Unterwerfung unter Autoritäten. Anreize zur Diskussion liefert der Text des slowenischen Psychoanalytikers und Philosophen Slavoj Žižek (SB, S. 186).

Zu den Aufgaben S. 183

1 „Pflichtmäßiges bzw. pflichtgemäßes Handeln" entspricht dem Prinzip der Legalität, d. h., die Handlung entspricht dem moralischen Gesetz, wird aber durch die Neigung angetrieben. „Handeln aus Pflicht" entspricht dem Prinzip der Moralität, das Handeln wird objektiv bestimmt durch das moralische Gesetz und subjektiv bestimmt durch die reine Achtung vor diesem Gesetz.

2 Eine eindeutige Zuordnung ist nicht möglich, da von der Handlung nicht auf die Maxime geschlossen werden kann. Da das Motiv der Handlung verborgen bleibt, können lediglich Vermutungen angestellt werden. Bei beiden Beispielen können persönliche Interessen der Antrieb sein, bei der Flüchtlingshilfe, um sein Gewissen zu beruhigen oder Anerkennung zu erhalten; der Unternehmer spendet, um durch das soziale Engagement mehr Kunden anzulocken.

3 Eine Handlung hat nur dann einen moralischen Wert, wenn sie aus Pflicht geschieht. Pflicht bedeutet, dass der Mensch sein Handeln am Sittengesetz bzw. am moralisch Guten ausrichtet, weil dieses ein Gegenstand der Achtung ist (Grund: Vernunft lässt uns das Sittengesetz erkennen; da es ein Gebot der Vernunft ist, folgt der Mensch diesem (innerer Zwang)). Pflicht ist das Motiv der Handlung.

4 Ein guter Wille wird durch die allgemeine Gesetzmäßigkeit der Handlung bestimmt, allein die Form der Maxime ist ausschlaggebend.

Immanuel Kant: Imperative als Gebote der Vernunft

Zu den Aufgaben S. 184

1

Tafelbild

Imperative

Imperative sind Gebote der Vernunft, die den Willen bestimmen und durch ein Sollen ausgedrückt werden.

→ **hypothetische Imperative**

Mittel-Zweck-Beziehung (Handlung ist ein Mittel, um etwas anderes zu erreichen, Handlung dient einer bestimmten Absicht)

→ Imperative der Geschicklichkeit

der Zweck, für den etwas nötig ist, ist mögliche Absicht („problematisch")

Bsp.: Wenn du gesund bleiben willst, dann musst du regelmäßig Sport treiben.

→ Imperative der Klugheit

der Zweck, für den etwas nötig ist, ist wirkliche (assertorisch) Beförderung der Glückseligkeit

Bsp.: Wenn du glücklich werden willst, dann pflege deine Beziehungen.

→ **kategorischer Imperativ**

objektiv notwendig
apodiktisch (unumstößlich)
verfolgt keinen bestimmten Zweck

2 Hypothetische Imperative werden durch die persönlichen Interessen des Einzelnen bestimmt. Sie stellen eine Handlung als notwendig für die Realisierung eines Ziels/einer Absicht dar. Der kategorische Imperativ gilt für jedes vernünftige Wesen, er wird aus Achtung für das Gesetz (dies entspricht der Selbstachtung als vernunftfähige Persönlichkeit) befolgt.

Immanuel Kant: Kategorischer Imperativ – Maximen auf dem Prüfstand; Formeln des kategorischen Imperativs

Zu den Aufgaben S. 185

1 Logische Widerspruchsfreiheit: Ist die Maxime, wenn sie verallgemeinert werden würde, mit dem Willen im logischen Einklang oder kommt es zu Widersprüchen? Bsp.: Würde das Lügen erlaubt sein, dann könnte man niemandem mehr vertrauen und alle Kommunikation wäre unmöglich. Mit der Maxime „wenn ich mich in Geldnot zu sein glaube, so will ich Geld borgen und versprechen, es zu bezahlen, ob ich gleich weiß, es werde niemals geschehen" kann kein allgemeines Gesetz formuliert werden, weil es sich selbst widerspricht. Wäre die Maxime ein allgemeines Gesetz, würde jeder, der in Geldnot ist, im Rahmen dieses Beispiels ein falsches Versprechen abgeben müssen. Ein Versprechen wäre also per Definition eine Lüge, was den Begriff „Versprechen" ad absurdum führe. Rein logisch betrachtet bedeute dies: Versprechen = Nichtversprechen bzw. Versprechen = Lüge.

3

Tafelbild

Grundformel bzw. Universalisierungsformel	Naturgesetzformel	Selbstzweckformel Menschheitsformel	
Das unterschiedliche Vorgehen bei der Maximenprüfung kann zu unterschiedlichen Ergebnissen führen.			
Maximenprüfung durch Universalisierung	Maximenprüfung durch Analogie zum Gesetz der Natur	Der Mensch hat einen absoluten Wert, er ist Zweck an sich (Selbstzweck). Bsp.: Lügen: Wenn der Mensch lügt, behandelt er den anderen als Mittel zu einem Zweck.	Da der Mensch Vernunft hat, kann er autonom seinen Willen bestimmen (Selbstgesetzgebung). Bsp.: Verbot des Selbstmordes

4 Darf ich Geheimnisse verraten? Verrat von Geheimnissen ist in sich widersprüchlich. Beim Verrat wird der, dessen Geheimnis verraten wird, nicht als Zweck an sich behandelt, sondern als Mittel zu etwas anderem, z. B., um sich damit zu brüsten, um einen Missstand aufzudecken.
Angaben bei der Steuererklärung dem Finanzamt vorzuenthalten, würde das Vertrauensverhältnis zwischen den Behörden und den Bürgern zerstören.

5

Tafelbild

Goldene Regel		Kategorischer Imperativ
	Imperativ formales Prinzip oberste Richtschnur für moralisches Handeln	
Prüfung von Handlungen Wechselseitigkeit: bedingter, hypothetischer Imperativ abhängig von den Wünschen und Bedürfnissen des Handelnden		Prüfung der Maximen logische Konsistenz

6 Der kategorische Imperativ ist geeignet für das tägliche Leben, weil er Distanz zu den eigenen Maximen schafft, Selbstgerechtigkeit verhindert und somit einen behutsamen Umgang mit Moral erfordert. Der kategorische Imperativ ist ein formales Prinzip und ist daher für alle Menschen gültig und kann in jeder Situation angewendet werden. Der Mensch muss selbst nachdenken, bevor er handelt. Da man nie weiß, was passieren wird, d. h. welche Folgen eintreten, ist es von Vorteil, dass die Folgen bei der Bewertung nicht einbezogen werden.
Der kategorische Imperativ ist ungeeignet für das tägliche Leben, da er bei Wertekollisionen nicht weiterhilft, es einer gewissen Zeit bedarf, die Maxime zu prüfen, die man manchmal nicht hat. Er ist herzlos, da Zuneigungen kein Motiv des Handelns sein sollte, wenn man moralisch handeln will. Außerdem werden bei der Anwendung des kategorischen Imperativs die Folgen nicht berücksichtigt.

Slavoj Žižek: Kants Begriff der Pflicht

Zum Text S. 186

Žižeks Text richtet sich gegen einen falschen und missbräuchlich verwendeten Pflichtbegriff. Er gibt eine präzise Darstellung dessen, was Kant unter Handeln aus Pflicht versteht (vgl. Z. 1 – 10), und zeigt dann an Beispielen die missbräuchliche Berufung auf die Pflicht auf. Daher bietet sich folgender **Einstieg** in die Textarbeit an: Die Schüler setzen sich mit den Aussagen „Ich tue nur meine Pflicht" oder „Ich habe doch nur meine Pflicht getan" auseinander.
Impulse für die Einzelarbeit und den Austausch im Plenum: Konstruieren Sie Situationen, in denen jemand diese Sätze sagen könnte. Was möchte der Sprecher jeweils zum Ausdruck bringen? Wie wird der Begriff „Pflicht" verwendet? Halten Sie diese Aussagen in den jeweiligen Kontexten für akzeptable Begründungen/Rechtfertigungen oder für faule Ausreden? Vergleichen Sie diesen Gebrauch mit Kants Pflichtbegriff (SB, S. 183).

Zu den Aufgaben S. 186

1 Žižek verdeutlicht in seinem Text, dass sich aus dem kategorischen Imperativ (KI) keine konkreten Normen ableiten lassen, die man dann in einer konkreten Situation bloß befolgen muss. Hierin sieht er die eigentliche Stärke von Kants Pflichtenethik. Der KI fordert einen Menschen in einer Entscheidungssituation zur Selbstbefragung auf und verlangt daher, *„dass das Subjekt selbst die Verantwortung für die ‚Übersetzung' des abstrakten Gebots des moralischen Gesetzes in einer Reihe konkreter Verpflichtungen übernehmen muss"* (Z. 5 – 7). Somit versteht Kant den Begriff Pflicht als Selbstverpflichtung und nicht etwa als Unterwerfung unter ein mir äußerliches Gesetz. Meine moralische Entscheidung ist frei und ich übernehme damit die Verantwortung, weil ich die Maxime, nach der ich handle, zu meiner eigenen gemacht habe. Eine Abwälzung der Verantwortung auf den Willen äußerer Instanzen (Gesetz, Befehl, Führer, Ideologie, den „großen Anderen" (Z. 25)), als dessen Instrument ich mich darstelle, ist nach Žižek mit Kant nicht zu machen.
Das Motto des „ethischen Rigorismus" („Es gibt keine Entschuldigung dafür, seine Pflicht nicht zu erfüllen!", Z. 11 f.) und Kants „wesentlich unheimlichere Umkehrung" (Z. 13 f.) können im Unterrichtsgespräch einander gegenübergestellt und diskutiert werden: Kant will nicht, dass man die Verantwortung an etwas Größeres abgibt bzw. sich als „Instrument des Willens des großen Anderen" (Z. 25) sieht, sondern der Mensch hat die Verantwortung für seinen Willen, er bestimmt ihn. Wenn der Mensch den KI anwendet, gäbe es keine Gräueltaten bzw. „sadistischen Henker [ ]" (Z. 33).
Weiterführende Diskussionsfragen: Überfordert Kant den einzelnen Menschen? Bin ich wirklich frei in meiner moralischen Entscheidung?

2 Eichmanns Berufung auf den KI fügt sich in die Reihe der von Žižek genannten Beispiele – der sadistische Lehrer, der stalinistische Politiker – ein.

Die Schüler können nach der Bearbeitung des Arendt-Textes eine Stellungnahme aus Žižeks Sicht zu Eichmanns Rechtfertigung und Arendts Deutung verfassen. Diskussionswürdig ist Arendts Satz: „[...] in einer Beziehung hat sich Eichmann ganz zweifellos wirklich an Kants Vorschriften gehalten: Gesetz war Gesetz, Ausnahmen durfte es nicht geben." (SB, S. 189, Z. 47 ff.)

Nadeschda Tolokonnikowa: Warum Kant wichtig ist

Zu den Aufgaben S. 187

1 Sie will die Welt gewaltfrei verändern, indem sie anderen Menschen hilft. Sie bezieht sich auf Jesus Christus, Kant und Kopernikus.

2 Kant hat die goldene Regel zum Einsturz gebracht. Er fordert, dass der Mensch aus moralischer Pflicht handelt, nicht aufgrund irgendeines moralischen Gewinns/Profits.

3 Pjotr Pawlenski (geb. 1984 in Leningrad, heute Sankt Petersburg) ist einer der aufsehenerregendsten politischen Künstler Russlands. Jede seiner Aktionen zwingt den Staat zum Handeln, der so Teil seiner Kunst wird. Er ist für seine provokanten Aktionen bekannt: 2012 hat er sich den Mund zugenäht aus Protest gegen die Verfolgung der Punkrock-Band Pussy Riot, Ende 2013 nagelte er seinen Hodensack auf dem Roten Platz in Moskau fest, um gegen Gleichgültigkeit und korrupte Polizisten zu demonstrieren, im Oktober 2014 schnitt er sich auf dem Dach des Moskauer Serbski-Instituts, einer psychiatrischen Klinik, ein Ohrläppchen ab, um gegen die politische Instrumentalisierung der Psychiatrien in Russland zu protestieren. Im Dezember floh Pawlenski nach Frankreich und bat im Januar 2017 dort um Asyl.
Pjotr Pawlenski kämpft für die Freiheit, will mit seinen Aktionen provozieren, wachrütteln, Missstände aufzeigen, den russischen Staat vorführen – passiver Widerstand durch spektakuläre Kunstaktionen.

Hannah Arendt: Eichmann und die Ethik Kants

Zum Text S. 188 f.

Erst im Jahr 1997 begann in Israel eine öffentliche Diskussion über Arendts Denken. Kein einziges ihrer Werke wurde bis dahin ins Hebräische übersetzt, sie galt trotz ihrer jüdischen Herkunft als Unperson. Erst 1999 begann man mit einer hebräischen Fassung von Arendts „Eichmann in Jerusalem". Zu sehr hatte man in Israel Anstoß an Arendts nüchterner und emotionsloser Darstellung des Prozesses und der Charakterisierung Eichmanns genommen, die „ohne ausreichende Liebe zum jüdischen Volk" geschrieben sei. Vor allem in ihrem Begriff von der „Banalität des Bösen" sah man eine Verharmlosung des Völkermords. Arendt sah in Eichmann in erster Linie den Typus eines vom blinden Gehorsam geleiteten Mannes und der daraus folgenden kriminellen Energie und weniger dessen ideologisches Fundament als überzeugter Nazifunktionär, der nicht nur Befehle ausführte, sondern eine außerordentlich wichtige Funktion in der Beratung zur Planung und Durchführung des Holocausts hatte. Somit hat Arendt ein Bild Eichmanns entworfen, das diesen zu sehr als bloßen bürokratischen Vollstrecker der verbrecherischen Befehle und als gedankenloses Rädchen im Getriebe darstellte. Sie folgte damit weitgehend Eichmanns Selbstverteidigung, die darauf hinauslief, seinen eigenen ideologischen Fanatismus und seine Mitverantwortung zu verschleiern und sich selbst als reinen Bürokraten darzustellen, der lediglich dem System gedient und seine „Pflicht" getan habe.
Die positive Resonanz, die Arendts Buch in Deutschland fand, erklärte sich der israelische Historiker Steven E. Aschheim mit der entlastenden Wirkung, die von Arendts Buch ausgehe. Denn wenn sich die Verantwortung für die Verbrechen auf das System abladen lasse, mindere sich die Schuld der Einzelnen.

Zu den Aufgaben S. 189

1 Der „Hausgebrauch" besteht darin, dass Eichmann die Erkenntnisquelle für das sittliche Handeln nicht im Sittengesetz und in der praktischen Vernunft sah, sondern im Willen des Führers. Eichmanns Auffassung von Pflicht bestand nicht nur in der peniblen Erfüllung der Gesetze und des Führerwillens, sondern darüber hinaus auch darin, in einem Akt vorauseilenden Gehorsams „mehr als seine Pflicht zu tun" (Z. 45 f.), also so zu handeln, als sei „man selbst der Schöpfer der Gesetze" (Z. 43). Kants Pflichtbegriff dagegen sieht den Menschen in seinem moralischen Handeln nicht gebunden an empirische Gegebenheiten („Sinnenwelt"), sondern der Mensch unterwirft sich in „Freiheit und Unabhängigkeit von dem Mechanismus der ganzen Natur", also dem „moralischen Gesetz", was ihn an eine Ordnung der Dinge knüpft, die nur der Verstand denken kann (s. zu diesem Aspekt auch Slavoj Žižek: „Kants Begriff der Pflicht", SB, S. 186).

3 Befehle zum Töten von Unschuldigen, vgl. Mauerschützenprozesse (SB, S. 309), bei Verstößen gegen das Kriegsvölkerrecht bzw. das humanitäre Völkerrecht.

4 Was hält Menschen davon ab, den „Versuchungen der Unfreiheit" zu widerstehen? Humanismus in der Tradition von Erasmus von Rotterdam. Dies umfasst folgende Tugenden der Freiheit: Standfestigkeit, d. h., auch wenn man allein bleibt, sich nicht vom eigenen Kurs abbringen zu lassen (nicht der Mehrheit vertrauen), Bereitschaft mit den Widersprüchen und Konflikten der Welt zu leben, sich nicht vereinnahmen zu lassen, Vernunft als Instrument der Erkenntnis und des Handelns einsetzen.

Literaturhinweis

- Ralf Dahrendorf: Versuchungen der Unfreiheit. Die Intellektuellen in Zeiten der Prüfung. München: Beck 2006

Alles Lebendige achten – ein gesinnungsethisches Prinzip

Albert Schweitzer: Die Ehrfurcht vor dem Leben

Zum Text S. 190 f.

Schweitzer wurde 1875 in Kaysersberg im Oberelsass als Sohn eines evangelischen Pfarrers geboren. Er besuchte das Gymnasium in Mühlhausen und studierte in Straßburg Theologie und Philosophie. Seine Dissertation in Philosophie schrieb er als 23-Jähriger über Kants Religionsphilosophie. Trotz seiner Hinwendung zur Theologie bekennt Schweitzer 1908: „Und ich bin eben nicht Theologe, sondern der Philosophie, dem ‚Denken' ergeben. Und das ist eine herrliche und zugleich furchtbare Krankheit, wie schon Sokrates, der Mensch, den ich neben Jesus am höchsten stelle, andeutete." Und als 79-Jähriger schreibt er rückblickend: „Ich war mir aber bewusst, dass ich ein Suchender in Philosophie geworden war und dies als Hauptberuf ansah. Schon als Student war ich im Untergrund meines Denkens mehr mit Philosophie als mit Theologie beschäftigt." 1896 beschloss Schweitzer, nach Vollendung seines 30. Lebensjahres, „einen Beruf menschlichen Dienens" zu ergreifen. Den Begriff „Ehrfurcht vor dem Leben" formulierte Schweitzer erstmals 1915.

Zu den Aufgaben S. 191

1 Handle nach derjenigen Maxime, die Leben erhält und Leben fördert.

2 Füge keinem Lebewesen Leid zu. Erhebe dich nicht über die Tiere und Pflanzen, auch sie wollen leben. Helfe, wo es Not tut, Tieren und Pflanzen. Rette ein Insekt, wenn es in einen Tümpel gefallen ist. Es gibt kein Unkraut.

3 Schweitzers Ethik ist eine Gesinnungsethik, die ein Prinzip, das ähnlich wie bei Kant a priori gegeben ist, als absolute Richtschnur aufstellt („Ehrfurcht vor dem Leben"), die allgemein und universal gültig ist. Diese Richtschnur gilt wie bei Kant unabhängig von den möglichen Folgen, die eine solche Haltung für sich selbst und andere mit sich bringt. Schweitzers Ethik ist im Gegensatz zu der von Kant jedoch nicht anthropozentrisch, sondern fordert die „ins Grenzenlose erweiterte Verantwortung gegen alles, was lebt" (Z. 31). Anders als Kant gesteht er ein, dass es Situationen gibt, die *„uns zwingen, Leiden zu verursachen und dem Leben Schaden zu tun"* (Z. 41) und damit gegen das Prinzip der „Ehrfurcht vor dem Leben" zu verstoßen. Dies ließe Kant nicht zu.
Schweitzers Ethik stellt eine Synthese von Schopenhauers Mitleidsethik und Nietzsches Lebensbejahung dar.

4 Möglichkeiten: Rücksichtnahme auf die Natur (Blumen, Fische, Tiere usw.), sanfte Methoden beim Fischfang, bei der „Schädlingsbekämpfung" (z. B. statt Schneckenvernichtungsmittel Umsiedlung der Schnecken); Grenzen: Darf der Mensch, wenn er krank ist, Bakterien durch Medikamente töten? Bäume, Hecken usw. dürften nicht beschnitten werden (wie weit reicht das Lebensrecht der Pflanzen?), Verhinderung von Bauprojekten, weil dort seltene Tiere oder Pflanzen siedeln; Schweitzer: biozentrischer Ansatz, Hans Jonas: anthropozentrischer Ansatz.

Kritik an der Gesinnungsethik

Max Weber: Gesinnungsethik und Verantwortungsethik

Zu den Aufgaben S. 192

1 **Gesinnungsethiker** („kosmisch-ethischer ‚Rationalist'", Z. 34): fühlt sich für seine Gesinnung verantwortlich, Orientierung an absoluten Werten, für mögliche üble Folgen einer Handlung ist die Welt, die Dummheit anderer Menschen oder Gott verantwortlich; **Verantwortungsethiker**: Man trägt für die (voraussehbaren) Folgen des Handelns die Verantwortung, er kalkuliert die durchschnittlichen Defekte des Menschen ein und fühlt sich für die Folgen seiner Handlung verantwortlich, die Folgen entscheiden über den sittlichen Wert einer Handlung, demzufolge kann eine Handlung gut oder schlecht sein.

2 Die gesinnungsethische Maxime besagt, dass der Handelnde sich ausschließlich an seiner **Einstellung/Gesinnung** zu orientieren hat (seiner Moral, seinem Glauben, seiner Ideologie etc.).
Kriterien sind die **gute Absicht** oder der **gute Zweck**. Man muss unter allen Umständen seiner Gesinnung treu bleiben. Weber wirft dem Gesinnungsethiker vor, dass er keine Verantwortung für die negativen Folgen seines Tuns übernimmt, sondern diese abwälzt auf die Welt, „die Dummheit der anderen Menschen" oder gar den Willen Gottes. Weber hat hier vor allem religiös und politisch motivierte Fanatiker im Auge, deren (oft gewaltsame) Taten gar nicht am möglichen Erfolg orientiert sind, sondern nur symbolischen bzw. exemplarischen Charakter haben (Protest, Aufrechterhaltung der Gesinnung). Gesinnungsethik kann in Terrorismus umschlagen („Der Zweck heiligt die Mittel").
Schweitzer würde bestreiten, dass zwischen Gesinnungs- und Verantwortungsethik ein „abgrundtiefer Gegensatz" besteht. Die „Ehrfurcht vor dem Leben" verpflichtet uns dazu, gerade die Folgen unseres Handelns mit zu bedenken. Er sagt, dass wir oft in die Lage geraten, „Leben zu vernichten, um anderes Leben zu erhalten". Angesichts solcher Situationen erfahren wir unmittelbar die „Irrationalität der

Welt“, unser Handeln müssen wir dann vor unserem Gewissen verantworten.
Kant würde Webers Vorwurf unter Berufung auf den kategorischen Imperativ zurückweisen, da dieser für ihn durch die Vernunft gegeben ist. Er verbietet ja gerade irrationale Taten im Sinne Webers, wie z. B. terroristische Gewaltanwendung. Allerdings muss Kant – wie Weber es darlegt – „jedes Handeln, welches sittlich gefährliche Mittel anwendet, verwerfen“.

3 Bis heute ist ungeklärt, ob diese Rechtfertigung das ausschließliche Motiv der Amerikaner enthält. Eine Fortführung des Krieges hätte aber vermutlich noch wesentlich mehr Opfer gefordert. Insofern kann man durchaus von einer verantwortungsethischen Maßnahme sprechen.
Allerdings sollte man die Schülerinnen und Schüler darauf hinweisen, dass es sich hier um eine „Ultima-Ratio-Situation“ handelt, d. h., hier sieht sich letztlich auch der Verantwortungsethiker gezwungen, ein moralisch bedenkliches Mittel (Atombombe) einzusetzen, um ein (vermeintlich) größeres Übel (Weiterführen des Krieges) abzuwenden. Interessen am Atombombeneinsatz hatten einerseits die Militärs und die an der Entwicklung der Bombe Beteiligten, um deren Wirksamkeit unter „realen Bedingungen“ nachzuweisen, andererseits die verantwortlichen Politiker, die am Beginn des „Kalten Krieges“ ein mehr als deutliches Signal der Überlegenheit bezüglich der Kräfteverhältnisse setzen wollten.
Zur Diskussion: Sind diese Motive verantwortungsethischer Natur oder speisen sie sich aus purem Machtinteresse?

Fjodor M. Dostojewski: Moralische Selbstbestimmung überfordert den Menschen

Zu den Aufgaben S. 193

1 Der Kern der Vorwürfe besteht darin, dass Jesus die Menschen mit seiner Botschaft radikal überfordere, weil sie über „die Kraft des Menschen hinausgeht“. Der Mensch brauche dagegen „feste Grundlagen seines Gewissens“, die ihm nur die Institution Kirche geben könne, weil der Mensch „schwächer und niedriger“ sei als Jesus selbst. Die Menschen könnten mit der von Jesus propagierten „Freiheit“ nicht adäquat umgehen, sondern wollten „wie eine Herde geleitet“ werden.

3 Der Großinquisitor stellt sich selbst als verantwortungsethisch Handelnder dar, seine Argumentation lässt sich aber als Rechtfertigung für die autoritär-hierarchische Institution Kirche deuten, in dessen Zentrum die Machterhaltung steht. Insofern ist seine Rede ein Beispiel dafür, wie vorgeblich verantwortungsethisches Denken und Handeln in reinen Pragmatismus, Opportunismus und Zynismus ausarten kann.

4 Die Bergpredigt ist ein Beispiel für eine gesinnungsethische Konzeption (s. SB, S. 366). Politiker müssen die voraussehbaren Folgen ihrer Handlungen berücksichtigen, da sie qua Amt die Verantwortung für viele Menschen tragen. Sie müssen kompromissfähig sein, da ihr Handeln am Erfolg orientiert ist. Der Politiker muss berücksichtigen, dass Handeln in guter Absicht negative Folgen haben kann und Menschen bzw. besondere Umstände unsere Zwecke verkehren können (Beispiel zur Diskussion: Was wäre geschehen, wenn die Amerikaner zur Zeit des Nationalsozialismus ihr Handeln ausschließlich am Pazifismus der Bergpredigt orientiert hätten?).
Zur Diskussion: Inwiefern kann eine rein verantwortungsethische Haltung in puren Pragmatismus und Opportunismus ausarten?

Das Wohl aller anstreben: Utilitaristische Ethik/ Folgenethik

Zur Konzeption

Im ersten Abschnitt erfolgt eine Begriffsklärung und eine Darstellung der grundlegenden Prämissen und Thesen des Utilitarismus. Danach kommen die beiden Hauptvertreter des klassischen Utilitarismus, Bentham und Mill, zu Wort. Anschließend werden drei weitere Arten des Utilitarismus untersucht, Handlungs- , Regel- und Präferenzutilitarismus. Den Abschluss bilden zwei Texte, die sich mit der Kritik am Utilitarimus befassen und seine Stärken und Schwächen (Letzteres erläutert an einem Beispiel) aufzeigen. Es bietet sich an, dem Utilitarismus die deontologische Ethik Kants oder die christliche Ethik gegenüberzustellen. Eine „Brücke“ zwischen der Sollens- und der Folgenethik bietet John Rawls „Vertragstheorie der Gerechtigkeit“.

Klassischer Utilitarismus

Jeremy Bentham: Über das Prinzip der Nützlichkeit

Zu den Aufgaben S. 194

1 Das Prinzip der Nützlichkeit entspricht dem Prinzip, das jede Handlung zu billigen ist, die das Glück der Gruppe vermehrt oder die Gruppe vor Unheil, Leid bewahrt. Herleitung: Der Mensch steht von Natur aus unter der Herrschaft von Freude und Leid, diese sind der Maßstab für „richtig“ und „falsch“, sie sagen dem Menschen, was er tun soll und was er tun wird.

2 Folgen- und Konsequenzprinzip: Die Folgen der Handlung entscheiden über die moralische Qualität; Nutzen- bzw. Utilitätsprinzip: Die Folgen sollen anhand ihres Nutzens beurteilt werden; hedonistisches Prinzip: Die Folgen sollen von Nutzen für das Glück sein; Sozialprinzip: Die Folgen sollen von Nutzen für das Glück aller von einer Handlung Betroffenen sein (Summe des Glücks).

Jeremy Bentham: Das Prinzip des größten Glücks als Grundlage der Moral – das hedonistische Kalkül

Zum Text S. 195

Bentham entwickelte seine Überlegungen in der „Einführung in die Prinzipien von Moral und Gesetzgebung“ (1789). Er geht dabei von zwei grundsätzlichen Aspekten aus:

1. Die hedonistische Grundlage
2. Das hedonistische Kalkül

Zu 1.: Bentham entdeckte eine nach seiner Auffassung unanfechtbare Grundlage des menschlichen Wesens, ein anthropologisches Axiom: „Der Mensch wird getrieben von pleasure and pain, von Lust und Leid.“ Den voraussehbaren Konflikt zwischen der persönlichen, eigenen Lust als Motiv des Handelns und der moralischen Forderung, die Lust aller zu fördern, will Bentham durch ein Rechtssystem schlichten, das mit Belohnungen und Strafen eine Harmonie zwischen der individuellen und der allgemeinen Lust herstellt. Keine Rolle spielt bei ihm ein moralisches Handeln, das von der Einsicht in Prinzipien der Freiheit und Gerechtigkeit geleitet wird.
Zu 2.: Das hedonistische Kalkül soll die Handlungen rational genau bestimmen, die geeignet sind, das Wohl (= Lust = Glück) aller herzustellen oder zur Folge zu haben.

Zu den Aufgaben S. 195

1 Kriterien: Intensität, Dauer, Folgenträchtigkeit, Gewissheit, Nähe, Reinheit. Wie kann man die Intensität von Freud und Leid messen? Wie kann man entscheiden, ob eine Handlung Freude oder Leid verursacht? Dazu müsste man die Interessen und Wünsche der Betroffen kennen. Wer ist alles „Betroffener“? Kurzes Leid kann langfristig in Freude münden. Ist jedes Leid oder jede Freude gleichwertig?
Die Berechnung ist ein sehr aufwendiges Verfahren.

2 ➧ **Zusatzmaterial 27, LB, S. 200**

3 Eine Variante zu: Jeder soll auf dem Zeugnis **eine** Eins haben.
➧ **Zusatzmaterial 28, LB, S. 201**

4 Die Schwierigkeiten des „hedonistischen Kalküls“: Eine Bestimmung des Umfangs der Betroffenen muss fehlschlagen. Wie weit will man den Kreis der Betroffenen ziehen? Das genaue Messen von Lust/Glück scheint äußerst schwierig. Das hedonistische Kalkül tut so, als seien die Bedürfnisse und Interessen des bestimmten Kreises schon genau bekannt – eine Voraussetzung, die die Problematik verkennt, selbst die eigenen Bedürfnisse schon ganz genau zu erkennen. Benthams Kalkül lässt u. U. zu, dass die Steigerung des Glücks der Mehrheit zulasten einer Minderheit erfolgt. Was gut für die Mehrheit ist, kann für eine Minderheit verheerend sein (Tyrannei der Mehrheit).

John Stuart Mill: Was heißt Utilitarismus?

Zum Text S. 196 f.

Für Bentham gibt es keine Qualitätsunterschiede der einzelnen Lust- und Freudeempfindungen. Dagegen versucht Mill, den Utilitarismus vor dem Vorwurf zu retten, er würde nur ein dumpfes Massenglück als Maßstab anerkennen („eine Ansicht, die nur der Schweine würdig wäre“, Z. 19) bzw. ein solcher Maßstab würde sich zwangsläufig aus seinem Prinzip „Glück für alle“ ergeben. Mill arbeitet verschiedene Lustarten differenziert heraus und verdeutlicht die Glücksmöglichkeiten von wissenschaftlichen, künstlerischen und politischen Leistungen: So gelangt er zum „qualitativen Hedonismus“. Als einer der ersten europäischen Philosophen hält er die „gesamte fühlende Natur“ für ethisch relevant.

Mill erwähnt **Epikur**, in dessen Tradition er sich sieht. Dessen hedonistische Ethik sieht ebenfalls in dem Streben nach Glück und Lust die entscheidende Antriebskraft menschlichen Handelns. Für Epikur bedeutet Lust ebenfalls mehr als bloße Triebbefriedigung. Daher kann Epikurs Text als Ergänzung herangezogen werden (s. SB, S. 172). Einen anderen eudämonistischen Ansatz hat Aristoteles entwickelt (s. SB, S. 169 ff.).

Methodischer Hinweis: Da Bentham offenlässt, was er eigentlich unter Glück/Lust versteht, könnten die Schüler vor der Lektüre des Textes von Mill mit einem **Brainstorming** notieren, was für sie Glück bedeutet. In **Gruppenarbeit** könnten die genannten Aspekte mithilfe von Oberbegriffen (z. B. materiell/ideell/grundlegend/Luxus) geordnet werden. Ein anderer **Einstieg** kann durch die gemeinsame Lektüre der ersten beiden Abschnitte erfolgen. Nach einer Erarbeitung der Argumentationsstruktur werden die Fragen notiert, auf die Mill zur Präzisierung seiner Thesen antworten muss: Was ist Glück? Was ist Unglück? Wessen Glück soll gefördert werden?

Zu den Aufgaben S. 197

1

Endzweck
= größtmögliches Glück (in qualitativer und quantitativer Hinsicht)
= Lust und Freisein von Unlust

↓

Norm der Moral
= Gesamtheit der Handlungsregeln, deren Befolgung das Leben aller Menschen im größtmöglichen Umfang angenehm macht

3 Es gibt unterschiedliche Arten der Qualität von Freuden: Freuden der Sinnlichkeit und Freuden des Verstandes, letztere ist qualitativ hochwertiger. Ein Wesen mit höheren Fähigkeiten verlangt mehr zu seinem Glück als die Freude der Sinnlichkeit und es weiß, dass alles Glück auf dieser Welt unvollkommen ist.
Sein Vergleich zwischen dem **„unzufriedenen Sokrates"** und dem **„zufriedenen Narr"** dient ebenso wie der zwischen dem **„unzufriedenen Menschen"** und dem **„zufriedengestellten Schwein"** der Präzisierung des Glücksbegriffs. Sokrates steht hier für die oben genannten Merkmale eines **„höher begabten Wesens"**, das um die Unvollkommenheit des tatsächlich erfahrbaren Glücks weiß, weil es eine Vorstellung von Vollkommenheit hat. Der Vergleich ist problematisch, da Mill hier bestimmten Menschengruppen nur eine geringe Glücks- und Leidensfähigkeit zuspricht und sie fast auf die Stufe von Tieren stellt. Man ersetze „Narr" durch „Behinderte" und schon wird die Tragweite dessen, was Mill hier behauptet, deutlich. Der Weg zu **Singers** Thesen (s. SB, S. 202) ist hier bereits geebnet. Auch lässt sich bestreiten, dass das „höher begabte Wesen" beide Seiten kennt. Woher soll es wissen, was ein geistig Behinderter denkt und fühlt? Außerdem zeigt der Vergleich eine weitere Schwäche der Mill'schen Argumentation: Er benötigt **zusätzliche moralische Kriterien** zur Bestimmung von Glück, die nicht aus der utilitaristischen Norm selbst ableitbar sind. Warum soll es nicht Menschen geben, die in der bloßen Triebbefriedigung das höchste und edelste Glück sehen?

4 **Qualitativer Glücksbegriff (Mill):** unterschiedliche Arten von Freuden, die auch verschieden gewichtet werden: Geistige Freuden sind höherwertiger als körperlich-sinnliche Freuden; Qualität der Freude bemisst sich daran, ob eine Freude gegenüber einer anderen von vielen als wünschenswerter eingestuft wird; Berücksichtigung von Quantität und Qualität.

Quantitativer Glücksbegriff (Bentham): Jede Freude wird in gleicher Weise berücksichtigt.

5 Mill und Bentham grenzen sich klar vom Egoismus ab. Nicht das Glück des Handelnden allein ist entscheidend, sondern das aller von einer Handlung Betroffenen. Bentham erklärt an anderer Stelle die Verbindlichkeit der **goldenen Regel**, Mill sieht seine Position in der Tradition der **christlichen Nächstenliebe**. Andererseits ist für Mill und Bentham das individuelle Glücksstreben zentral. Diese anthropologische Setzung verbindet sie mit dem „Egoisten" Hobbes. Das utilitaristische Nutzenkalkül geht letztlich (wie Adam Smith) davon aus, dass die egoistischen Motive stets zugleich das Glück aller befördern können und eine sittliche Qualität haben.

Arten des Utilitarismus

Peter Singer: Präferenzutilitarismus

Zum Text S. 198 f.

Der Präferenzutilitarismus ist die jüngste Form utilitaristischen Denkens. Er ist eng verknüpft mit Peter Singer und seiner „Praktischen Ethik". Der Fokus bei der Beurteilung von Handlungen liegt auf den Präferenzen bzw. dem Interesse des Wesens, es müssen also die Präferenzen kalkuliert und abgewogen werden. P. Singer spricht bewusst von „Wesen", weil er die Beschränkung auf Menschen als alleinige moralische Subjekte als Speziesmus kritisiert.

Zu den Aufgaben S. 199

1 Präferenzen (lat. praeferre, „vorziehen"), u. a. Interessen = auf die Zukunft bezogene Wünsche; Empfindungsfähigkeit (Grenze für die Rücksichtnahme auf Interessen anderer): Fähigkeit zu leiden oder sich zu freuen, ist die Bedingung, um von Interessen zu sprechen, die berücksichtigt werden müssen; Mitglied der Spezies Homo sapiens bedeutet, dass man ein menschliches Wesen ist; Personen sind rational denkende und selbstbewusste Wesen, die ein Bewusstsein von Vergangenheit und Zukunft haben, daher können Personen Wünsche hinsichtlich ihrer eigenen Zukunft formulieren; Gleichheit ist bei Singer keine Tatsachenbehauptung, sondern ein moralisches Prinzip. Argumentationsgang/Voraussetzung: Moralische Urteile sollen von einem universalistischen Standpunkt aus getroffen werden, ergo zählen meine Interessen nicht mehr als die Interessen von anderen. Folglich müssen die Interessen aller Betroffenen berücksichtigt werden, dies bedeutet alle Interessen sind in gleichem Maße abzuwägen: Prinzip der gleichen Interessenabwägung. Man hat den Handlungsverlauf zu wählen, der die Interessen der Betroffenen maximiert, d. h., die Handlung ist zu wählen, deren Konsequenzen mit den Präferenzen der Betroffenen übereinstimmen.

2 Grundlegende Interessen von Personen: Leben, Beachtung der Menschenrechte, Schmerzen vermeiden, sich selbst entfalten/verwirklichen, Wunsch nach Anerkennung und Achtung, sicher leben, keinen Hunger und Durst leiden (Befriedigung der Grundbedürfnisse).

3

Tafelbild

klassischer Utilitarismus

	quantitativer Utilitarismus	**qualitativer Utilitarismus**	**Präferenzutilitarismus**
Prinzipien		Folgen-, Nutzen- und Sozialprinzip	
Ziel			beste Konsequenzen für alle Betroffenen entsprechend
Kriterium		Glück/ Lust	Interessen, Präferenzen
Wer ist zu berücksichtigen?		Menschen	empfindungsfähige Wesen
Strategie	Berechnung nach dem hedonistischen Kalkül	Abwägung der Quantität und Qualität der Freuden	Prinzip der gleichen Interessenabwägung

4 Diskussion sollte vor dem Hintergrund des „Personenbegriffs" geführt werden.

5 Ein Säugling erfüllt nicht die Kriterien einer Person (Selbst-Bewusstsein, Rationalität, Zukunftsbewusstsein). Die Präferenzen einer Person sind zukunftsorientiert, ein behinderter Säugling kann keine Wünsche für die Zukunft formulieren. Allerdings gilt es nach dem Prinzip der gleichen Interessenabwägung, die Interessen aller Betroffenen zu berücksichtigen, insofern muss man u. a. auch die Interessen der Eltern einbeziehen. Singer geht es nicht darum, die Tötung von Säuglingen zu legitimieren, sondern darum, Kritik am Speziesismus zu üben, er will mit solchen Beispielen aufrütteln.

William K. Frankena: Zwei Formen des Utilitarismus: Regel- und Handlungsutilitarismus

Zu den Aufgaben S. 200

1 Die Folgen einer Handlung können nicht mit Gewissheit vorhergesagt werden, ferner bleibt oft nicht ausreichend Zeit für eine gründliche Abwägung der Folgen, dies führt zu der Unterscheidung von Handlungs- und Regelutilitarismus.

2 Handlungsutilitarismus: Welche Handlung ist am nützlichsten? Primat der Handlung.
Regelutilitarismus: Welche Regel ist am nützlichsten? Primat der Regel.

3 Regelutilitarischer Ansatz: die Regel wählen, die auf das größte Wohl ausgerichtet ist.
Deontologischer Ansatz: Pflicht, Gesinnung, Ausrichtung an absoluten Werten.

4 Sollten Sie das Wasser stehlen?
(a) Faustregel: Sie sollen stehlen.
(b) Regel gilt ohne Ausnahme: Sie sollen nicht stehlen.
Ablehnung und Zustimmung als Ergebnis. Ausnahmen entsprechen intuitivem Herangehen. In bestimmten Situationen ist eine „absolute Regel" unmenschlich, kontraintuitiv.

Weltglücksbericht 2016
Bhutan: Bruttonationalglück

Zu den Aufgaben S. 201

1 Die Glücksforschung hat sog. Glücksfaktoren identifiziert, d. h. Faktoren, die für das subjektive Wohlbefinden wichtig sind: Gelingende/liebevolle soziale Beziehungen (z. B. Partnerschaft, Familie, Freunde, Kollegen, Nachbarn), physische und psychische Gesundheit, Engagement und befriedigende Erwerbs- und/oder Nichterwerbsarbeit, persönliche Freiheit, innere Haltung (z. B. im Hinblick auf Lebensziele/Prioritäten, Dankbarkeit, Optimismus, Vermeidung von sozialen Vergleichen) und Lebensphilosophie (Spiritualität, d. h. eine persönliche Suche nach dem Sinn des Lebens bzw. Religiösität), Mittel zur Befriedigung der materiellen (Grund-) Bedürfnisse und finanzielle Sicherheit. Diese Glücksfaktoren spiegeln sich in den Indikatoren wider.
Weitere mögliche Indikatoren: Regierungssystem, Pressefreiheit, Umweltbelastung.

2 Konsequenzen für die Politik: Umverteilungspolitik ändern, Verhältnis von Arbeitszeit und Freizeit, d. h. Verkürzung der Wochenarbeitszeit, evtl. bedingungsloses Grundeinkommen einführen, höhere Besteuerung von Luxusgütern, Philosophie als verbindliches Unterrichtsfach einführen, soziales Engagement stärker fördern, politische Partizipation fördern (z. B. aus allen wahlberechtigten Bürgern die Hälfte der Bundestagsmitglieder auslosen), Umweltverschmutzung stärker sanktionieren.

3 Die Orientierung der Politik am Glück findet sich ansatzweise bereits in einigen Staaten (z. B. Österreich, EU (vgl. Nachhaltigkeitsstrategie)), es erfordert ein Umdenken von Verantwortlichen, dies ist ein langwieriger Prozess. Die Umorientierung von „Wachstum" auf „Glück" kollidiert z. B. mit den Interessen von Unternehmern.

4 Die Datenerhebung korrespondiert mit dem quantitativen Utilitarismus von Bentham, die ausgewählten Indikatoren mit dem qualitativen Utilitarismus von Mill. Die berücksichtigten Kriterien zur Bestimmung von „Glück" sind allerdings wesentlich vielfältiger.

➡ Standpunkte kontrovers: Sind alle Menschen Personen?

Zum Text S. 202

Peter Singers Position ist nicht repräsentativ für alle Utilitaristen. Er argumentiert zwar utilitaristisch, seine Deutung des Personenbegriffs ergibt sich aber nicht zwangsläufig aus der utilitaristischen Norm.
Singer vertritt einen universalen Präferenzutilitarismus, der auf dem „Prinzip der gleichen Erwägung von Interessen" (Praktische Ethik. Stuttgart: Reclam, 2. Aufl., 1994, S. 32) beruht. Dies bedeutet, „dass wir unseren moralischen Überlegungen gleiches Gewicht geben hinsichtlich der ähnlichen Interessen all derer, die von unseren Handlungen betroffen sind. Dies bedeutet: Wenn X und Y von einer möglichen Handlung betroffen wären und X dabei mehr zu verlieren als Y zu gewinnen hätte, ist es besser, die Handlung nicht zu tun. Akzeptieren wir das Prinzip der gleichen Erwägung von Interessen, so können wir nicht sagen, es sei besser, die Handlung zu tun, weil uns, trotz der beschriebenen Fakten, Y mehr angehe als X. Worauf das Prinzip in Wirklichkeit hinausläuft, ist Folgendes: **Interesse ist Interesse, wessen Interesse es auch immer sein mag**" (Praktische Ethik, S. 32).

Zu den Aufgaben S. 202

1 Singers **normative Prämisse** lautet: „Es ist verboten, Personen zu töten." Er unterscheidet zwischen dem Begriff „Person" und dem Begriff „Mitglied der Spezies Homo sapiens". Gegen die traditionelle Ethik wendet er ein, dass ein Tötungsverbot „nicht von einer Gattungszugehörigkeit abhängen" kann. Das biologische Faktum hat für Singer keinerlei moralische Relevanz: „Einem Leben bloß deshalb den Vorzug zu geben, weil das Lebewesen unserer Gattung angehört, würde uns in dieselbe Position bringen wie die Rassisten, die denen den Vorzug geben, die zu ihrer Rasse gehören" (Praktische Ethik, S. 107). Der hier von Singer sogenannte **Speziesismus** würde somit dem Prinzip der **Gleichheit der Interessenabwägung** widersprechen (s. o.). Was also macht ein Lebewesen zu einer Person? Singer beruft sich u. a. auf den Philosophen **John Locke**, der eine Person als „ein denkendes intelligentes Wesen, das Vernunft und Reflexion besitzt und sich als sich selbst denken kann, als dasselbe denkende Seiende in verschiedenen Zeiten und an verschiedenen Orten begreift". Merkmale einer Person für Singer sind: **Schmerz- und Lustempfinden und Rationalität, Selbst-Bewusstsein, Bewusstheit einer und Wünsche für eine Zukunft, Bewusstsein der eigenen Sterblichkeit**.
Ethisch bedeutsam ist das Selbst-Bewusstsein: „Denn nur eine Person mit Selbst-Bewusstsein, die weiß, was es bedeutet, wenn ihr Leben beendet wird, kann sich auch wünschen, weiterzuleben" (Z. 10 ff.). Seine **empirische Prämisse** lautet: „Das Selbst-Bewusstsein [eines Menschen] entwickelt sich [...] innerhalb der ersten sechs Monate nach der Geburt." (Z. 21 f.) Demnach sind menschliche Föten und Neugeborene keine Personen. Hieraus ergibt sich für Singer die **Schlussfolgerung**, „dass Neugeborene kein eigenes Recht auf Leben haben" (Z. 18). Er empfiehlt, dass innerhalb des ersten Monats nach der Geburt über das „Schicksal" eines Kindes entschieden werden sollte. Wird ihm ein **„dauerhaft qualvolles Leben"** (Z. 27) von den Ärzten vorausgesagt, ist eine Tötung geboten, da ein solches Leben nicht im Interesse des Kindes sein könne. Ansonsten ist, „falls die Eltern das Kind ablehnen" (Z. 28), der Staat in der Pflicht, sich um das Kind zu kümmern. Erfüllt er diese nicht, sollen „die Eltern – gemeinsam mit dem Arzt – die Entscheidung darüber haben, ob ihr Kind am Leben bleiben soll" (Z. 30 f.).

Singer möchte jedoch das Personenkriterium ausschließlich auf Wesen anwenden, die noch **nicht oder nie ein Selbst-Bewusstsein** entwickelt haben. Alte Menschen im Stadium fortgeschrittener Demenz, Unfallopfer, schwerst Körperbehinderte etc. dürfen nicht getötet werden, denn dies würde bedeuten, dass jeder permanent in Angst leben müsste, dass ihm ein solches Schicksal drohen könnte. Ein lustvolles Leben wäre so unmöglich. Darauf bezieht sich Singers letzter Abschnitt.

2 Diese Proteste sind durchaus berechtigt. Die Trennung von Person und Mensch kann längerfristig zu einem **Dammdurchbrucheffekt** führen, denn Singers Beschränkung auf Föten und Neugeborene ist nicht zwingend und wird auch von ihm nicht konsequent durchgehalten, wie die Vagheit des letzten Abschnitts beweist. Zudem: Wenn die Tötung schwerstbehinderter Neugeborener tatsächlich erlaubt wäre, würden Eltern, die sich dennoch für das Leben entscheiden, u. U. unter **starken gesellschaftlichen Druck** geraten. Dies gilt auch für die Behinderten selbst, die sich möglicherweise anhören müssten: „Der hat doch sowieso nichts vom Leben und der Gesellschaft nützt er auch nichts, im Gegenteil, er verlangt soziale und finanzielle Opfer; es wäre also für alle besser, es gäbe ihn nicht." Weiter ist anzumerken, dass Singer in seinen Texten immer wieder ausgehend von schweren Behinderungen (z. B. Spina bifida, wobei es Menschen gibt, die mit dieser Erkrankung ein erfülltes Leben führen) versucht, eine allgemein verbindliche Ethik zu formulieren, ein äußerst fragwürdiges Unternehmen. Schließlich erscheint es **anmaßend**, von außen über den Wert eines Lebens zu urteilen. Es kann sein, dass der Mensch, den ich nur als schwer Leidenden wahrnehme, in Wirklichkeit glücklich ist.

Zu den Aufgaben S. 203

1 2 Spaemann **kritisiert die Trennung von „Mensch" und „Person"** und wirft Singer vor, die Konsequenzen einer solchen Trennung nicht bedacht zu haben. Entscheidend ist für ihn der Begriff der **„Potenzialität"**. Für ihn ist eine Person „jedes Wesen einer Spezies, deren normale Mitglieder die Möglichkeit haben, Ich-Bewusstsein und Rationalität zu erwerben" (Z. 3 ff.). Er fordert, dass menschliches Leben von Beginn an unter allen Umständen zu schützen ist. Singers Personenbegriff meint demgegenüber eine tatsächliche empirisch feststellbare, aktuelle Eigenschaft. Demnach könnte auch ein Schlafender getötet werden. Er betont, dass Singers Auffassung auch unserer Intuition widerspricht. Er zeigt dies am Beispiel des Erwachsenen, der in der „Ich-Form" über seine Geburt spricht, und an der Rede der Mutter („als ich mit dir schwanger war"). In der Rückschau nehmen wir uns also intuitiv als eine Person wahr und nicht als eine Aneinanderreihung verschiedener jeweils aktuell realisierter Zustände. Ich-Bewusstsein und Rationalität können nur entstehen, wenn ein Wesen, das noch keine Person ist, als Person behandelt wird (Kommunikation/Sprache, Interaktion der Mutter mit dem Kind etc.). Die Gefahr besteht, dass wir den Menschen nicht mehr als autonomes, ganzes Individuum verstehen. So kommt Spaemann zu dem Ergebnis, dass Personsein keine zugeschriebene Eigenschaft, sondern ein **unbedingter Anspruch** ist.

3 Folgende Einwände sind ableitbar:

- Der Utilitarismus benötigt hypothetische, empirische Prämissen (z. B. Kriterien dafür, wann ein Mensch eine Person ist).
- Er liefert kein allgemeingültiges moralisches Kriterium für unser Handeln. Was als Glück, Lust, lebenswertes Leben bestimmt wird, ist willkürlich und kann von unterschiedlichen Gesellschaften und Gruppen verschieden definiert werden. Die Gefahr eines Gruppenegoismus (closed shop) besteht. Alle, die dem Status quo nicht entsprechen, „bleiben draußen".
- Singers Unterscheidung von Mensch und Person ist willkürlich, baut auf fragwürdigen Prämissen auf und widerspricht der Intuition und dem spontanen Empfinden von Menschen (z. B. der Mutter gegenüber ihrem Kind).
- Es scheint unmöglich, die Interessen wirklich aller von einer Handlung Betroffener zu berücksichtigen, vor allem nicht die Interessen derer, die sie nicht selbst bekunden können (Ungeborene, schwerst geistig Behinderte etc.).
- Der Utilitarismus neigt zu einer unzulässigen Hierarchisierung menschlichen Lebens (der Narr und Sokrates; das Neugeborene und der Erwachsene; der geistig Behinderte und der Hochbegabte).
- Er wird dem Menschen als autonomem Individuum nicht gerecht, wenn er dessen Handeln einem Nutzenkalkül unterwirft.

Utilitarismus in der Kritik

Bernard Williams: Stärken und Schwächen des Utilitarismus

Robert Spaemann: Kritik am Utilitarismus

Zu den Texten S. 204 f.

Die beiden Texte stellen die Stärken und Schwächen einer utilitaristisch begründeten Ethik klar heraus. Die von Williams genannten Stärken, vor allem Punkt 1, haben in den Ländern, in denen Religion und Kirchen mit ihren deontologischen Positionen nicht eine so bedeutende Rolle spielen wie z. B. in Deutschland, zu einer wesentlich liberaleren Gesetzgebung (z. B. Embryonenschutzgesetz) geführt.

Zu den Aufgaben S. 205

1 Jim tötet den Indianer.
- Er rettet die anderen Indianer.
- Er wird zum Mörder.

Jim tötet den Indianer nicht.
- Alle Indianer werden getötet.
- Er bewahrt seine Menschenwürde (vgl. Bieri SB, S. 135).
- Töten ist nicht erlaubt bzw. kategorisch falsch (Deontologie).

2 Abwägung bzw. Verrechnung von Menschenleben: Darf man Menschen opfern, um andere zu retten? Nicht jedes Leben ist „heilig", Angriff auf die Menschenwürde.

3 Stärken des Utilitarismus:
- nicht transzendent, kein Verweis auf religiöse oder politische Traditionen (rationale Reflexion);
- Glück als oberstes Gut erfordert minimales Engagement: Berücksichtigung der Wünsche und Bedürfnisse anderer (universalistisches Prinzip);
- empirisch entscheidbar, ergo bei Fragen der Gesellschaftspolitik eine Sache der Sozialwissenschaften (empirische Kenntnisse zur Normbegründung);
- Einführung einer allgemein gängigen Währung: Verrechnung der Glückseinheiten (teleologische Argumentationsweise).

4 Glück als gängige Währung ist problematisch, siehe Bentham und Mill (SB, S. 194 ff.); „aufs Ganze gesehen, die beste ist" (Z. 20): Aufrechnung der Ansprüche birgt die Gefahr der Unterdrückung von Minderheiten bzw. den Anspruch, dass die Mehrheit „immer recht hat" (Tyrannei der Mehrheit), der Zweck heiligt die Mittel.

5 Kritikpunkt:
- Komplexität und Undurchschaubarkeit der Folgen: Entwicklungshilfe;
- der Zweck heiligt die Mittel: Rechtfertigung von Verbrechen, z. B. militärische Interventionen;
- Notwendigkeit von Expertenwissen zur Nutzenkalkulation: Beispiel aus der Medizin-, Wirtschafts- oder Technikethik;
- es gibt die Handlungen, die an sich schlecht sind.

6 Tun oder Unterlassen?
- Frage: warum (Pflicht), wie (Handlung: Tun oder Unterlassen?) und wozu (Folgen) macht man etwas; bei ethischen Entscheidungen wird unterschieden zw. Prinzipien (Pflichten), Handlung an sich (Tugend) und Handlungsfolgen (Konsequenzen, Güter);
- neben der Frage nach dem Sollen gibt es die Frage nach dem Können (z. B. physisch, emotional, materiell);
- sowohl beim Tun als auch beim Unterlassen kann man schuldig werden, man könnte hier das Prinzip des kleineres Übels anwenden;
- Berücksichtigung der Unterscheidung von Gesinnungs- und Verantwortungsethik.

Einfühlen und Mitempfinden – Mitleidsethik

Dimitré Dinev: Barmherzigkeit

Zum Text S. 206

In Dinevs Essay ist alles versammelt, was als Grundlage zur Betrachtung des Mitleids und einer aus ihm folgenden Ethik dienen kann:

Der individualistische Aspekt:
„Barmherzigkeit" ist für Dinev nicht als ethische oder gesellschaftliche Norm denkbar, sie erfolgt stets individuell, spontan und ungeplant. Barmherzigkeit ist ein Handeln eines Individuums gegenüber einem anderen: „Der Akt der Barmherzigkeit hingegen ist immer ein Dialog, ein Zu-zweit-, Zu-mehrt-Sein." (S. 206, Z. 25 f.)
Dinevs Begriff der Barmherzigkeit ähnelt stark den Gedanken Emanuel Lévinas', für den alle Ethik und Moral unmittelbar der Begegnung mit dem anderen Menschen entspringen, der einen in die Verantwortung ruft: „Und ich denke mit Lévinas, dass unsere Individualität sich dadurch erschließt, inwieweit wir bereit sind, Verantwortung fur andere zu übernehmen." (Z. 31 ff.)
Zum spontanen und individuellen Aspekt der Barmherzigkeit passt auch der assoziativ-essayistische Stil, in dem Dinev über sie schreibt.
Der aus dem religiösen Bereich entnommene Begriff „Barmherzigkeit" wirkt auf den ersten Blick sperrig und altmodisch, genau das ist aber die Intention seines Gebrauchs durch Dinev, der ihn dadurch vom inzwischen alltäglichen Mitleids- oder gar Empathie-Begriff abgrenzen will: „Die Barmherzigkeit mag aus der Fähigkeit des Mitleids und Mitgefühls entstehen, doch erst in der Verantwortung, in der Tat mache ich mich erkennbar." (Z. 34 f.)

Das Handlungs-Moment:
„Barmherzigkeit" kann kein „Konzept" sein, das einer Gesellschaft als Grundlage dient, sie verwirklicht sich stets in der Tat Einzelner, die einem spontanen Affekt entspringt. Dadurch wendet sie sich sogar gegen alles, was „Gesellschaft" ausmacht:
„Was die Barmherzigkeit so unbequem und ungeeignet für Politiker und ihre Programme macht, ist, dass sie sich nicht verallgemeinern, vorankündigen, versprechen lässt. Sie ist immer konkret, objektivierbar. Sie ist eine Handlung, eine Tat, ein Werk und deswegen vollendet (und sie kennt nur eine Zeit, die Gegenwart), und dieser ihr Aspekt der Vollendung lässt sie in jeder Gesellschaftsform als eine oppositionelle Kraft fungieren, fremd und unassimilierbar bleiben. Die Barmherzigkeit lässt sich nicht leicht instrumentalisieren, denn ihre Zeit ist die Gegenwart und ihr Ort das Gewissen. Um es radikaler auszudrücken: Sie ist die oppositionelle Kraft schlechthin." (Z. 10 ff.)
Damit kommt Dinevs Verständnis des der Barmherzigkeit zugrunde liegenden Affekts dem „mysteriösen Mitleid" Schopenhauers (s. SB, S. 208 f.) sehr nahe.

Konkretion:
Barmherzigkeit ist immer ein konkretes Handeln gegenüber einer konkreten anderen Person, durch sie versichern wir uns unserer eigenen Individualität: „Barmherzigkeit ist niemals anonym. Man kennt den Menschen, der uns Gutes getan hat, man kann ihn identifizieren. Die Barmherzigkeit ist der Zugang zu den anderen, dein Bezug zu anderen Menschen. Sobald ich barmherzig zu anderen Menschen bin, entdecken sie mich, machen mich als Person fest." (Z. 27 ff.)

Neues Testament: Gleichnis vom barmherzigen Samariter

Zum Bild S. 207

Hodlers Darstellung des barmherzigen Samariters unterscheidet sich von vielen anderen durch seine ungewöhnliche Perspektive: In den Blick gerät hier vor allem der *Akt* der Barmherzigkeit des Samariters, der dem durch seine Nacktheit als besonders verwundbar und hilflos dargestellten Verletzten zu trinken gibt. Von Letzterem sieht man fast nur den Haarschopf, aber auch die individuellen Züge des Samariters sind schwer zu erkennen, weil er sich zu dem Verletzten hinunterbeugt, *diesen* und nicht den Betrachter anblickt, sich ihm zuwendet. Und genau um diesen Akt der Zuwendung geht es hier. Die Bezüge zu Dinevs Verständnis von „Barmherzigkeit" (s. o.) liegen auf der Hand.

Zum Text S. 207

Das Mitleid spielt gerade in der theologisch begründeten Ethik eine herausragende Rolle. Beispielhaft steht dafür der Text vom „barmherzigen Samariter" aus dem Neuen Testament.
Im Neuen Testament antwortet Jesus von Nazareth auf die Frage nach dem wichtigsten Gebot mit einer Kurzformel christlicher Ethik: „Du sollst den Herrn, deinen Gott lieben mit ganzem Herzen, mit ganzer Seele und mit all deinen Gedanken. Das ist das wichtigste und erste Gebot. Ebenso wichtig ist das zweite: Du sollst deinen Nächsten lieben wie dich selbst. An diesen beiden Geboten hängt das ganze Gesetz samt den Propheten." (Evangelium nach Matthäus, 22,37 – 40).
Das biblische Gleichnis umreißt in konzentrierter Form den Begriff und das Wirkungsfeld des Mitleids: Ein Mensch ist durch einen räuberischen Überfall in Lebensgefahr geraten und dringend auf die Hilfe anderer angewiesen. Zwei Vorbeikommende, die von Amts wegen eigentlich helfen sollten, tun es nicht: ein Priester und ein (mit dem Tempeldienst betrauter) Levit. Der dritte Passant ist ein Zeitgenosse, dem die Juden der biblischen Erzählsituation Hilfsbereitschaft am wenigsten zugetraut hätten. Er gehört zum Volk der Samariter, die seit dem 8. vorchristlichen Jahrhundert in Samarien als Mischvolk lebten.
Sie waren aus der Verbindung von Israeliten mit heidnischen Assyrern hervorgegangen, und da ihr religiöses Brauchtum von dieser Herkunft her Heidnisches enthielt, galten sie den frommen Juden als Verräter am wahren Glauben. Die Samariter waren daher vom Gottesdienst im Tempel ausgeschlossen. Für diese diskriminierende Ausgrenzung rächten sich die Samariter wiederum mit dem Bau eines eigenen Tempels und mit Überfällen auf Israeliten, die durch ihr Wohngebiet reisten. Über die belastenden Vorgaben setzt sich Jesus in seiner Gleichniserzählung hinweg. Er lässt einen Samariter im Gegensatz zu den beiden „frommen" Juden das wahrhaft Gottgefällige tun. Die Hilfeleistung erfolgt nicht nur spontan vor Ort, der Helfende überlegt auch, was weiter geschehen müsse, um dem Notleidenden wirklich wieder auf die Beine zu helfen, und schließlich führt er alle notwendigen Maßnahmen selbst durch, sodass die Hilfsaktion keine „halbe Sache" bleibt.
Die Parabel verknüpft mehrere Aspekte. Es geht vom Rahmengespräch her um den Begriff des „Nächsten", der für die zeitgenössischen Zuhörer Jesu gleichbedeutend mit Glaubens-, Gesinnungsgenosse, Parteifreund ist. Die Beispielgeschichte sprengt nun diese konventionelle Einengung. Die beiden priesterlichen Juden müssten eigentlich wissen, dass Mitmenschlichkeit ohne Einschränkung im jüdischen Gesetz ursprünglich verankert ist. Für sie geriet, repräsentativ für das ganze Volk, diese Forderung im Eifer der Glaubenskämpfe, in denen Religiosität zu formalistischer Einhaltung von Vorschriften verkümmerte, aus dem Blick. Jesus deckt also eigentlich nur Übersehenes, Vergessenes, Verdrängtes auf und lässt echte Mitmenschlichkeit beispielhaft und provokativ einen Menschen praktizieren, den die Israeliten nicht zu den „Rechtgläubigen" zählen. Seine Parabel sagt: Dein Nächster ist jeder, der deine Hilfe braucht, und du bist ihm der Nächste. Was allein zählt, sind die Hilfsbedürftigkeit des einen und die Hilfetätigkeit des anderen. Dabei darf nicht übersehen werden, dass der Samariter keinesfalls nur „selbstlos" ist, d. h. über der Zuwendung zum anderen seine eigenen Lebensinteressen völlig außer Acht lässt. Er versorgt den Verletzten, übergibt ihn dann aber der Obhut des Wirtes und reist weiter, weil er offenbar selbst in Geschäften unterwegs ist. Allerdings stellt er seine Rückkehr in Aussicht und trifft für die Zeit seiner Abwesenheit die nötige Vorsorge, die ein materielles Opfer einschließt. Damit ist für das rechte Verständnis der Mitmenschlichkeit das Gleichgewicht gewahrt, das bereits die mosaische Forderung der Nächstenliebe (Altes Testament, Leviticus 19,18) enthält: Du sollst deinen Nächsten lieben wie dich selbst.
In der religiös begründeten Ethik spielt das Mitleid eine bedeutende Rolle. Im Islam z. B. gehört das Almosengeben zu den fünf unabdingbaren Pflichten des Gläubigen (s. SB, S. 368 f.); der Buddhismus stellt das Mitleid ins Zentrum seines Ethos (s. SB, S. 371). Das Christentum kennt viele berühmt gewordene Beispiele für ein Handeln aus Mitleid. So z. B. den *Hl. Martin*, Bischof von Tours (ca. 316/317 – 397), der einer Legende nach einem Bettler die Hälfte seines Mantels schenkte; die Landgräfin *Elisabeth von Thüringen* (1207 – 1231), die ein Hospital gründete und sich im Dienst der Armen- und Krankenpflege aufopferte; den polnischen Franziskanermönch *Maximilian Kolbe* (1894 – 1941), der im KZ Auschwitz freiwillig den Tod anstelle eines Mitgefangenen auf sich nahm; die Ordensschwester Agnes Bojaxhiu (*„Mutter Teresa"*, 1910 – 1997), die in den Elendsvierteln Kalkuttas Hungernde und Sterbende betreute. Die Nächstenliebe als göttliches Gebot stellt Jesus von Nazareth nicht nur im Gleichnis vom barmherzigen Samariter, sondern auch in der Bergpredigt (s. SB, S. 366) heraus.

Zu den Aufgaben S. 207

1 Die Beantwortung dieser Frage erscheint als so leicht, dass die Frage selbst fast sinnlos erscheinen mag. Diese Irritation soll hier genutzt werden, um darüber nachzudenken, warum Jesus diese Frage denn dann überhaupt gestellt hat. Offenbar gab (und gibt?) es ja doch unterschiedliche Sichtweisen darüber, wer „der Nächste" des Handelnden ist. Ist es der abstrakte „Nächste", der bei der Tätigkeit der „Religionsbeamten" Priester und Levit in deren Selbstverständnis natürlich auch im Mittelpunkt steht, oder ist es der konkrete Verletzte, der direkt vor ihnen liegt?
Die Übertragung auf heutige Zustände fällt leicht: Erfülle ich das Nächstenliebe-Gebot und beruhige mein Gewissen, wenn ich in abstrakten Zusammenhängen, z. B. in meiner Arbeit, in ehrenamtlichen Tätigkeiten, durch politisches und kirchliches Engagement oder durch Spenden, „Gutes tue"? Übersehe ich dabei vielleicht die konkrete Not meines Nachbarn, meines Verwandten, meines Mitschülers/meiner Mitschülerin?

2 Ja, denn der Samariter handelt aus einem spontanen Affekt, ohne groß nachzudenken: „Als er ihn sah, hatte er Mitleid" (Z. 12 f.). Er hilft dem konkreten anderen, ohne dass er ihn vorher kennt, durch konkrete Hilfeleistung: Er tut das, was gerade nötig ist, um den anderen aus seiner Not zu erretten.

3 Mögliche Vergleichsdarstellungen sind die Bilder von Paolo Veronese, Francesco da Ponte, Johannes Zick, George Frederic Watts, Vincent van Gogh oder Adolf Hölzel – alle leicht im Internet auffindbar.

Arthur Schopenhauer: Die Tugend der Menschenliebe

Zum Text S. 208 f.

Schopenhauer konstatiert zunächst, dass die griechischen Philosophen das Mitleid nicht zu den „Kardinaltugenden" zählten. Im Abendland habe erst das Christentum das Mitleid „theoretisch zur Sprache gebracht" und es „förmlich als Tugend" anerkannt. Allerdings, so relativiert er diese Leistung des Christentums, sei im Neuen Testament „kein Wort gegen die Sklaverei gesagt" (Z. 62). In Asien sei dagegen schon „tausend Jahre früher die unbegrenzte Liebe des Nächsten [...] sowohl Gegenstand der Lehre [...] wie der Ausübung" (Z. 7 ff.) gewesen. Der Hauptteil des Textes (vgl. Z. 10 – 69) stellt nun Schopenhauers eigene, rein philosophische Begründung des Mitleids als Tugend dar. Das Mitleid ist geeignet, eine Befreiung von Egoismus und Bosheit als Äußerung des blinden Willens und Lebenstriebes zu leisten, weil durch die Identifikation mit dem Leidenden eine Entindividualisierung und damit eine Abkehr vom Egoismus des blinden Lebenstriebes stattfindet. Die Aufgabe der Ethik kann nur darin gesehen werden, rein deskriptiv diejenigen Motive zu beschreiben, die als sittlich zu gelten haben: das Mitleid, die Hinwendung zur Kunst und die Askese (s. dazu auch die Biografieseite im SB, S. 405). Die Nähe zum Buddhismus und zum (früh-)christlichen Mönchtum ist unverkennbar.

Zu den Aufgaben S. 209

1 Die „Identifikation" mit dem Gegenüber, die Aufhebung der „Schranke zwischen Ich und Nicht-Ich" (Z. 42) ist ein mysteriöser Vorgang, worüber „die Vernunft keine unmittelbare Rechenschaft geben kann, und dessen Gründe auf dem Wege der Erfahrung nicht auszumitteln sind" (Z. 49 f.). Eine normative Sollensethik als Folge eines selbstständigen Sittengesetzes (Kant) ist somit nicht begründbar.

2 **Gemeinsamkeit:** Beide sprechen davon, dass Mitleid bzw. die Menschlichkeit auf „keine Argumentation gestützt [ ]" ist (Schopenhauer, Z. 21 f.), sondern aus dem Gefühl („Sympathie") gegenüber dem Glück und dem Leid des Menschen hervorgeht.
Unterschied: Schopenhauer radikalisiert den Hume'schen Ansatz, indem er von „instinktartige[r] Teilnahme am fremden Leiden" (Z. 26 f.) spricht, das die „Schranke zwischen Ich und Nicht-Ich" aufhebt (Z. 42). Nur solche Handlungen haben moralischen Wert, da sie von „allen egoistischen Motiven rein" sind (Z. 28).

Zur Abbildung S. 209

Anhand der Fotografie des bettelnden Kindes kann gut exemplifiziert werden, was Lévinas – und sich auf ihn berufend auch Dinev – unter dem Ruf des „Antlitzes" des anderen versteht: „Vor dem Antlitz eines bettelnden Kindes ist diese Verantwortung am deutlichsten festzumachen. In seiner Erscheinung kommt alles zusammen: Botschaft, Ruf, Vorwurf, Ohnmacht. Es beschäftigt und beunruhigt uns sofort, weil es unausweichlich die Frage nach unserer Verantwortung stellt, und egal was wir denken oder tun, es wird uns weiter beschäftigen. Ein Bettelkind ist wie die erste Frage schlechthin." (S. 206, Z. 36 ff.)

David Hume: Über das moralische Gefühl

Zum Text S. 210

David Humes Ethik ist antirationalistisch und intuitionistisch, d. h. auf Einfühlung (Empathie) gestützt. Er sieht den Ursprung ethischer Werturteile nicht in der Vernunft, sondern vielmehr in dem Gefühl der Sympathie, einem besonderen moralischen Sinn, über den alle Menschen verfügen. Hume hat keine systematisch-normative Ethikbegründung entworfen. In seinen metaethischen Texten werden jedoch die Sollensansprüche, die er in Auseinandersetzung mit vernunftbegründeter Ethik erhebt, deutlich. Hume unternahm den Versuch, experimentelle Untersuchungsmethoden in die Wissenschaft vom Menschen einzuführen. Hobbes' Konstruktion eines von archaisch-egoistischen Trieben beherrschten „Naturzustandes" lehnt er als unbegründbare Fiktion ab. Im Gegenteil: Die Familie sei die Urzelle menschlicher Gemeinschaft und die darin gelebte und erlebte Liebe und Zuwendung eine elementare und prägende Erfahrung. Hume lehrt, dass die Erfahrung die Grundlage aller Denkoperationen bildet: „Die Gewohnheit ist die große Führerin im menschlichen Leben."

Zu den Aufgaben S. 210

1 „Die Sittlichkeit erregt Affekte und erzeugt oder verhindert Handlungen." (Z. 23 f.)

2 Die Vernunft kann Hume zufolge niemals einen so großen Einfluss auf die Sittlichkeit haben. Sie ist dazu gar nicht in der Lage: „Die Vernunft allein aber ist hierzu ganz machtlos; die Regeln der Sittlichkeit sind folglich keine Ergebnisse unserer Vernunft." (Z. 24 f.) Der Verstand reicht zwar dafür aus, „um uns über die schädliche oder nützliche Tendenz von Eigenschaften oder Handlungen aufzuklären", aber er genügt nicht, „um irgendeine moralische Ablehnung oder Zustimmung hervorzurufen" (Z. 27 ff.). Der Verstand gibt also allenfalls „Aufschluss über die verschiedenen Tendenzen der Handlungen" (Z. 36). Erst das Gefühl gibt den „nützlichen gegenüber den schädlichen Tendenzen den Vorzug" (Z. 32). Dieses Gefühl „kann kein anderes sein als eine Sympathie mit dem Glück der Menschheit und eine Empörung über ihr Elend" (Z. 33 f.).

3 Siehe SB, S. 209, Aufgabe 2.

Vittorio Hösle: Gefühle können keine universalistische Ethik begründen

Walter Schulz: Zur Kritik an der Mitleidsethik

Zu den Aufgaben S. 211

1 Hösle kritisiert vor allem, dass Schopenhauer in seiner Mitleidsethik nicht die Frage nach dem moralischen Sinn von Altruismus stelle, er setze diesen als gegeben voraus. Für Hösle kann nur eine vernunftbasierte Ethik universell sein, Mitleid betreffe immer konkrete, besondere Fälle, die nicht verallgemeinerbar seien (genau das ist z. B. für Dinev eine Stärke des Mitleids).
In seinem Überblick über die Mitleidskritik mehrerer Philosophen stellt Schulz deren Argumente vor: Mitleid sei als Gefühl im Gegensatz zur Vernunft „unzuverlässig" (Z. 2), es sei – für Gehlen und Nietzsche – ein Zeichen der „Verweichlichung" (Z. 5), Mitleid sei ein „neugieriges und schamloses Verhalten" (Z. 9). Nietzsche habe, so Schulz, „alle diese Einwände gegen das Mitleid herausgestellt" (Z. 12). Siehe dazu die Nietzsche-Texte im SB, S. 148, und die Anmerkungen dazu im LB, S. 63.

➧ s. Zusatzmaterial 29, LB, S. 202

3 **Prinzipienethiker:** Mitleid ist ein situationsbezogener Affekt, aus ihm lässt sich kein verallgemeinerbares Prinzip gewinnen (wie etwa bei Kant). Ein solches kann nur vernunftbasiert sein; es muss möglich sein, darüber mit anderen argumentativ zu verhandeln. Mitleid als Emotion ist nicht argumentationsfähig oder verhandelbar.
Utilitarist: Mitleid ist ein situationsbezogener Affekt. Daher kümmert sich der Mitleidige nur um die direkt sichtbaren positiven Folgen seiner gefühlsbasierten Mitleidshandlung und überlegt nicht, welche weiteren Folgen dieses Handeln hat und ob die mitleidige Handlung für den Empfänger überhaupt gut ist. Eine folgenorientierte Ethik kann nur vernunftbasiert sein, ihre Grundlagen müssen argumentativ verhandelbar sein. Mitleid als Emotion ist nicht argumentationsfähig oder verhandelbar.

Miteinander reden – Diskursethik

Jürgen Habermas: Die ideale Sprechsituation

Zum Text S. 212 f.

1. Ziel der idealen Sprechsituation:
- Behauptungen sachverständig und methodisch überprüfen können;
- praktische Fragen rational entscheiden können. „Praktische Fragen" sind für Habermas Fragestellungen, deren Entscheidung in die Praxis, in das Handeln der Beteiligten und Betroffenen eingreift, v. a. also auch ethische Fragen/Entscheidungen (vgl. auch die Begriffsdefinition Ethik = praktische Philosophie).

2. Verfahren der idealen Sprechsituation (Diskurs):
Alle am Gespräch/Diskurs Beteiligten haben die gleiche, d. h. „symmetrische" Chance, Dialogrollen (Fragender, Antwortender, Schweigender, Gesprächsführender usw.) auszuwählen und Sprechakte zu wählen und durchzuführen.
„Die Kommunikationsstruktur, durch die die ideale Sprechsituation ausgezeichnet ist, schließt systematische Verzerrungen aus und garantiert insbesondere die Freizügigkeit zwischen Handlung und Diskurs und, innerhalb des Diskurses, zwischen den verschiedenen Diskursebenen." (S. 212, Z. 32 ff.)

3. Ergebnis der idealen Sprechsituation:
Eine Entscheidung, die alle bindet, weil sie nur aufgrund vernünftiger Prüfung und nicht aufgrund sachfremder Einflüsse (Interessen, Egoismen, Druck von außen, Emotionen, Korruption, Selbstdarstellung und Dominanzstreben) gefällt wird. Nur der „zwanglose Zwang des besseren Arguments" (s. Aufgabe 3, Randspalte) führt zur Entscheidung einer „praktischen Frage".

„[...] mit einem faktisch erzielten Konsensus den Anspruch eines vernünftigen Konsensus verbinden dürfen; zugleich ist er ein kritischer Maßstab, an dem jeder faktisch erzielte Konsensus auch infrage gestellt und daraufhin überprüft werden kann, ob er ein hinreichender Indikator für einen begründeten Konsensus ist." (S. 213, Z. 62 ff.)

Zu den Aufgaben S. 213

2 Die „ideale Sprechsituation" ist ein Leitbild, ein Ideal, das den Teilnehmern von realen Sprechsituationen stets bewusst sein soll, auch wenn natürlich klar ist, dass dieses Ideal quasi nie erreicht werden kann; sie ist daher „eine im Kommunikationsvorgang operativ wirksame Fiktion" (S. 213, Z. 60).

3 Wenn allere äußeren „Verzerrungen" der Kommunikation wegfallen und sie auf ihren rein argumentiven Inhalt beschränkt werden kann, gibt es durch dieses Ausschlussverfahren nur noch die eine einzige Möglichkeit der Feststellung, wer Recht bekommt: die Prüfung des Arguments selbst bzw. seiner Qualität. Das bessere Argument setzt sich jetzt – unbehindert von allen äußeren Bedingungen – von selbst durch.

Fraglich bleibt, ob es überhaupt so klare Qualitätskriterien für Argumente geben kann. Dazu scheint es schwer zu glauben, dass durch eine „ideale Sprechsituation" wirklich alle „Verzerrungen" ausgeschlossen werden könnten, liegen diese doch schon immer auch innerhalb des sprachlichen Ausdrucks der jeweiligen Argumente selbst begründet.

Harald Weinrich: Die Diktatur des Sitzfleisches

Zu den Aufgaben S. 214

1
- Es darf keinen Zwang von außen auf die Diskursteilnehmer geben, den Diskurs zu einem Ende zu führen.
- Es darf keine dominante Autorität geben, die den Diskurs leitet und sein Ende anstrebt.
- Die Komplexität wichtiger Themen wird immer so groß sein, dass das Gespräch stets weiterlaufen muss. Derjenige, der, aus welchen Gründen auch immer, am längsten dabeibleiben kann bzw. der am entschlossensten ist, bis zum Ende zu bleiben, um seine Überzeugung durchzusetzen, wird nach Weinrich in solchen idealen Gesprächssituationen belohnt, während die anderen nach und nach aufgeben werden wegen der Komplexität des Themas und der schieren Dauer der Besprechung. Zur Illustration dieses Arguments kann die Fotografie auf S. 214 herangezogen werden.

2 Nach Weinrichs Argumentation sollte man das Instrument der idealen Sprechsituation nicht einsetzen, wenn eine Entscheidung rasch getroffen werden muss.

Dieter Wunderlich: Der ideale Diskurs ist utopisch

Zu den Aufgaben S. 215

1 U. a. folgende Bereiche entziehen sich den Bedingungen eines idealen Diskurses, weil sie nicht symmetrisch sein können:
- In der Erziehung muss es nach Wunderlich ein Machtgefälle geben, weil ein Kind angeleitet werden muss, um sich in die Gesellschaft und ihre Normen einzufügen.
- In einem Lehrer-Schüler-Verhältnis kann es keine Symmetrie geben, weil der kenntnisreiche Spezialist dem Lernenden überlegen ist und dieser geradezu auf Anweisungen angewiesen ist.
- In politischen Auseinandersetzungen, in denen über Missstände aufgeklärt werden soll oder die Menschen mitgerissen werden sollen, um sie zum Handeln zu befähigen.

2 Siehe S. 213, Z. 39–57: Habermas schwächt seine Forderung ja dadurch ab, dass er die „ideale Sprechsituation" zur „Unterstellung", also zum Leitbild guter Kommunikation macht (s. o.).

4 Zwar gibt es in Parlamentsdebatten klare Regeln, die denen der „idealen Sprechsituation" vergleichbar sind. Jedoch: Die Entscheidungen, um die in den Debatten scheinbar gerungen wird, sind längst in den Fraktionen abgesprochen. Das Ergebnis ergibt sich nicht aus dem „zwanglosen Zwang des besseren Arguments", sondern aus den Machtverhältnissen im Parlament.

➧ **s. Zusatzmaterial 30, LB, S. 203**

Problemfelder menschlichen Handelns – Herausforderungen für Moral und Ethik

Abschnitte	Texte	Zusatzmaterialien und Klausurvorschläge
• Zum Einstieg (SB, S. 218 f.)	– Buchcover (LB, S. 96) – Angewandte Ethik an der Uni (LB, S. 96)	
Technik, Wissenschaft und Ethik		
• Dimensionen und Ambivalenz der Technik (SB, S. 220 ff.)	– Wolfgang Schadewaldt: Technik als Ur-Humanum (LB, S. 96) – Adolf Portmann: Technik als Selbstdarstellung (LB, S. 96 f.) – Hans Jonas: Warum die Technik ein Gegenstand für die Ethik ist – fünf Gründe (LB, S. 97) – Friedrich Rapp: Die normativen Determinanten des technischen Wandels (LB, S. 97 f.) – Thomas Bernhard: Eine Maschine (LB, S. 98)	
• Technik und Verantwortung (SB, S. 226 f.)	– Hans Jonas: Verantwortung für die Zukunft der Menschheit (LB, S. 98 f.) – Günter Ropohl: Neue Wege, die Technik zu verantworten (LB, S. 99)	
• Sinn und Grenzen der Wissenschaft (SB, S. 228 ff.)	– Max Weber: Ist wissenschaftlich-technischer Fortschritt „sinnlos"? (LB, S. 99 f.) – Albert Einstein: Wissenschaft als „matter of fact" – Denken? (LB, S. 100) – John R. Searle: Die „wirkliche Welt" ist erkennbar (LB, S. 100) – Ernst von Glasersfeld: Ist unser Bild von der Wirklichkeit „wahr"? (LB, S. 100 f.)	
• Freiheit und Grenzen der Forschung (SB, S. 232 f.)	– Oliver Müller: Ethische Fragen bei Neurotechnologien (LB, S. 101) – Hubert Markl: Freiheit der Wissenschaft, Verantwortung der Forscher (LB, S. 101 f.)	
Medizin und Ethik		
• Gesundheit und Krankheit (SB, S. 234 f.)	– Die Gesundheitsdefinition der WHO (LB, S. 102) – Thomas Schramme: Was ist Krankheit? (LB, S. 102)	

• Ärztliches Berufsethos (SB, S. 236 ff.)	– Hippokrates: Ärztliche Eidesformel (LB, S. 102 f.)
	– Wolfgang Hiddemann: Die Verantwortung des Arztes im 21. Jahrhundert
	– **Standpunkte kontrovers:** *Soll die Präimplantationsdiagnostik (PID) zugelassen werden?* (LB, S. 103)
	  – Sonja Kastilan: „Eine Chance für Patienten" (LB, S. 103)
	  – Ulf von Rauchhaupt: „Es gibt grundsätzliche Einwände gegen eine Präimplantationsdiagnostik" (LB, S. 103)
		– **Zusatzmaterial 31:** Ulrich Greiner: Die Herstellung des Menschen (LB, S. 204)

Abschnitte	**Texte**	**Zusatzmaterialien und Klausurvorschläge**
• Keimbahntherapie – Genome Editing (SB, S. 240 f.)	– Lauran Neergaard: Soll man Genom-Chirurgie zulassen? (LB, S. 103) – Ulrich Bahnsen: Der Mensch kann seine Evolution nun selbst bestimmen (LB, S. 103)	– **Zusatzmaterial 32:** Wolfgang Huber: Eine neue Ära? (LB, S. 205)
• Organspende – Organtransplantation (SB, S. 242 f.)	– Anna Bergmann: Organspende – tödliches Dilemma oder ethische Pflicht? (LB, S. 103 f.) – Ellis E. Huber: In welchen Fällen sind Organtransplantationen zulässig? (LB, S. 103 f.)	
• Sterbehilfe – zwischen Helfen und Töten (SB, S. 244 f.)	– Birgitt van Oorschot: „Es gibt ein Recht zu sterben" (LB, S. 104)	
• Leihmutterschaft – ein ethisches Dilemma (SB, S. 246 f.)	– Was ist „Leihmutterschaft"? – Florentine Fritzen: Die Schattenseite der Babyindustrie (LB, S. 104 f.)	
• Public Health – öffentliche Gesundheit (SB, S. 248 f.)	– Juli Zeh: Die METHODE (LB, S. 105 f.) – Marcel Verweij: Public Health – Krankheiten verhindern	– **Zusatzmaterial 33:** Klaus Michael Meyer-Abich: Für ein wirkliches „Gesundheitswesen" (LB, S. 206)
Medien und Ethik		
• Abbild oder Fälschung? (SB, S. 250 ff.)	– Andreas Kopietz: Wie ich Stalins Badezimmer erschuf (LB, S. 106) – Günther Anders: Welt im Bild (LB, S. 106 f.) – Wolfgang Ulrich: Selfies als Weltsprache (LB, S. 107) – Susan Sontag: Warum Kriegsbilder? (LB, S. 107 f.) – Stefanie Schramm, Claudia Wüstenhagen: Die Macht der Worte (LB, S. 108)	

• Journalismus und Demokratie (SB, S. 258 ff.)	– Andreas Voßkuhle: Journalismus darf sich nicht nur an Quote und Auflage orientieren (LB, S. 108 f.)
	– Reporter ohne Grenzen: Journalisten unter Druck (LB, S. 109)
	– Adrian Lobe, Eva Wolfangel: Ranking-Algorithmen manipulieren Meinungen (LB, S. 109 f.)
	– **Standpunkte kontrovers:** *Algorithmen – Chance oder Risiko?* (LB, S. 110)
	  – Andreas Moring: „Der Algorithmus ist der Retter des Qualitätsjournalismus" (LB, S. 110)
	  – Adrian Lobe: „Twitter und Facebook verzerren die Wirklichkeit" (LB, S. 110)
		– **Zusatzmaterial 34:** Deutscher Presserat: Publizistische Grundsätze (LB, S. 207)

• Privatsphäre – ein schützenswertes Gut (SB, S. 264 ff.)	– Beater Rössler: Der Wert des Privaten (LB, S. 110 f.) – Peter Schaar: Gefahren für die Privatsphäre (LB, S. 111 f.) – Christian Heller: Das Ende der Privatsphäre (LB, S. 112)	– **Zusatzmaterial 35:** Writers Against Mass Surveillance (LB, S. 209) – **Zusatzmaterial 36:** Byung-Chul Han: Transparent ist nur das Tote (LB, S. 210 f.)
• Einfluss der digitalen Medien auf das Denken (SB, S. 268 ff.)	– Manfred Spitzer: Digitale Demenz (LB, S. 112 f.) – Ranga Yogeshwar: Ein gefährlicher Pakt (LB, S. 113) – Hans Magnus Enzensberger: Kritische Sichtung der Medientheorien (LB, S. 113 f.)	

Abschnitte	Texte	Zusatzmaterialien und Klausurvorschläge
Wirtschaft und Ethik		

• Kapitalismus, Markt und Moral (SB, S. 272 ff.)	– Vittorio Hösle: Vor- und Nachteile des Kapitalismus in ethischer Hinsicht (LB, S. 114 f.)
	– „Eigenliebe tut gut“: Die Lehre des Adam Smith (LB, S. 115 f.)
	– Peter Bofinger: Adam Smith – Der Segen des Egoismus (LB, S. 115 f.)
	– **Standpunkte kontrovers:** *Sind Marktwirtschaft und Moral vereinbar?* (LB, S. 116)
	  – George Soros: „Der Marktfundamentalismus hat die ethischen Werte ausgehöhlt“ (LB, S. 116)
	  – Karl Homann: „Wettbewerb ist solidarischer als teilen“ (LB, S. 116)
		– **Zusatzmaterial 37:** Julia Maria Amberger: Was müssen wir noch besitzen? (LB, S. 212)

• Globalisierung der Märkte und der Arbeit (SB, S. 278 f.)	– Joseph E. Stiglitz: Chancen und Gefahren der Globalisierung (LB, S. 116)	
• Wirtschaftswachstum um jeden Preis? (SB, S. 280 ff.)	– Meinhard Miegel: Welches Wachstum und welchen Wohlstand wollen wir? (LB, S. 116 ff.) – Amartya Sen: Entwicklung als Freiheit (LB, S. 118) – Richard Sennett: Das System des flexiblen Kapitalismus – ein Interview (LB, S. 118)	
Natur und Mensch		
• Mit der Natur – gegen die Natur? (SB, S. 284 f.)	– Die Einstellung zur Natur: ein Widerspruch? (LB, S. 118) – Das Anthropozän – das erdgeschichtliche Zeitalter des Menschen (LB, S. 118 f.)	
• Die Natur kontrollieren? (SB, S. 286 f.)	– Francis Bacon: Die Kunst der Naturbeherrschung (LB, S. 119) – Francis Bacon: Die Insel der Wissenschaft (LB, S. 119) – Carolyn Merchant: Der Tod der Natur (LB, S. 120)	
• Der Mensch in der Naturkatastrophe (SB, S. 288 f.)	– Gernot Böhme: „Das Projekt der Naturbeherrschung ist gescheitert“ (LB, S. 120)	
• Mit Gewalt die Erde retten? (SB, S. 290 f.)	– Michael Kloepfer: Auf dem Weg zur Ökodiktatur? (LB, S. 120 f.) – Ernst Ulrich von Weizsäcker: Ökodiktatur vermeiden! (LB, S. 120 f.)	
• Dem Wert der Natur gerecht werden (SB, S. 292 f.)	– Michael Hafemann: Modelle der Umweltethik (LB, S. 121 f.)	

• Wie lassen sich Tierrechte begründen? (SB, S. 294 ff.)	– Peter Singer: Gleichheit für Tiere (LB, S. 122)
	– Tom Regan: Wie man Rechte für Tiere begründet (LB, S. 122)
	– **Standpunkte kontrovers:** *Dürfen wir Tiere töten?* (LB, S. 123)
	  – Hilal Sezgin: „Leben ist ein Wert an sich“ (LB, S. 123)
	  – Robert Spaemann: „Das Töten von Tieren kann gerechtfertigt werden“ (LB, S. 123)	

Zum Einstieg und zu den Aufgaben S. 219

1 Die Schüler und Schülerinnen können in arbeitsteiliger Gruppenarbeit Inhaltsverzeichnisse für die abgebildeten Buchtitel erstellen. Interessant ist auch die Frage, ob manche Verbindungen zu dem Thema Ethik eher ungewohnt sind und welche Gründe hierfür zu nennen sind.

2 Die Buchtitel geben „Bereichsethiken" oder „angewandte Ethiken" wieder, die ethische Richtlinien für verschiedene Handlungsfelder reflektieren sowie formulieren und hierbei auf die (allgemeine) Ethik Bezug nehmen.

3 Mögliche Bereiche sind: ökologische Ethik, Rechtsethik, Sozialethik, Politikethik, Sportethik, Militärethik, Technikethik etc.

4 In verschiedenen Fachbereichen zeichnen sich zunehmend das Bedürfnis sowie der Trend ab, ethische Fragen verstärkt zu berücksichtigen.

5 Wichtig ist eine Verständigung darüber, ob bzw. in welchem Maße die Schülerinnen und Schüler ethische Fragen für sich selbst als wichtigen Teil des jeweiligen Berufsfelds verstehen. Gegebenenfalls können sie recherchieren, ob das angestrebte Fachgebiet in der Ausbildung bzw. im Studium ethische Themen berührt.

6 Eventuell schätzen die Schülerinnen und Schüler den Bedarf nicht für alle Bereiche gleich ein. Aufschlussreich kann ein Nachdenken über die Frage sein, woran sich der Unterschied festmachen lässt.

Technik, Wissenschaft und Ethik

Dimensionen und Ambivalenz der Technik

Wolfgang Schadewaldt: Technik als Ur-Humanum

Zum Text S. 220 f.

Schadewaldt beschreibt die Technik als eine den Menschen grundlegend auszeichnende Leistung: Er greift verändernd in die Natur ein und schafft sich mittels der Technik einen kulturellen Raum, der ihm eine Freiheit gegenüber der Natur zusichert. Im Unterschied zum Tier kann der Mensch seinen Lebensraum somit willentlich und zielgerichtet ausgestalten. Technik erscheint in dieser Beschreibung als das Mittel, das die menschliche Welt im Abstand zur Natur erst ermöglicht. Dieses Verständnis von Technik erkennt der Autor in den Mythen, die von einem „übernatürlichen" Ursprung der Technik berichten. Für den Unterricht kann daher die Frage, wie sich der Ursprung der Technik im Hinblick auf die menschliche Evolution darstellt, interessant sein. Insgesamt ermöglicht der Textauszug eine Sicht auf das Phänomen Technik, die über den gewohnten Blick auf die reine Zweckmäßigkeit bzw. den praktischen Nutzen von Technik hinausgeht und an anthropologische Überlegungen anknüpft.

Zu den Aufgaben S. 220

1 Technik erleichtert dem Menschen nicht bloß sein Dasein, sondern ist die grundlegende Bedingung menschlicher Lebenswelt überhaupt, die ihm Kultur ermöglicht und selbst eine kulturelle Leistung darstellt. Mit diesem Schritt entkommt er dem Bereich einer rein tierischen Existenz, die seinem Wesen nicht entspricht.

2 Die Beispiele sollen veranschaulichen, in welchen Bereichen die „Weltgestaltung" ganz selbstverständlich von Bedeutung ist (etwa Transport, Versorgung, Information etc.). Interessant ist die Abgrenzung zu „Techniken", die gerne dem Tierreich zugeschrieben werden (etwa der Nestbau eines Vogels).

3 Der Kulturbringer Prometheus kann als Symbolfigur für die technische Emanzipation des Menschen aufgefasst werden. Die Bestrafung des Prometheus und das Entweichen der Übel aus der Büchse der Pandora infolge des Feuerdiebstahls lassen sich entsprechend auf die langfristig unbeherrschbaren Folgen des technisch-kulturellen Fortschritts beziehen.

Adolf Portmann: Technik als Selbstdarstellung

Zum Text S. 221

Portmann spricht sich dagegen aus, Technik nur im Hinblick auf ihre Funktionalität zu verstehen. Sie könne nicht nur als ein Mittel zum Zweck verstanden werden, das dem Menschen ein Überleben sichert, sondern beruhe auf dem Prinzip des „Selbstausdrucks" bzw. der „Selbstdarstellung". Letztere und nicht die (evolutionäre) Funktionalität, so argumentiert Portmann immer wieder in seinen Werken, sei als das primäre Prinzip hinter den äußeren Gestalten allen organischen Lebens anzusehen. So führt er in seinem Werk immer wieder Beispiele für Erscheinungen aus Tier- und Pflanzenwelt an (z. B. spezifische Färbungen oder Muster), die er als Beleg für eine Schönheit ohne jeden Selektionswert ansieht. In diesem Sinne deutet er auch menschliche Technik nicht zuvorderst in ihrer kompensatorischen Funktion, sondern als Mittel des Selbstausdrucks. Dieses Verständnis von Technik erlaube auch deren angemessene Bewertung: Ist die Selbstdarstellung die treibende

Kraft hinter dem Phänomen Technik, sei sie als gefährliche Kraft anzusehen („Dämonie des technischen Schaffens“).

Zu den Aufgaben S. 221

1 Mithilfe des Beispiels soll im Sinne Portmanns gezeigt werden, dass das durch Technik Erreichte über einen rein praktisch-ökonomischen Nutzen hinausgeht und etwa auch die Bereiche „Ästhetik“, „Selbstausdruck“, „Erleben“ etc. umfasst.

2 Die Aussage soll in ihrer Aussage erschlossen und argumentativ geprüft werden. Mögliche Eckpunkte einer Diskussion können sein: der unbegrenzte technische Schaffensdrang des Menschen, die verharmlosende Einschätzung der Technik als jederzeit kontrollierbare Kraft, die (Neu-)Setzung ethischer Maßstäbe für technisches Handeln.

3 Der Essay soll die Ansätze Schadewaldts und Portmanns in ihren unterschiedlichen Schwerpunkten (primär ausgleichende-funktionelle Bestimmung der Technik versus Technik als Mittel des Selbstausdrucks) deutlich werden lassen.

4 Zum einen zeigt der Zukunftsentwurf die künstliche und notwendige Überwindung natürlicher Grenzen (zwecks Mobilität, Versorgung etc.), zum anderen auch die Erfüllung weiterer Interessen (Mode, Repräsentation, Stil etc.).

Hans Jonas: Warum die Technik ein Gegenstand für die Ethik ist – fünf Gründe

Zum Text S. 222 f.

Jonas zeigt, inwiefern der Bereich Technik unweigerlich mit ethischen Fragen verknüpft ist und welche neuen Prämissen für eine zeitgemäße ethische Betrachtung dieses Themas vonnöten sind. Grundannahme ist hierbei, dass die heutige Dimension der Technik mittels bisheriger ethischer Denkansätze nur noch ungenügend erfasst werden kann.
Die Argumentation zwingt den Leser, Technik nicht nur als selbstverständliches und nutzbringendes Element der eigenen Lebenswelt zu sehen, sondern als notwendig gewordenes Fundament moderner Alltagswelt, dessen globale Ausmaße und Wirkungen den Nahbereich des Einzelnen überschreiten. Um nicht nur der gewohnten Sichtweise auf Technik zu verfallen, können im Unterricht Beispiele der vorindustriellen Lebenswelt herangezogen werden, auf die die im Textauszug genannten Punkte *nicht* zutreffen. Ferner bietet es sich an, auch in Vorbereitung auf den folgenden zweiten Textauszug von Jonas, neue ethische Richtlinien in Bezug auf den Bereich „Technik“ anzudenken, die infolge von Jonas' Standpunkt notwendig werden.

Zu den Aufgaben S. 223

1 Jonas formuliert zu Beginn des Textes den Gedanken, dass eine ethische Betrachtung von Technik von neuen Grundüberlegungen ausgehen muss (vgl. Z. 10–12). Hierzu können die Schülerinnen und Schüler zunächst eine eigene Einschätzung formulieren, die im Folgenden mit der von Jonas abgeglichen wird.

2 Die im Text dargelegten Gründe entsprechen den fünf Absätzen im Text, beginnend mit Zeile 13. Eigene Beispiele hierzu sollen den jeweiligen Gedanken veranschaulichen und gegebenenfalls zu dessen Klärung beitragen.

3 Ergänzend zu Aufgabe 2 sollen die im jeweiligen Abschnitt herausgestellten Besonderheiten, die für eine ethische Einschätzung von Technik gelten, in Form einer zusammenfassenden Überschrift festgehalten werden. Diese können als Gliederungshilfe für ein Tafelbild dienen.

Friedrich Rapp: Die normativen Determinanten des technischen Wandels

Zum Text S. 224 f.

Der Text fragt nach versteckt impliziten Auffassungen, die dem heute vorherrschenden Verständnis von Technik und technischer Entwicklung zugrundeliegen, und erläutert sie im (geistes-)geschichtlichen Kontext. Eine Aufklärung hierüber versteht Rapp als Bedingung für eine Veränderung technischen Handelns. Entsprechend deckt er das neuzeitliche Ideal der Naturbeherrschung mittels Technik zum Zwecke eines kontinuierlichen Fortschritts als entscheidende historisch gewachsene Einstellung auf. Eine solche Selbstaufklärung wird für Rapp vor allem dadurch möglich, dass die verdeckt-vorherrschende Wahrnehmung von Technik (und Natur) mit einer hiervon abweichenden, positiven Einstellung kontrastiert wird (vgl. Z. 41 ff.), sodass eine Differenz augenscheinlich wird. Eine veränderte Grundauffassung bewertet er schließlich als Bedingung eines neuen, kontrollierten technischen Handelns, das nicht mehr nur ohnmächtig erfahren wird.
Für den Unterricht empfiehlt es sich, die Frage nach der Kontrollierbarkeit der technischen Entwicklung als Ausgangspunkt zu nehmen. Im Sinne der „normativen Prämissen“ (vgl. Z. 33) können die Schülerinnen und Schüler ihre Wahrnehmungen von Technik hinsichtlich zugrunde liegender Einschätzungen und Wertungen befragen. Ein kontrastives Vorgehen, das abweichende Auffassungen von Technik und Natur heranzieht (etwa einer physiozentrischen Ethik, S. 292 f.), kann helfen, das vorherrschende Technikverständnis zu verstehen. Der im Text äußerst komprimierte geistesgeschichtliche Aufriss bedarf sicherlich einer näheren Erläuterung bzw. gegebenenfalls einer Recherche (eventuell im Rekurs auf Francis Bacon, vgl. S. 286).

Zu den Aufgaben S. 224

1 In dem Szenenfoto erscheint der von Charlie Chaplin verkörperte Arbeiter als unfähig, die überdimensionalen Zahnräder zu bedienen bzw. unter seine Kontrolle zu bekommen. Die Technik wirkt übermächtig, ihn mitreißend und sich seiner Kontrolle entziehend.

2 **Tafelbild**

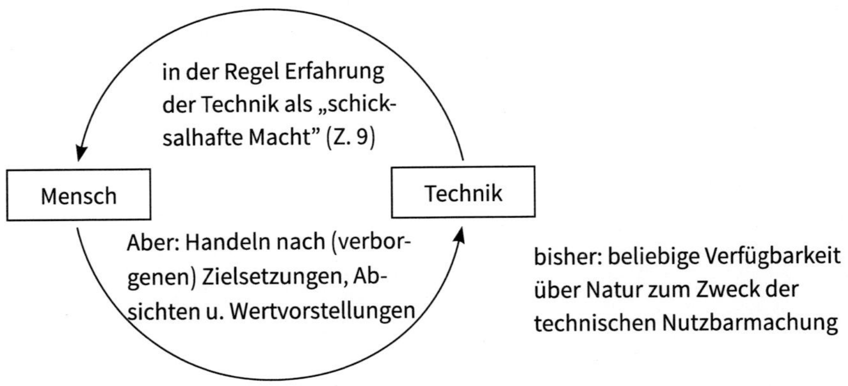

3 Vor allem Rapps Einschätzung, wonach die vorherrschende Technikwahrnehmung als schicksalhaft erfahren wird, soll einer Prüfung unterzogen werden. So drängt sich die Frage auf, inwieweit die Technikentwicklung als zu kontrollierende Größe erscheint bzw. in Hinblick auf welche Zielsetzungen sie verstanden wird.

4 Anhand der Abbildung lassen sich die von Rapp genannten sowie weitere sich einreihende Einstellungen gegenüber der Technik nachweisen: Effizienz, Zeitersparnis/Maximum an Geschwindigkeit, Reibungslosigkeit, Innovation/Fortschritt, Maschinisierung und ökonomische Gewinnmaximierung.

Thomas Bernhard: Eine Maschine

Zum Text S. 225

Thomas Bernhard lässt die Maschine als bedrohliche und übermächtige Instanz erscheinen, die aus den Arbeiterinnen nur eine Verlängerung ihrer Funktionen macht. Unfähig, den Rhythmus der Maschine zu unterbrechen, können sie nicht aus ihrer Rolle als Vollstreckerinnen der durch die Maschine vorgegebenen Taktung ausbrechen. Ironisch ist, dass gerade die gefeierte Effizienz der Maschine der verunglückten Arbeiterin zum Verhängnis wird.

Zu den Aufgaben S. 225

1 Im Kontrast zu dem Versprechen, dass die Maschine die Arbeitsabläufe erleichtert und perfektioniert, provoziert der Unfall einen Schrecken, dem die Arbeiterinnen nicht gewachsen sind und auf den sie ohnmächtig reagieren. Eben die in diesem Fall den Tod bringende Effektivität der Maschine ist es, die ein Anhalten nicht gestattet und den Ablauf blind vorantreibt.

2 Der Mensch erscheint in der Kurzgeschichte nicht mehr als der mächtige Kontrolleur der Technik, sondern als deren hilfloser Untertan. Als analoge Beispiele drängen sich vor allem diejenigen Technologien auf, die unentbehrliches Mittel, aber auch Rhythmusgeber moderner Alltags- und Lebenswelt geworden sind (z. B. Verkehrs- und Informationstechnologien).

Technik und Verantwortung

Hans Jonas: Verantwortung für die Zukunft der Menschheit

Zum Text S. 226

Zum Verständnis der Textauszüge ist es notwendig, das anthropologische Konzept, das Jonas' Verantwortungsbegriff zugrunde liegt, zu skizzieren.
Er geht nicht von metaphysischen oder religiösen Prämissen aus. Ansatzpunkt ist der Grundgedanke, dass der Mensch ein moralisches Wesen ist, das sein Verhalten zu verantworten hat. Da ihm die Instinktsicherheit des Tieres und die göttliche Allwissenheit fehlen, muss sich sein Handeln an Normen orientieren, die das Sittengesetz postuliert. Zielgedanke der überlieferten sittlichen Reflexion ist der Mensch. Seit dem Beginn des technologischen Zeitalters hat sich an diesem Zielpunkt Entscheidendes geändert.
Alles bisherige moralische Denken war auf den Mitmenschen, den Nächsten in der jeweiligen Gegenwart gerichtet. Es war eine Ethik der Nahsphäre, der Gleichzeitigkeit und Unmittelbarkeit, die ausschließlich den Menschen im Blick hatte. Diese anthropozentrische Ethik reicht in den Gegebenheiten der modernen Welt nicht mehr aus. Sie muss über die Gegenwart hinausgreifen und die nicht menschliche Umwelt miteinbeziehen.
Für Jonas ergibt sich folgende moralische Forderung: Die bisher nur auf den Nächsten bezogene Moral muss über die Gegenwart

hinaus auf künftige Menschengenerationen ausgeweitet werden mit dem Ziel, ihnen ein menschenwürdiges Dasein zu ermöglichen. Die Nahsphärenethik bedarf einer Ergänzung durch eine Ethik der Fernverantwortung. So ist sein neuer Imperativ zu verstehen. Dieser erweiterte Blick schließt alle Lebensbedingungen ein: die Umwelt, die Natur. Die Natur stellt für Jonas eine moralische Größe dar, die Zwecke und Ziele erkennen lässt. Ihre unmittelbar einleuchtende Zweckhaftigkeit erscheint als ein Gut-an-Sich, aus dem ein Sollen folgt. Der Anruf richtet sich nicht nur an die menschliche Vernunft, sie bedarf zu ihrer vollen Wirksamkeit der subjektiv-psychologischen Annahme der Bestätigung durch ein Verantwortungsgefühl.
Schwierigkeiten ergeben sich für die Wahrnehmung dieser Forderung auf der Seite der Praxis: Die Fernethik lässt keinen Normenkatalog zu, der Einzelnes mit einem Patentrezept in den Griff nehmen könnte. Ihre Forderung liegt in der Verpflichtung zur sorgfältigen Prüfung aller handlungsrelevanten Aspekte, vor allem auch derjenigen, die erst im Verlauf der technologischen Praxis erkennbar werden.
Die neue Zielrichtung ethischer Verantwortung erfordert auch neue Methoden. Zielgröße moralischen Handelns war in der alten Ethik das Bonum. Nun muss sich der Blick auf das Malum richten, weil es sich leichter ausmachen lässt als das oft nebelhafte Gute: „Was wir nicht wollen, wissen wir viel eher, als was wir wollen." An das Malum bindet sich ein Abschreckungsmoment. Daraus entwickelt Jonas eine „Heuristik der Furcht": Wenn die Reflexion der Risiken nicht als hypothetisches Gedankenspiel behandelt wird, löst die Erkenntnis einer möglichen Gefahr eine Furcht aus, die die Möglichkeit als Gewissheit gelten lässt. Auch hier verbindet Jonas die verstandesmäßige Erkenntnis mit einem Grundgefühl. Beides zusammen kann eine der technologischen Bedrohung angemessene Reaktion bewirken.

Zu den Aufgaben S. 226

1 Vgl. die Erläuterungen zu dem Text von Wolfgang Schadewaldt, Aufgabe 3 (LB, S. 97).

2 Vgl. die Erläuterungen zum Text.

3 Vgl. die Erläuterungen zum Text.

Günter Ropohl: Neue Wege, die Technik zu verantworten

Zum Text S. 227

An den Anfang seiner Überlegungen stellt Ropohl die Beobachtung, dass der Einzelne im Hinblick auf die moderne Technikentwicklung nicht als alleiniger Verursacher ausgemacht und ihm nicht die Verantwortung hierfür angelastet werden kann. Als Lösung und Gegenmodell zu einer individualistischen Verantwortungsethik empfiehlt Ropohl entsprechend die Wahrnehmung dieser Verantwortung durch eine unabhängige Institution im Vorfeld einer neuen technischen Entwicklung, die abschließend über eine Einführung entscheidet. Neu an diesem Vorschlag ist, dass „Nutzungsfolgen für Mensch und Umwelt" (Z. 38 f.) im Zentrum der Beurteilung stehen. Damit ist der Vorschlag Ropohls als ein Versuch zu verstehen, der Forderung nach einer Koppelung von Technikentwicklung und Ethik nachzukommen. Gleichzeitig decken sich Ropohls Ausführungen mit der Einschätzung Jonas', wonach die moderne Technikentwicklung neue Prämissen im ethischen Diskurs (hier der erweiterte Verantwortungsbegriff) vonnöten macht.

Zu den Aufgaben S. 227

1 Auch Dürrenmatts wiedergegebene „Punkte" provozieren die Frage, durch wen technische Entwicklungen sowie deren Risiken verantwortet werden können bzw. sollten. In Rekurs auf das Drama kann, auch im Anschluss an die Erarbeitung der Position Ropohls, vertiefend der Frage nachgegangen werden, ob eine Veröffentlichung technisch-wissenschaftlicher Erkenntnisse nur dann moralisch gerechtfertigt ist, wenn „alle[n] Menschen" ein verantwortungsvoller Umgang mit diesen zugetraut werden kann.

2 Mithilfe der Aufgabe soll der Verantwortungsbegriff Ropohls (institutionelle Verantwortung technischer Neuerungen auf der Grundlage unabhängiger, transparenter und präventiver Folgenabschätzungen) im produktiven Zugang erarbeitet und gegebenenfalls konkretisiert werden.

3 Die Erprobung und Anwendung der Aufgaben einer entsprechenden staatlichen Institution sollen die praktische Tauglichkeit dieses Lösungsansatzes prüfen und mögliche Schwierigkeiten hierbei aufdecken. Es soll deutlich werden, dass auch der Vorschlag Ropohls die inhaltliche Verständigung über moralische Maßstäbe hinsichtlich der Einschätzung von Technik unbedingt voraussetzt.

4 Hier steht eine Gesamtbewertung und kritische Prüfung des dargestellten Ansatzes im Mittelpunkt.

Sinn und Grenzen der Wissenschaft

Max Weber: Ist wissenschaftlich-technischer Fortschritt „sinnlos"?

Zum Text S. 228

Der Textauszug ist Teil eines Vortrags, den Max Weber im Jahr 1918 vor Studenten hielt. Er hat an Brisanz und Aktualität insofern nicht verloren, als er davor warnt, zu viele Hoffnungen und Wunschvorstellungen auf Wissenschaft und Technik zu projizieren. Die Wissenschaft liefert nach Weber keine Sinngebung oder

Wertmaßstäbe für das Leben, sondern ist lediglich ein Unterfangen, um die Welt (empirisch) zu erforschen.

Literaturhinweis:

- Max Weber: Wissenschaft als Beruf (erschienen 1919). Stuttgart: Reclam 1995

Zu den Aufgaben S. 228

1 **2** Wissenschaft und wissenschaftlich orientierte Technik führen bei den Nichtwissenschaftlern (und damit bei dem Großteil der Menschheit) nicht notwendigerweise zu einer besseren Kenntnis bzw. zu einem besseren Verständnis der Lebensbedingungen, sondern lediglich zu einer höheren bzw. besseren Berechenbarkeit dieser Lebensbedingungen (Beispiel: Straßenbahn). Problematisch dabei ist, dass der damit verbundene Fortschritt(-sglaube) nicht zu einer „Lebenssättigung“ (Weber) führt, sondern zu dem atemlosen Bedürfnis nach einem „Weiter, Höher, Schneller, Tiefer“, das die Lebensspanne des Einzelnen jedoch übersteigt und konsequenterweise den Tod nicht mehr als Abschluss eines sinnerfüllten, „gesättigten“ Lebens, sondern als sinnlose, „unerwartete“ und gewaltsame Beendigung dieses Strebens ansieht. Weber verwirft somit die Ansicht, dass Wissenschaft den Weg zu Kunst und Natur, den Weg zu Gott und den Weg zum Glück ebnen bzw. bereiten kann. In dieser Hinsicht ist Wissenschaft „sinnlos“ (vgl. das Tolstoi-Zitat, Z. 23 ff.).
Die Entscheidung über das, was „*wichtig* im Sinn von ‚wissenswert‘ sei“ (Z. 33 f.), kann nach Weber nicht von dem Wissenschaftler beantwortet werden. Hier ist letztlich jeder Einzelne gefordert, „je nach der eigenen letzten Stellungnahme zum Leben“ (Z. 37 f.).

3 **4** Vor allem der Blick auf die Lebensdaten Webers kann die Schülerinnen und Schüler zu der Frage herausfordern, ob seine Position in verschärfter Form auf die heutige allgemeine Sichtweise von Wissenschaft zutrifft.

Albert Einstein: Wissenschaft als „matter of fact“-Denken?

Zum Text S. 229

Einstein führt den Gedankengang Max Webers insofern weiter, als er die „moralische Gestaltung des menschlichen Lebens im Großen“ (Z. 1 f.) in den Blick nimmt. Wissenschaft bekämpft zwar Vorurteil und Aberglaube und schafft mit dem „Wegräumen der Hindernisse“ wichtige Voraussetzungen für ein gelingendes Miteinander, zu einer „Veredelung des sozialen und individuellen Daseins“ (Z. 6 f.) führe dies jedoch noch nicht. Eine Überbetonung wissenschaftlicher Rationalität („matter of fact“-Denken) führt zu einer Kälte in den menschlichen Beziehungen. Stattdessen muss der Mensch einen „lebendigen Sinn dafür bekommen, was schön und was moralisch gut“ (Z. 28 f.) ist. Eine solche „moralische und ästhetische Vervollkommnung“ (Z. 15 f.) stehe der Kunst näher als der Wissenschaft. So z. B. reicht es nicht aus, dass man lediglich versteht, warum jemand fröhlich bzw. traurig ist, sondern es ist notwendig, dass man Mit-Freude bzw. Mit-Leid empfindet. Anders formuliert: Die Wissenschaft kann erklären und begreifbar machen, zu einem tieferen, ganzheitlichen Verständnis, jenseits der „spezialisierten Fachkenntnis“ (Z. 29), reicht dies jedoch nicht aus.

Zu den Aufgaben S. 229

1 Vgl. die Erläuterungen zum Text.

2 **3** Anhand eigener Beispiele sollen die Schülerinnen und Schüler abschätzen, ob die Wissenschaftskritik Einsteins auch für die heutige Zeit gilt, und mögliche Entgegnungen antizipieren.

John R. Searle: Die „wirkliche Welt“ ist erkennbar

Zu den Aufgaben S. 230

1 Im Text wird die erkenntnistheoretische Position des Realismus als Standardposition referiert. Siehe dazu die Übersicht im SB, S. 231.

2 **Methodischer Hinweis:** Einen Stuhl in die Mitte stellen und die Schüler eruieren lassen, welche Aussagen sich über diesen Gegenstand machen lassen. Wie lassen sich diese Aussagen verifizieren? Sind diese Aussagen objektiv in einem erkenntnisrealistischen Sinne oder geben sie nur eine spezifische Sichtweise wieder, abhängig von einer subjektiven Perspektive und theoretischen Prämissen seitens des Betrachters? Ein sehr anschauliches Beispiel zum Durchdenken und Durchspielen findet sich in dem Text von Glasersfeld („Apfelexperiment“, Z. 23 – 29).

Ernst von Glasersfeld: Ist unser Bild von der Wirklichkeit „wahr“?

Zu den Aufgaben S. 231

1 Von Glasersfeld vertritt die Position des radikalen Konstruktivismus. Deren Skepsis ist damit begründet, dass wissenschaftliche Aussagen und deren Überprüfung nie voraussetzungslos sind, d. h. immer im Rahmen der bisherigen, als gesichert angenommenen Erkenntnis erfolgen und somit nie „rein objektiv“, sondern höchstens „intersubjektiv“ sein können. Absolutheitsansprüche hinsichtlich wissenschaftlicher Aussagen, auch in Bezug auf die Wissenschaft als einzig mögliche Betrachtungsweise der Welt, sowie hinsichtlich des menschlichen Erkenntnisvermögens werden somit zurückgewiesen.

2 Die Texte von Max Weber und Albert Einstein zeigen den Zusammenhang von Wissenschaft und Ethik explizit auf (vgl. die Erläuterungen zu diesen Texten im LB, S. 99 f. und S. 100). Die Positionen zur Erkenntnistheorie lassen zudem erkennen, dass die Ansprüche hinsichtlich der Wahrheitsfindung je nach Modell variieren.

Freiheit und Grenzen der Forschung

Oliver Müller: Ethische Fragen bei Neurotechnologien

Zum Text S. 232 f.

Die dargestellten Überlegungen aus dem Bereich der Neurotechnologien veranschaulichen exemplarisch, wie notwendig und auch schwierig es ist, begleitend und vorausschauend technisch-wissenschaftliche Forschung und ethische Überlegungen aufeinander zu beziehen.

Zu den Aufgaben S. 233

1 Neben den medizinischen Behandlungsmöglichkeiten hinsichtlich der angegebenen Krankheiten verändern die Verknüpfungen von Gehirn und technischen Hilfsmitteln sowohl gewollt als auch ungewollt die Persönlichkeit des Patienten. Alle von Müller verwendeten Begriffe („Geist", „Seele", „Bewusstsein" etc.) verweisen auf die personale Identität des Menschen, die auf künstlichem Wege Eingriffe bzw. Veränderungen erfährt. Gekoppelt an die Einwirkungen auf den (je nach Denkansatz unterschiedlich vorgestellten) Wesenskern sind „Nebenwirkungen", die den Patienten in seiner Würde, Verantwortung oder Freiheit beeinträchtigen können.

2 Während sich die Chancen der Neurotechnologie eindeutig auf die Verbesserung der gesundheitlichen Situation des Patienten beziehen, sind mögliche Gefahren nicht klar zu umreißen: So zeigen sich moralisch zu bedenkende Folgerisiken neurobiologischer Forschung mitunter gerade erst auf der Grundlage von Forschungsergebnissen. Zudem steht die Abschätzung von Gefahren vor der schwierigen Aufgabe, Methoden und Ergebnisse der naturwissenschaftlichen Neurobiologie mit der philosophisch-ethischen Begriffswelt zu verbinden.

Hubert Markl: Freiheit der Wissenschaft, Verantwortung der Forschung

Zum Text S. 233

Nicht beispielbezogen, sondern allgemein reflektiert Markl die Freiheit wissenschaftlicher Forschung (und Lehre) als einen durch die Verfassung geschützten Wert, dem moralische Grenzen gesetzt sind, die wiederum Ausdruck in der Rechtsprechung finden. Er verteidigt die im Grundgesetz garantierte Freiheit der Wissenschaft, die Forschung und Lehre umfasst, gegen den Vorwurf, dass hiermit eine rückhaltlose und moralische Grenzen ignorierende Erkenntnisgewinnung gesetzlich gedeckt würde. Markl betont, dass das Grundrecht der Wissenschaftsfreiheit nicht ohne die Pflicht zur Verantwortung zu denken ist und juristisch sowie ethisch dort an Grenzen stößt, wo andere Verfassungswerte verletzt würden. Die im Zusammenhang mit Artikel 5 zumeist angeführte Auslegung, wonach vor allem der Schutz der Wissenschaft vor staatlicher bzw. interessengeleiteter Einflussnahme, die die Freiheit der Wissenschaftler verkürzen würden, intendiert ist, ist in dem Textauszug nicht erläutert.

Zu den Aufgaben S. 233

1 Als Impuls zur inhaltlichen Auseinandersetzung mit dem Artikel zur Wissenschaftsfreiheit können die in dem Text von Müller thematisierten Neurotechnologien herangezogen werden, sodass ein Austausch darüber entsteht, ob die genannten moralischen Bedenken durch den Passus aufgefangen werden.

2 Die schriftliche Ergänzung zu dem Artikel fünf soll vor allem die Reichweite der Freiheitsgarantie, die sich für Markl an der Verletzung weiterer im Grundgesetz festgeschriebener Grundrechte bemisst, aufgreifen. Interessant, aber im Textauszug unbeantwortet ist hierbei die Frage, ob bzw. inwieweit das „Sittengesetz" für den Wissenschaftler auch unabhängig von dem positiven Recht gilt bzw. in welchem Verhältnis beides zueinander zu sehen ist.

3 Der Artikel fünf lässt sich dahingehend anzweifeln, ob die Reichweite der Freiheitsgarantie für die Wissenschaft zu weich bzw. unscharf markiert ist. Entsprechend können die Anforderungen an die Verantwortung und Selbstkontrolle von Wissenschaftlern als zu hoch eingeschätzt werden. Doch auch von außen herangetragene Debatten, wie etwa die Forderung nach einer „Zivilklausel", die Forschung mit militärischer Nutzung ablehnt, zeigt die Schwierigkeit, die Verletzung anderer Rechtsgüter eindeutig zu klären. Schließlich ist anzudenken, ob die moderne Technikentwicklung nicht die Verständigung über eine deutlich weiter gefasste Verantwortlichkeit, etwa im Sinne des ethischen Imperativs von Hans Jonas, verlangt. Im Unterricht kann in diesem Zusammenhang die Arbeit von Wissenschaftsorganisationen und Ethikkommissionen, die im Hinblick auf ethische Richtlinien beraten und diese überwachen, angesprochen werden.

Medizin und Ethik

Zur Konzeption

Die einleitende Doppelseite thematisiert die Definitionen von „Krankheit" und „Gesundheit" und deren Rolle in unserer Gesellschaft. Dazu werden in einem Infokasten kurze Erklärungen wichtiger Begriffe aus dem Bereich Medizin gegeben. Auf der nächsten Doppelseite stehen dann das Berufsethos des Arztes und die (veränderte) Erwartungshaltung diesem gegenüber im Vordergrund. Im anschließenden Abschnitt geht es um die ethische Bewertung aktueller und brisanter Problemfelder der Medizin: Fortpflanzungstechnologie, Keimbahntherapie, Organtransplantation, Sterbehilfe. Den Abschluss des Unterkapitels bildet eine Doppelseite über Public Health: Medizin und Medizinethik geht alle – auch alle Schülerinnen und Schüler – an, nicht nur diejenigen, die sich nach ihrem Schulabschluss für einen medizinischen Beruf entscheiden wollen.

Literaturhinweise:

- Hermann Nink (Hg.): Standpunkte der Ethik – brisant / Materialien für den Unterricht: Hauptsache gesund!? – Medizinethik. Paderborn: Schöningh, 2016
- Giovanni Maio: Den kranken Menschen verstehen: Für eine Medizin der Zuwendung. Freiburg i. Br.: Herder, 2015
- Matthias Girke (Hg.): Medizin und Menschenbild (Perspektiven-Schriften zur Pluralität in der Medizin). Bad Homburg: VAS Verlag, 2015

Gesundheit und Krankheit

Die Gesundheitsdefinition der WHO

Thomas Schramme: Was ist Krankheit?

Zu den Aufgaben S. 235

1 „Gesundheit" wird hier als ein Zustand des „vollständigen körperlichen, geistigen und sozialen Wohlergehens" (Z. 1 f.) definiert. Von dieser utopischen Vorstellung ausgehend wird ein dichotomisches Bild von Gesundheit und Krankheit entworfen: Wer dieses „vollständige Wohlergehen" nicht hat, ist krank oder wenigstens nicht gesund – in der Alltagspraxis also nahezu jeder. Eine solche Maximaldefinition von Gesundheit erklärt demnach fast alle Menschen zu Kranken und wertet jedes Leben, das dieser Vorstellung nicht entspricht, damit ab. Diese Definition der WHO bestärkt die Menschen noch darin, sich immer mehr allein ihrem körperlichen Zustand zu widmen – sei es durch exzessiv betriebenen Sport oder übertriebene Gesundheitsvorsorge –, ohne dass sie diesen Idealzustand dadurch dauerhaft erreichen könnten. Andere Lebensinteressen müssen hinter dieser Gesundheits-Obsession dann zurückstehen (vgl. die Ausführungen im LB zu Juli Zehs Gesundheitsdystopie, s. S. 105 f.).
Heute rücken Medizin und Gesundheitswissenschaften immer häufiger von einem solchen Maximalbegriff der Gesundheit ab und ersetzen ihn durch prozess- und balanceorientierte Modelle wie das der „Salutogenese" oder das der „Resilienz".

2 Ein „vitruvianischer Mensch" ist die Darstellung des Menschen nach den von dem antiken Architekten und Ingenieur Vitruv(-ius) formulierten und idealisierten Proportionen, eine Gattung also, in der Leonardos berühmte Zeichnung nur ein – besonders berühmtes – Exemplar darstellt.
Leonardo setzt den menschlichen Körper in eine Überlagerung von Kreis und Quadrat und zeigt ihn damit in harmonischer Proportion (nach den Lehren Vitruvs). Seine Zeichnung wird daher gerne als Sinnbild des ganzheitlichen und in sich ruhenden, also des „gesunden" Menschen aufgefasst.

3 *Disease*: wissenschaftlich-neutraler Begriff;
sickness: entweder Krankheit mit Magen-Darm-Bezug („Übelkeit") oder sehr allgemeiner Krankheitsbegriff in Abgrenzung zu *der* Gesundheit, wie z. B. in der Trauformel „in sickness and in health";
illness: allgemeiner Begriff für eine bestimmte, klar von anderen absetzbare Krankheit.

4 Im normativistischen Verständnis werden „Gesundheit" und „Krankheit" als gegensätzlich gedacht, wobei die Zuschreibung körperlicher und seelischer Zustände durch – oft gesellschaftliche oder sogar moralische – Wertungen geschieht. „Krankheit" dient dann als pejorativer Begriff, der negativ konnotierte Zustände oder Verhaltensweisen massiv abwertet.
Der naturalistische Krankheitsbegriff wirkt neutraler: Krankheit ist hier einfach nur eine Störung der normalen natürlichen Abläufe. Eine gewisse Wertung ist der Einordnung von Zuständen oder Verhaltensweisen als „normal"/„natürlich" oder „nicht normal"/„gestört" selbstverständlich ebenfalls inhärent.

Ärztliches Berufsethos

Hippokrates: Ärztliche Eidesformel

Zu den Aufgaben S. 237

1 **2** Besonders wichtig aus heutiger Sicht sind das ärztliche Schweigegebot und die Weigerung, als Arzt Leben zu beenden oder dazu zu verhelfen. Das Gelöbnis, Ernährungsmaßnahmen zu verordnen, erscheint heute in der Diskussion über die „ganzheitliche Medizin" modern, die Verpflichtung, chirurgische Maßnahmen auf jeden Fall bleiben zu lassen und an Fachleute zu delegieren, als eher antiquiert. Gar nicht mehr aktuell ist der Inhalt des zweiten Absatzes: In unserem institutionalisierten Ausbildungssystem ist es nicht mehr nötig, dass der Lehrer finanziell von seinem fertig ausgebildeten Schüler unterstützt wird.

➡ Standpunkte kontrovers: Soll die Präimplantationsdiagnostik (PID) zugelassen werden?

Zu den Aufgaben S. 239

1 Sonja Kastilan wehrt sich in ihrem Beitrag vor allem gegen die Unterstellung, PID-Befürworter strebten die Erschaffung sogenannter „Designerbabys" an, die aus lauter genetischen Wunscheigenschaften der Eltern „zusammengesetzt" würden. Gegen dieses unwahrscheinliche Szenario hält sie, dass diejenigen Eltern, die die PID bräuchten, erstens nur Ausnahmefälle seien und es ihnen zweitens nur um das auszuschließende Risiko einer schlimmen Erbkrankheit beim Kind oder der daraus resultierenden Fehlgeburt gehe. Der immer wieder angeführten Würde des im Falle der PID „auszuscheidenden" erblich belasteten Embryos hält sie die Würde derjenigen Eltern entgegen, die alles dafür tun – auch mithilfe von PID –, um ein gesundes Kind zu bekommen.

Ulf von Rauchhaupts Argumentation hebt mehr aufs Prinzipielle ab: Ihm geht es um das Problem, dass die PID die Möglichkeit schafft, dass Menschen über Sein oder Nichtsein eines Kindes nach Kriterien entscheiden, die sie selbst gewählt haben. Und Kriterien können sich ja auch ändern, sie sind je nach gesellschaftlicher Konstellation verhandelbar. Nach von Rauchhaupt ist es unmöglich, absolute Kriterien dafür zu finden, wann ein beginnendes menschliches Leben von Ärzten wieder beendet werden darf. Und ohne solche Kriterien könne man die PID nicht erlauben.

➧ **s. Zusatzmaterial 31, LB, S. 204**

Keimbahntherapie – Genome Editing

Lauran Neergaard: Soll man Genom-Chirurgie zulassen?

Ulrich Bahnsen: Der Mensch kann seine Evolution nun selbst bestimmen

Zu den Aufgaben S. 241

1 Der Text von Neergaard bietet selbst zwei Argumente:

- „genetische Änderungen" könnten „auch an künftige Generationen vererbt werden" (SB, S. 240, Z. 8 f.), die darüber aber „kein Wort mitreden" (Z. 26) dürften, „und mögliche negative Folgen würden vielleicht erst nach Jahren sichtbar." (Z. 26 f.)
- „Es besteht außerdem die Sorge, dass Designerbabys entstehen – also dass genetisches Material manipuliert wird, um intelligenteren, athletischeren oder auch besser aussehenden Nachwuchs zu erzeugen." (Z. 27 ff.)

Für eine Ausgestaltung dieser Argumente sowie weitere Gesichtspunkte s. den zusätzlichen Text von Wolfgang Huber: „Eine neue Ära?":

➧ **s. Zusatzmaterial 32, LB, S. 205**

4 Für eine solche Debatte bietet sich besonders das Debattenformat des größten Schüler-Debattierwettbewerbs Deutschlands an: „Jugend debattiert". Die Regeln und alle weiteren Informationen finden sich auf: www.jugend-debattiert.de.

Organspende – Organtransplantationen

Anna Bergmann: Organspende - tödliches Dilemma oder ethische Pflicht?

Ellis E. Huber: In welchen Fällen sind Organtransplantationen zulässig?

Zu den Aufgaben S. 243

2 Der Text Anna Bergmanns bietet eine ungewöhnliche, kulturwissenschaftliche Perspektive auf das Thema der Organspende. Die drei Hauptargumente, die aus ihrer Sicht gegen die Entnahme von Organen aus den Körpern Hirntoter sprechen, sind:

- Diese Organentnahme widerspreche den „ethischen Normen im Umgang mit Sterbenden und Toten" (SB, S. 242, Z. 28), die in unserer Kultur vorherrschen und unter dem Begriff „Pietät" zusammengefasst werden. Damit ist nicht nur die sogenannte „Totenruhe" gemeint, also die Unverletzlichkeit des toten Körpers, sondern auch der „Schutz der Angehörigen, denen ein pietätvolles Totengedenken als Rechtsgut zusteht" (Z. 12 f.).

- Das Wohl des sogenannten „Hirntoten", den Bergmann als „Sterbenden" ansieht, werde beim Vorgang der Organentnahme in keiner Weise berücksichtigt; sein Körper diene nur noch anderen Zwecken. Die Organentnahme verstoße daher gegen alle „Prämissen der medizinischen Ethik".
- Ärzte und Krankenhauspersonal begingen bei der Explantation der Organe eine Tötung, indem sie den „Hirntoten" dadurch endgültig zum „Herztoten", zur Leiche machten (vgl. Z. 17). Die Mitwirkung hierbei könne von den daran Beteiligten „als eine traumatische Erfahrung" (Z. 19) empfunden werden, weil sie gegen das „Tötungstabu" (Z. 14) verstoße, das eigentlich Grundbestandteil ihres Selbstverständnisses als Mediziner sei.

Ellis E. Huber sieht die von Bergmann aufgeworfene Problematik auch, er glaubt aber, dass die moderne Medizin es schaffen könne, diese Probleme zu lösen (SB, S. 243, Z. 32 ff.). „Deshalb gelten in Deutschland ethische Berufsregeln für die Organtransplantation, die von der ärztlichen Selbstverwaltung streng überwacht werden. Ärztinnen oder Ärzte, die dagegen verstoßen, müssen mit dem Entzug ihrer Berufserlaubnis rechnen."

Der grundlegende Dissens beider Positionen ist aber die unterschiedliche Auffassung über den Hirntod (s. Kasten in SB, S. 243): Während Bergmann behauptet, der Hirntote sei ein „Sterbender", also noch nicht tot, sagt Huber: „Eine Grenzziehung zwischen hirntot und herztot ist der Medizin möglich, seitdem Maschinen eine künstliche Beatmung ermöglichen und trotz des Hirntodes die Körperfunktionen künstlich aufrechterhalten werden können." (Z. 42 ff.)

Eine ähnliche Position wie Huber bezog im Jahr 1996 der Nestor der deutschen Chirurgie, Rudolf Pichlmayr: „Jetzt kann man sagen, ich sei utilitaristisch und definiere den Hirntod so. Selbstverständlich ist die Annahme leichter zu akzeptieren, ein kalter Leichnam ist tot als ein warmer, durchbluteter Körper. Nur, wenn ich differenzieren muss, dann, glaube ich, gibt es kein anderes und kann es nie ein besseres Kriterium geben als den vollständigen Ausfall aller Hirnfunktionen, der den Tod des Menschen markiert. Und es gibt in der wissenschaftlichen Literatur nicht einen Fall, wonach bei Ausfall aller Hirntodfunktionen ein Mensch weitergelebt hätte" (Spiegel spezial Nr. 7/1996, S. 38).

4 Die Diskrepanz zwischen beabsichtigter und tatsächlicher Spendebereitschaft und die mangelnde Zahl von Spenderorganen haben in jüngster Zeit sehr kontrovers diskutierte Überlegungen gezeitigt, mit einem geänderten Verfahren, um höhere Quoten an Spenderorganen zu erreichen.

Eine Möglichkeit ist die in der Aufgabe angesprochene *erweiterte Widerspruchsregelung*, die jeden Verstorbenen automatisch als Spender ansieht, es sei denn, er hat dies zu Lebzeiten ausdrücklich abgelehnt bzw. seine Angehörigen tun dies (so die in der Aufgabe erwähnte Regelung in Österreich). Einen anderen Weg stellt die *erweiterte Entscheidungsregelung* dar. Danach soll jeder Mensch mindestens einmal in seinem Leben gefragt werden, ob er als Organspender zur Verfügung steht oder nicht, und dies wird in seinem Personalausweis oder auf seiner Versichertenkarte dokumentiert. Fraglich bleibt bei diesen Ideen aber immer, ob der moralische Druck zur Organspende, dem die entworfenen Regelungen den Einzelnen aussetzen, dessen Recht auf die alleinige Verfügungshoheit über seinen Körper vor und nach seinem Tod nicht zu sehr einschränkt.

Sterbehilfe – zwischen Helfen und Töten

Birgitt van Oorschot: „Es gibt ein Recht zu sterben"

Zum Moderationstext S. 244

Das BGH-Urteil sah den Abbruch der gegen den Patientenwillen gerichteten Behandlung nicht als aktive Sterbehilfe an und erkannte somit auf Freispruch. Von dem bahnbrechenden Prozess berichten im u. g. Literaturhinweis der Anwalt der betroffenen Familie und die Tochter der verstorbenen Patientin.

Literaturhinweis:

- Wolfgang Putz, Elke Gloor: Sterben dürfen. Hamburg: Hoffmann und Campe 2011

Zu den Aufgaben S. 245

2 Darf der Mensch über seinen Tod und die Art dieses Todes selbst bestimmen?
Wenn ja, wie kann er seinen Willen dazu authentisch zum Ausdruck bringen, wenn er körperlich dazu nicht mehr in der Lage ist?
Ist eine vor seiner Krankheit schriftlich verfasste „Patientenverfügung" dazu ausreichend?
Wie kann klargestellt werden, dass es wirklich sein Wille ist zu sterben und nicht etwa der seiner Angehörigen? Wie kann gesichert werden, dass nicht Ärzte und Pflegepersonal allein darüber entscheiden?
Was passiert, wenn keine Patientenverfügung vorliegt? Wer entscheidet dann über das weitere Vorgehen?

Zum Filmtipp S. 245

„Das Meer in mir": Der Film basiert auf der authentischen Geschichte eines Spaniers, der 1969 im Alter von 25 Jahren nach einem Badeunfall vom Hals ab querschnittsgelähmt blieb und für sich vergeblich das Recht auf Euthanasie forderte. 30 Jahre später erfüllten ihm Freunde den Wunsch zu sterben und stellten ihm das dazu notwendige Gift zur Verfügung, das er dann mittels eines Strohhalms selbst zu sich nahm. Der Film erhielt zahlreiche internationale Auszeichnungen, darunter den Golden Globe, einen Oscar und den Silbernen Löwen.

Leihmutterschaft – ein ethisches Dilemma

Was ist „Leihmutterschaft"?

Florentine Fritzen: Die Schattenseite der Babyindustrie

Zu den Aufgaben S. 247

1 Reiche Eltern aus den entwickelten Ländern (heterosexuelle und homosexuelle Paare) können es sich leisten, ihren Kinderwunsch durch die Beauftragung einer bezahlten Leihmutter, z. B. aus Indien, zu erfüllen. Einerseits profitieren beide Seiten davon: „Die arme Frau will Geld, die reiche Frau ein Kind. Beide Frauen denken, dass sie ihren Wunsch ohne die jeweils andere nicht erfüllen können. Also schließen sie einen Vertrag, der vordergründig beiden nutzt." (SB, S. 246, Z. 1 ff.)
Andererseits wird die ärmere Frau durch ihre Notlage dazu *gezwungen*, ihren Körper auf diese Weise zu vermieten: „Die Leihmutter geht aus der Not heraus ein Geschäft ein, das sie sonst vielleicht nicht einginge. [...] Man muss gar nicht die Muster von Imperialismus und Kolonialherrschaft bemühen, um zu sehen, dass das Leihmutter-Geschäft schamlos Macht ausnutzt. Die Macht entsteht aus Reichtum und aus dem unverdienten Glück, selbst auf der Sonnenseite geboren zu sein. Dort, wo sich jeder wünschen darf, was er möchte, und gewohnt ist, es auch zu bekommen." (SB, S. 247, Z. 35 ff.)
Ethisch betrachtet besteht der Widerspruch aus der moralischen Verurteilung dieser Form von „Zwangsprostitution" auf der einen Seite und dem Tolerieren der vermeintlichen „Win-win-Situation" zwischen Leihmutter und Auftraggebern auf der anderen Seite.
Das Dilemma ist letzten Endes eines zwischen einem prinzipienethischen Standpunkt – diese Form von „Prostitution" ist aus Prinzip abzulehnen – und einer folgenethischen Perspektive: Beide Seiten können ihre jeweilige Situation ja nicht grundlegend ändern, machen durch den Leihmutter-Vertrag aber das Beste daraus, er nützt allen. Warum soll das Geschäft dann nicht erlaubt sein?

3 „Von der Beobachtung einer Tatsache (Menschen lügen) wird darauf geschlossen, welche Konsequenzen moralischer Art daraus zu ziehen sind (Lügen ist statthaft)." (SB, S. 127, Z. 9 f.)
Das kann eins zu eins auf die vorliegende Problematik und auf das in der Aufgabenstellung angesprochene Schluss-Statement Fritzens übertragen werden: Von der Beobachtung einer Tatsache (Leihmutterschaft ist medizinischtechnisch machbar; es gibt Leihmuttergeschäfte; beide Seiten haben etwas davon) wird darauf geschlossen, welche Konsequenzen moralischer Art daraus zu ziehen sind (Leihmutterschaft ist statthaft).

Public Health – öffentliche Gesundheit

Juli Zeh: Die METHODE

Zu den Aufgaben S. 248

1 Eine gute Zusammenfassung bietet Klaus Michael Meyer-Abich:
Die METHODE besteht darin, „‚Gesundheit als Prinzip staatlicher Legitimation' zu proklamieren und durchzusetzen. Überhaupt noch krank zu werden gilt im Gesundheitsstaat als geradezu unanständig. Krankheiten sind sogar ausdrücklich zu Verstößen gegen die herrschende Gesundheitsordnung erklärt worden. Man trinkt in der Regel nur noch heißes Wasser, der übliche Gruß lautet ‚Santé', und daran hat man sich zu halten.
Grundsätzlich lebt man zwar so weiter wie jetzt, ist nun aber verpflichtet, für die Gesundheit alles das zu tun, was der somatischen Medizin dazu eingefallen ist, also insbesondere die Blutwerte, die Urinwerte und den Blutdruck zu kontrollieren sowie ein tägliches Pensum von soundso viel Kilometeräquivalenten auf dem Heimtrainer zu absolvieren. Außerdem hat man sich regelmäßig zu präventiven amtsärztlichen Untersuchungen einzufinden, damit festgestellt wird, ob trotz alledem vielleicht doch eine Krankheit im Anzug sein könnte. Eugenik und Keimbahntherapie kommen hinzu. Wer die Regeln nicht einhält, wird zu einem behördlichen Klärungsgespräch eingeladen und gegebenenfalls zur Teilnahme an medizinischen und hygienischen Fortbildungsmaßnahmen verpflichtet. Das System funktioniert so gut, dass es kaum noch Krankheiten gibt." (Klaus Michael Meyer-Abich: Was es bedeutet, gesund zu sein. Philosophie der Medizin. München: Hanser 2010, S. 576 f.)

3 Kramers die Weltsicht von Thomas Hobbes zitierende Darstellung folgt in weiten Teilen dem, was rechtspopulistische Parteien heute über unsere Gegenwart sagen: Pluralismus, Individualismus und Globalisierung würden als Bedrohung wahrgenommen, die alten Werte verfielen, die Menschen fühlten sich einsam und orientierungslos, sie hätten Angst und würden krank davon. Das Perfide dabei ist, dass die einzelnen Befunde für viele der heute lebenden Menschen ja zutreffen bzw. von ihnen als zutreffend empfunden werden, die positiven Seiten und die Chancen der heutigen Situation aber ausgeblendet werden und ihre negative Bewertung als Tatsache ausgegeben wird.

4 „Die Krankheit war den Menschen Existenzbeweis – als wären sie nicht in der Lage gewesen, sich selbst zu spüren, solange ihnen nichts wehtat! Jahrhundertelang hat man die Schwäche angebetet, man hat sie sogar zum Kern einer Weltreligion erhoben. Man kniete vor dem Bild eines magersüchtigen, bärtigen Masochisten, der eine Stacheldrahtrolle auf dem Kopf trug, während ihm das Blut übers Gesicht lief. Der Stolz der Kranken, die Heiligkeit der Kranken, die Selbstliebe der Kranken: Das waren die Übel, die den Menschen von innen fraßen." (SB, S. 249, Z. 39 ff.)
Diese Passage ist eine ziemlich krasse Neuformulierung, fast schon eine Paraphrase von Nietzsches Kritik am angeblich das Leiden vergötzenden Christentum:
„Das Christentum hat die Krankheit *nötig* […], – Krank*machen* ist die eigentliche Hinterabsicht des ganzen Heilsprozeduren-Systems der Kirche. [...] Wir anderen, die wir den *Mut* zur Gesundheit *und* auch zur Verachtung haben, wie dürfen *wir* eine Religion verachten, die den Leib missverstehen lehrte! die den Seelen-Aberglauben nicht loswerden will! die aus der unzureichenden Ernährung ein ‚Verdienst' macht! die in der Gesundheit eine Art Feind, Teufel, Versuchung bekämpft! die sich einredete, man könne eine ‚vollkommne Seele' in einem Kadaver von Leib herumtragen, und dazu nötig hatte, einen neuen Begriff der ‚Vollkommenheit' sich zurechtzumachen, ein bleiches, krankhaftes, idiotisch-schwärmerisches Wesen, die sogenannte ‚Heiligkeit', – Heiligkeit, selbst bloß eine Symptomen-Reihe des verarmten, entnervten, unheilbar verdorbenen Leibes! … Die christliche Bewegung, als eine europäische Bewegung, ist von vornherein eine Gesamt-Bewegung der Ausschuss- und Abfalls-Elemente aller Art: – diese will mit dem Christentum zur Macht … […] – *Gott am Kreuze* – versteht man immer noch die furchtbare Hintergedanklichkeit dieses Symbols nicht? – Alles, was leidet, alles, was am Kreuze hängt, ist göttlich […]" (SB, S. 393, Z. 18 ff. und 28 ff.)

➧ **s. Zusatzmaterial 33, LB, S. 206**

Medien und Ethik

Abbild oder Fälschung?

Andreas Kopietz: Wie ich Stalins Badezimmer erschuf

In diesem Zusammenhang kann auf „Die Truman Show" zurückgegriffen werden, SB, S. 16, LB, S. 11.

Zu den Aufgaben S. 251

1 Fragen bzw. Herausforderungen:
- Wer kontrolliert die Medien?
- Haben Autoren im Internet eine ethische Verpflichtung zur Wahrheit?
- Wie kann man Falschmeldungen strafrechtlich verfolgen?
- Woran erkennt man eine seriöse, glaubwürdige Quelle?
- Welche Folgen haben Falschmeldungen?
- Muss der Leser den Wahrheitsgehalt von Informationen prüfen?

2 Beispiele für bewusste Falschmeldungen:
- Wahlkampf, z. B. Brexit-Befürworter verbreiteten falsche Zahlen bzgl. der Überweisungen nach Brüssel
- Werbung
- Beginn des Zweiten Weltkriegs: Überfall auf den Gleiwitzer Sender
- 2003: Bush-Regierung legt falsche Beweise bzgl. der Massenvernichtungswaffen im Irak vor

4
- Rechtes Bild: Mörder, der sich anschleicht
- Mittelbild: Mörder, der seine Sachen zusammensucht, oder Polizist, der den Raum untersucht
- linkes Bild: Fänger
- rechtes Bild und Mittelbild: der Mörder hat sich versteckt und will den Polizisten töten oder umgekehrt

5 Bilder sind keine Abbilder der Wirklichkeit, sie können die Wirklichkeit nicht einfangen, sie zeigen immer nur einen Ausschnitt; ein Schritt zurück oder eine andere Perspektive können die Bildaussage verändern. Die Anwesenheit von Fotografen verändert das Geschehen: Wenn man weiß, dass man beobachtet wird, verhält man sich anders.
Ein Bild ist eine Momentaufnahme, aber die Wirklichkeit ist ein Prozess, dies kann kein Bild einfangen. Bilder lassen Platz für Interpretationen und Assoziationen: Der Betrachter ergänzt die Wirklichkeit außerhalb des Bildausschnittes und greift dabei auf eigene Erfahrungen, Kenntnisse und vom Bild angedeutete Zusammenhänge zurück.

6 Beispiele:
- Foto aus dem Vietnamkrieg: Eu 1/11, S. 39, Material Extra S. 2 f. als Anregungen für den Einstieg
- Bei Lenins Rede vor Einheiten der Roten Armee auf dem Swerdlow-Platz in Moskau am 5. Mai 1920 sind auch die späteren politischen Gegner Stalins, Trotzki und Kamenew, anwesend. Sie stehen auf den Stufen des Rednerpodestes. Unter Stalin erscheinen nur noch gefälschte Versionen des Bildes. Trotzki und Kamenew wurden herausretuschiert. Wo sie gestanden haben, sieht man nur noch fünf Holzstufen.

7 Sehende Menschen vertrauen im Alltag auf das, was sie sehen; der Sehsinn liefert dem Menschen wichtige Informationen über seine Umgebung und beeinflusst damit das Handeln. Jeden Tag werden dank der technischen Entwicklung aber Millionen Bilder aufgenommen und veröffentlicht. Bilder sind einfacher und schneller zu erfassen als Texte. „Bilderwelt" in anderen Bereichen: In der Medizin sind es die bildgebenden Verfahren, in der Wissenschaft ist es die „Verbildlichung" von Erkenntnissen und Daten.

In der Wissenschaft wird die Hinwendung zum Bild als „iconic-turn“/„visual-turn“/Ikonische Wende bezeichnet.

8 Beispiel für Methoden der „Verschönerungen“:
- Aufhellung, Kolorieren
- Veränderung des Hintergrundes
- Haut glätten oder markante Stellen hervorheben
- Perspektive

9 Als längerfristige Hausaufgabe oder man lässt die Schüler Bilder zu einem Thema in verschiedenen Medien analysieren.

Literaturhinweis:
- Museum für Kommunikation: Didaktisches Material: X für U. Bilder, die Lügen. 2007, http://www.mfk.ch/fileadmin/user_upload/zzz_Dateiliste_alte_Seite/pdfs/Bildung_Vermittlung/Materialien/Ausstellungen/Bdl/Bdl_didakt_Materialien.pdf [27.5.2017]

Günther Anders: Welt im Bild

Zu den Aufgaben S. 252

1 Funktion von Bildern:
- Felsbilder: Fixierung der Geschichte, Überlieferung
- Im Mittelalter konnte die Mehrheit der Menschen nicht lesen: Bilder (Fensterbilder) in den Kirchen beeindruckten und erzählten die Geschichten der Bibel
- Verbreitung von Informationen
- Visualisierung von Erkenntnissen
- Plakat: Repräsentation, Belehrung, Werbung, Unterhaltung
- Bildflugblätter: Propaganda, Information, Mobilisierung (zur Zeit der Reformation, der Französischen Revolution)
- Dekoration
- Inszenierung, Prestigemanifestation (Deckenbilder in Rathäusern)
- Unterhaltung
- Bemalung von Häusern als Zeichen des sozialen Status (Patrizierhäuser, Handwerkshäuser)
- Sammelbilder: Marketinginstrument, Kundenbindung
- Porträt: soziale Verortung/Selbstinszenierung (19. Jh.)

3 Folgen der Bilderwelt:
- Politiker überlegen, welche Bilder sie von sich veröffentlicht wissen wollen, dementsprechend besuchen sie z. B. wohltätige Einrichtungen
- Inszenierung von Politikern (Diskussion über Frisuren, Outfit usw.) oder von sogenannten Stars
- Hilfsorganisationen nutzen entsprechende Bilder, um Spenden zu sammeln
- „Bilder, die lügen“ – Bildmanipulationen
- als Informationsquelle dienen das Fernsehen, YouTube, Bilder in sozialen Netzwerken usw., also viele Bilder, die mit dem Ziel, Quote zu erzielen oder sich selbst zu inszenieren, aufbereitet sind

Wolfgang Ullrich: Selfies als Weltsprache

Zu den Aufgaben S. 253

2 Kulturpessimistische Bewertung:
Hyperindividualiserung
- Menschen werden zu Egomanen
- Menschen sind oberflächlich, dumm oder sozial inkompetent
- viele belanglose Bilder, die nach kurzer Zeit „vergessen“ sind
- optimistische Bewertung
- steht in der Tradition der Popkultur
- sind prägnant, verständlich und wirken schnell
- Empfänger kann einen direkten Eindruck von der Situation gewinnen
- man kann spontan und schlagfertig sein
- Vernetzung mit anderen
- Selfie ermöglicht, einen emotional starken Moment noch intensiver zu erleben

3 Emoticons und Selfies sind schnell und weltweit verständlich – Etablierung „eine[r] universal gültige[n] Form der Kommunikation“ (Z. 45). Hier können Schüler darauf verweisen, dass es auch japanische (Kaomojis) und koreanische Emoticons gibt, die sich von den „westlichen“ unterscheiden.

5 „Selfieness“: Selfieness ist der übermächtige Wunsch nach digitaler Selbsterschaffung.
- Je mehr Bilder man von einem Menschen hat, desto mehr weiß man von ihm: wo er wohnt, was er gerne macht, wo er sich aufhält, welche Freunde er hat, was er einkauft usw.
- Folgen: Überwachung durch den Staat; zukünftiger Arbeitgeber informiert sich über den Bewerber und lässt dessen Bilder in sozialen Netzwerken mithilfe von entsprechenden Programmen auswerten; Unternehmen nutzen es zur Kundenanalyse.

Susan Sontag: Warum Kriegsbilder?

Zu den Aufgaben S. 254 f.

1 Nonstop-Bilder umfassen die bewegten Bilder (Fernsehen, Video, Kino), Fotos prägen sich stärker ein als Nonstop-Bilder.

2 Ansichten über die Fotografie:
- Aufmerksamkeitslenkung: Ein Krieg ist real, wenn darüber berichtet wird
- Abstumpfung: Bilderflut hat dämpfende Wirkung

3 Kriegsfotografie:
- „Ankereffekt“: grausame Bilder bleiben in unserem Kopf haften und minimieren die Distanz zu den Ereignissen (Aufbau einer emotionalen Bindung), Fotos führen einem

immer wieder das vom Menschen verursachte Leid vor Augen (Wissen um die Grausamkeit des Menschen), Fotos sollen das Vergessen verhindern
- aber: Fotos helfen dem Betrachter nicht, das Geschehene zu begreifen oder etwas zu ändern, Fotos erfassen nur einen Teil der Realität

4 Zensurmaßnahmen im Krieg:
- Regierung möchte ihre Politik „verkaufen“, Kriegserfolge präsentieren und die Moral der Menschen an der „Heimatfront“ aufrechterhalten;
- Militär möchte den Gegner nicht über eigene Waffen, Anzahl an Soldaten, militärische Geheimnisse usw. informieren, u. a. um Menschenleben zu retten;
- Fotos sind immer nur Ausschnitt – Vermeidung eines falschen Eindrucks;
- keine Kontrolle durch die „Öffentlichkeit“;
- Menschen in der Heimat werden nicht mit den Grausamkeiten des Krieges konfrontiert.

5 Mögliche Argumente:
- Bewahrung der Menschenwürde der abgebildeten Personen, keine Instrumentalisierung der Menschen
- Recht am eigenen Bild
- Aufklärung, Information
- Gefahr der Vereinfachung des Konfliktes

6 Konsequenzen:
- für das beteiligte Militär: Gefahr des Geheimnisverrates, was Menschenleben kosten kann; es kann zeigen, was Fakt ist, und damit Desinformationen vorbeugen, Gegner desinformieren
- für die Kriegsberichterstatter/Journalisten: riskieren ihr Leben, Beeinflussung des Konfliktes, „Echtzeitjournalismus“ wird der Aufgabe eines Journalisten nicht gerecht, da er keine Zeit hat für Recherche und Analyse
- für den Leser/Hörer/Zuschauer/Betrachter: Sie kommentieren das Geschehen (z. B. mit Emoticons, Likes); welcher Quelle soll er vertrauen?; Vermittlung einer verzerrten Realität: Mehr Berichte über ein Ereignis können dramatisierend wirken

Stefanie Schramm, Claudia Wüstenhagen: Die Macht der Worte

Zu den Aufgaben S. 257

1 Sprache beeinflusst unser Denken: Worte können trösten oder verletzen (vgl. Z. 13 f.); Marketing nutzt z. B. exotische Namen, um ein Produkt besser zu verkaufen (vgl. Z. 18 ff.); Worte rufen Assoziationen hervor, die dann das Handeln beeinflussen, Bsp. Kriminalität als „wildes Tier“ oder als „Virus“ zu bezeichnen führt zu unterschiedlichen Strategien des Umgangs mit Kriminalität, entweder sollen die Verbrecher härter gejagt werden oder die Ursachen der Kriminalität sollen bekämpft werden (vgl. Z. 50 ff.). Sprache ist aber keine Voraussetzung für das Denken (vgl. Z. 69).

2 Ab 2015 kamen viele geflüchtete Menschen nach Deutschland, es wurde von „Flüchtlingslawine“, „Flüchtlingsflut“ gesprochen, „Flut“ und „Lawine“ haben natürliche Ursachen, flüchtende Menschen sind aber kein natürliches Phänomen.
„Flüchtlinge“: die Endung „-ling“ stellt eine Verniedlichung, Verkleinerung oder Verharmlosung dar, wie z. B. „Schönling“, „Lehrling“, „Zögling“.

3 Mögliche Wörter: Neger, Gutmensch, Eskimo, Zigeuner, Prekariat, Krüppel, Lernbehinderter (heute: Schüler mit dem Förderschwerpunkt Lernen).
Political Correctness soll Minderheiten oder Unterdrückte vor Diskriminierung schützen. Da Wörter das Denken beeinflussen und bestimmte Wörter abwertend gegenüber Menschen (siehe „Unwort des Jahres“, z. B. Humankapital, sozialverträgliches Frühableben) sind oder Dinge falsch darstellen (z. B. „alternativlos“, man hat immer eine Alternative), ist es sinnvoll, sie nicht zu gebrauchen. Aber: Politische Korrektheit verändert keine sozialen Wirklichkeiten und führt evtl. zur Feigheit sowie Anpassung.

4 2004 initiierten der Deutsche Sprachrat und das Goethe-Institut den internationalen Wettbewerb „Das schönste deutsche Wort“. Insgesamt gingen 22 838 Wörter nebst Begründungen aus 111 Ländern bei den Veranstaltern des Wettbewerbs ein. Die Gewinner: 1. Habseligkeiten, 2. Geborgenheit, 3. lieben, 4. Augenblick, 5. Rhabarbermarmelade.

Journalismus und Demokratie

Andreas Voßkuhle: Journalismus darf sich nicht nur an Quote und Auflage orientieren

Zu den Aufgaben S. 259

1 Bedeutung der Journalisten als „Vierte Gewalt“:
- Information der Bürger als Grundlage politischer Entscheidungen
- Orientierungsfunktion: Einordnung, Gewichtung
- Beitrag zur öffentlichen Meinungsbildung
- Kontrollfunktion: Kontrolle der Politik und der Gerichte, ergo sind Journalisten ein Garant für einen „wirkungsvollen Rechts- und Grundrechtsschutz.“ (Z. 27 f.)
- Voraussetzungen
- „Existenz einer relativ großen Zahl selbstständiger, vom Staat unabhängiger und […] konkurrierender [hinsichtlich politischer oder weltanschaulicher Ausrichtung] Presseerzeugnisse“ (Z. 31 ff.)
- keine staatlichen Eingriffe, keine Zensurmaßnahmen

2 Journalisten und Richter:
- Gemeinsamkeiten: Suche nach der Wahrheit, Bewertung und Einordnung von Tatsachen; wichtige Säule in einer Demokratie
- Unterschiede: Aufgaben (Richter: Judikative; Journalisten: Berichten, Bewerten, Einordnen, Beitrag zur Meinungsbildung – Vermittlung von Ereignissen, Informationsquelle, kritische Begleitung der Arbeit der Politik und der Gerichte); Art der Stellenbesetzung; Arbeitsort: Richter arbeiten im öffentlichen Dienst, Journalisten in der „freien" Wirtschaft

3 Gefahren für eine angemessene Berichterstattung:
- wirtschaftlicher Druck: Konkurrenz zw. kostengünstigen journalistischen Angeboten im Internet und zu bezahlenden Informationen
- solide journalistische Arbeit bedarf zunächst einer guten Ausbildung und dann einer angemessenen Bezahlung für die Vermittlung komplexer Sachverhalte sowie die Recherche und Bewertung, beides ist zeitintensiv
- „Echtzeitjournalismus": Ständig neue Nachrichten erfordern ständig irgendwelche Aussagen, was zur Aushöhlung der Inhalte führt (vgl. Z. 55 ff.)
- „Trivalisierung und Simplifizierung der Berichterstattung" (Z. 69 f.): zunehmend persönliche Konflikte zw. Personen statt sachliche Gründe als Erklärungsmuster; Personalisierung verkürzt die Sachverhalte, wichtige Erklärungen geraten in den Hintergrund (Z. 63 ff.)
- „Bildberichterstattung" (Z. 71): Bilder sind unpräzise, suggestiv, interpretationsoffen und befördern Trend zur Personalisierung

4 Beschreibung:
- ein Mann im Anzug rollt einen Stein mit der Aufschrift „Qualitätsjournalismus" einen Berg hinauf;
- in der rechten oberen Bildecke ist ein Heißluftballon mit einer Person zu sehen, auf dem Ballon steht „Infotainment" und die Person sagt: „He, Kollege! Mit heisser Luft geht's leichter!"

Erklärung:
- Thema: Journalismus
- Stein einen Berg hochrollen verweist auf den Mythos des Sisyphos (er überlistet durch seine Schlauheit mehrmals den Tod): mühselige, absurde (?) Arbeit, zeitintensiv, Recherchieren
- „heiße Luft": viel Aufhebens um nichts; etwas wird größer angepriesen, als es in Wahrheit ist
- Infotainment: Präsentation von Informationen in aufgelockerter und unterhaltsamer Weise (Mischung aus Informations- und Unterhaltungsformaten)

Deutung:
- Kritik an Journalisten, die nicht seriös arbeiten
- Unterschied zw. Qualitätsjournalismus und Infotainment

➧ **Zusatzmaterial 34, LB, S. 207:**

Reporter ohne Grenzen: Journalisten unter Druck

Zu den Aufgaben S. 260

1 Beschreibung:
- Länder mit einer guten bis zufriedenstellenden Lage sind in Europa die skandinavischen Länder, mittel- und westeuropäische Länder, Länder im Nordosten von Europa und Rumänien; in Amerika: USA, Kanada, Costa Rica, Chile, Uruguay, Suriname; in Afrika: Namibia, Südafrika, Botswana, Mauretanien, Niger, Ghana, Burkina Faso; Australien und Neuseeland
- Asien fällt durch seine schwierige bis sehr ernste Lage auf
- in Afrika überwiegt die problematische Lage
- in Amerika sticht Kuba heraus (Journalisten sind den Zielen des Sozialismus verpflichtet und die Zusammenarbeit mit „Feindmedien" steht unter Strafe; Staatsmedien haben Monopolstellung)
- in einer sehr ernsten Lage ist die Pressefreiheit in Russland, Aserbaidschan, Libyen, Sudan, Somalia, Jemen, Syrien, Turkmenistan, Usbekistan, China, Vietnam, Laos, Nordkorea
- Fazit: Pressefreiheit ist weltweit gesehen in keinem guten Zustand; weltweiter Rückgang der Freiräume für Journalisten und unabhängige Medien

Erklärung:
- autokratische Tendenzen in Ägypten, Russland, Türkei
- bewaffnete Konflikte z. B. in Libyen, Burundi, im Jemen
- Bestrebungen der staatlichen Medienkontrolle, z. B. Polen und Ungarn
- Kritikverbot an Staatsführern, Regierungen oder Präsidenten per Gesetz (z. B. Jan Böhmermanns „Schmähgedicht") befördert Selbstzensur
- medienfeindliche Ideologien
- repressive Sicherheitsgesetze
- Oligarchen, die Medien besitzen, instrumentalisieren diese für ihre politischen und wirtschaftlichen Zwecke
- beispielhafte Länder: **China**: Chinas Medien unterliegen einer strengen Zensur. Das Propagandaministerium verschickt täglich Direktiven, mit denen die Berichterstattung gesteuert wird. Über die Selbstverbrennungen von Tibetern, das Massaker am Platz des Himmlischen Friedens vom 4. Juni 1989 und andere heikle Themen darf nicht berichtet werden. Die chinesische Firewall blockiert viele Websites, auch Facebook, YouTube und Twitter. Die chinesische Twitter-Version „Weibo" wird zensiert. China gehört zu den Ländern mit den meisten inhaftierten Journalisten und Bloggern weltweit. **Russland**: Seit der Wahl Wladimir Putins im Jahr 2000 zum russischen Präsidenten hat der Kreml die landesweiten Fernsehsender weitgehend unter seine Kontrolle gebracht. Kritische Medien wie Radio Moskwy oder TV Doschd geraten regelmäßig unter Druck, Journalisten müssen mit Gewalt oder gezielten Anschlägen rechnen, die meist straffrei bleiben. Strenge Internetgesetze ermöglichen das

schnelle und unbürokratische Sperren unliebsamer Websites. (weitere Länderporträts unter: https://www.reporter-ohne-grenzen.de/weltkarte/#rangliste-der-pressefreiheit).

2 Helden der Pressefreiheit: US-Enthüllungsreporter Glenn Greenwald, türkischer Investigativ-Journalist Ismail Saymaz, Sergej Leschtschenko aus der Ukraine
Feinde der Pressefreiheit: Islamischer Staat, russischer Präsident Putin, türkischer Präsident Erdoğan

Literaturhinweis:

- Pressefreiheit weltweit: Nähere Informationen zu den einzelnen Ländern finden Sie in dem vollständigen Bericht auf der Internetseite: https://www.reporter-ohne-grenzen.de/rangliste/2016/ [28.5.2017].

Adrian Lobe, Eva Wolfangel: Ranking-Algorithmen manipulieren Meinungen

Zu den Aufgaben S. 261

1
- Propagandainstrument
- Sabotage von kritischen Diskursen
- Verzerrung bzw. Verfälschung des Meinungsbildes
- Manipulation von Entscheidungen

2 Google entscheidet anhand von 200 Kriterien über das Ranking, allerdings gibt Google weder die Kriterien noch deren Gewichtung preis. Heutzutage werden die Suchergebnisse bei Google anhand der Suchhistorie („Webprotokoll"), dem lokalen Aufenthaltsort und weiteren Faktoren personalisiert ausgegeben. Die zur Anpassung der Suche verwendeten Daten werden entweder im Webprotokoll (solange bis man sie löscht), wenn man mit einem Google-Konto angemeldet ist, gespeichert oder mit nichtangemeldetem Googlekonto auf einem Googleserver bis zu 180 Tage.

3
- Ethikunterricht für Programmierer
- „Wir brauchen eine Treuhandstelle für Algorithmen", sagt Yvonne Hofstetter, Expertin für künstliche Intelligenz, „die ganz großen Datenbestände und Technologien für die Auswertung dieser Daten liegen derzeit […] in ganz wenigen Händen, die kein Datenschützer beaufsichtigen kann." („Die Zeit" vom 10.9.2014)
- unabhängige Kontrolleure, z. B. Wissenschaftler, die nach wissenschaftlichen Qualitätskriterien und ethischem Kodex Daten und Algorithmen bearbeiten oder diese treuhänderisch verwalten
- Erlernen eines kritischen Umgangs mit digitalen Medien („digitale Aufklärung"): neues Unterrichtsfach einführen, Informatik, Programmieren lernen, um die Scheu davor zu verlieren und die Technologie zu verstehen
- Whistleblower schützen
- Kennzeichnungspflicht für Algorithmen ist kaum umsetzbar, weil sie sich permanent verändern

Standpunkte kontrovers: Algorithmen – Chance oder Risiko?

Zu den Aufgaben S. 262

1
- Kunde wählt die Kriterien aus, er kann sie jederzeit ändern
- Kunden erhalten die Informationen, die sie interessieren
- Algorithmen und Aggregatoren verhindern „Informationsblase", weil Filterkriterien nach Themen ausgerichtet sind, d. h., man erhält Informationen aus einer Vielfalt an Medienangeboten
- vergrößern die Reichweite
- Kunde erhält passgenaue Produkte (Passgenauigkeit als Qualitätskriterium)
- Kunde definiert Qualität, nicht der Anbieter

Zu den Aufgaben S. 263

1

Tafelbild

Pro Gründe für die Nutzung von Algorithmen	**Kontra** Gründe gegen die Nutzung von Algorithmen
• passgenaue Angebote und Informationen • Nutzer bestimmt Filterkriterien • je nach Einstellung erhält man eine Vielzahl von Informationen aus unterschiedlichen Quellen	• verzerren die Wirklichkeit • Intransparenz: Welches Unternehmen nutzt welche Algorithmen (Blackbox)? • „algorithmische Zensur" • Unmengen an Daten werden über den Einzelnen gespeichert • Gefahr der Fremdsteuerung, Manipulation (z. B. Big Nudging)

2
- Auswahl der Nachrichten richtet sich nach den Interessen des Nutzers („Informationsblase")
- Facebook bestimmt, was den Nutzer zu interessieren hat; Verstärkung der eigenen Meinung („Echokammereffekt")
- Auswahl der Nachrichten nach ökonomischer Verwertbarkeit: Facebook will, dass die Nutzer sich so lange wie möglich auf der Seite aufhalten, um Werbeeinnahmen zu generieren, also müssen Informationen angeboten werden, die zum Lachen sind bzw. glücklich machen
- Aufgabe der Medien als „Vierte Gewalt" in einer Demokratie wird nicht erfüllt, ist auch kein Ziel von Facebook

Privatsphäre – ein schützenswertes Gut

Beate Rössler: Der Wert des Privaten

Vor dem Lesen des Textes von B. Rössler können die Schüler zunächst überlegen, welche Bedeutung die Privatsphäre für sie hat.

Zu den Aufgaben S. 264

1

- „Privatheit": Zugangskontrolle, wenn der Mensch in der Lage und berechtigt ist, den „Zugang" zu seinen Daten, zu seiner Wohnung, zu seinen Entscheidungen oder Handlungsweisen zu kontrollieren (vgl. Z. 12 ff.); Kontrolle über das, was andere über einen wissen (vgl. Z. 33 f.) (Kontrolle über die Selbstdarstellung (vgl. Z. 39))
- „Wert" des Privaten: Autonomie und Selbstbestimmung sowie Verantwortung bzgl. der eigenen Lebensführung

2 Einschränkung der Privatsphäre durch die Gemeinschaft:

- wenn der Eingriff zur Wahrung der Grundrechte dient
- zur Bekämpfung organisierter Kriminalität
- zur Gefahrenabwehr bzw. Wahrung der öffentlichen Sicherheit
- Wohnungsdurchsuchungen dürfen von Richtern bei Gefahr im Verzug angeordnet werden

3

- viele (?) Menschen sind heute freizügiger im Umgang mit der Veröffentlichung privater Angelegenheiten, evtl. weil sie Anerkennung suchen
- Unkenntnis über das Datensammeln
- Einstellung: „Ich habe nichts zu verbergen.", „Es passiert schon nichts."
- Vertrauen in die, die die Daten sammeln
- Datensammeln ist abstrakt, schwer vorstellbar, wenn z. B. jemand Fremdes in die eigene Wohnung kommt und sich in meinen Sachen umsehen würde, z. B. an meinem Computer meine Mails lesen würde, wäre ich empört und würde es nicht zulassen

4

positive Folgen	negative Folgen
• Polizei: Verbrechensaufklärung und -verhinderung („Minority Report") • bürgerorientierte Politik: politische Entscheidungsträger wissen um die Bedürfnisse und Wünsche der Bürger • mehr Daten ermöglichen bessere Entscheidungen • Rabatte • „kostenlose" Angebote (Kunde bezahlt mit den Daten)	• gläserner Bürger • Verletzung des Datenschutzes, der Privatsphäre • Gefahr des Überwachungsstaates (siehe hierzu „Pizzabestellung im Überwachungsstaat" auf YouTube) • Daten könnten in falsche Hände geraten und einen erpressbar machen oder zu Identitätsdiebstahl führen
• passgenaue Angebote und Informationen, verbesserter Kundenservice • bessere Produkte	• Verhaltensvorhersage, evtl. gerät man unschuldig unter Verdacht personalisierte Werbung • Bsp. Krankenkassen: unterschiedliche Beiträge, je nachdem, wie man sich ernährt, bewegt, welche Sportarten man betreibt (Verlust des Solidaritätsgedankens)

Filmtipp: „Minority Report" (USA 2002)

Peter Schaar: Gefahren für die Privatsphäre

Zu den Aufgaben S. 265

1 Bedeutung der Privatsphäre:

- Rückzugsraum
- Voraussetzung für eine freie Meinungsbildung, da man in diesem unbeobachtet und unzensiert Erfahrungen sowie Einstellungen reflektieren und miteinander austauschen sowie Entscheidungen treffen kann
- Voraussetzung für eine freie Öffentlichkeit

2 Gründe für die Bedrohung der Privatsphäre:

- technologische Entwicklung: Verschiebung und Verwischung des Verhältnisses zw. privater und öffentlicher Sphäre
- wirtschaftliche Interessen
- geringere Wertschätzung der Privatsphäre

3 Auswertung der Karikatur:

- ein Oktopus steht im Scheinwerferlicht auf einer Bühne und bekommt den BigBrotherAward übergeben
- der Oktopus verzieht seinen Mund und freut sich nicht über die Preisverleihung, er schützt mit einem Fuß seine Augen vor dem Scheinwerferlicht, eigentlich will er nicht „im Licht", in der Öffentlichkeit stehen, in vier Füßen hält er ein Telefonbuch, ein Smartphone, einen Laptop und eine Kamera, diese Objekte symbolisieren Möglichkeiten des Datensammelns
- vor der Bühne sitzen Zuschauer, zum Teil mit Sektgläsern in der Hand, und freuen sich, in der rechten Ecke sitzen Musiker

Big Brother Award: „Seit dem Jahr 2000 werden in Deutschland die BigBrotherAwards an Firmen, Organisationen und Personen verliehen, die in besonderer Weise und nachhaltig die Privatsphäre von Menschen beeinträchtigen oder persönliche Daten Dritten zugänglich machen. Die *BigBrotherAwards* sind ein internationales Projekt: In bisher 19 Ländern wurden gefährliche Machenschaften für Menschen und Demokratie mit diesen Preisen ausgezeichnet. […] Die deut sche Jury besteht aus Vertreterinnen der unabhängigen Organisationen *Digitalcourage e.V. (ehemals FoeBuD e.V.), Deutsche Vereinigung für Datenschutz, Forum InformatikerInnen für Frieden und gesellschaftliche Verantwortung, Förderverein Informationstechnik und Gesellschaft, Chaos Computer Club, Humanistische Union* und die *Internationale Liga für Menschenrechte*." (https://bigbrotherawards.de/ueber-uns [18.7.2017])

4 Staatliche Maßnahmen zur Wahrung der Privatsphäre:
- Einhaltung der Grundrechte im Grundgesetz: Post- und Fernmeldegeheimnis (GG Art. 10), Unverletzlichkeit der Wohnung (GG Art. 13)
- Datenschutzregelungen in den Landesverfassungen der Länder
- Bundesdatenschutzgesetz
- EU-Ebene: Datenschutzrichtlinie

5 Weitere Urteile des Bundesverfassungsgericht (BVerfG):
- 1983: BVerfG kippt mit dem Verweis auf das erstmals ausgesprochene Grundrecht auf informelle Selbstbestimmung das Volkszählungsgesetz.
- 2010: deutsche Vorschrift zur Vorratsdatenspeicherung wird für verfassungswidrig und nichtig erklärt; Begründung: Das Gesetz zur anlasslosen Speicherung umfangreicher Daten sämtlicher Nutzer elektronischer Kommunikationsdienste sehe keine konkreten Maßnahmen zur Datensicherheit vor und zudem seien die Hürden für staatliche Zugriffe auf die Daten zu niedrig. Die Regelung zur Vorratsdatenspeicherung verstoße laut Bundesverfassungsgericht gegen Art. 10 Abs. 1 Grundgesetz (GG). Ein neues Gesetz zur Vorratsdatenspeicherung (Titel: Einführung einer Speicherpflicht und Höchstspeicherfrist für Verkehrsdaten) wurde in Deutschland im Oktober 2015 verabschiedet und ist am 18. Dezember 2015 in Kraft getreten. Die wieder eingeführten Speicherpflichten sind spätestens ab 1. Juli 2017 zu erfüllen. Von verschiedener Seite wurden Verfassungsklagen gegen dieses Gesetz eingereicht.
- Fernsehaufnahmen im Gerichtssaal, kurz vor und nach dem Prozess darf gefilmt werden; Begründung: Es besteht ein hohes Risiko der Veränderung des Aussagegehalts, wenn die Aufnahmen geschnitten oder sonst wie bearbeitet, mit anderen zusammengestellt oder gar später in anderen inhaltlichen Zusammenhängen wieder verwendet werden. Der Abwehr solcher Gefahren für das Recht auf informationelle Selbstbestimmung dient der generelle Ausschluss von Aufnahmen und deren Verbreitung.
- 2008: Integritätsgrundrecht: Die heimliche Infiltration eines informationstechnischen Systems, mittels dessen die Nutzung des Systems überwacht und seine Speichermedien ausgelesen werden können, ist verfassungsrechtlich nur zulässig, wenn tatsächliche Anhaltspunkte einer konkreten Gefahr für ein überragend wichtiges Rechtsgut bestehen. Überragend wichtig sind Leib, Leben und Freiheit der Person oder solche Güter der Allgemeinheit, deren Bedrohung die Grundlagen oder den Bestand des Staates oder die Grundlagen der Existenz der Menschen berühren. Die Maßnahme kann schon dann gerechtfertigt sein, wenn sich noch nicht mit hinreichender Wahrscheinlichkeit feststellen lässt, dass die Gefahr in näherer Zukunft eintritt, sofern bestimmte Tatsachen auf eine im Einzelfall durch bestimmte Personen drohende Gefahr für das überragend wichtige Rechtsgut hinweisen.
- 2016: BKA-Gesetz ist teilweise verfassungswidrig, weil es unverhältnismäßig weit in den Kernbereich privater Lebensgestaltung eingreift.

Christian Heller: Das Ende der Privatsphäre

Zu den Aufgaben S. 267

1 Gründe, warum die Post-Privacy eintreten wird:
- technologische Entwicklung: Daten können immer besser miteinander vernetzt und ausgewertet werden
- die neuen technischen Geräte sind oder können miteinander vernetzt werden
- nationale Politik hinkt den Entwicklungen hinterher und schafft es nicht, globale Regelungen zum Schutz der Privatsphäre zu verabschieden
- es gibt kein perfektes Sicherheitssystem: die Daten sind nicht sicher

2 „Filtersouveränität" (Z. 50 ff.):
- „nicht das Reden [sollte] gezügelt werden […], sondern das Zuhören" (Z. 52 f.)
- der Nutzer muss seine Wahrnehmung beschränken, er muss einen individuellen Filter entwickeln, der alles ausblendet, was ihn stört
- Zensur setzt bei der Quelle an, Filter beim Zuhörer/Leser, d. h., der Leser ist jetzt dafür verantwortlich, was er an sich heranlässt
- Voraussetzung: Selbstdisziplin, Wille zum Filtern, Zügeln der eigenen Neugier
- Vorteil: „größte Freiheit des Ausdrucks" (Z. 60)

4 Folgen der völligen Transparenz:
- vernichtet Distanz und Scham
- totale Transparenz kann in Tyrannei umschlagen
- totale Ausleuchtung ermöglicht völlige Kontrolle
- permanente Kommunikation lässt keine Zeit für Ruhe/Stille/Langeweile/Nachdenken
- es wäre evtl. langweilig

➔ **Zusatzmaterial 36, LB, S. 210**

Literaturhinweis:

- Ilja Trojanow und Juli Zeh: Angriff auf die Freiheit. Sicherheitswahn, Überwachungsstaat und der Abbau bürgerlicher Rechte. München: Carl Hanser Verlag, 2009
- Dave Eggers: Der Circle. Köln: Kiepenheuer und Witsch, 2014 (Roman)

Einfluss der digitalen Medien auf das Denken

Manfred Spitzer: Digitale Demenz

Zu den Aufgaben S. 268

1 Digitale Demenz: Verhaltens- und Erlebnisauffälligkeit bei Menschen, die zu viele digitale Medien nutzen: gestörte Aufmerksamkeit, Konzentrationsschwierigkeiten über längeren Zeitraum, geringere Merkfähigkeit, Ablenkbarkeit, Unruhe, Schlafstörung Folgen für die Gesellschaft:
- Abnahme der Empathie: soziales Miteinander verändert sich
- Bildungsproblem: Kinder lernen wichtige Kulturtechniken nicht, z. B. Schreiben, Führen eines längeren Gesprächs

2 Belege für Denkverhinderungsmaschinen: Menschen verlassen sich auf das Navi; Geburtstage muss man sich nicht merken, da einen der technische Assistent erinnert; Termine; Apps sagen dem Menschen, wann er was essen oder machen soll (z. B. Sport, Einkaufen); Autokorrektur bei Textprogrammen
Gegenbeispiele: schnellere Verfügbarkeit von Wissen und Daten; Unterstützung bei der Planung; größere Verarbeitungskapazitäten; größere Kommunikationsreichweite, erweitert meinen Wissenshorizont (Zugriff auf viele unterschiedliche Meinungen)

4 Die Veröffentlichungen zum Thema „Medienwirkung“ sind sehr zahlreich und häufig aus sehr unterschiedlichen Perspektiven und mit verschiedenen Schwerpunkten und Erkenntnisinteressen geschrieben. Bei dieser Aufgabe kann daher auch die Quellenanalyse geübt werden (wer hat welche Studie mit welchem Ziel und mit welchen finanziellen Mitteln in Auftrag gegeben?). Man kann vorher das Thema der Recherche stärker eingrenzen, z. B. Mediennutzung und Schulleistungen, Mediennutzung und gesundheitliche Folgen, Internet und soziale Interaktionen, Auswirkungen digitaler Medien auf das Gehirn.
Beispiel: BLIKK Studie 2017 (http://www.drogenbeauftragte.de/fileadmin/dateien-dba/Drogenbeauftragte/4_Presse/1_Pressemitteilungen/2017/2017_II_Quartal/Factsheet_BLIKK.pdf [18.7.2017])

Ranga Yogeshwar: Ein gefährlicher Pakt

Zu den Aufgaben S. 269

1 „gefährlicher Pakt“:
- „Faust'sche[r] Pakt“ (Z. 26)
- „Wir erhalten Macht, wenn wir dafür einen Teil von uns selbst opfern.“ (Z. 26 f.): Reduktion des Menschen auf „die Summe seiner messbaren Attribute“ (Z. 25)
- Pakt zwischen Ökonomie und digitaler Denkart: alles wird der Vermessung unterworfen bzw. vermessbar gemacht

2 Internet als Chance für die Demokratie:
- leichtere politische Partizipation (mit einem „Klick“): Sammeln von Unterschriften für oder gegen etwas
- Zunahme der politischen Partizipation durch mehr direkte Demokratie
- Organisation von Flashmobs
- Interessenbündelung
- leichterer Informationsaustausch

3 Im Anschluss an die vorgestellten Beispiele kann mit den Schülern diskutiert werden, ob dieses Modell oder die Beispiele ein Gegenentwurf zum „gefährliche[n] Pakt“ ist bzw. sind.
Beispiele für „sharing economy“(→ Wirtschaft und Ethik, SB, S. 272 ff.):
- Foodsharing
- Carsharing
- Airbnb
- Kleiderkreisel
- Call a Bike
- Foodcoop

4 Man kann die Frage auch abwandeln: Sollte Programmieren als zweite Fremdsprache eingeführt werden? Oder: Sollte Informatik ein Pflichtfach werden? Sollte jeder Schüler eine Programmiersprache erlernen?
- vgl. Thema Algorithmen, SB, S. 261 ff.
- Schnittstelle zw. Mensch und Maschine, man wird zum Gestalter und ist nicht bloßer Anwender
- Verstehen der „Digitalisierung“
- Sensibilisierung für das Thema Datensicherheit, da die Schüler lernen, was alles unter Daten fällt
- Welches Fach soll dann wegfallen bzw. wo soll gekürzt werden?
- Kostenfrage
- Schüler sollten zunächst wichtige Kulturtechniken erlernen: lesen, rechnen, schreiben, Gespräche führen, diskutieren, Grundwissen aneignen

Hans Magnus Enzensberger: Kritische Sichtung der Medientheorien

Zu den Aufgaben S. 271

1 Varianten von Medientheorien:
- Manipulationsthese: Medien als Instrument politischer Herrschaft, Inhalte werden über ein passiv gedachtes Publikum ausgeschüttet
- Nachahmungsthese: Medienkonsum birgt sittliche Gefahren (Gewöhnung an Gewalt, Verantwortungslosigkeit, Zügellosigkeit, Verbrechen), das Publikum stumpft ab, Verlust sozialer Tugenden
- Simulationstheorie: Zuschauer kann nicht mehr zwischen Wirklichkeit und Fiktion unterscheiden (erkenntnistheoretischer Aspekt)

- Verblödungstheorie: umfasst alle vorangegangenen Theorien und erweitert diese um den Einfluss auf das Wahrnehmungsvermögen, d. h., die Medien produzieren einen neuen Menschen

Alle genannten Medientheorien liefern laut Enzensberger keine Beweise und sind teilweise nicht plausibel. In allen gibt es die Einteilung in wehrlose Opfer und durchtriebene Täter. Auf welcher Seite steht der Theoretiker? Ist er ausgenommen von der Verblödung und wenn ja, wie hat er es geschafft?

2 Yogeshwar kann man der Nachahmungsthese zuordnen, er spricht von „digitale[r] Denkart" (SB, S. 269, Z. 32), der Nutzer passt sich der Denkweise der digitalen Medien an (Vermessung und Kommerzialisierung von allem).
Spitzer kann allen Medientheorien zugeordnet werden. Im Text „Digitale Demenz" (SB, S. 268) legt er die gesellschaftlichen Folgen des Medienkonsums dar (das soziale Miteinander verkümmert, Denkfähigkeit und Erfindungsreichtum gehen bei Kindern verloren). Zieht man weitere Texte von Spitzer hinzu, kann man Hinweise auf alle genannten Theorien finden: Verkümmerung der Gehirne von Kindern, Sprachentwicklungsstörungen, Verbreitung von Falschinformationen durch Unternehmen und Medienvertreter (wollen Geld verdienen), Politiker (wollen gewählt werden). Allerdings muss darauf hingewiesen werden, dass Spitzer nicht zurück ins analoge Zeitalter will, sondern, dass die Verantwortlichen den Heranwachsenden eine altersangemessene Nutzung zukommen lassen.

3 Bei „Nullmedien" spielen Inhalte keine Rolle: „Man schaltet das Gerät ein, um abzuschalten." (Z. 88) Der Nutzer lässt sich durch bewegte Bilder hypnotisieren, sie rufen ein wohliges Gefühl in ihm hervor, „Form der Psychotherapie" (Z. 91).
Das Gemälde von Kandinsky ist eine auf den ersten Blick willkürliche Anordnung von Formen in unterschiedlichen Farben, diese ergibt keinen Sinn. Dennoch ist das Gemälde gefällig.

4 Kritik am Fernsehen:

- Liquidierung des Inhalts
- Bilder an sich wirken unterhaltend
- Zuschauer setzt seine Wünsche durch, nicht die Medien manipulieren ihn, sondern er das Medium

Kritik an den digitalen Medien:

- Falschinformationen
- in sozialen Netzwerken werden viele Banalitäten mitgeteilt
- aber: wer recherchiert, findet viele Informationen
- Bilderwelt
- wechselseitige Beeinflussung zw. Nutzern und Machern, heute sind aufgrund der technologischen Entwicklungen Manipulationen subtiler

Wirtschaft und Ethik

Kapitalismus, Markt und Moral

Zur Konzeption

„Die Wirtschaft ist unser Schicksal", konstatierte der 1922 ermordete Industrielle und Politiker Walther Rathenau. Er war in der Weimarer Republik zunächst wirtschaftspolitischer Berater der Reichsregierung, im Jahr 1921 wurde er Aufbauminister, 1922 Außenminister.
Wirtschaft als „Schicksal für den Staat"? Die Wirtschaftswissenschaften lassen sich zumeist leiten vom Bild des „Homo oeconomicus", der nur den eigenen Interessen folgt. Oft genug hält sich die Wirklichkeit aber nicht an das Menschenbild und die Lehrweisheiten der Ökonomen. Vor allem ethische Aspekte scheinen bei vielen Ökonomen gar keine oder nur eine geringe Rolle zu spielen. Braucht man überhaupt eine spezielle Wirtschaftsethik? Verfechter des idealtypischen Modells der Marktwirtschaft halten eine Wirtschaftsethik für überflüssig, weil das wirtschaftlich Vernünftige und das moralisch Erforderliche identisch seien. So meinte z. B. der neoliberale Wirtschaftsnobelpreisträger Friedrich A. von Hayek (1899 – 1992), dass die Ergebnisse, die der Markt hervorbringe, bereits sozial seien. Der Marktmechanismus selbst stelle nämlich den Ausgleich zwischen den egoistischen Interessen dar. Dagegen verkenne eine moralisierende Kritik an der Marktwirtschaft die gemeinschaftsfördernde Kraft der im Wirtschaftsgeschehen praktizierten Verantwortungsethik, denn erst die unbestreitbare Effizienz des Marktes mache es den Menschen möglich, ihre altruistischen Motive in materielle Solidarität umzusetzen. Schließlich ermangele es einer Alternative zur Marktwirtschaft, denn die Erfahrungen mit der Plan- bzw. Kommandowirtschaft haben mit ihrem System des Zwangs eine der Grundvoraussetzungen des Sittlichen verhindert: die Freiheit. Freie Märkte dagegen beruhten mit ihrer Betonung des Individualismus, dem Grundsatz der individuellen Leistung und dem dynamischen Wettbewerb auf moralischen Grundlagen und nur in ihnen verwirkliche sich die Tauschgerechtigkeit.
Dagegen klagen Kritiker der (freien) Marktwirtschaft, sie führe zu Selbstsucht und zum Materialismus, zur Ausbeutung der Schwachen, zur Diskreditierung der Solidarität und erliege permanent dem Versuch, „Gewinne zu privatisieren und Verluste zu sozialisieren". Der Markt allein sei bei Weitem „nicht perfekt" (G. Solow), die „unsichtbare Hand" des Adam Smith „gebe es nicht", die Märkte seien per se „amoralisch" (G. Soros). Die Schere bei der Verteilung des produzierten Reichtums zwischen Reichen und Armen öffne sich überall auf „dramatische Weise" (E. Hobsbawm). Das sprunghafte Ansteigen der Wirtschaftskriminalität (Veruntreuung, Unterschlagung, Steuerhinterziehung, Anlagebetrug, Bilanzfälschung, Urkundenfälschung, Konkursbetrug u. a.) spreche für sich. Darüber hinaus sei die Marktwirtschaft in besonderer Weise für den zerstörerischen Umgang mit der Natur verantwortlich. Gravierend sei auch die zunehmende Entmachtung der Staaten durch das wirtschaftliche Potenzial transnational operierender Konzerne.

Das vorliegende Kapitel setzt sich mit beiden Sichtweisen auseinander. Das marktwirtschaftliche Wirtschaftssystem hat sich gegenüber der Planwirtschaft durchgesetzt. Deshalb stehen wirtschaftstheoretische und ethische Aspekte des Kapitalismus bzw. der Marktwirtschaft im Zentrum der Texte.

Literaturhinweis:

- „Standpunkte der Ethik – brisant“: Wirtschaft in der Krise. Hg. von Hermann Nink, Paderborn: Schöningh 2009

Vittorio Hösle: Vor- und Nachteile des Kapitalismus in ethischer Hinsicht

Zu den Aufgaben S. 272 f.

1 Zusammengefasst im Einleitungsteil zum Text.

2 **Arbeitslosigkeit:** Verwirklichung der „Dienstleistungsgesellschaft“ mit der Schaffung neuer Arbeitsmöglichkeiten; **sinnentleerte Freizeitgesellschaft:** Stärkung der Vereinsarbeit, Förderung ehrenamtlicher Tätigkeiten; **Umweltzerstörung:** Einführung des Verursacherprinzips, Erhöhung der Strafen für Umweltkriminalität, Erhöhung der Preise für umweltschädigende Produkte und Dienstleistungen („ökologische Wahrheit des Preises“), Förderung umweltfreundlicher Technologien; **Dritte-Welt-Problem:** Entschuldung der Entwicklungsländer, fairer Welthandel, Verzicht auf Eingriffe in sensible Ökosysteme wie z. B. die Regenwälder, Verbot von Patenten und Ausbeutung der genetischen Ressourcen der Ökosysteme durch multinationale Konzerne, Verbesserung der Schulbildung, Bekämpfung des Aidsvirus, Anschluss an die modernen Informationstechnologien.

3 Die Wirtschaftsform des Kapitalismus beruht auf dem Privateigentum an den Produktionsmitteln, auf Gewinnstreben, wirtschaftlicher Konkurrenz und dem Vertrauen darauf, dass der Markt die wirtschaftlichen Probleme alleine lösen kann und wird. Der Begriff „Kapitalismus“ enthält allein durch seine Endung „-ismus“ eine gewisse Schärfe, er wirkt dadurch wie eine Ideologie. Anders als im Englischen wird „Kapitalismus“ im Deutschen tatsächlich eher abwertend gebraucht, wahrscheinlich eine Folge der Prägung durch Karl Marx und seine späteren Anhänger.
„Marktwirtschaft“ kann „Kapitalismus“ als Synonym ersetzen, dieser Begriff ist neutral und nicht so sehr von der politisch-ideologischen Vorgeschichte belastet wie „Kapitalismus“.

4 Zu denken wäre hier an den Kauf von Bio- und Fair-Trade-Produkten (Lebensmittel, Kleidung, Technik) sowie die dazu nötigen Verbraucherinformationen, die jeder sich bei Publikationen wie „Öko-Test“ oder auf Websites wie foodwatch.de besorgen kann. Aber auch bei anderen Konsumfeldern, wie z. B. dem Reisen, ist verantwortlicher Konsum möglich.

5
6 Einen Überblick über verschiedene Projekte der „Sharing Economy“ bietet: http://www.lets-share.de/
Vor und Nachteile der „Sharing Economy“ werden z. B. hier diskutiert:
http://www.caroline-michel.de/sharing-economy/
http://www.fluter.de/ganz-schoen-verbohrt-share-economy-ja-oder-nein

➧ **s. Zusatzmaterial 37, LB, S. 212**

Literaturhinweis:

- Silke Helfrich /Heinrich-Böll-Stiftung (Hg.): Commons. Für eine neue Politik jenseits von Markt und Staat. Bielefeld: transcript [2]2014

„Eigenliebe tut gut“: Die Lehre des Adam Smith

Peter Bofinger: Adam Smith – Der Segen des Egoismus

Zu den Texten S. 274 f.

Smith schuf in seinem 1776 erschienenen Tausendseitenwerk „Untersuchung über die Natur und die Ursachen des Wohlstandes der Nationen“ die theoretischen Grundlagen für eine freiheitliche Wirtschaftsordnung, die zu einer „Bibel der Liberalen“ wurde. Sie begründete die „klassisch-liberale Nationalökonomie“ und beeinflusste wie kein anderes Werk die Wirtschaftswissenschaften insgesamt.
Smith lehrte an der Universität Glasgow, dem Zentrum der schottischen Aufklärung, Moralphilosophie. In seinem Werk „Theorie der ethischen Gefühle“ ging er der Frage nach, warum Menschen neben dem Selbsterhaltungstrieb auch Altruismus und Nächstenliebe entwickeln. Smiths Antwort: Moralische Gefühle kommen bei persönlichen Kontakten zustande .
Wie lässt sich diese anthropologische Gegebenheit auf das Wirtschaftsleben (das ja hauptsächlich auf unpersönlichen Transaktionen beruht) übertragen? Einerseits, so Smith, seien alle Menschen bestrebt, „ihre Lebensbedingungen zu verbessern“, und andererseits zeige der Mensch eine natürliche „Neigung zu Tausch und Handel“.
Die Verfolgung dieser Eigeninteressen des Einzelnen führe, so Smith weiter, meist zur Förderung des Gesamtinteresses, weil das Streben des Einzelnen nach Wohlstand und sozialer Anerkennung „den Erwerbsfleiß der Menschheit weckt und ihn dauernd in Gang hält“. Damit werden dann die produktiven Kräfte entwickelt: „Jeder Einzelne ist bemüht, sein Kapital so einzusetzen, dass das damit erstellte Produkt den höchstmöglichen Wert hat. Im Allgemeinen ist er weder bestrebt, das öffentliche Wohl zu fördern, noch weiß er, inwieweit er es fördert. Er hat lediglich seine eigene Sicherheit im Auge, seinen eigenen Gewinn. Dabei wird er jedoch von einer unsichtbaren Hand geleitet, die dafür sorgt, dass er einem Ziel dient, das nicht Teil seines Anliegens war. Indem er sein eigenes Interesse verfolgt, dient er oft dem Wohl der Gesellschaft besser, als wenn er dies von vornherein beabsichtigt hätte.“

Die zentrale Rolle, die Smith dem Eigennutz zumisst, wird also relativiert durch die „unsichtbare Hand" des Marktes. Stärkere staatliche Eingriffe in dieses „offensichtliche und einfache System der natürlichen Freiheit" würden dieses filigrane System nur stören.
Daher fordert Smith folgende wirtschaftspolitische Punkte: freie Verfügung über das Privateigentum, freier Arbeitsvertrag, Gewerbefreiheit, Wettbewerbsfreiheit, Freizügigkeit, freie Preisbildung, Freihandel und Abbau von Handelshemmnissen aller Art (Zölle dürfen nur erhoben werden, wenn sie der Landesverteidigung oder zum Ausgleich steuerlicher Belastung von Inlandswaren dienen). Damit hatte Smith die wesentlichen Elemente der „Marktwirtschaft" beschrieben.
Gegen den „Laissez-faire"-Vorwurf, der gegen Smith immer wieder erhoben wurde, spricht, dass er dem Staat „für die Kollektivbedürfnisse" wichtige ordnungspolitische Rollen zuweist (und damit von einer „reinen" Marktwirtschaft abrückt): durch die Justiz (und durch das Militär) dem Markt seine Spielregeln zu setzen und öffentliche Güter bereitzustellen: Bildung, Gesundheitswesen, Verkehrswege, Verteidigung. (Zu diesen Punkten verfasste Smith eine akribische Anleitung für Besteuerung und Staatsausgaben.)
Die Quelle allen Reichtums sieht Smith weder im Handel (wie die Merkantilisten) noch in der Natur (wie die Physiokraten), sondern allein in der produktiven menschlichen Arbeit: „Die Arbeitsteilung dürfte die produktiven Kräfte der Arbeit mehr als alles andere fördern und verbessern." Der Wohlstand rührt also aus dem Fleiß und der Geschicklichkeit der Arbeiter, deren Los es zu verbessern gelte: „Das Eigentum, welches ein jeder an seiner eigenen Arbeit besitzt, ist das am meisten geheiligte und unverletzliche, da es die ursprüngliche Quelle allen anderen Eigentums ist." Jemanden davon abzuhalten, mit seiner Hände Arbeit seinen Unterhalt zu verdienen, stelle somit eine „klare Verletzung dieses Eigentums dar". Unter „produktiver Arbeit" verstand Smith jedoch lediglich die Arbeit eines Industriearbeiters, weil nur sie Werte hervorbringe, die auf dem Markt als Tauschwerte realisiert werden können und so zum Bruttosozialprodukt und damit zu messbarem Reichtum beitragen. Dagegen erzeuge „die Arbeit eines Dienstboten nirgendwo einen solchen Wert". Unproduktive Tätigkeiten wie z. B. im sozialen und familiären Bereich (z. B. die Arbeit der Hausfrau) erfahren somit eine klare Abwertung, die im gesellschaftlich-politischen Bereich weitreichende Folgen haben sollte: Das „Hausgesinde", so Smith, sei vergleichbar mit „müßigen Gästen, die verzehren, ohne einen Gewinn zurückzulassen".
Smiths Theorien wurden oftmals dahingehend missverstanden, dass er mit seiner Betonung des Prinzips Eigennutz einem schrankenlosen „Laissez-faire" und damit einem völligen Rückzug des Staates aus der Wirtschaft das Wort geredet habe. Diese Interpretation führte dazu, dass der Staat der Wirtschaft in der ersten Hälfte des 19. Jh. keinerlei Hemmnisse in den Weg legte und über Missbräuche und Fehlentwicklungen des freien Spiels der Kräfte wie z. B. die massive Ausbeutung der Arbeiter hinwegsah („Nachtwächterstaat"). Die „sichtbare Hand" des Staates, die Smith neben der „unsichtbaren" der Selbstregulierungskräfte des Marktes als notwendig erachtete, war gröblich vernachlässigt worden. Die nunmehr vehement einsetzende Kritik am „freien Spiel der Kräfte" und damit an einem ungezügelten Kapitalismus fand seinen Höhepunkt im „Kapital" von Karl Marx.

➡ Standpunkte kontrovers: Sind Marktwirtschaft und Moral vereinbar?

Zu den Aufgaben S. 277

1 Die Begründungen dafür, dass die von Adam Smith genannte „unsichtbare Hand" des Marktes von sich aus keinen Ausgleich zwischen den Interessen des Einzelnen und dem Gemeinwohl schafft, finden sich in den Zeilen 5 – 8 sowie in den letzten Abschnitten (vgl. Z. 23 – 38). Hierzu kann auch die Karikatur auf S. 274 herangezogen werden, die der Problematik einen weiteren Aspekt hinzufügt.
Zur Vertiefung empfiehlt sich die Lektüre des Textes „‚Eigenliebe tut gut': Die Lehre des Adam Smith", SB, S. 274.

3 **4** Auch Smith ging davon aus, dass Handeln aus Eigeninteresse und Eigennutz moralisches Handeln nicht ausschließt bzw. verhindert, sondern dass ein Wettbewerb letztlich allen zugutekommt bzw. das Wohl aller fördert, solange die Beteiligten sich Vorteile verschaffen, ohne dabei die Konkurrenten nachhaltig und langfristig zu schädigen. Im Gegensatz zu Smith misstraut Homann allerdings der Annahme, dass man sich „bei der Frage nach der Implementierung von Moral allein auf das moralische Bewusstsein des Einzelnen verlässt". Auch verwirft er den Glauben an Smiths „unsichtbare Hand", indem er „institutionelle Stützen" (Z. 9), z. B. in Form von sozialen Sicherungssystemen, für notwendig hält (ergänzen könnte man dies durch den Verweis auf nationale und internationale Wettbewerbskontrolleure, Kartellämter u. a.). Die Regeln, denen sich alle am Markt Beteiligten unterwerfen, müssen ihnen langfristig von Vorteil sein, damit sie motiviert sind, moralische Normen zu befolgen. Ansonsten wird der moralisch Handelnde, sofern er allein bleibt, im Wettbewerb Nachteile erleiden. Das System *sozialer Sicherungen* fördert Risikobereitschaft, weil niemand aufgrund wirtschaftlicher Fehlentscheidungen bzw. des Scheiterns ins Bodenlose fällt.

5 Für eine solche Debatte bietet sich besonders das Debattenformat des größten Schüler-Debattierwettbewerbs Deutschlands an: „Jugend debattiert". Die Regeln und alle weiteren Informationen finden sich auf: www.jugend-debattiert.de.

Globalisierung der Märkte und der Arbeit

Joseph E. Stiglitz: Chancen und Gefahren der Globalisierung

Zum Text S. 278 f.

Die Kritik an der Globalisierung und ihren wirtschaftlichen und kulturellen Auswirkungen ist in den letzten Jahren immer lauter geworden. Inzwischen kommt sie nicht mehr nur von links (stell-

vertretend dafür sind die im Kasten auf S. 279 genannten Organisationen): Alle rechtspopulistischen Parteien und Bewegungen in Europa und den USA haben sich den Kampf gegen die Globalisierung auf ihre Fahnen geschrieben und erzielen damit Wahlerfolge, die früher nicht für möglich gehalten worden wären. Im Fokus dieser rechten Globalisierungsgegner steht aber eher die Angst vor dem Verlust kultureller Identität als ökonomisch fundierte Kritik.
Lohnend wäre in diesem Zusammenhang, die Schülerinnen und Schüler die globalisierungskritischen Argumente eher linker und rechter Gruppierungen vergleichen zu lassen.

Wirtschaftswachstum um jeden Preis?

Meinhard Miegel: Welches Wachstum und welchen Wohlstand wollen wir?

Zu den Aufgaben S. 281

1
- „Beim derzeitigen Wissens- und Könnensstand der Menschheit führen Wirtschaftswachstum und materielle Wohlstandsmehrung dazu, dass immer mehr Länder die Tragfähigkeitsgrenze der Erde durchbrechen und dadurch die Grundlagen ihres bisherigen Erfolges zerstören.“ (Z. 1–4)
- Die entwickelten Länder „verbrauchen Regenerierbares schneller, als die Erde es zu regenerieren vermag, erzeugen mehr Schadstoffe, als von Luft, Wasser und Böden abgebaut werden können, und setzen bei allem Nichtregenerierbarem darauf, dass dem Menschengeschlecht schon etwas einfallen werde, wenn dieses zur Neige geht.“ (Z. 12–16)
- die Entwicklungsländer: „Die Kehrseite für ihren zumeist nicht freiwillig schonlichen Umgang mit der Umwelt und Ressourcen ist neben einem niedrigen materiellen Lebensstandard eine im weltweiten Vergleich geringe Lebenserwartung und Bildung.“ (Z. 18–21)
- „Mit jedem Promille, das die Güter- und Dienstmenge weltweit zunimmt, schwinden unwiederbringlich Bodenschätze sowie Tier- und Pflanzenarten, steigt die Umweltbelastung und werden weithin Gesellschaften zermürbt. Stagniert die Güter- und Dienstmenge hingegen oder sinkt sie sogar, atmet die Natur messbar auf, der CO_2-Anstieg in der Atmosphäre verlangsamt sich und der Säuregehalt der Meere nimmt etwas verhaltener zu.“ (Z. 33–38) Damit seien die Beweise für einen „engen Zusammenhang zwischen Wirtschaftswachstum und Umweltbelastung schlagend erbracht. Beide sind Seiten ein und derselben Medaille, welche die Aufschrift trägt: menschlicher Fortschritt.“ (Z. 42–44)
- „Dabei ist die große Mehrheit [der Einwohner der entwickelten Länder] einem echten Bedürfniskonsum – auch auf hohem Niveau – längst entwachsen. Immer größere Teile ihres Verbrauchs dienen der Befriedigung unhinterfragter Gewohnheiten und persönlicher Eitelkeiten, der Selbstdarstellung und der Konkurrenz mit anderen. Dafür wird die Erde ausgeplündert und die Gefahr eines Kollapses heraufbeschworen und nicht etwa, um einen gehobenen Lebensstandard zu genießen.“ (Z. 58–63)

2 Ein guter Fundus an Daten über optimistisch stimmende globale Entwicklungen findet sich in den Forschungen des schwedischen Arztes und Gesundheitspolitikers Hans Rosling (1948–2017). Viele deutschsprachige Publikationen berufen sich auf Rosling, z. B.:
- Guido Mingels: Früher war alles schlechter: Warum es uns trotz Kriegen, Krankheiten und Katastrophen immer besser geht. Hamburg: Spiegel-Buch 2017
- Hilmar Schmundt (Hg.): Absagen an den Untergang – Warum es der Welt besser geht, als wir glauben. Hamburg: Spiegel-e-book 2016.

3 Miegel behauptet, ein Siebtel der Menschheit verbrauche den Großteil der Ressourcen, die für alle zur Verfügung stehen sollten, häufig für unsinnige Luxusbedürfnisse. Der Rest der Menschheit habe das Nachsehen. Auch die Grafik verdeutlicht eine Schieflage bei der Generierung und beim Verbrauch der Energiereserven der Menschheit: Einige Regionen produzieren viel mehr, als sie verbrauchen (Naher Osten, Afrika, GUS), andere verbrauchen deutlich mehr, als sie produzieren (v. a. Europa).
Überprüft man diese Situation nach den Gerechtigkeitskriterien von Chaim Perelman (SB, S. 313), so ergeben sich die nachstehenden Folgerungen: Nach den Kriterien 1. und 6. ist die ungerechte Ressourcenverteilung nicht zu rechtfertigen: Ganz offenbar bekommt ja eben nicht jeder das Gleiche (1.) und ganz offenbar gibt es auch kein „Welt-Gesetz“, das die herrschende Verteilung vorschreiben würde (6.).
Nach den anderen Kriterien Perelmans ist die Ungleichverteilung nur unter bestimmten Voraussetzungen als gerecht zu bezeichnen, welche aber oft angreifbar oder zumindest zweifelhaft sind:
„2. Jedem gemäß seinen Verdiensten“ (SB, S. 313, Z. 14): Wenn die höhere Produktivität der entwickelten Länder als „Verdienst“ ihres ökonomischen und wissenschaftlich-technischen Fortschritts der letzten 250 Jahre bezeichnet werden kann, dann trifft das Kriterium zu. Die heute in diesen Ländern Lebenden können sich diese Entwicklung aber nur in den allerwenigsten Fällen als persönliches Verdienst zuschreiben.
„3. Jedem gemäß seinen Werken“ (Z. 23): Ähnlich ist es hier. Der augenscheinliche Vorsprung der entwickelten Länder in Technik, Wohlstand und Konsumniveau ist zwar Ergebnis ihrer historischen Entwicklung, beruht aber nicht auf dem persönlichen Verdienst ihrer Einwohner (etwa weil sie fleißiger oder klüger wären usw.).
„4. Jedem gemäß seinen Bedürfnissen“ (Z. 27): Natürlich mögen die Bewohner der entwickelten Länder andere, kostspieligere und energieaufwendigere Bedürfnisse haben als die anderer Weltteile (z. B. verfügbare Wohnfläche, Reise

möglichkeiten, Freizeitverhalten, Luxuskonsum). Diese Bedürfnisse sind aber keine elementaren Bedürfnisse, sie sind im Verlauf der Geschichte von den Bewohnern der entwickelten Länder erst geschaffen und gepflegt worden. Es besteht daher kein Grund, dass ärmere Länder dafür aufzukommen und auf eigene, elementarere Bedürfnisse zu verzichten haben.
Die Hierarchisierung der Bedürfnisse im menschlichen Leben veranschaulicht immer noch gut die sogenannte „Maslow'sche Bedürfnispyramide".
„5. Jedem gemäß seinem Rang" (Z. 35): Die Anwendung dieses Kriteriums würde im vorliegenden Fall eine Art natürliche Rangordnung unter den Ländern und Gesellschaften unterstellen – eine kolonialistische und rassistische Annahme, die natürlich mit Hinblick auf die Allgemeingültigkeit der Menschenrechte ausgeschlossen sein muss. De facto läuft die kaum anders zu rechtfertigende Ungleichverteilung der Ressourcen in der Welt aber darauf hinaus, sollte man an diesem Zustand nichts zu ändern versuchen.
Nach den Gerechtigkeitsvorstellungen von John Rawls (SB, S. 314 f.) kann die Ungleichverteilung der Ressourcen in der Welt nur gerechtfertigt sein, wenn sich daraus Vorteile für alle und besonders für die ärmsten Länder ergeben. Ob dem so ist, ist natürlich sehr umstritten.
Rawls betont weiterhin die Chancengleichheit, die elementarer Bestandteil seiner Gerechtigkeitskonzeption ist (vgl. S. 315, Z. 58 ff.). Weltweit gesehen kann davon natürlich im Moment überhaupt keine Rede sein, auch innerhalb vieler „westlicher", eigentlich auf Chancengleichheit aufbauender Staaten haben sich in den letzten Jahren oligarchische Tendenzen geltend gemacht.

Amartya Sen: Entwicklung als Freiheit

Zu den Aufgaben S. 282

1 Für Sen bedeutet Entwicklung nicht nur die Steigerung von Wohlstand und die Mehrung materieller Güter, sondern die Zunahme an Freiheit für die einzelnen Bürger, d. h. die Erweiterung von deren Möglichkeiten, ihre Persönlichkeit frei zu entfalten. Um dies für möglichst viele zu erreichen, müssen vorerst die Ursachen von Unfreiheit abgebaut werden, dazu gehören Einschränkungen aller Art, aber auch die Armut.

2 Ähnlich wie Freiheit im Sinne Sens sich erst entwickeln kann, wenn elementare Unfreiheiten beseitigt sind, setzt Würde bei Birnbacher die Erfüllung grundlegender Notwendigkeiten und die Behebung entsprechender Mängel in der Gesellschaft voraus. Erst dann könne man von Würde (Birnbacher) oder Entwicklung (Sen) sprechen.

3 Zu Sens „Human Development Index" s. die Website der Bundeszentrale für politische Bildung: http://www.bpb.de/themen/26g2cn,0,0,human_development_index_

Richard Sennett: Das System des flexiblen Kapitalismus – ein Interview

Zum Text S. 283

Sennett konstatiert folgende Veränderungen, die sich unter dem Stichwort „Flexibilisierung" zusammenfassen lassen: größere Freiheit in der Ausübung der Jobs, offener Zugang zu beruflichen Positionen, eine neue Berufs- und Ausbildungsethik, die nicht mehr auf lineare Berufskarrieren setzt, ständiger Anpassungsdruck, häufige Wechsel der Arbeitsteams, um Gewöhnung zu vermeiden, keine feste Bindung an die Firma bzw. den Arbeitsplatz, Verlust der „Selbsterfahrung durch harte Arbeit als menschliches Grundbedürfnis". Den intellektuellen Hintergrund sieht er in der „Postmoderne": radikale Individualisierung, „allgegenwärtige Entpolitisierung", wirtschaftspolitische Weichenstellungen im Sinne Milton Friedmans.
Der frühere Präsident der Bundesanstalt für Arbeit, Bernhard Jagoda, sprach Anfang 2000 davon, dass ein künftiger Arbeitnehmer damit rechnen müsse, in seinem Arbeitsleben bis zu sechsmal den Arbeitsplatz zu wechseln. Dabei würden Teamfähigkeit, soziale Kompetenz, Verantwortungsbewusstsein und Flexibilität zu den Schlüsselkompetenzen gehören.

Natur und Mensch

Mit der Natur – gegen die Natur?

Die Einstellung zur Natur: ein Widerspruch?

Zu den Aufgaben S. 284

1 Mögliche Wendungen:
„Das geht mir gegen die Natur!"
„Natürlich ist es gut, wenn …"
„Ihre schlichte Natürlichkeit …"
„Naturbursche"
„Unberührte Naturlandschaften erwarten Sie!"
„Die reine Natur …"

2 Der Schmetterlingsjäger erscheint fasziniert von seinem Fund und staunt. Innerhalb der ihn umfassenden Natur wirkt er deplatziert und sonderlich. Seine Ausrüstung verrät, dass er die Schmetterlinge einfangen und somit in die Natur eingreifen möchte, um sein Wissen zu erweitern. Ungeachtet dessen scheint er für einen Moment die Schönheit der Tiere zu bemerken.

3 Mögliche Gründe:
- Die überlegene Schusswaffentechnik (Explosivwaffen) führte bei den Eroberungszügen der Europäer in der

Neuzeit, v. a. in der Zeit des Imperialismus, dazu, dass die Kulturen, die eine harmonische Eingliederung des Menschen in die Umwelt favorisierten, unterworfen und verändert wurden. Heute herrscht weltweit im Zuge der Globalisierung die westliche Einstellung, dass die Natur Material für den Menschen ist.
- Überlegene wissenschaftlich-technische Errungenschaften für den menschlichen Alltag: mehr Nahrung (Dünger, Bewässerung), mehr Schutz vor den Gefahren der Natur (Dürre, Fluten und Stürme) usw.

4 Beispiel: einerseits Naturparks, um die Reste der Natur zu schützen und sie aufsuchen zu können, um darin zu verweilen; andererseits Straßenbau, um die Landschaft schnell zu durchqueren

Das Anthropozän – das erdgeschichtliche Zeitalter des Menschen

Zum Text S. 285

Der Begriff „Anthropozän" soll, so die zugrunde liegende Idee, der Tatsache Rechnung tragen, dass der Mensch dominanter Akteur einer neuen erdgeschichtlichen Epoche geworden ist. Es handelt sich hierbei um ein (vor allem auch hinsichtlich des Beginns des Zeitalters) unscharfes Konzept, das mitunter dem Vorwurf, zum populären Schlagwort zu verkommen und in seiner Bedeutung zu zerfransen, ausgesetzt ist. Die Verteidiger des Begriffs stellen den ins Globale gewachsenen Einfluss des Menschen auf Natur und Umwelt in den Mittelpunkt.

Zu den Aufgaben S. 285

2 Ausgangsüberlegung für das Konzept des Anthropozäns als eines neuen erdgeschichtlichen Zeitalters ist die (angenommene) Beobachtung, wonach die Eingriffe des Menschen in die natürliche Umwelt (in Abgrenzung zum Holozän) globale Ausmaße angenommen haben, die dauerhafte Spuren in den Gesteinsschichten der Erde hinterlassen haben.

3 Sicherlich fordert die Idee des Anthropozäns zu der Diskussion heraus, ob der Mensch zum gewichtigsten Einflussfaktor auf die natürlichen Prozesse der Erde geworden ist und zu welcher globalen Verantwortung seines Handelns er hierdurch herausgefordert ist. Der Begriff zeigt auch die Unwiderruflichkeit der von Menschen verursachten zerstörerischen Veränderungen in der Umwelt, in der er lebt, auf. Dieser Blick von außen kann ein Nachdenken über die Irrationalität dieses Handelns in Gang setzen und nach den Ursachen dieser Entwicklung fragen. Eventuell ergibt sich eine Debatte darüber, ob die Ursachen in der menschlichen Natur schlechthin und/oder in einem bestimmten, kulturell gewachsenen Umgang mit der Natur zu suchen sind.

4 Eine Recherche wert sind die genauen Ausmaße menschlicher Eingriffe in die Natur, die das Konzept in den Mittelpunkt stellt. Interessant sind ferner die Beschäftigungen mit dem Begriff in den verschiedenen Wissenschaftszweigen sowie die nicht wissenschaftlichen Verwendungen als populär gewordenes Stichwort.

Die Natur kontrollieren?

Francis Bacon: Die Kunst der Naturbeherrschung; Die Insel der Wissenschaft

Zu den Texten S. 286 f.

„Meine Trompete ruft nicht die Menschen dazu auf, dass sie sich gegenseitig mit Gegenreden schmähen und untereinander Krieg führen und sich erschlagen, sondern dass sie Frieden miteinander schließen und dann mit vereinten Kräften gegen die Natur der Dinge rüsten, deren Anhöhen und Befestigungen nehmen und erobern und die Grenzen der menschlichen Herrschaft, soweit Gott es in seiner Güte gewährt, weiter vorschieben."
„Das wahre Ziel der Wissenschaften ist nun die Bereicherung des menschlichen Geschlechts mit neuen Kräften und Erfindungen."
Francis Bacon stammt aus der Oberschicht des elisabethanischen Englands. 1560 wird er als Sohn des Großsiegelbewahrers Elisabeths I. geboren, mit zwölf Jahren studiert er schon Jura, wird dann Rechtsanwalt und Parlamentsmitglied. Später wird er selbst Großsiegelbewahrer und Lordkanzler. Im Jahre 1621 wird er wegen Bestechung verurteilt und verliert durch den Prozess alle Ämter und Würden. Jetzt hat er Zeit, die Bücher zu schreiben, die ihn berühmt machen. Bezeichnend für sein Denken ist sein Tod im Winter 1626: Er starb an einer Erkältung, als er zum Konservieren von Fleisch statt mit dem herkömmlichen Salz mit Kälte experimentierte.
Bacon drückt die neue Wissenschaftsmethode aus: Sie muss systematisch an die Phänomene der Natur herangehen, um sie zu verstehen, mit dem Ziel, durch Erfindungen den Wohlstand der Gesellschaft zu steigern. Die „menschliche Glückseligkeit" ist dabei oberstes Ziel. Die Natur wird plötzlich zum Gegner.
Anders als die moderne Erkenntnistheorie seit Kant geht Bacon noch davon aus, dass die menschliche Wahrnehmung die Welt analog abspiegele, es sei denn, sie sei verzerrt durch Vorurteile, die er *idola* nennt. Vier *idola* sind es, die zu dieser Verzerrung beisteuern:
- Die Vorurteile der menschlichen Gattung – das bedeutet, dass der Mensch dazu neigt, die Natur anthropomorph zu sehen.
- Die Vorurteile des Standpunkts – individuelle Wahrnehmung aufgrund der persönlichen Interessen, Perspektiven, Erfahrungen.
- Die Vorurteile der Gesellschaft – damit bezeichnet Bacon die sprachliche Darstellung der Welt, in die jeder gesellschaftlich hereinwächst.
- Die Vorurteile der Bühne – d. h. all die Irrtümer der philosophischen Schulen sowie die Gefahren, die aus der Vermischung

von Religion und Philosophie kommen können. Bacon bevorzugt eine Trennung der Religion von der Naturwissenschaft, das ist sein vom mittelalterlichen Denken abgehobener Ansatz.

An die Kritik der Vorurteile schließt sich mit Buch II die vorwärtsweisende Theorie der Induktion an, d. h. ein empirisches, auf Erfahrung gründendes Verfahren, das durch systematisches Vorgehen wie Sammeln und Vergleichen von Beobachtungen zur Erkenntnis allgemeinerer Formen der Natur führt. In diesem Sinne ist „der Natur gehorchen" zu verstehen. Das planmäßige induktive Vorgehen arbeitet mit dem sorgfältig aufgebauten Experiment, aus dessen Ergebnissen vorläufige theoretische Erkenntnisse und – wenn sie oft bestätigt werden – auch Axiome abgeleitet werden können. Bacons Ziel ist die Beherrschung der Natur zum Nutzen der Gesellschaft. Um zu verhindern, dass der Mensch aufgrund von Vorurteilen zu vermeintlichen Erkenntnissen kommt, fordert Bacon als einzig richtige Methode die der Induktion.

Zu den Aufgaben S. 287

1 Vgl. Erläuterungen zum Text.

2 **3** Die Schülerinnen und Schüler sollen anhand eigener Überlegungen einen Zusammenhang zwischen dem heute vorherrschenden Umgang des Menschen mit der Natur und dem Bacon'schen Programm herstellen (Natur als reiner Forschungs- und Nutzgegenstand, anthropozentrische Sichtweise auf die Natur, Ausbeutung der Natur etc.).

Carolyn Merchant: Der Tod der Natur

Zum Text S. 287

C. Merchant, geb. 1936, ist Wissenschaftshistorikerin und Dozentin für Umweltgeschichte und Philosophie an der Universität von Kalifornien.

Merchant sieht die Wurzeln von Naturzerstörung, Technokratismus und gedankenlosem Umgang mit der Natur heute im Bacon'schen Denken. Ihr Vorwurf richtet sich nicht nur gegen Naturzerstörung allgemein, sondern im Bild von der „Natur als einer Frau, die [...] beherrscht werden musste" (Z. 8 ff.), klingt auch eine Kritik an männlichen Machtfantasien an, zumindest in einer Zeit, da männliches Denken die Wissenschaften bestimmte. Das Bild von der nährenden Mutter Erde und Lehrmeisterin Natur habe sich im 16./17. Jahrhundert zu einem Objekt, das beherrscht werden müsse, gewandelt. Heute gibt die Natur einer Hure gleich alle ihre Geheimnisse bereitwillig preis. Das Ziel der Kontrolle rechtfertigt ihre Ausbeutung, doch Kontrolle und Herrschaft müssen den Tod der Natur bedeuten, denn ihr Wesensmerkmal ist – wie zuvor erarbeitet – nicht zuletzt das ungezügelte, unkontrollierte, selbstbestimmte Existieren.

In ihrem Buch „Der Tod der Natur" widmet Merchant einige Kapitel den Themen Weiblichkeit der Natur sowie der Natur im Denken von Frauen. Die Frage, ob Frauen einen anderen Bezug zur Natur haben und damit auch gleichzeitig einen anderen Umgang mit ihr pflegen, wäre zu diskutieren.

Zu den Aufgaben S. 287

4 Vgl. Erläuterungen zum Text. Auch auf die Symbolik der Statue kann Bezug genommen werden (Selbstpreisgabe und Demut der Figur).

Der Mensch in der Naturkatastrophe

Gernot Böhme: „Das Projekt der Naturbeherrschung ist gescheitert"

Zum Text S. 288 f.

Das Interview bezieht sich auf den Tsunami des Jahres 2004, der sich im Indischen Ozean bildete und verheerende Schäden vor allem in Indien, Indonesien und Sri Lanka mit sich brachte. Die Gebiete um den Indischen Ozean waren insgesamt betroffen. Ca. 230 000 Menschen starben, Hunderttausende wurden verletzt, ca. 1,7 Millionen wurden obdachlos.

Zu den Aufgaben S. 289

1
a) Die Natur ist dem Menschen freundlich gesinnt und ursprünglich heil (vgl. Z. 5 – 8).
b) ... wird durch den Eingriff des Menschen, der sie beherrschen will, verändert. (vgl. Z. 1 – 2; Z. 18 – 23).
b) ... ist die Norm des richtigen Lebens, an der sich der Mensch orientieren sollte (vgl. Z. 20 ff.).
c) ... ist eine letztlich unbeherrschbare Gegengewalt, gegen die der Mensch sich schützen muss (vgl. Z. 30 – 35; Z. 8 – 11).
d) ... ist das untergründige unstrukturierte Chaos, aus dem alles entstand (vgl. Z. 39 – 45).

2 Bacons Programm (vgl. Z. 20 – 23) bestand darin, die Natur und ihre Kräfte zum Wohle des menschlichen Lebens zu beherrschen. Diese Beherrschung der Natur führte zu einer Zerstörung natürlicher Lebensformen, einer ökologischen Katastrophe.

3 Für die Diskussion könnten Beispiele aus Boulevard-Zeitungen, aber auch aus TV-Nachrichten zusammengestellt werden, die zeigen, wie Menschen gerührt von Einzelschicksalen, aber ungerührt vom Massentod sind.
Möglicher Grund: Das Mitleid kann selten unpersönlich und ganz allgemein ausgelöst werden, sondern braucht in der Regel die Personifizierung.

Mit Gewalt die Erde retten?

Michael Kloepfer: Auf dem Weg zur Ökodiktatur?

Ernst Ulrich von Weizsäcker: Ökodiktatur vermeiden!

Zu den Texten S. 290 f.

Beide Texte sollten im Zusammenhang gelesen werden. Kloepfer sieht in der Notwendigkeit eines „Umweltstaates", der verstärkt umweltpolitische Regelungen treffen werden *muss*, die Gefahr eines Machtzuwachses des Staates und der Einschränkung freiheitlich demokratischer Grundrechte und damit verbunden die Herausbildung einer Art „Ökodiktatur", in der der Staat nur *ohne* Legitimation durch seine Bürger wirksam werden kann.
Von Weizsäcker sieht die Möglichkeit, eine solche Entwicklung zu vermeiden, wenn statt Reglementierung und Beschränkungen „die Preise die ökologische Wahrheit sagen", d. h., Umweltbelastendes muss entsprechend teuer sein, Umweltfreundliches billig. Praktisch soll dies durch eine „sanft ansteigende ökologische Steuerreform" umgesetzt werden. Die Preisberechnung ergebe sich aus den Faktoren:
- Aufsummierung des Geldwerts von Schäden,
- Kosten für den Ausgleich bereits bestehender Umwelt- und Zivilisationsschäden durch Gesundheitswesen und Umweltschutz.

Zu den Aufgaben S. 290 f.

2 Vgl. Erläuterungen zum Text.

3 **Methodischer Hinweis:** Die umweltpolitischen Instrumente (Verbote, Gebote, Gebühren, Subventionen, Selbstverpflichtung etc.) können auf einer Skala zwischen „Freiwilligkeit" und „Ökodiktatur" notiert werden.

4 Weizsäcker will damit sagen, dass im Preis, der die Herstellungskosten einer Ware spiegelt, die Schäden, die bei der Produktion anfallen, ausgeblendet sind. Die Reparatur dieser Schäden zahlt der Steuerzahler zusätzlich für jedes Produkt. Dieser verdeckte Preis der Ware müsste offengelegt werden.

5 Es ist ein schwieriges und diskussionswürdiges ethisches Problem, ob legale Geschäfte, Aktionen, Produktionen auf eine die Gesetze verletzende Weise behindert werden dürfen, wenn diese Geschäfte Interessen und Rechte der ganzen Menschheit oder auch der Pflanzen- und Tierwelt betreffen.

Dem Wert der Natur gerecht werden

Michael Hafemann: Modelle der Umweltethik

Zum Text S. 292 f.

Nach Hafemann konkurrieren derzeit verschiedene Modelle einer ökologischen Ethik miteinander. Sie lassen sich wie folgt systematisieren: Die anthropozentrische Ethik reduziert die belebte und unbelebte Natur auf ihre Nützlichkeit, ihren instrumentellen oder ästhetischen Wert für den Menschen. Bereiche, die als nützlich gelten, können sein: Landschaften mit Erholungswert, natürliche Rohstoffe, Heilpflanzen, Nahrung (Pflanzen, Tiere) etc. Der Schutz der Artenvielfalt liegt demnach nicht etwa in ihrem Eigenwert, sondern in ihrem Nutzen für den Menschen begründet. Die pathozentrische (oder pathozentristische) Ethik (gr. pathos, „Leid") umfasst alle empfindungsfähigen Lebewesen, also Mensch und Tier, und erkennt die Vermeidung von Leid als moralischen Wert an (Peter Singer und Tom Regan). Die biozentrische (oder biozentristische) Ethik (gr. bios, „Leben") gesteht allen Lebewesen einen intrinsischen Wert zu, also auch Pflanzen sowie Algen und Pilzen. Bekanntester Vertreter ist Albert Schweitzer. Die holistische Umweltethik (gr. holos, „das Ganze") wiederum zieht den weitesten Kreis und umfasst alles natürlich Bestehende (belebte und unbelebte Natur), dessen intrinsischer Wert anerkannt wird.

Zu den Aufgaben S. 292

3 Berücksichtigt werden können die Bereiche Nutztier- und Massentierhaltung (Nahrungsquelle, Rohstoffquelle, Transport, Sport), Tierversuche, Jagd und Zoo- und Zirkustierhaltung, Artenschutz, Schutz ganzer ökologischer Systeme. Innerhalb der Umweltethiken sind jeweils am Nutzen orientierte oder pflichtethische Überlegungen möglich. Es zeigt sich, dass die Übersetzung der Umweltethiken in praktische Forderungen keineswegs leicht fällt.

4 Eine konsequent umgesetzte anthropozentrische Ethik ist kurzsichtig und birgt die (eindeutig von der Vergangenheit abzulesende) Gefahr, dass sie ohne Rücksicht auf das ökologische Gleichgewicht die Natur benutzt. Die Folgen können irreparable Schäden sein, die wiederum den Menschen betreffen. Vertreter der holistischen Umweltethik, die letztlich die gesamte Biosphäre als schützenswert ansieht, sehen die gleiche Gefahr auch im Hinblick auf das biozentrische und pathozentrische Modell. Wichtig für das Gespräch im Unterricht ist, dass zwischen der ethischen Frage, ob bzw. bis zu welchem Umkreis Natur um ihrer selbst willen schützenswert ist, und der Diskussion praktischer Folgen unterschieden wird.

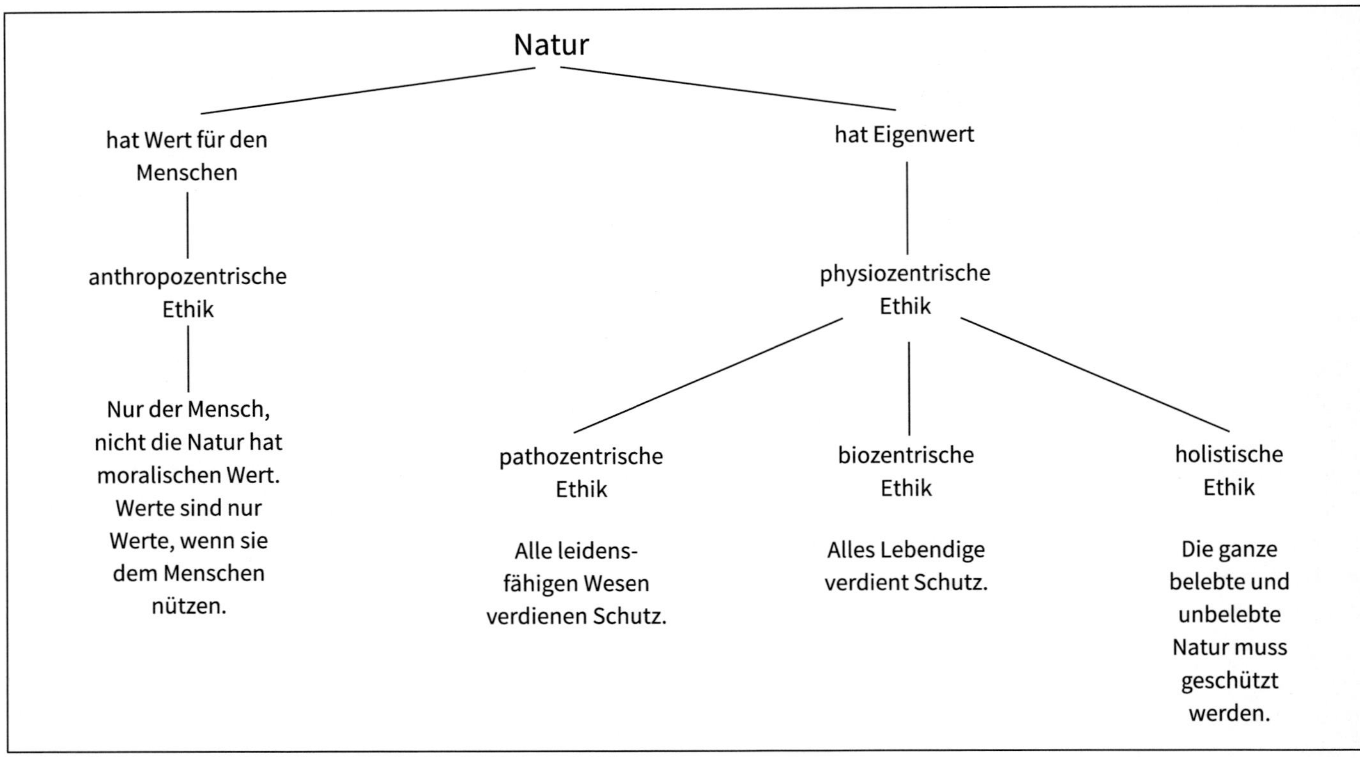

Wie lassen sich Tierrechte begründen?

Peter Singer: Gleichheit für Tiere

Zum Text S. 294

Es geht Singer in seinen Überlegungen um Argumente, die überzeugend verbieten, Tieren etwa in Laborversuchen Schmerz zuzufügen. Unter diesem Ansatz sollte man den Text lesen. Für Singer gilt als entscheidendes ethisches Kriterium die Leidensfähigkeit des Tieres bzw. seine Glücksfähigkeit. Nicht die Ratio wird hier bemüht, um den Unterschied des überlegenen Menschen gegenüber dem Tier zu belegen, sondern, im Gegenteil, die Emotion wird als das betont, was das Lebewesen Mensch mit dem Lebewesen Tier verbindet. Dieser Ansatz unterscheidet Singer von Spaemann. Singer entwirft ein Szenario, ein Gedankenexperiment: Menschen werden aus öffentlichen Parks entführt, um äußerst schmerzhaften Versuchen unterworfen zu werden. Da Menschen ein Zeitbewusstsein haben (anders als Tiere), also in die Zukunft schauen können, wird ihr Alltag sehr angstvoll sein bzw. werden sie in höchster Angst schweben, wenn sie in die Nähe eines Parks kommen. Diese angsterregende Ahnung hat das Tier so nicht. Ein Kalb, das auf der Weide steht, kann sich nicht davor fürchten, in drei Tagen geschlachtet zu werden. Drei Tage keine Angst, keine seelischen Schmerzen – anders als der Mensch, der sich am nächsten Tag einer sehr schmerzhaften Zahnoperation unterziehen muss. Das Zugeständnis, dass Menschen durch ihre Ratio eventuell stärkeren seelischen Erschütterungen ausgesetzt sind, erlaubt nun aber nicht in jedem Fall die Durchführung von schmerzvollen Experimenten an Tieren. Denn streng logisch, so Singer, müssten dann auch an menschlichen Lebewesen wie Babys oder Schwerstbehinderten, deren geistige Fähigkeiten so eingeschränkt sind, dass sie nicht die Zukunft berechnen können, Experimente durchgeführt werden können. Wer bei dem Gedanken, an Säuglingen Experimente durchzuführen wie an Menschenaffen, empört ist, zeigt nur, dass er „speziesistisch" denkt, d. h. nur seiner eigenen Spezies Empfindungsfähigkeit zugesteht.

Zu den Aufgaben S. 294

1 Die Schülerinnen und Schüler sollen ihre Ansichten zu der Frage, inwiefern die Empfindungsfähigkeit von Tieren im Hinblick auf den Umgang mit ihnen ethisch bedeutsam ist, miteinander vergleichen.

2 Gleich empfundene Schmerzen von Tier und Mensch sind für Singer gleichermaßen, ungeachtet der Spezieszugehörigkeit, ethisch relevant und müssen als Interesse von Lebewesen, Schmerz zu vermeiden, ethische Berücksichtigung finden. Selbstbewusstsein, Rationalität und damit Zukunftsbezug als weitere mögliche Eigenschaften von Lebewesen seien ebenfalls bei der Berücksichtigung von Präferenzen zu beachten.

3 Setzt man das moralisch relevante Kriterium auf die Empfindungsfähigkeit von Lebewesen „herunter", so würde dies gravierende Konsequenzen im Umgang mit Tieren nach sich ziehen: Alle Handlungen gegen Tiere, die das Interesse an Schmerzvermeidung ignorieren, ohne dass ein Gesamtnutzen diese rechtfertigen würde, wären ethisch nicht zu begründen.

Tom Regan: Wie man Rechte für Tiere begründet

Zum Text S. 295

Regan verlangt, nicht die Interessen von Lebewesen in den Mittelpunkt ethischer Betrachtung zu rücken, sondern deren inneren Wert. Diesen knüpft er an die Tatsache, dass allen Lebewesen ein Bewusstsein und ein mentales Erleben eigen sind. Der Eigenwert eines Lebewesens („inhärenter Wert") bemisst sich (anders als die klassische Bestimmung nach Immanuel Kant) für Regan nicht daran, ob es ein Vernunftwesen ist. Hieraus leitet er den gegen jedes Nützlichkeitskalkül immunen Anspruch von Tieren, nicht als Sache behandelt zu werden, ab. Regan gilt als wichtiger Vertreter einer deontologischen Begründung von Tierrechten (Anspruch auf Leben, Freiheit und körperliche Unversehrtheit). Entsprechend fordert er ein Beenden aller Praxis, die Tiere als Ware behandelt.

Zu den Aufgaben S. 295

1 Die Frage, wie Tiere moralisch zu behandeln seien, entscheidet Singer entlang der Berücksichtigung von deren Präferenzen im Hinblick auf einen Gesamtnutzen, wobei er gleiche Interessen von Tier und Mensch gleichermaßen wertet. Er geht also utilitaristisch vor.

2

Singer	Regan
– Entscheidendes Kriterium der moralischen Rücksichtnahme ist nicht die Vernunft, sondern die Empfindungsfähigkeit von Lebewesen. – Gleiche Präferenzen von Tieren und Menschen sind gleichermaßen zu berücksichtigen. → Auch die Interessen von Tieren sind moralisch relevant und im Hinblick auf einen Gesamtnutzen zu berücksichtigen.	– Tiere und Menschen sind Subjekte eines bewussten Lebens. → Unabhängig von dem Nutzen und den Fähigkeiten ist auch der innere Wert von Tieren zu achten; auch sie sind Träger von Rechten.

➡ Standpunkte kontrovers: Dürfen wir Tiere töten?

Zu den Texten S. 296 f.

Genau wie Regan spricht sich **Hilal Sezgin** für die moralische Anerkennung von Tieren als „empfindende Wesen" (Z. 15) aus. Eine Argumentation, wonach ein schmerz- und angstfreier Tod keine Interessen des Tieres missachten würde und damit gerechtfertigt sei, weist sie zurück. Die moralische Berücksichtigung von Tieren als lebendige Wesen, die innere Zustände erleben und Schmerzfreiheit anstreben, ist für sie ausschlaggebend, um das Töten von Tieren als moralisch falsch anzusehen. Lediglich die Aussicht auf ein Leben mit großen Schmerzen erlaube eine Ausnahme. Sezgin folgt damit einer deontologischen Argumentation, die fordert, dass Tiere in einer Art und Weise behandelt werden, die ihr Leben schützt.
Robert Spaemann greift die kantische Unterscheidung von Vernunft- und Naturwesen auf und zeichnet eine scharfe Trennlinie zwischen Menschen, die sich als Personen kraft Vernunft Sittengesetze auferlegen können, und Tieren, die über ihre Handlungen nicht verfügen können. Entsprechend kommt nur dem Menschen die Würde zu, die jedem anderen Vernunftwesen abnötigt, ihn in diesem Wert zu achten.
Dennoch zählt Spaemann, anders als Kant, Tiere nicht zu der Kategorie der „Sachen". Es sei offenkundig, dass (zumindest viele) Tiere Empfindungen haben. Auch wenn ihnen, so Spaemann, aufgrund der fehlenden Würde kein unbedingter Schutzanspruch zukommt, ist es geboten, Tieren kein körperliches Leid anzutun. Entsprechend lehnt er artwidrige Tierhaltung und Tierversuche ab. Letztere seien nur dann zu rechtfertigen, wenn hierdurch vergleichbare Schmerzen bei Menschen oder der Tod von Menschen verhindert würden. Wird aber ein Tier getötet, ohne dass es hierbei Schmerzen erleiden muss, sei dies – auch zum Zwecke des Fleischverzehrs – zu rechtfertigen. Gleichwohl hält Spaemann die vegetarische Lebensweise für „moralisch vollkommener". Zu bemerken ist auch, dass er das Tötungsverbot auf Tiere, die Eigenschaften von Personen erkennen lassen (etwa Primaten), ausweitet.

Zu den Aufgaben S. 296

1 Die Straßenaktion der Tierrechtler will bewusst schockieren und stellt das Töten von Tieren als moralisch falsch dar, indem die Ähnlichkeit (oder sogar Gleichwertigkeit) von Tier und Mensch behauptet wird. Der Humor, den sich die Titelseite zu eigen machen möchte, provoziert höchstens unfreiwillig: Der Schafskopf soll wohl (angesichts der nahenden Schlachtung) einen menschenähnlichen Eindruck von Beklommenheit vermitteln und somit komisch wirken. Damit wird jede Argumentation, die Tieren als empfindenden Wesen einen Schutzanspruch zuspricht, lächerlich gemacht.

3 Stellungnahme aus der Sicht von Sezgin: Die Forderung der Autorin, auch Tieren ein „Recht auf Leben" (Z. 30) zuzusprechen, entspricht dem Anliegen der Tierrechtler-Aktion. Das Titelblatt würde sie wohl als Symptom der ethisch nicht zu rechtfertigenden Herabstufung von Tieren als Konsumgut auffassen. Stellungnahme aus der Sicht von Spaemann: Einer moralischen Gleichwertigkeit von Mensch und Tier würde Spaemann vehement widersprechen, eine moralische Berücksichtigung tierischen Leidens hingegen würde er jedoch unbedingt fordern. Auch das Titelblatt kann aus der Sicht Spaemanns nicht gutgeheißen werden, da es jede moralische Feinfühligkeit gegenüber Tieren konterkariert. Dessen ungeachtet ist das Töten von Tieren zur Nahrungsaufnahme für ihn moralisch zu rechtfertigen.

Recht und Gerechtigkeit

Abschnitte	**Texte**	**Zusatzmaterialien und Klausurvorschläge**
• Zum Einstieg (SB, S. 300 f.)	– James Ensor: Die guten Richter (LB, S. 126 f.)	

• Naturrecht und positives Recht (SB, S. 302 ff.)	– John Locke: Das Naturrecht (LB, S. 129 f.)
	– Charles-Louis de Montesquieu: Gewaltenteilung (LB, S. 130)
	– Thomas Hobbes: Der Leviathan (LB, S. 130 f.)
	– Gustav Radbruch: Gesetzliches Unrecht und übergesetzliches Recht (LB, S. 131 ff.)
	– **Standpunkte kontrovers:** *Im Zweifel für mehr Sicherheit oder mehr Freiheit?* (LB, S. 133)
	  – Juli Zeh: „Ein observierter Mensch ist nicht frei" (LB, S. 133)
	  – Otto Schily: „Wahnhafte Furcht vor dem Staat" (LB, S. 133)
		– **Zusatzmaterial 38:** Heinrich von Kleist: Michael Kohlhaas – ein Fall von Selbstjustiz (LB, S. 213)
		– **Zusatzmaterial 39:** Jakob Steinschaden: Massenüberwachung zeigt soziale Folgen (LB, S. 214)

• Was ist Gerechtigkeit? (SB, S. 312 ff.)	– Aristoteles: Austeilende und ausgleichende Gerechtigkeit (LB, S. 134)
	– Chaim Perelman: Kriterien der Verteilungsgerechtigkeit (LB, S. 134 f.)
	– John Rawls: Gerechtigkeit als Fairness (LB, S. 135 f.)
	– Beate Rössler: Quotierung und Gerechtigkeit (LB, S. 136 f.)
	– **Standpunkte kontrovers:** *Ist der Staat für soziale Gerechtigkeit verantwortlich?* (LB, S. 137)
	  – Friedrich August von Hayek: „Die Mechanismen des Marktes sind fair" (LB, S. 137)
	  – Thomas Nagel: „Umverteilung ist gerecht" (LB, S. 137)
		– **Zusatzmaterial 40:** Vergleich von Hayek, Nagel und Rawls (LB, S. 214)
		– **Klausurvorschlag 13:** Robert Nozick: Die Anspruchstheorie (LB, S. 232)

• Recht, Schuld und Strafe (SB, S. 320 ff.)	– Warum strafen wir? (LB, S. 137)
	– Reinhold Zippelius: Das Prinzip der Gegenseitigkeit (LB, S. 137 f.)
	– Reinhold Zippelius: Straftheorien (LB, S. 138 ff.)
	– **Standpunkte kontrovers:** *Ist eine therapeutische Resozialisierung im Strafvollzug sinnvoll?* (LB, S. 140)
	  – Karl Menninger: „Strafe hält nicht von Verbrechen ab" (LB, S. 140)
	  – Jeffrie G. Murphy: „Die therapeutische Resozialisierung ist moralisch wirkungslos" (LB, S. 140)
		– **Zusatzmaterial 41:** „Die Schwere der Schuld" – Gefängnisdirektor will Gefängnisse abschaffen (LB, S. 216)

Abschnitte	Texte	Zusatzmaterialien und Klausurvorschläge
• Menschenrechte – universale Rechte für alle? (SB, S. 326 ff.)	– Die Entwicklung des Menschenrechtsgedankens (LB, S. 140) – Vereinte Nationen: Allgemeine Erklärung der Menschenrechte vom 10. Dezember 1948 (LB, S. 140) – Bernd Hamm/ Franz Nuscheler: „Maximalistische" Menschenrechtskataloge? (LB, S. 140 f.) – Vereinte Nationen: Übereinkommen gegen Folter und andere grausame, unmenschliche oder erniedrigende Behandlung und Strafe (1984) (LB, S. 140 f.) – Franz Josef Wetz: Wie verhalten sich Menschenwürde und Menschenrechte zueinander? (LB, S. 141) – Simone Wolken: Ursprünge des Asylrechts (LB, S. 141 f.) – Norbert Brieskorn: Menschenrechtsbewegungen (LB, S. 141 f.) – Hannah Arendt: Es gibt nur ein Menschenrecht (LB, S. 142) – Thomas Kesselring: Begründungsstrategien des Menschenrechtskonzepts (LB, S. 142) – Richard Rorty: Moral ist kulturspezifisch (LB, S. 143)	– **Zusatzmaterial 42:** Vergleich verschiedener Menschenrechtserklärungen (LB, S. 218)
• Legitimität von Protest und Widerstand (SB, S. 334 ff.)	– Jürgen Habermas: Ziviler Ungehorsam (LB, S. 143) – Dietmar von der Pfordten: Widerstand (LB, S. 143 f.) – Herbert Marcuse: Revolution und Terror (LB, S. 144) – Louise Richardson: Was ist Terrorismus? Was verursacht Terrorismus? (LB, S. 145) – Ingrid Glomp: Was macht junge Männer zu Terroristen? (LB, S. 145 f.)	– **Klausurvorschlag 14:** Bürgerstrafrecht und Feindstrafrecht/Diabolische Potenz (LB, S. 233)
• Gibt es den gerechtfertigten Krieg? (SB, S. 340 ff.)	– Carl von Clausewitz: Was ist Krieg? (LB, S. 146) – Arbeitsgemeinschaft Kriegsursachenforschung (AKUF): Kriegsdefinition (LB, S. 147) – Heidelberger Institut für Internationale Konfliktforschung (HIIK): Konfliktdefinition (LB, S. 147)	

Abschnitte	Texte	Zusatzmaterialien und Klausurvorschläge

	– Wilhelm von Humboldt: Wozu Krieg gut ist (LB, S. 147)
	– Ian Morris: „Kriege haben die Welt sicherer gemacht“ (LB, S. 147)
	– Bertrand Russell: Passiver Widerstand als Strategie im Krieg (1915) (LB, S. 147 f.)
	– Martin Luther King: Was ist gewaltloser Widerstand? (LB, S. 148)
	– 1989 – Eine „friedliche Revolution“? (LB, S. 148 f.)
	– Thomas von Aquin: Über das Erlaubtsein des Krieges (LB, S. 149)
	– Herfried Münkler: Die Fragwürdigkeit der Lehre vom „gerechten Krieg“ (LB, S. 149)
	– **Standpunkte kontrovers:** *Ist der Einsatz von Kampfdrohnen eine gerechtfertigtes Mittel?* (LB, S. 150)
	  – Rainer Pörtner: „Drohnen sind präzise und fordern weniger Opfer“ (LB, S. 150)
	  – Matthias Schiermeyer: „Töten per Knopfdruck ist verantwortungslos“ (LB, S. 150)	

• Gerechter Frieden (SB, S. 352 f.)	– Immanuel Kant: Zum ewigen Frieden (LB, S. 150 f.)	

Zur Konzeption

Das Kapitel problematisiert zu Beginn das Verhältnis von Recht und Gerechtigkeit und zeigt Bedingungen und Möglichkeiten für Gestaltungsformen menschlichen Zusammenlebens auf. Die rechtsphilosophischen Fragen sind hauptsächlich auf die Begründung des Rechts, auf dessen Funktion und auf das Verhältnis zur Gerechtigkeit bezogen. Anschließend werden ausgehend von der Begriffsarbeit zur „Gerechtigkeit“ die verschiedenen Arten der Gerechtigkeit beleuchtet: die ausgleichende und die Verteilungsgerechtigkeit. Das Verhältnis von Recht und Moral wird in den Abschnitten „Menschenrechte – universale Rechte für alle?“, „Legitimität von Protest und Widerstand“ und „Gibt es den gerechtfertigten Krieg?“ an konkreten Beispielen vertieft. Den Abschluss bildet ein Auszug aus der kantischen Schrift „Zum ewigen Frieden“ als Modell für ein friedvolles Zusammenleben.

Zum Einstieg

Exkursionsvorschlag: Besuchen Sie eine Gerichtsverhandlung und analysieren Sie diese hinsichtlich der Beweisaufnahme und der Urteilsfindung. Beurteilen Sie abschließend, ob man von einem „gerechten“ Urteil sprechen kann.

Zu den Aufgaben S. 301

1 James Ensor (1860 – 1949): Die guten Richter, Beschreibung und Deutung:

- an der hinteren Wand hängt ein Bildausschnitt mit gekreuzigten Füßen, diese verweisen auf den zu Unrecht gekreuzigten Jesus
- rechter oberer Bildrand: ein Holzornament über den Köpfen der Richter, auf diesem ist eine im Ungleichgewicht befindliche Waage
- „gekreuzigte Füße“ und „im Ungleichgewicht befindliche Waage“ verweisen darauf, dass richterliche Urteile nicht immer gerecht sind, manchmal wird Unrecht zu Recht
- Bildmitte: sitzende und stehende juristische Würdenträger, deren Mimik Belustigung, Desinteresse, Widerwillen, Dummheit ausdrückt, einer hält einen Schädel in der Hand, zwei andere untersuchen zwei Stücke Papier mit Zeichnungen darauf

- rechter mittlerer Bildrand: ein Richter hält eine Rede, seine Nase tropft, Schweiß läuft sein Gesicht herunter, eine Fliege umschwirrt seine Nase und aus seinem Mund kommt ein Schwall von kleinen schwarzen Flusen
- vor den Richtern befindet sich ein Tisch mit Körperteilen und Geräten, dem Beweismittel, und die Angeklagten

3 Recht kann gerecht und ungerecht sein. Unrecht kann Recht werden.

4 **5** **6**

Name	Leben	Zitat
1. Sokrates (469 bis 399 vor Christus)	„Ich weiß, dass ich nichts weiß."	S. wurde wegen „Missachtung der Götter" und „Verführung der Jugend" zum Tode verurteilt.
2. Antigone (Tragödie von Sophokles)	Antigone will ihren Bruder beerdigen, weil sie Kreons Verbot für falsch hält, die Gesetze der Unterweltgötter verlangen eine Bestattung.	ewige göttliche Gebote (z. B. Bestattungsgesetze, Solidarität der Verwandtschaft) stehen höher als kurzlebige menschliche Gesetze, außerdem ordnet sich Antigone nicht dem Mann unter
3. Jeanne d'Arc (1412 – 1431)	Französische Nationalheldin; Jeanne d'Arc war eine junge Frau, die von ihrem göttlichen Auftrag und ihrer Mission zutiefst überzeugt war. Im „Hundertjährigen Krieg" schaffte sie den Wendepunkt zur Rettung Frankreichs. Ihre Siege verhalfen dem französischen Dauphin Karl zur Krönung. Am Ende wurde sie Opfer eines politisch motivierten Prozesses, sie starb 1431 auf dem Scheiterhaufen, 1920 Heiligsprechung.	Tod auf dem Scheiterhaufen wegen Ketzerei göttlichen Auftrag umsetzen, beugte sich nur der göttlichen Autorität, kämpfte wie ein Mann
4. Galileo Galilei (1564 – 1642)	Italienischer Philosoph, Mathematiker, Astronom, Physiker; G. Galilei versucht, die katholische Kirche vom heliozentrischen Weltbild zu überzeugen, aber es misslingt, die Kirche verbietet ihm 1616, seine Lehre zu verbreiten, 1632 werden seine Schriften verboten, 1633 zwingt ihn die Inquisition zum Widerruf. 1992 erkennt der Vatikan an, dass der Prozess gegen G. Galilei Unrecht war.	Der Widerruf bewahrt ihn vor Folter und dem Tod. Es war eine Notlüge.
5. Sophie Scholl (1921 – 1943)	Mitglied der „Weißen Rose", Flugblattaktionen, bei einer wurde sie gefasst und hingerichtet.	Kampf gegen den Nationalsozialismus, d. h. gegen die Unfreiheit und die Menschenverachtung
6. Mahatma Gandhi (1869 – 1948)	Indischer Freiheitskämpfer, kämpfte ohne Waffen und Gewalt; das indische Volk zu Gandhis Zeiten wurde von Briten unterdrückt. Unfaire und diskriminierende Gesetze schränkten die Bewohner ein. Deshalb rief er zum Boykott, also einem gewaltlosen Widerstand, auf. 1930 veranlasste Gandhi den Salzmarsch und forderte die Regierung damit auf, die eingeführte Steuer für das Nahrungsmittel abzuschaffen. Er lief 385 Kilometer und unterwegs schlossen sich ihm immer mehr Inder an. Die Inder setzten damit am Ende ihren Willen durch, die Steuer verschwand.	Gandhi widersetzte sich den Gesetzen, weil sie unfair und diskriminierend waren.

Name	Leben	Zitat
7. Rosa Luxemburg (1874 – 1919)	Vertreterin der europäischen Arbeiterbewegung sowie des Kommunismus.	Jan. 1919: Revolutionsausschuss unter Führung von Liebknecht hat Regierung von Friedrich Ebert für abgesetzt erklärt, wenige Tage später wird der Spartakusaufstand niedergeschlagen, Luxemburg und Liebknecht tauchen unter.
8. Malala Yousafzai (geb. 1997)	Sie berichtete von der Unterdrückung durch pakistanische Taliban in ihrer Heimat, dem Swat-Tal in Pakistan (Verbot des Schulbesuchs für Mädchen, Verbot von Musik und Tanz); 2012: ein Taliban schoss ihr aus nächster Nähe in den Kopf; 2014: Erhalt des Friedensnobelpreises.	Sie setzt sich für die Rechte der Kinder ein, insbesondere für das Recht auf Bildung. Sie möchte die Welt verändern. „Ich hatte zwei Optionen, die eine war zu schweigen und darauf zu warten, getötet zu werden. Und die zweite war, die Stimme zu erheben und dann getötet zu werden. Ich habe mich für die zweite entschieden." (Nobelpreisrede 2014) „Ein Kind, ein Lehrer, ein Buch und ein Stift können die Welt verändern." (12.7.2013 vor der UN)
9. Michael Kohlhaas	Novelle von Heinrich von Kleist, siehe Zusatzmaterial 38, LB, S. 213; rechtschaffener Pferdehändler.	Kohlhaas nimmt das Gesetz selbst in die Hand, weil seine Klagen beim sächsischen Kurfürsten und seinem brandenburgischen Landesherrn abgewiesen wurden (d. h. kein Schadensersatz für seine ruinierten Pferde), weil Adlige und hohe Beamte interveniert haben.
10. Anna Stepanowna Politkowskaja (1958 – 2006)	Russisch-amerikanische Journalistin, die sich offen gegen den Krieg in Tschetschenien sowie die Korruption in der russischen Regierung aussprach. Dafür bezahlte sie mit ihrem Leben.	Sie sprach sich für die Meinungsfreiheit aus, sie wollte die „Wahrheit" berichten.

Naturrecht und positives Recht

Zu den Aufgaben S. 303

1

Bild	Wer ist der Richter?	Wie wird man Richter?	Woher kommen die Gesetze?	Wer ist der Gesetzgeber?	Wie ist der Gesetzestext festgehalten?	Auf welcher Basis wird Recht gesprochen?
1	Häuptling	Abstammung	Götter	Häuptling	mündlich	Entscheidung des Häuptlings
2	freie und kampffähige Männer	Geburt (Mann), durch ruhmreichen Kampf	Götter	Versammlung (Thing)	mündlich	Entscheidung der Gemeinschaft
3	weise, alte Männer, Laien	Lebenserfahrung	Überlieferung, Lebenserfahrung	Menschen	mündlich	„gesunder Menschenverstand"
4	Hammurabi oder Statthalter	bei Statthaltern Ernennung	Gott	Gott und Hammurabi	schriftlich	Gesetze
5	erfahrene, öffentlich angesehene Juristen ab 40 Jahren	Wahl	Menschen	Bundestag und Bundesrat	schriftlich, z. B. Grundgesetz	Recht und Gesetze

1

Bild	Wer ist der Richter?	Wie wird man Richter?	Woher kommen die Gesetze?	Wer ist der Gesetzgeber?	Wie ist der Gesetzestext festgehalten?	Auf welcher Basis wird Recht gesprochen?
6	Richter aus einem der Mitgliedsländer, weitere Kriterien: sittliches Ansehen, Unparteilichkeit, Erfahrung als Jurist	Wahl	Menschen	Mensch	schriftlich	Römisches Statut des internationalen Strafgerichtshofes
7	König (Pharao)	durch göttlichen Auftrag	Gott Maat	Gott und König	schriftlich	göttliche Gebote
8	Gott		Gott	Gott	schriftlich	übernatürliches Zeichen

Zu Bild 4: Stele des Hammurabi

Die Stele, eine über zwei Meter hohe, phallisch geformte (und damit Autorität und Macht andeutende), schwarze Dioritsäule, befindet sich heute im Pariser Louvre. Sie zeigt Hammurabi, wie er Zepter und Ring als Zeichen von Autorität und Gerechtigkeit aus der Hand des Sonnen- und Rechtsgottes Schamasch erhält. Somit haben die Gesetze einen religiösen Ursprung, werden in ihren Einzelbestimmungen jedoch nicht religiös motiviert.

Der Text ist eines der ältesten erhalten gebliebenen Gesetzesdokumente. Der Keilschrifttext enthält 282 Gesetze, die eine Art „bürgerliches Gesetzbuch" bilden. Sie stellen einen für die damalige Zeit auffälligen Fortschritt in der Humanisierung der Lebensverhältnisse im Sinne eines Schutzgesetzes vor willkürlicher und überzogener Rache dar. Beispiel: § 128: „Gesetzt, ein Mann hat eine Gattin genommen, ohne einen (schriftlichen) Vertrag mit ihr abzuschließen, so ist dieselbige Frau nicht Gattin." Es überwiegt das „ius talionis", Beispiel: § 200: „Gesetzt, ein Mann hat einem anderen ihm gleichstehenden Mann einen Zahn ausgeschlagen, so wird man ihm einen Zahn ausschlagen." (Im Alten Testament, Exodus 21,24, lautet dieses „ius talionis": Auge um Auge, Zahn um Zahn, Hand um Hand, Fuß um Fuß.)

2 Gründe für Gesetzgebung:
- Sicherheit
- Ordnung
- Herrschaft
- Kontrolle

3 Vor- und Nachteile der Rechtsordnung:
- verschriftlichte Gesetze beugen der Willkür vor, sind einsehbar und nachprüfbar
- Berufung auf Gott ist nicht überprüfbar
- Wahl der Richter mit bestimmten Fähigkeiten gewährleistet fairen Prozess
- Laienrichter können das Vertrauen der Bürger in die Justiz stärken und lebensnahe Rechtssprechung gewährleisten

John Locke: Das Naturrecht

Zu den Aufgaben S. 304

1 Naturzustand:
- vollkommene Freiheit
- Zustand der Gleichheit: alle Menschen sind einander gleichgestellt, keine Rangordnung
- Zustand der Zügellosigkeit: unkontrollierbare Freiheit
- es herrscht ein natürliches Gesetz, das der Vernunft entspricht: niemand soll einem anderen Schaden (an Leben, Gesundheit, Besitz und Freiheit) zufügen

2 Rechte im Naturzustand:
- Recht auf Leben, Freiheit und Eigentum
- niemandem Schaden zufügen

3 Menschenbild:
- alle Menschen sind gleich, haben die gleichen Fähigkeiten und sind unabhängig
- Mensch ist göttliches Geschöpf

4 Der Naturzustand kann als friedliches Zusammenleben beschrieben werden und aufgrund der Vernunft, die es gebietet, niemandem Schaden zuzufügen, dürfte es keine „Rechts"verletzungen geben. Wenn es zu Verbrechen kommt, muss es im Namen der Gerechtigkeit bestraft werden.

5 Da der Naturzustand auch ein Zustand der Zügellosigkeit ist, d. h. der unkontrollierbaren Freiheit (vgl. Z. 12 f.), kann der Mensch seiner Freiheit, seines Lebens und seines Besitzes nicht sicher sein, er bedarf also einer übergeordneten Instanz, die ihm diese sichern und schützen.

6 Die natürlichen Rechte sollen als Gesetze konkretisiert und gesichert werden, das Naturrecht ist also die Grundlage für die positiven Gesetze.

7 Hier wäre zunächst zu klären, was unter „naturgegeben“ zu verstehen ist. Ferner muss darauf verwiesen werden, dass aus einem Sein nicht notwendigerweise ein Sollen abgeleitet werden kann (siehe SB, S. 127).

Charles-Louis de Montesquieu: Gewaltenteilung

Zu den Aufgaben S. 305

1 Aufgabe und Funktion der Gewaltenteilung:
- Verhinderung des Machtmissbrauchs
- Sicherung der politischen Freiheit
- Verhinderung von tyrannischen Gesetzen
- Verhinderung von Willkür

2 Unterwanderung der Gewaltenteilung:
- Einsetzung von Richtern
- Türkei 2017: Verfassungsänderung gibt dem Präsidenten mehr Macht
- Ungarn 2013: Verfassungsnovelle: Das Parlament kann ohne evtl. Behelligung vom Verfassungsgericht mit Zweidrittelmehrheit jedes Gesetz beschließen, das Verfassungsgericht kann jetzt nur bei Verfahrensfehlern eingreifen, nicht bei inhaltlichen Beanstandungen.
- Polen 2016: Der Justizminister wird mittels eines Gesetzes zum Chefankläger ernannt. Er hat das Recht, bei jeder Ermittlung zu intervenieren. Alle Staatsanwaltschaften werden dem Justizministerium unterstellt und der Justizminister ist der Generalstaatsanwalt.

3 Ein „Monarch“ vertritt die vollziehende Gewalt und diese sollte in einer Hand liegen, weil es schneller Entscheidungen bedarf. Es ist sinnvoll, weil dann einer die Verantwortung übernimmt bzw. sich bewusst ist, dass er die Verantwortung trägt, ansonsten kann es passieren, dass Verantwortlichkeiten hin und her geschoben werden und letztlich keiner diese übernehmen will und somit nichts entschieden wird.

4 In Deutschland ist das Prinzip der Gewaltenteilung nicht konsequent umgesetzt bzw. im Grundgesetz wird das Prinzip der Gewaltenverschränkung festgelegt. Beispiele: Exekutive wählt Richter (z. B. des Bundesverfassungsgerichts); die Regierung (die Exekutive) sitzt im Bundestag (Legislative), Richter unterstehen dem Justizministerium und Ausstattung der Gerichte obliegt der Regierung
In der EU existiert zwischen Exekutive und Legislative keine Gewaltenteilung. Die Exekutive, der EU-Ministerrat, hat großen Einfluss auf die Legislative. Das EU-Parlament hat wenig Macht bei der Gesetzgebung, es hat z. B. kein Initiativrecht, dies liegt bei der EU-Kommission, dies ist eher dem Bereich der Exekutive zuzuordnen, allerdings hat sie auch judikative Kompetenz, da sie Verstöße sanktionieren kann.

5 Siehe SB, S. 259, Aufgabe 1, LB, S. 108 f.

6 Montesquieu ist ein Vertreter des Rechtspositivismus, in Z. 1 heißt es: „Die politische Freiheit ist nur unter maßvollen Regierungen anzutreffen“, die politische Freiheit ist also etwas, was von Regierungen gestiftet wird. Montesquieu legt dar, was alles eingerichtet bzw. beachtet werden muss, um eine gute Regierungsform zu schaffen.
In Z. 2 ff findet sich ein Hinweis auf den Naturrechtsgedanken: in kleinen Staaten kann das Volk als Ganzes die gesetzgebende Gewalt innehaben, dies ist in großen Staaten kaum umsetzbar.
Ausgangspunkt für Montesquieu ist der Naturrechtsgedanke, d. h., es gibt die „Natur der Dinge“, aus denen sich der „Geist der Gesetze“ ergibt, d. h., verschiedene Faktoren (z. B. Klima, Größe des Territoriums, Religion) haben Einfluss auf die Verfasstheit von Staaten.

Thomas Hobbes: Der Leviathan

Zum Text S. 306 f.

Da die Staatslehre von Hobbes auch im Sozialkundeunterricht behandelt wird, bietet sich diesbezüglich ein fächerübergreifendes Projekt an.
Hobbes bezeichnet sein Ethikmodell als die „wahre Sittenlehre“. Seine Lehre aber überhaupt als ein Begründungsmodell normativer Ethik gelten zu lassen, ist nicht ganz unproblematisch. Zu sehr differieren unsere heutigen Vorstellungen von Gewaltenteilung und Gewaltenkontrolle, von Grundrechten (als Abwehrrechte gegenüber dem Staat), ja von Rechtsstaatlichkeit in allgemeinem Sinne von dem Hobbes'schen Staatsentwurf. Allerdings darf nicht übersehen werden, dass der Souverän bei Hobbes konsequent auf einem, auch unserem Staatsverständnis zugrunde liegenden, normativen Individualismus aufbaut und dass er **seinen Bürgern keine Moral vorschreibt und nicht zu bestimmten Gesinnungen erziehen will**. Der Hobbes'sche Souverän verlangt von den Bürgern lediglich vernünftiges, gesetzestreues Verhalten und seine legitime Macht erstreckt sich nur auf den zwischenmenschlichen Ordnungsbereich, nicht aber auf die Angelegenheiten des Gewissens und der Moral. Insofern beinhaltet er durch den Verzicht auf die Propagierung und Einforderung einer bestimmten Weltanschauung, wie sie Ideologien zugrunde liegt, ein wesentliches Element des Liberalismus und damit der Moderne: Die liberalistische Auffassung nämlich gründet den Staat auf das vernünftige Interessenkalkül der Bürger.
Hobbes wurde für seinen Leviathan vor allem von Theologen heftig kritisiert. Deren **Atheismus-Vorwurf** führte 1666 sogar zu einer parlamentarischen Untersuchung. Auch die anderen Bücher Hobbes' fanden Widerspruch: Sein 1668 erschienener „Behemoth“ durfte nicht gedruckt werden. 1683, vier Jahre nach seinem Tod, wurden Hobbes' politische Schriften von der Universität Oxford verurteilt und verbrannt.

In der Forschung umstritten ist nach wie vor, warum Hobbes für seinen Entwurf eines friedensstiftenden Staates den **Begriff „Leviathan“**, also den Namen eines Ungeheuers, gewählt hat.

Zum Titelbild S. 307

Das Bild zeigt die obere Hälfte des Originals. Der Leviathan trägt eine Krone, in den Händen hält er Schwert (Symbol der weltlichen Macht) und Bischofsstab (Symbol der geistlichen Macht). Schwert und Stab bilden eine Art Dach: Unter seinem Schutz ruht die friedliche Landschaft. Die Gesichter der Menschen, die den Körper des Leviathan wie ein schützender Schuppenpanzer bilden, blicken zum Kopf des Leviathans hoch und gehorchen seinem Willen. Die Inschrift über dem Bild ist dem Buch Hiob des Alten Testaments entnommen und lautet: Non est potestas Super Terram quae Comparetur ei (Es gibt keine Gewalt auf Erden, die der seinen vergleichbar wäre).

Zu den Aufgaben S. 306 f.

Die Aufgaben 1 bis 3 kann man in Gruppen erarbeiten lassen und anschließend werden die Gruppenergebnisse zusammengeführt.

1 Naturzustand und Mensch als „homo homini lupus“:
- Z. 28 f.: „das menschliche Leben ist einsam, armselig, ekelhaft, tierisch und kurz.“
- Gleichheit der geistigen und körperlichen Fähigkeiten: Menschen sind gleichwertig geschaffen, jeder kann den anderen töten, entweder durch List oder durch Stärke
- ergo: „Gleichheit der Hoffnung, unsere Absichten erreichen zu können “ (Z. 8 f.), v. a. Selbsterhaltung
- dies führt dazu, dass Menschen nach gleichen Gegenständen streben, was dazu führt, dass sie sich gegenseitig vernichten oder unterwerfen
- es besteht also permanentes gegenseitiges Misstrauen
- drei Konfliktursachen: Konkurrenz, Misstrauen, Ruhmsucht, ergo greifen Menschen einander an, weil sie Gewinn, Sicherheit und Ansehen wollen
- Fazit: ohne übergeordnete Macht herrscht ein Zustand des Krieges aller gegen alle, ein Zustand der Furcht und Gefahr eines gewaltsames Todes

2 Übergang vom Naturzustand zum Gesellschaftszustand:
- Ziel: Selbsterhaltung, zufriedenes Leben
- Übertragung der Gewalt auf einen Menschen oder eine Versammlung
- der eigene Wille wird dem Willen und Urteil der Versammlung oder der einzelnen Person unterworfen
- Vertrag zwischen allen Personen, die damit den Menschen oder die Versammlung autorisieren, sie zu regieren, unter der Voraussetzung, dass dies alle tun, damit ist der Staat, der den Souverän und die Untertanen umfasst, errichtet

3 Verhältnis von Individuum und Souverän:
- Gehorsamspflicht
- kein Widerstandsrecht
- keine Rechenschaftspflicht gegenüber den Untertanen
- „Übereinstimmung“ von Souverän und Untertan
- Staat hat Gewaltmonopol

4 Aufgaben des Staates bei Hobbes:
- Frieden und Sicherheit im Inneren garantieren
- Verteidigung gegen äußere Feinde

Aufgaben des Staates in der BRD:
- Garantie der Grundrechte (GG Art. 1 bis 18)
- Sozialstaatlichkeit und Rechtsstaatlichkeit (GG Art. 20)
- Gesamtwirtschaftliches Gleichgewicht (GG Art. 109 Abs. 2)
- Schutz der natürlichen Grundlagen und der Tiere (GG Art. 20a)

5 Stellenwert der Moral im Naturzustand:
- der Mensch ist ein Egoist

6 Locke ist ein Naturrechtler (SB, S. 304):
- Z. 1: „Um politische Gewalt richtig zu verstehen und sie von ihrem Ursprung abzuleiten ...“, eindeutiger Verweis auf den Naturzustand als Ursprung der politischen Gewalt
- Z. 3, 7: Naturzustand ist Zustand der Freiheit und Gleichheit
- Z. 16: „Im *Naturzustand* herrscht ein natürliches Gesetz ...“

Hobbes ist ein Rechtspositivist:
- Naturzustand ist „armselig, ekelhaft, tierisch“ (Z. 29), Mensch ist dem Menschen ein Wolf – Zustand des Unrechts und der Unsicherheit
- Souverän gewährt Sicherheit und Frieden (vgl. Z. 54 ff.)

Gustav Radbruch: Gesetzliches Unrecht und übergesetzliches Recht

Zum Text S. 308 f.

Gustav Radbruch lehrte ab 1903 in Heidelberg, Königsberg und Kiel Rechtswissenschaft. Ab 1919 SPD-Mitglied, gehörte er von 1920 bis 1924 als Abgeordneter dem Reichstag an und war in dieser Zeit zweimal Reichsjustizminister. 1933 erhielt er von den Nazis Berufsverbot, weil er angeblich nicht geeignet war, „jederzeit rückhaltlos für den nationalen Staat“ einzutreten. 1945 kehrte er auf seinen Heidelberger Lehrstuhl zurück. Seinen Plan, die Summe seines rechtsphilosophischen Denkens, 1932 in der „Rechtsphilosophie“ niedergelegt, neu herauszugeben, konnte er nicht mehr verwirklichen, er starb 1949.
Radbruch gilt als Klassiker der deutschen Rechtswissenschaft. Er definierte die Rechtsidee als gleichrangige Dreiheit von Gerechtigkeit, Zweckmäßigkeit und Rechtssicherheit. Bei der Bestimmung

ihres Verhältnisses zueinander im Konfliktfall vertritt Radbruch bereits in der „Rechtsphilosophie" einen von naturrechtlichen Überlegungen geprägten Rechtsbegriff, den er nach 1945 jedoch wesentlich schärfer und zugespitzter formulierte. Der Text im Schülerband stammt aus seinem 1946 publizierten Aufsatz „Gesetzliches Unrecht und übergesetzliches Recht". Die darin enthaltene Gerechtigkeitsformel erlangte (trotz ihrer Vagheit) Bedeutung nicht nur bei der Rechtsprechung gegen NS-Täter, sondern auch bei der strafrechtlichen Bewertung von Unrechtstaten des SED-Staates.

Zu den Aufgaben S. 309

1 In der Formel wird der Konflikt zwischen Gerechtigkeit und Rechtssicherheit thematisiert, wann hat die Gerechtigkeit Vorrang vor der Rechtssicherheit? Ein Recht hat auch Gültigkeit, wenn es inhaltlich ungerecht und unzweckmäßig ist (unrichtiges Recht), es verliert dies erst, wenn der Widerspruch zur Gerechtigkeit ein „unerträgliches Maß" annimmt, dies ist erreicht, wenn das Prinzip der Gleichheit verletzt wird (vgl. Z. 62 ff.).

2 Recht ist „Wille zur Gerechtigkeit", hat darüber hinaus den Gemeinnutz und die Rechtssicherheit zum Ziel. Das positive Recht führt „*[e]inen* Wert [...] ohne Rücksicht auf seinen Inhalt mit sich: Es ist immer noch besser als kein Gesetz, weil es zum Mindesten Rechtssicherheit schafft" (Z. 34 ff.). Leistung: Gesetze schaffen Rechtssicherheit; Grenzen: Der Positivismus ist „gar nicht in der Lage, aus eigener Kraft die Geltung der Gesetze zu begründen. Er glaubt, die Geltung eines Gesetzes schon damit erwiesen zu haben, dass es die Macht besessen hat, sich durchzusetzen" (Z. 30 ff.).
Das Naturrecht beinhaltet Rechtsgrundsätze, die „stärker sind als jede rechtliche Satzung" (Z. 21 f.). Die „Arbeit der Jahrhunderte hat einen doch festen Bestand herausgearbeitet und in den [...] Menschen- und Bürgerrechten [...] gesammelt" (Z. 24 ff.).

3 Der Begriff Legalität (lat. lex, „Gesetz") bezeichnet die Übereinstimmung staatlichen oder privaten Handelns mit dem geltenden (positiven) Recht. Gegenüber dieser formellen „Gesetzmäßigkeit" bezeichnet Legitimität die Rechtfertigung des Staates und seiner Herrschaftsgewalt durch höhere Werte bzw. Grundsätze (z. B. Volkssouveränität). Wenn geltendes Recht allgemeinen Gerechtigkeitsprinzipien widerspricht, handelt es sich vom Standpunkt der Legitimität aus um „legales Unrecht".

5 Es gibt Rechte, die für alle Menschen gelten, die Menschenrechte. Menschen sollte aufgrund ihres Menschseins z. B. das Recht auf Leben, das Recht auf körperliche Unversehrtheit zugesprochen werden.
Gründe gegen die Eugenik bzw. Rasenpflege:

- Selbstbestimmungsrecht der Individuen wird beschnitten (z. B. Heiratsverbot, Zwangssterilisation, Tötung „unwerten" Lebens)
- Kollektivinteressen gegen Individualinteressen: die Einzelinteressen müssen sich der „Rassenpflege" unterordnen (Bsp.: das Gesetz zur Verhütung erbkranken Nachwuchses (14. Juli 1933) führte zwischen 1934 und 1939 zu schätzungsweise 200 000 bis 400 000 Sterilisationen, von denen ein großer Teil zwangsweise durchgeführt wurde)
- naturalistischer Fehlschluss (SB, S. 127)
- Einteilung in „hochwertig und minderwertig" setzt Unterscheidungskriterien voraus, die allerdings willkürlich sind bzw. je nach Interesse variieren
- Vererbung: Gene stellen eine Prädisposition dar

6 Unter die Aufhebung fallen bis zu 500 000 NS-Richtersprüche und etwa 350 000 Anordnungen von Zwangssterilisationen durch sogenannte Erbgesundheitsgerichte. Damit werden alle Urteile aufgehoben, die „unter Verstoß gegen elementare Gedanken der Gerechtigkeit nach dem 30.1.1933 zur Durchsetzung oder Aufrechterhaltung des NS-Unrechtsregimes" ergangen sind. – Noch lebende Verurteilte oder Angehörige von Hingerichteten erhalten mit dieser pauschalen Aufhebung jedoch keinen Entschädigungsanspruch. Dies wird damit begründet, dass die Wiedergutmachung von NS-Unrecht bereits in früheren Gesetzen ausreichend geregelt sei.
Die damaligen NS-Urteile waren „gesetzliches" Unrecht, der Widerspruch zwischen Gerechtigkeit und Rechtssicherheit ist „unerträglich".

7 Am 13. August 1961 errichtete das DDR-Regime in Berlin zwischen dem Ostsektor und den Westsektoren eine Mauer, um die Flucht in den Westen zu verhindern und das Ausreiseverbot durchzusetzen. Für die Grenzsoldaten galt der Schießbefehl. Nach der deutschen Wiedervereinigung 1990 wurden Grenzsoldaten und Politiker für die Tötungen von Flüchtlingen angeklagt und verurteilt. Aus der Urteilsbegründung des Berliner Landgerichts (1992):

„1. Die Schusswaffenregelung im Grenzgesetz der ehemaligen DDR war nichtig, weil sie nicht dem rechtsstaatlich gebotenen Verhältnismäßigkeitsgrundsatz entsprach.
2. Die Durchsetzung des Ausreiseverbots mittels Schusswaffengebrauchs verletzt den Kernbereich des Rechts auf Leben und körperliche Unversehrtheit, in den nach allgemeiner Rechtsüberzeugung kein Gesetz und keine andere obrigkeitliche Maßnahme eingreifen darf.
3. Ein unvermeidbarer Verbotsirrtum (Annahme, dass eine Handlungsweise nicht verboten ist) bei den Grenzsoldaten scheidet regelmäßig aus, da die tödlichen Schüsse an der Grenze in eklatantem Widerspruch zu den allgemein anerkannten Grundsätzen von Recht und Gerechtigkeit standen, sodass dies trotz Indoktrination bei entsprechender Gewissensanspannung auch für die Soldaten erkennbar gewesen wäre."

Die DDR-Grenzsoldaten beriefen sich auf Befehlsnotstand und Verbotsirrtum, dies ließen die Richter nicht gelten. Zum

Begriff „Befehlsnotstand“: Gemeint sind die Notstandsvorschriften des StGB, nach denen derjenige straffrei bleibt, der die Straftat nur unter dem Druck einer unausweichlichen Gefahr für Leib und Leben ausgeführt hat. Dies jedoch traf auf die Grenzsoldaten der DDR nicht zu. Die §§ 95 und 258 des StGB der DDR schlossen den „Befehlsnotstand“ ausdrücklich aus. Bei Befehlsverweigerung bestand nachweislich keine „Gefahr für Leib und Leben“.

Zum Begriff „Verbotsirrtum“: Selbst wenn der Täter zum Zeitpunkt der Tat ohne Unrechtsbewusstsein handelte, weil er sich durch die Staatsautorität gedeckt fühlte, gebe es, so das Gericht, Rechtsnormen, die dem innerstaatlichen Recht vorangingen und deshalb unbedingt zu beachten seien. Das Grenzgesetz der DDR habe auch so ausgelegt werden können, dass Menschenrechtsverletzungen hätten vermieden werden können.

Das Gericht urteilt naturrechtlich im Sinne Radbruchs. Der Schießbefehl auf unbewaffnete Fliehende entbehrte seines Rechtscharakters und war somit Unrecht. Die Richter verlangen eine „entsprechende Gewissensanspannung“, die „trotz Indoktrination“ auch von den Grenzsoldaten erwartet werden könne.

Zum Text in der Randspalte S. 308

NS-Publikation „Eugenik, Erblehre, Erbpflege“ von 1933

Rechtspositivistisch stellen z. B. die „Nürnberger Rassegesetze“ von 1935 einen klaren Bruch der Rechtstradition und geschriebener Rechtsgarantien dar. Einen Hohn auf die Rechtsgeschichte und das Rechtsgefühl stellen auch folgende Äußerungen dar: „Die Gesetzgebung ist von der Entscheidung des Führers abhängig. Gegen seinen Willen ist kein Gesetz möglich, mit seinem Willen ein jedes“ (Juristische Wochenschrift 1935); „Recht ist, was arische Menschen für Recht empfinden“ (Roland Freisler in „Deutsche Justiz“ 1936, II, S. 44). Naturrechtlich behauptete der Nationalsozialismus überpositve „Werte“, so z. B. das „gesunde Volksempfinden“ und die „Stimme des Blutes“, und forderte ein „ethisierendes Willensstrafrecht“. Seine Berufung auf das Naturrecht entbehrte jedoch der Ausrichtung an einer Wertordnung, die sich an den natürlichen Rechten des Menschen und an der Gerechtigkeit orientiert.

Standpunkte kontrovers: Im Zweifel für mehr Sicherheit oder mehr Freiheit?

Zu den Aufgaben S. 310 f.

1 Beide würden der Aussage wohl zustimmen, allerdings mit unterschiedlichen Schwerpunkten (Zeh: Freiheit; Schily: Sicherheit).

Für Zeh wird die Freiheit durch zu viele Sicherheitsmaßnahmen ausgehöhlt. Sicherheitsmaßnahmen bedeuten, dass Menschen beobachtet werden, Daten über sie gesammelt werden. Sie sieht darin eine Gefahr für die Demokratie, weil dadurch ein Rahmen des Normalverhaltens geschaffen wird, in dem man sich bewegen muss, um nicht aufzufallen.

Für Schily bedeuten Sicherheitsmaßnahmen keine Einschränkung der Freiheit, sondern Sicherung der Freiheit durch Gefahrenabwehr. Außerdem sollte der Bürger dem Staat bzgl. seinen Maßnahmen vertrauen.

2 Beispiel:

- GG Art. 5 „Meinungsfreiheit“: Äußerungen, die die öffentliche Sicherheit gefährden, z. B. zum Töten auffordern oder die Würde anderer Menschen verletzen
- GG Art. 6 „Ehe und Familie“: Inzestverbot, bei Kindeswohlgefährdung
- GG Art. 9 „Vereinigungsfreiheit“
- GG Art. 10 „Brief-, Post – und Fernmeldegeheimnis“: Aufdeckung von Straftaten, Verhinderung von Verbrechen

3 Bei dieser Aufgabe sollten die Schüler zu folgenden Aspekten Ideen entwickeln und bei den entsprechenden Fragen „Grenzwerte“ festlegen: Wer soll diesen Demokratie-TÜV durchführen? Wer ist von der Sicherheitsmaßnahme betroffen? Welche Folgen hat die Maßnahme? Welche Grundrechte werden ggf. verletzt oder eingeschränkt? Welches Grundrecht wiegt ggf. „mehr“?

Was ist Gerechtigkeit?

Aristoteles: Austeilende und ausgleichende Gerechtigkeit

Zu den Aufgaben S. 312

1 2

Gerechtigkeit

austeilende
- Verteilung von Staat zu Bürger
- Zuerteilung von Ehre, Geld und anderen Gütern
- geometrische Gleichheit, d. h., jeder bekommt das ihm zustehende, Ungleiche bekommen Ungleiches (Verhältnisgleichheit)

Verteilungsgerechtigkeit
soziale Gerechtigkeit
Generationengerechtigkeit
Chancengerechtigkeit

ausgleichende
Beziehung zw. den Einzelnen

ausgleichend
- freiwilliger Verkehr (z. B. Kauf u. Ver-, Miete)
- arithmetische Gleichheit (Äquivalenz von Leistung und Gegenleistung)

Leistungsgerechtigkeit
Tauschgerechtigkeit

wiedervergeltend
- bei unfreiwilligem Verkehr muss ein Ausgleich geschaffen werden

Strafgerechtigkeit

3 Beispiele für „austeilende Gerechtigkeit“: Grundrechte, Kindergeld.
Beispiele für ausgleichende: (a) freiwillig: Arbeit und Lohn, Ware und Preis; (b) wiedervergeltend: Haftstrafen, Geldstrafen, Sozialdienst.

Chaim Perelman: Kriterien der Verteilungsgerechtigkeit

Zu den Aufgaben S. 313

1 Zu Punkt 1 („Jedem das Gleiche“): Der Gleichheitsgedanke ist aus dem Naturrecht hervorgegangen und wurde ursprünglich als Gleichheit vor dem Gesetz verstanden. Er beruht auf der Prämisse der angeborenen und unveräußerlichen Gleichheit der Menschen. Dieses Grundrecht bindet Gesetzgebung, vollziehende Gewalt und Rechtsprechung.
„Gleichheitsrecht: Was es im Kern bedeutet: 1. Wesentlich Gleiches muss gleich, wesentlich Ungleiches muss verschieden behandelt werden. 2. Gleich- und Ungleichbehandlung müssen auf sachlichem Grund beruhen, Willkür ist verboten. 3. Ein Anspruch auf Gleichbehandlung im Unrecht gibt es nicht (auch wenn es im Einzelfall noch so vorteilhaft sein sollte.“ (Der Brockhaus: Recht, Artikel „Gleichheit“. Mannheim: Bibliographisches Institut & F. A. Brockhaus 2006, S. 338)
Problematisch ist die inhaltliche Füllung der Begriffe „wesentlich“, „sachlicher Grund“ und „im Unrecht“. Ist z. B. eine Quotenregelung bei der Stellenvergabe *sachlich* begründbar? Die Vagheit des Begriffs „Gleichheit“ verlangt also zusätzliche Kriterien zur inhaltlichen Füllung. Perelmann formuliert den Gleichheitsgrundsatz im Sinne einer *absoluten* Gleichbehandlung, die keine persönlichen Unterschiede berücksichtigt. Problematisch daran ist die Tendenz zur Gleichmacherei, etwa bei Besoldung/Entlohnung ohne Berücksichtigung unterschiedlicher Arbeitsleistung. Gleichbehandlung im Sinne einer relativen Gleichheitstheorie soll demgegenüber gewährleisten, dass in einem Verteilungsverfahren formal alle gleich behandelt werden (Beispiel: Alle müssen sich dem *Verfahren einer Besteuerung* ihres Einkommens unterwerfen, was allerdings nicht heißt, dass alle dieselben Steuersätze entrichten müssen.). „Menschen gleich zu behandeln, bedeutet nicht, sie identisch zu behandeln.“ (William Frankena, Rechtsphilosoph)

Zu Punkt 2 („Jedem gemäß seinen Verdiensten“): leistungsorientiert, problematisch ist die Definition von „Verdienst“, Bsp. Bundesverdienstkreuz.

Zu Punkt 3 („Jedem gemäß seinen Werken"): Dies schließt die Verteilung nach Leistung mit ein, Orientierung am Resultat einer Handlung.

Zu Punkt 4 („Jedem gemäß seinen Bedürfnissen"): Jeder bekommt das, was er braucht (Glücksmaximierung), allerdings ist die Finanzierung evtl. schwierig. Welche Bedürfnisse sind zu berücksichtigen? Es handelt sich hier um das marxistische Kriterium, dass jeder Mensch nach seinen besonderen Bedürfnissen und Fähigkeiten zu behandeln ist.

Der Grundsatz 5 („Jedem gemäß seinem Rang") beruht im Gegensatz zu allen anderen Kriterien nicht auf dem Gleichheitsgedanken, sondern setzt voraus, dass die Menschen nicht nur verschieden, sondern auch ungleich im Sinne einer Wertigkeit sind.

Der Grundsatz 6 („Jedem gemäß dem ihm durch Gesetz Zugeteilten") stellt kein inhaltliches Kriterium der Verteilungsgerechtigkeit dar, sondern bestimmt Gerechtigkeit wesentlich vom jeweils geltenden Recht und Gesetz her (Gesetzesgerechtigkeit).

Man kann im Anschluss die Schüler nach weiteren Kriterien fragen und deren Vor- und Nachteile abwägen, z. B. Zufall (z. B. durch Los); Jedem gemäß des Alters; Jedem gemäß seiner Intelligenz.

3 Die Schüler sollen überlegen, wie öffentliche Güter in Deutschland verteilt werden, nach welchen Gerechtigkeitskriterien. Im Anschluss können sie diskutieren, ob diese Verteilungsmechanismen gerecht sind und was sie ggf. ändern würden.
Beispiele für die Verteilung öffentlicher Güter:

- Grundrechte: Jedem das Gleiche.
- Medizinische Versorgung: Jedem gemäß seinen Bedürfnissen. Jedem gemäß dem ihm durch Gesetz Zugeteilten. Jedem gemäß seines Verdienstes/Einkommens/Ranges (Privat- oder Kassenpatient).
- Bildung: Jedem gemäß seinen Fähigkeiten. Jedem das Gleiche. Zufall: je nachdem, was meine Eltern verdienen, welche Einstellung sie zur Bildung haben.
- Arbeitslosengeld: Jedem gemäß seinen Bedürfnissen. Jedem gemäß dem ihm durch Gesetz Zugeteilten.
- Öffentliche Ämter: Jedem gemäß seinen Fähigkeiten. Jedem gemäß seinen Werken.
- Rente: Jedem gemäß dem ihm durch Gesetz Zugeteilten. Jedem gemäß seinen Werken.

4 Bei der „gerechten Einkommensverteilung" kann man das bedingungslose Grundeinkommen diskutieren.

5 Bis zur Pubertät entwickelt sich die Leistungsfähigkeit von Jungen und Mädchen fast identisch. Größe, Geschicklichkeit, Trainingszustand und nicht Motivation seien bedeutsamer für die Leistung.

Die unterschiedliche Bepunktung verstößt gegen das Prinzip der Gleichberechtigung. (GG. Art. 3) oder: Ungleichbehandlung ermöglicht die Gleichbehandlung der Geschlechter. Sollten Jungen dann nicht evtl. in anderen Fächern auch anders bepunktet werden, z. B. in Kunst?

Wenn man den Horizont erweitert, könnte man auch fragen, ob Frauen, da sie statistisch länger leben, nicht auch mehr in die staatliche Rentenversicherung einzahlen müssten.

John Rawls: Gerechtigkeit als Fairness

Zum Text S. 314 f.

Rawls entwirft eine politische Gerechtigkeitskonzeption für den demokratischen, liberalen und sozialen Rechtsstaat, die ohne Rekurs auf traditionelle Muster metaphysischer Begründung auskommt und trotzdem Verbindlichkeit beanspruchen kann.
Rawls „Theorie der Gerechtigkeit" (1971) knüpft an die Theorie des Gesellschaftsvertrages an, die von Locke und Rousseau entwickelt wurde. Grundgedanke dieser Vertragstheorie ist, dass allein die freien Vereinbarungen der einzelnen Individuen politische Verhältnisse rechtfertigen. Rawls Grundfrage: Welche Grundsätze würden freie und vernünftige Menschen in ihrem eigenen Interesse annehmen, wenn sie von der Gleichheit aller Beteiligten ausgingen und die Grundverhältnisse ihres Zusammenlebens regeln wollten?
Ausgangsposition ist das Prinzip der Gleichheit. Die Gerechtigkeitsgrundsätze sollen hinter einem „Schleier des Nichtwissens" (veil of ignorance) gefunden werden. Dieser der klassischen Vertragstheorie entlehnte (und um die moderne Spieltheorie erweiterte), hypothetisch eingeführte Naturzustand gewährleistet, dass die Entscheidungsträger sich als frei und gleich anerkennen. Jeder muss für jeden mitentscheiden und dessen Wohl mitbedenken, da er ja selbst in die Situation des anderen kommen könnte. Folge: „Die Wahl der Gerechtigkeitsprinzipien geht dann zwar nach wie vor aus dem Selbstinteresse hervor, doch wird die Gleichheit des Selbstinteresses durch das mit dem Schleier der Unwissenheit gegebene Informationsdefizit gewahrt" (Jan Rohls: Geschichte der Ethik, S. 458).
Die Gerechtigkeitsprinzipien: Erstens gilt der Grundsatz der größtmöglichen gleichen Freiheit bzw. der gleichmäßigen Verteilung einer größtmöglichen Entfaltungsfreiheit. Zweitens: Ungleichheiten und Abweichungen vom Prinzip gleicher Güterverteilung sind dann ungerecht und unzulässig, wenn sie sich nicht zum Vorteil aller, vor allem der schlecht Gestellten, und zur Gleichheit der Chancen entwickeln. Mit diesem (zweiten) Prinzip „unterscheidet sich Rawls Theorie der Gerechtigkeit vom Utilitarismus, demzufolge die Gerechtigkeit der Gesellschaft in der größten Summe der Befriedigung von Bedürfnissen ihrer Mitglieder besteht, wobei die Verteilung dieser Summe keine Rolle spielt" (Jan Rohls).
Durch diese zwei Gerechtigkeitsprinzipien definiert Rawls die Gerechtigkeit schließlich als „Fairness".

Zu den Aufgaben S. 315

1 mögliche sinntragende Wortgruppen: „theoretische Situation der Freiheit und Gleichheit“ (Z. 12 f.), „Urzustand“ (Z. 17), „Grundsätze der Gerechtigkeit“ (Z. 13 f.), „Schleier des Nichtwissens“ (Z. 25 f.), „Gleichheit“ (Z. 16), „vernünftige Wesen mit [...] Gerechtigkeitsgefühl“ (Z 32 f.), „faire Übereinkunft oder Verhandlung“ (Z. 30).

2 Gerechtigkeit als „Fairness“ (Z. 35 ff.): die Ausgangssituation zur Findung der Gerechtigkeitsgrundsätze ist fair.

3 Differenzprinzip besagt, dass soziale und wirtschaftliche Ungleichheiten so beschaffen sein müssen, dass sie auch den am wenigsten Begünstigten einen größtmöglichen Vorteil bringen und dass Ämter und Positionen jedem offenstehen (Chancengleichheit): Fähige Manager dürfen mehr verdienen, da sie u.a. Arbeitsplätze schaffen.

4 Vorrang der Freiheit: Die Versammlungsfreiheit, Postgeheimnis kann eingeschränkt werden, wenn die öffentliche Sicherheit bedroht ist.
Vorrang der Gerechtigkeit vor Leistungsfähigkeit und Lebensstandard: keine Studiengebühren (wer sich diese nicht leisten kann, hat keine Chance zu studieren).

5 Rawls Annahme eines theoretischen Urzustandes greift den Gedanken des Naturrechts auf. In diesem „Urzustand“ überlegen sich die Menschen mithilfe ihrer Vernunft und ihres Gerechtigkeitssinns Grundregeln einer gerechten Gesellschaft. Diese Grundsätze sind somit vorstaatlich und stellen die Grundlage für Gesetze dar. Gesetze sollen mit dem Wert der Gerechtigkeit begründet werden.
Allerdings erfahren diese Grundsätze erst in der gesetzlichen Umsetzung ihre volle Geltung (Rechtspositivist).

6 Mögliche Maßnahmen zur Umsetzung in Deutschland:
- Erhöhung der Erbschaftssteuer zur Verhinderung von übermäßiger Vermögenskonzentration
- Schul- und universitäre Bildung an den natürlichen Fähigkeiten und der Bereitschaft, sie einzusetzen, ausrichten

7 Rawls würde nicht zustimmen, die Anhäufung von Vermögen sollte auch für die am wenigsten Begünstigen von Vorteil sein (vgl. Differenzprinzip).

Beate Rössler: Quotierung und Gerechtigkeit

Zum Text S. 316 f.

Der 1993 entstandene Text von Beate Rössler nennt zunächst Gründe für die Diskussion über eine Quotenregelung und reflektiert dann juristische und moralphilosophische Probleme einer möglichen Quotierung, indem er die verschiedenen Argumente gegenüberstellt.

Die quotenablehnende Position verweist in erster Linie auf den Gleichheitsgrundsatz. Die quotenbefürwortenden Argumente variieren die aristotelischen Begriffe der ausgleichenden und austeilenden Gerechtigkeit, mit dem Ergebnis, dass eine nach diesen Gesichtspunkten vorgenommene Quotenregelung den Gleichheitsgrundsatz nicht verletzen würde.
Im Jahr 1994 wurde der Artikel 3 GG geändert. Die beiden ersten Punkte lauten seitdem: „(1) Alle Menschen sind vor dem Gesetz gleich. (2) Der Staat fördert die tatsächliche Durchsetzung der Gleichberechtigung von Frauen und Männern und wirkt auf die Beseitigung bestehender Nachteile hin.“
Der Text lässt sich verknüpfen mit der Auflistung von „Gerechtigkeitskriterien“ von Chaim Perelmann, SB, S. 313.

Zu den Aufgaben S. 317

1 Mögliche Beispiele:
- Diskriminierung aufgrund des Geschlechts: unterschiedliche Bezahlung bei gleicher Arbeit, Sexismus
- Diskriminierung aufgrund der Hautfarbe: Rassismus
- Diskriminierung aufgrund der ethnischen Herkunft: bei der Wohnungssuche, bei Bewerbungen

2 Kontra-Quotenregel:
- widerspricht dem Gleichbehandlungsgrundsatz

Pro-Quotenregel:
- Rechte von Männern werden nicht verletzt, weil keiner ein Recht auf eine bestimmte Stelle, einen bestimmten Ausbildungsplatz hat
- Wiedergutmachung für vergangene Diskriminierungen bei der Stellenvergabe (Modell der retributiven Gerechtigkeit)
- die zu vergebenden Stellen in einer Gesellschaft müssen an alle gesellschaftlichen Gruppen gerecht verteilt werden (Modell der distributiven Gerechtigkeit)

3 Rösslers kompensatorischer Ansatz:
- Kompensierung von erlittenem Unrecht/von Diskriminierung
- nicht Individuen erhalten eine Wiedergutmachung, sondern die Wiedergutmachung wird auf die Gruppe (Frauen) übertragen
- weil Frauen zu einer diskriminierten Gruppe gehören, müssen sie bevorzugt werden
- nicht unbedingt der, der Unrecht begangen hat, muss für Kompensation sorgen, es kann „Unschuldige“ treffen

4 Derzeitige Quotenregelungen:
- 2014 in Deutschland: Frauenquote für Aufsichtsräte
- Frankreich 1994: Die Radiostationen sind in Frankreich dazu verpflichtet, mindestens 60 % der Sendezeit mit Produktionen europäischer Künstler zu füllen sowie 40 % mit Produktionen französischer Interpreten. Von diesen 40 % muss die Hälfte aus Neuheiten bestehen. Vom Gesetzgeber definiert werden als Musiker diejenigen, die noch nicht zwei Verkäufe mit je 100 000 verkauften Ton-

trägern vorweisen können. Zwischen 22.30 Uhr und 06.30 Uhr gilt eine Befreiung von der Quote.
- Schwerbehindertenrecht (im Sozialgesetzbuch) Deutschland: Private und öffentliche Arbeitgeber mit mindestens 20 Arbeitsplätzen sind verpflichtet, auf mindestens fünf Prozent der Arbeitsplätze schwerbehinderte Menschen zu beschäftigen. Dabei sind schwerbehinderte Frauen besonders zu berücksichtigen. Solange der Arbeitgeber die vorgeschriebene Zahl schwerbehinderter Menschen nicht beschäftigt, muss er für jeden unbesetzten Pflichtarbeitsplatz monatlich eine Ausgleichsabgabe zahlen.
- Biokraftstoffquotengesetz.

5 Rawls könnte der Quotenregelung zustimmen, wenn keine faire Chancengleichheit bestand (vgl. Zweite Vorrangregel, SB, S. 315), er könnte sie auch ablehnen, da die Grundrechte der Männer verletzt werden.

6 Karikaturauswertung:
- an einem Konferenztisch sitzen vier Männer und eine Katze, zwei Männer schauen grimmig, der eine denkt: „Ich hatte mich schon gefragt, was nach der Frauenquote kommt“.
- Kritik an der Frauenquote bzw. an Quotenregelungen.

7 Pro/Kontra anonyme Bewerbungen.

➡ Standpunkte kontrovers: Ist der Staat für soziale Gerechtigkeit verantwortlich?

Zu den Aufgaben S. 319

1 Der Welttag soll auf die bestehenden Ungerechtigkeiten hinweisen. Soziale Gerechtigkeit ist eine wichtige Voraussetzung für das friedliche Zusammenleben aller Nationen. Für die UN gehört soziale Gerechtigkeit zu den wichtigsten globalen Aufgaben, um Entwicklungsprozesse und die Würde des Menschen zu stärken. Dazu gehören die Rechte von indigenen Völkern und Migranten, genauso wie die Rechte von Menschen, die aufgrund von Alter, Ethnie, Religion, Kultur, Behinderung oder Geschlecht benachteiligt werden. „Diese Ungleichheit untergräbt die Bemühungen der internationalen Gemeinschaft, Millionen Menschen aus der Armut herauszuholen und eine gerechtere Welt zu schaffen“, so UN-Generalsekretär Ban Ki-moon anlässlich des Welttags der sozialen Gerechtigkeit (http://www.unric.org/de/uno-schlagzeilen/26933-20-februar-welttag-der-sozialen-gerechtigkeit [30.5.2017]).

2 ➧ **Zusatzmaterial 40, LB, S. 215**

Recht, Schuld und Strafe

Warum strafen wir?

Zu den Aufgaben S. 320

1 Unterschiedliche Strafen für das gleiche Verbrechen resultieren aus Unterschieden in der Kultur, der Religion, der Tradition, der Stellung der Menschenrechte.

2 Im Folgenden werden einige Aspekte angeführt, die bei der Stellungnahme berücksichtigt werden können:
- öffentliche Bloßstellung, am Pranger stehen: öffentliche Demütigung, Verletzung der Menschenwürde, Gefahr der Vorverurteilung in der Zukunft bzw. zukünftiges Ausgrenzen des Verurteilten, Menschen können ihrem Unmut Luft machen, Strafe wirkt evtl. abschreckend
- Hinrichtung durch Rädern: Folter und Todesstrafe widersprechen den Menschenrechten, evtl. abschreckende Wirkung
- elektronische Fußfessel bzw. elektronische Aufenthaltsüberwachung: Überwachung von gefährlichen Straftätern, „Fußfessel“ ist günstiger als Gefängnisaufenthalt (Staat spart Geld), erleichtert die Polizeiarbeit, Einschränkungen der Bewegungsfreiheit, „Brandmarkung“ des Menschen kann Wiedereingliederung in die Gesellschaft erschweren oder verhindern (z. B. bei der Arbeitsplatzsuche), verhindert keine Straftaten

Reinhold Zippelius: Das Prinzip der Gegenseitigkeit

Zum Text S. 321

Der Autor setzt sich mit dem Gleichheitsaspekt der Gerechtigkeit, insbesondere mit der „Talion“, auseinander. Er verweist zunächst auf die Vorzüge des „ius talionis“ und den damit verbundenen Fortschritt im Rechtsdenken, nennt dann aber auch die Grenzen dieser „allzu einfache[n] Formel“ (Z. 15). Im nächsten Abschnitt gibt er sodann eine kritische Einschätzung einer weiteren Fassung des Gegenseitigkeitsprinzips, nämlich die der sogenannten „goldenen Regel“.

Zu den Aufgaben S. 321

3
- insgesamt wird mehr als jeder Dritte rückfällig
- bei schweren Verbrechen (Raub, Erpressung, schwere Körperverletzung) hat Deutschland eine hohe Rückfallquote, mehr als jeder Zweite wird erneut bestraft
- bei „einfachen“ Delikten (einfache Körperverletzung und Diebstahl, sexuelle Nötigung und Vergewaltigung, Betrug) wird jeder Dritte bis Vierte rückfällig

- in den Altersgruppen ist deutlich zu erkennen, dass mit zunehmendem Alter die Rückfallquote geringer wird, am höchsten ist sie bei den 14- bis 17- Jährigen, am niedrigsten bei den über 60-jährigen
- Empfehlungen für das Bestrafen: „schwere“ Delikte und Jugendliche sowie junge Erwachsene (14–24) müssen anders bestraft werden

4 Talionsprinzip:

- Vorteile: dem Täter wird so viel Schaden zugefügt, wie er selbst verursacht hat; Tat und Strafe sind miteinander verbunden; Vermeidung von Blutrache
- Nachteile: Motive/Gesinnung des Täters werden nicht berücksichtigt; Verletzung von Menschenrechten; Unrecht wird mit Unrecht bestraft

Goldene Regel:

- siehe SB, S. 185, Aufgabe 5, LB, S. 78 f.
- findet sich in allen Weltreligionen (vgl. Hans Küng: „Projekt Weltethos“)

Reinhold Zippelius: Straftheorien

Zum Text S. 322 f.

1 Die heutige Strafrechtslehre orientiert sich, im Gegensatz zum (absoluten) Talionsprinzip (s. SB, S. 321), an den relativen Strafzwecken, indem sie die Strafe gemäß dem Maß der zu sühnenden Schuld unter dem Aspekt der Besserung oder der Abschreckung bestimmt. Dabei bildeten sich verschiedene Straftheorien heraus, vor allem der Gedanke der Spezialprävention. Diese und die Theorie der Generalprävention basieren auf der Grundlage der Wertung der Einzeltäterpersönlichkeit und seiner Schuld. Der Autor führt dazu an anderer Stelle aus: „Es liegt auf der Hand, dass nicht jeder Angriff auf jedes beliebige schutzwürdige Interesse mit Strafe bedroht werden kann. Für jeden Strafgesetzgeber erhebt sich die Frage, welches Maß an Sozialschädlichkeit ein Verhalten erreichen muss, wenn seine Pönalisierung gerechtfertigt sein soll. Nach rechtsstaatlichen Grundsätzen muss der schwere Eingriff, der in einer Bestrafung liegt, den Prinzipien der Verhältnismäßigkeit und des Übermaßverbotes genügen“ (Zippelius 2003, S. 239).

Zu den Aufgaben S. 323

1

Tafelbild

Straftheorien

absolute Straftheorie

- Vergeltung als Grund der Strafe
- Ausgleich
- Grund der Strafe liegt in der Vergangenheit
- hat keinerlei sozialen Nutzen

relative Straftheorie
Verhinderung von weiteren Straftaten (zukunftsorientiert)

- Individual- oder Spezialprävention Einwirkung auf den Täter
  - Abschreckung vor weiteren Straftaten (negativ)
  - Resozialisierung (positiv)
- Generalprävention Einwirkung auf die Allgemeinheit
  - Motivation zum Rechtsgehorsam (positiv)
  - Abschreckung (negativ)

Die Vereinigungstheorie berücksichtigt alle Straftheorien, d. h., sie enthält Aspekte der absoluten sowie der Spezial- und Generalprävention.

	Vorzüge	Nachteile
absolute Straftheorie	• „ausgleichende Gerechtigkeit" • Befriedigung des Rachebedürfnisses	• kein sozialer Nutzen • vergangenheitsorientiert • Unrecht wird evtl. mit Unrecht ausgeglichen
relative Straftheorie	• zukunftsorientiert • Verhinderung weiterer Straftaten zum Schutz der Gesellschaft	• siehe Nachteile General- und Spezialprävention
Generalprävention	• Gesetzesverstöße bleiben nicht ungestraft • Rachebedürfnis der Opfer oder Gesellschaft wird befriedigt • Genugtuung	• Instrumentalisierung des Täters, er wird zum bloßen Objekt staatlichen Handelns (Verstoß gegen die Menschenwürde) • hält Straftäter nicht davon ab, erneut straffällig zu werden, siehe Rückfallquoten (SB, S. 321)
Spezialprävention	• Berücksichtigung des Täters, Ziel ist seine Resozialisierung	• was, wenn die Tat erst nach Jahren aufgedeckt wird und der Täter bis dahin völlig sozialisiert in der Gesellschaft gelebt hat? • wenn keine Wiederholungsgefahr besteht, müsste Täter nicht bestraft werden

2 Eine Strafe setzt die Schuld des Täters voraus. Schuld aber setzt voraus, dass es die Möglichkeit gab, anders zu handeln. Die anthropologische Grundannahme ist also die Willensfreiheit, nicht die Determination des Menschen (vgl. Z. 56 ff.).

3 Schuld hat eine zweifache Bedeutung, eine moralische und eine rechtliche. Moralisch schuldig wird jemand, der mit seinen Handlungen und Unterlassungen oder durch bloßen Vorsatz bewusst und nach freier Entscheidung gegen sein Gewissen und sittliche Normen verstößt. Da das Kriterium rechtlicher Schuld nicht bewusstes Handeln oder Unterlassen und böser Wille, sondern der faktische Verstoß gegen Gesetze ist, ist es notwendig, zwischen rechtlicher und moralischer Schuld zu unterscheiden. In der Regel macht sich jemand, der ein Verbrechen begeht, auch moralisch schuldig. Jemand kann aber auch moralisch schuldig und rechtlich unschuldig sein, wenn er z. B. aus Eigeninteresse Gebote der Pflicht missachtet, deren Erfüllung rechtlich nicht verbindlich ist. Umgekehrt ist nicht jeder Verstoß gegen Gesetze, unter Umständen auch nicht ein bewusst begangenes Verbrechen (z. B. unter einer illegitimen Herrschaft) unmoralisch. Moralische Schuld trifft auch den nicht, der eine Tat unter Gewalt oder Drohung, aus Furcht, in Notwehr und unter Gefahr zur Rettung von Leben beging. […] Die Strafe als Sühne für eine rechtliche Schuld soll die Einsicht in die mit ihr einhergegangene moralische Schuld ermöglichen. […] Nur die Erkenntnis einer rechtlichen als moralischen Schuld ermöglicht Reue: nicht aufgrund äußeren Zwangs, sondern aus freiem Willen seine Tat als Schuld anzunehmen und sich zur Umkehr, zur Orientierung seines Handelns an den sittlichen Pflichten und der Verantwortung sich selbst und seinen Mitmenschen gegenüber zu entscheiden (Otfried Höffe (Hg.): Lexikon der Ethik, München (Beck) [7]2008).

4 Bei dieser Aufgabe kann auf die Ergebnisse aus Aufgabe 1 bzgl. der Vorzüge und Nachteile der einzelnen Straftheorien zurückgegriffen werden.

5 Im römischen Recht, in den „Digesten" des Spätklassikers Ulpian, findet sich folgender Grundsatz, der auf einen Bescheid des Kaisers Trajan zurückgeht: „Aber auch auf bloßen Verdacht hin darf niemand verurteilt werden. Denn es ist besser, dass die Tat eines Schuldigen unbestraft bleibt, als wenn ein Unschuldiger verurteilt wird." Daraus entwickelte der Grundsatz „in dubio pro reo". Er gilt in unserem Recht zwar nur als allgemeines Prinzip und ist in den Strafgesetzen nicht kodifiziert, findet sich aber in der europäischen Menschenrechtskonvention (Art. 6, Abs. 2).

6 Einer der Grundsätze der Verfahrensgerechtigkeit ist die Öffentlichkeit des Verfahrens, d. h. die Öffentlichkeit der mündlich durchgeführten Verhandlung vor dem Gericht und der Urteilsverkündung. Sie dient der Überwachung einer fairen und unparteiischen Prozessführung und Urteilsfindung.
Ausnahmen: gravierende Interessen der Staatssicherheit, Diskretionsinteresse in Familien-, Entmündigungs- und Jugendstrafsachen, Schutz von Geschäftsgeheimnissen. Dem Schutz der Beteiligten und der Vermeidung emotionaler und voyeuristischer Exzesse dient das grundsätzliche Verbot des Mitschnitts von Ton- bzw. Filmaufnahmen während der Verhandlung.

7 Hier sollten von den Schülern die verschiedenen Straftheorien berücksichtigt werden.

Zum Filmtipp S. 322

„Muxmäuschenstill": Der Weltverbesser Mux zieht durch die Straßen von Berlin und jagt das Böse. Auf seinem Nachttisch liegt ein Buch von Kant. In seinem „Kampf" gegen den Werteverfall in der Gesellschaft nimmt er das Recht selbst in die Hand und greift zu fragwürdigen Methoden und Strafen.
Das Filmheft von Thomas Winkler gibt es bei der Bundeszentrale für politische Bildung unter: http://www.bpb.de/shop/lernen/filmhefte/34123/muxmaeuschenstill [31.5.2017]

„Dead Man Walking“: Von einem zum Tode verurteilten Vergewaltiger und Mörder in einem Gefängnis in Louisiana/USA erhält eine Ordensschwester einen Brief, in dem sie gebeten wird, ihm bis zur Vollstreckung des Todesurteils zur Seite zu stehen. Die Frau nimmt die Aufgabe an und begleitet ihn bis zur Hinrichtung.

➡ Standpunkte kontrovers: Ist eine therapeutische Resozialisierung im Strafvollzug sinnvoll?

Zu den Aufgaben S. 325

1 Menninger ist für das therapeutische Resozialisieren:
- Menschen streben das an, was ihnen angenehm ist (vgl. Z. 1)
- Strafe oder Strafandrohung hält nicht davon ab, Verbotenes zu tun
- die meisten Menschen hält nicht die Strafe, sondern „das eigene Gewissen, der Wunsch nach Selbstachtung und das Bestreben, von unserer Umwelt akzeptiert zu werden“ (Z. 17 f.), von Verbrechen ab
- Vergeltung ist unnütz, das Spiel „wie du mir so ich dir“ (Z. 19 f.) sollte nicht weitergeführt werden
- eine Art „moralische“ Erziehung

Für Murphy ist die therapeutische Resozialisierung moralisch wirkungslos. Man kann vom Verhalten eines Menschen nicht auf die Gesinnung schließen.

2 Haftbedingungen:
- Häftlinge können sich frei bewegen, gehen tagsüber regulären Arbeiten nach (z. B. in der Küche in der Wäscherei im Stall), diese beginnt um acht Uhr
- Häftlinge haben Schlüssel für ihre „Zellen“ bei sich
- ca. 110 Insassen, die wegen Raub, Mord, Vergewaltigung oder Drogendelikten verurteilt wurden, leben in Hausgemeinschaften, kochen abends zusammen und besorgen sich ihre Einkäufe selbst
- die Häftlinge tragen das, was sie wollen
- die Wärter tragen keine Waffen
- Aufnahmebedingung: man muss vorher durch gute Führung aufgefallen sein

Rückfallquote: 16 Prozent werden wieder straffällig.

Menschenrechte – universale Rechte für alle?

Die Entwicklung des Menschenrechtsgedankens

Zum Text S. 326

Der Text gibt einen Überblick über die Genese des Menschenrechtsgedankens. Menschenrechte sind die Freiheitsrechte des Individuums in seiner Gesellschaft. In der historischen Entwicklung erweiterte sich der Menschenrechtsbegriff von der Freiheit vom Staat (Abwehrrechte) über die Freiheit im Staat (Partizipationsrechte) zur Freiheit durch den Staat (soziale Menschenrechte).

Zu den Aufgaben S. 326

1 philosophische Wurzeln:
- Stoa: Naturrechtsdenken
- Judentum, Christen, Islam: alle Menschen sind Ebenbilder Gottes
- Aufklärung: alle Menschen habe eine Natur und eine Vernunft (Anstoß für universale Menschenrechtsidee)

2 Naturrechtsdenken von Stoa, Christentum, Aufklärung

Vereinte Nationen: Allgemeine Erklärung der Menschenrechte vom 10. Dezember 1948

Zu den Aufgaben S. 327

1 Siehe Formeln des kategorischen Imperativs SB, S. 185, Aufgabe 3, LB, S. 78 f.;
Im SB, S. 161: die Würde des Menschen liegt in der Autonomie des Menschen.
Man kann auch die Würdebegriffe von Luhmann und Bieri (SB, S. 134 f.) berücksichtigen.

2 Zur Bearbeitung der Aufgabe könnte man drei Gruppen einteilen, die sich zu verschiedenen Aspekten in der jeweiligen Charta informieren, und anschließend werden die Ergebnisse verglichen. Bei der Auswertung sollte darauf geachtet werden, dass nicht nur das Trennende hervorgehoben wird, sondern auch die Gemeinsamkeiten.

➡ **Zusatzmaterial 41, LB, S. 216**

Bernd Hamm/Franz Nuscheler: „Maximalistische“ Menschenrechtskataloge?

Vereinte Nationen: Übereinkommen gegen Folter und andere grausame, unmenschliche oder erniedrigende Behandlung und Strafe (1984)

Zu den Texten S. 328

Im Zusammenhang mit Praktiken des sogenannten „Antiterrorkrieges“ lassen sich Tendenzen zur Aufweichung der Prinzipien eines Rechtsstaates und zur Legalisierung des Folterverbotes beobachten. So z. B. die Behandlung von Gefangenen im US-Lager Guantánamo auf Kuba, die Verschleppung Verdächtigter in „Geheimgefängnisse“ in Länder mit unzureichender Rechtspflege sowie die, Verweigerung der in einem Rechtsstaat obligatorischen Rechte Verhafteter.

In Deutschland drohte im Jahr 2002 der Frankfurter Vizepolizeipräsident Daschner einem festgenommenen Kindesentführer „Schmerzen an, wie er sie noch nie erlebt“ habe, um den Aufenthaltsort des entführten Kindes zu erfahren (der Entführer gab daraufhin den Fundort des zuvor getöteten Kindes an). Daschner berief sich auf ein Notstandsrecht und rechtfertigte seine Folterandrohung mit dem extremen Ausnahmefall, weil es keine andere Möglichkeit gegeben habe, ein Menschenleben zu retten. Daschner erfuhr in Teilen der Bevölkerung und der Medien viel Zuspruch (bei Kindesentführung oder Kindesmissbrauch kein Wunder), wurde vom Frankfurter Landgericht im Jahr 2004 zu einer Geldstrafe auf Bewährung verurteilt. Damit blieben die Richter auf der niedrigsten Schwelle des Strafrechts, betonten aber, dass das Folterverbot auch in Ausnahme- und Notstandsfällen nicht außer Kraft gesetzt werden dürfe.

Zu den Aufgaben S. 328

1 Zur aktuellen Situation der Menschenrechte gibt Amnesty International jährlich einen Jahresbericht heraus und dokumentiert in der monatlich erscheinenden Zeitschrift „ai-Journal“ den Stand und die Entwicklung der Menschenrechte in den verschiedenen Ländern.

2 Man kann alternativ auch die Frage stellen: Welche Rechte würden Sie dem schlimmsten Mörder zugestehen? Siehe Birnbacher SB, S. 132 f, LB, S. 58.

4 Uneingeschränktes, striktes Folterverbot oder Verbot anderer unmenschlicher Behandlung gemäß UN-Menschenrechtsdeklaration 1948, des Grundgesetzes 1949, der Europäischen Menschenrechtskonvention 1950, der Antifolterkonvention der UN 1984, Folterverbot durch die deutsche Strafprozessordnung und das deutsche Polizeirecht, Ausschließung von Ausnahmen und Unzulässigkeit jeglicher Relativierung. Hintergründe u. a.: Exzesse der Inquisition, Erfahrungen aus der NS-Zeit und des Stalinismus; Aufweichung des Folterverbots stellt eine erhebliche und substanzielle Gefährdung der Prinzipien des Rechtsstaats dar.
Hier bietet sich an, mit den im Unterricht behandelten Modellen normativer Ethik ein Folterverbot zu begründen, insbesondere Kants Prinzipienethik.

5 Folter in Abu Ghraib (2004), in Guantánamo, bei Verhören: USA wollen andere Länder „befreien“ von Diktatoren und begehen selber massive Menschenrechtsverletzungen. Sie fordern Rechte von anderen ein und halten sich selber nicht ans Recht.

Franz Josef Wetz: Wie verhalten sich Menschenwürde und Menschenrechte zueinander?

Zu den Aufgaben S. 329

1 Würde als Wesensmerkmal:
- weltanschaulich eingefärbt
- metaphysische Vorgabe, angeborene Eigenschaft
- Menschenwürde ist hierbei das Fundament der Menschenrechte, der Ableitungsgrund

Würde als Gestaltungsauftrag:
- keine weltanschaulichen Hindergrundannahmen können Anspruch auf Allgemeinheit erheben
- Würde ist abhängig „vom Umgang des Menschen mit sich und seinesgleichen sowie des Staates mit seinen Bürger“ (Z. 7 f.)
- ethische Aufgabe
- Ausgangspunkt ist anthropologischer Art: Mensch als endliches, verwundbares und leidensfähiges Wesen hat einen Erhaltungs-, Entfaltungs- und Entwicklungsdrang – existenzielle Gleichstellung
- Menschenwürde wird von den Menschenrechten her gedacht, sie ist deren Ziel, das Ideal

2 Würde als Gestaltungsauftrag wird von Wetz favorisiert, weil
- dieser Ansatz weltanschaulich neutral ist, ohne metaphysische Vorgaben auskommt,
- Würde so zu einer ethischen Aufgabe wird,
- jeder aus Eigeninteresse anderen die Mindeststandards gewähren sollte.

3 Wetz, Bieri (LB, S. 58) und Luhmann (LB, S. 58) stimmen darin überein, dass Würde keine angeborene Eigenschaft ist, sondern eine Aufgabe. Bei Luhmann muss sie konstituiert werden mittels einer gelungenen Selbstdarstellung und liegt damit v.a. in der Verantwortung des Einzelnen. Bieri unterscheidet drei Dimensionen der Würde, auch hier liegt die Verantwortung für die Würde v.a. beim Einzelnen. Auch bei Wetz muss Würde geschaffen werden, zum einen durch den Staat und zum anderen durch den „Umgang des Menschen mit sich und seinesgleichen“ (Z. 7). Bei Kant hat der Mensch als autonomes Wesen Würde.

Simone Wolken: Ursprünge des Asylrechts

Norbert Brieskorn: Menschenrechtsbewegungen

Zu den Texten S. 330

Das Asylrecht gehört zu den Menschenrechten (Art. 14 der UN-Menschenrechtsdeklaration) und hat im Grundgesetz Verfassungsrang (Art. 16a). Der Asylrechtsartikel 16 wurde 1993 nach heftigen Debatten eingeschränkt und in Artikel 16a neu gefasst. Der Umgang mit dem Asylrecht ist immer noch Gegenstand kontroverser Auseinandersetzungen, u.a. werden die Anerkennungsverfahren, vor allem das Flughafenverfahren, aber auch die Abschiebepraxis als inkompetent und als inhuman kritisiert. Problematisch ist nicht nur die Frage, was ein anerkennenswerter Asylgrund ist, sondern auch die Festlegung, was z. B. ein „sicherer Drittstaat“ ist. Wer entscheidet darüber nach welchen Kriterien?

Zu den Aufgaben S. 330

1 Gründe für Asyl:
- politisch verfolgte Menschen, die im Falle der Rückkehr in ihr Herkunftsland einer schwerwiegenden Menschenrechtsverletzung ausgesetzt sein werden
- politische Verfolgung, d. h. wenn Menschen vom Staat verfolgt werden, aufgrund der Rasse, der Nationalität, der politischen Überzeugung, der religiösen Grundentscheidung oder der Zugehörigkeit zu einer bestimmten sozialen Gruppe

2 Aktuelle Länderinformationen kann man z. B. auf der Seite des Auswärtigen Amtes abrufen.
- Afghanistan: Bombenanschläge, bewaffnete Überfälle und Entführungen gehören seit Jahren in allen Teilen von Afghanistan zum Angriffsspektrum der regierungsfeindlichen Kräfte; Rechte der Frauen sind gesetzlich garantiert, müssen allerdings noch umgesetzt werden; ist eines der ärmsten Länder der Welt
- Syrien: ab 2011 zunächst ein Aufstand, heute eine komplexe militärische Auseinandersetzung, in vielen Orten sind die staatlichen Strukturen zerfallen
- Irak: schwierige politische und wirtschaftliche Lage, die terroristische Organisation des IS konnte zwar zurückgedrängt werden, kontrolliert aber weiterhin einige Provinzen und verübt weiterhin Anschläge
- Albanien: eines der ärmsten Länder Europas

3 Das Kirchenasyl ist auch an eine Stätte gebunden, die Kirche. Der Schutzsuchende ist hier vor seinen „Verfolgern", heute den öffentlichen Behörden, vor der Abschiebung sicher. Ziel des Kirchenasyls ist die Wiederaufnahme bzw. Prüfung des Asylverfahrens. 2016 haben in Deutschland 1139 Menschen Schutz im Kirchenasyl erhalten.

4 Regierungen unterwerfen sich in der Regel der „Staatsräson", d. h. politischen und wirtschaftlichen Interessen, und stellen das Eintreten für Menschenrechte oft genug an zweite Stelle. Beispiele: das Verhalten vieler Regierungen gegenüber China (Massaker an demonstrierenden Studenten am „Platz des Himmlischen Friedens" in Peking 1989) oder gegenüber dem Iran (Todesdrohung gegen den britischen Schriftsteller Salman Rushdie). Die Arbeit der Menschenrechtsgruppen bedarf eines „Resonanzbodens" in weiten Kreisen der Bevölkerung.

6 Mögliche Menschenrechtsorganisationen, eine Liste weiterer Organisationen kann man im Internet finden:
- Amnesty International
- Human Rights Watch
- Terre des Femmes
- Brot für die Welt
- Gesellschaft für bedrohte Völker
- Misereor

Hannah Arendt: Es gibt nur ein Menschenrecht

Zu den Aufgaben S. 331

1 Einwände gegen die Menschenrechte:
- rechnet mit einem Menschen den es nicht gibt (vgl. Z. 2), Begriff des Menschen muss die Pluralität der Menschen einschließen
- bei Staatenlosigkeit gewährt einem keiner die angeblich angeboren Rechte, Verlust der nationalen Rechte bedeutet Verlust aller Rechte
- dem Menschsein entspringen keine Rechte, dies hat die Geschichte gezeigt
- Arendts Einwände resultieren aus realpolitischen Verwerfungen

2 „vom Recht, Rechte zu haben":
- bedeutet, „in einem Beziehungssystem zu leben" (Z. 17)
- meint das Recht, zur Menschheit zu gehören bzw. einer politischen Gemeinschaft anzugehören
- es soll garantieren, nicht ausgeschlossen zu werden, zu welcher „Rechtsgemeinschaft" man gehört, bleibt offen

Diskussionspunkte:
- Inhalt der Rechte bleibt offen, lässt Spielraum für kulturelle Unterschiede
- ein einziges „angeborenes Recht", die anderen Rechte müssen von den Nationen garantiert werden
- zum Schutz von staatenlosen Personen wurden zwei wichtige internationale Übereinkommen verabschiedet: das Übereinkommen über die Rechtsstellung der Staatenlosen von 1954 sowie das Übereinkommen zur Verminderung der Staatenlosigkeit von 1961

Thomas Kesselring: Begründungsstrategien des Menschenrechtskonzepts

Zu der Aufgabe S. 332

1
- jüdisch-christliche Begründungsstrategie: Menschen sind Ebenbild Gottes und Krone der Schöpfung, daher haben die Menschen eine Würde
- kontraktualistische Begründungsstrategie: Kooperation ist vorteilhaft für den Einzelen, also schließen wir einen Vertrag und garantieren uns gegenseitig bestimmte Rechte
- transzendentale bzw. transzendental-pragmatische Begründungsstrategie: Sicherung der Möglichkeitsbedingungen zur Kommunikation als eine wesentliche Tätigkeit
- kantische Begründungsstrategie: 1. Schritt: Überprüfung der Universalisierbarkeit einer Norm bzw. eines Rechts, Gefahr: Ego- oder Eurozentrismus, also 2. Schritt: herrschaftsfreier Diskurs im Sinne von Habermas (siehe LB, S. 91 f.)

Richard Rorty: Moral ist kulturspezifisch

Zu den Aufgaben S. 333

1 Kritikpunkte:
- keine Kultur ist einer anderen überlegen
- Zugehörigkeit zu einer biologischen Art impliziert nicht Zugehörigkeit zu einer sittlichen Gemeinschaft
- es wäre für einige Menschen eine „moralische Zumutung" (Z. 33 f.), einen Fremden wie einen von ihnen zu behandeln
- „Die meisten Menschen [...] begreifen sich selbst nicht in erster Linie als menschliches Wesen" (Z. 35 f.), wichtiger für das Ichgefühl ist, dass sie keine Ungläubigen, kein Abartigen usw. sind

2 Der Gedanke, durch Abgrenzung die Selbstachtung zu bewahren bzw. Identitätsbildung durch Abgrenzung, kann zu einem Verständnis für Ausgrenzungsbewegungen beitragen, z. B. Pegida (Patriotische Europäer gegen die Islamisierung des Abendlandes). Das, womit man nicht identisch ist, stellt eine Gefahr dar, schlimmstenfalls muss sie bekämpft werden.
Beispiele aus dem Alltag: Zugehörigkeit zu einer Religion, zu einer Nationalität, zu einem Geschlecht, zu einer Jugendkultur.

Legitimität von Protest und Widerstand

Jürgen Habermas: Ziviler Ungehorsam

Zu den Aufgaben S. 335

1 Das Bundesverfassungsgericht entschied 1995, dass Sitzblockaden zwar rechtswidrig seien und als Ordnungswidrigkeit verfolgt werden können, aber keine Straftat im Sinne einer Nötigung darstellen. Den Sitzdemonstrationen fehle das Tatbestandsmerkmal „Gewalt". Damit schob das Gericht der von den Strafgerichten ständig ausgeweiteten Auslegung des Begriffs „Gewalttat" einen Riegel vor und erklärte diese Art von Rechtsprechung für grundgesetzwidrig. So hatten Gerichte die Sitzblockaden bei Friedensdemonstrationen als Nötigung im Sinne des 240 StGB geahndet, Fernfahrer-Blockaden jedoch nicht.

2 Merkmale zivilen Ungehorsams:
- moralisch begründeter Protest, dem keine Eigeninteressen zugrunde liegen dürfen
- öffentlicher Akt, der in der Regel angekündigt ist
- vorsätzliche Verletzung einzelner Rechtsnormen, die Rechtsordnung im Ganzen wird akzeptiert
- einstehen für die Normverletzung
- symbolischer Charakter
- gewaltfrei

3 Blockade von Militäranlagen:
- Betriebsbesetzung gegen Firmenschließung: Eigeninteresse

4 Ziviler Ungehorsam ist gewaltfrei. Militante Aktionen und ziviler Ungehorsam haben symbolischen Charakter. Widerstand hat das Ziel, das System als Ganzen zu verändern, der zivile Ungehorsam will eine Rechtsnorm revidieren, er erkennt die Legalität der bestehenden Ordnung an.

5 Legitimation von zivilem Ungehorsam:
- moderner Verfassungsstaat bedarf der moralischen Legitimation
- Rechtsstaat verlangt von seinen Bürgern die Anerkennung der Rechtsordnung aus freien Stücken, diese basiert darauf, dass das Gesetzesverfahren formal richtig war (Legitimation durch Verfahren)
- Legitimation durch Verfahren legitimiert sich allerdings nicht selbst
- Verfassungsstaat muss aus vorstaatlichen Prinzipien gerechtfertigt werden (z. B. Menschenrechte)
- auch in einem Rechtsstaat kann es passieren, dass legale Regeln illegitim sein können, d. h., sie widersprechen den „für alle einsichtigen moralischen Prinzipien" (Z. 48)

7 1968 wurde der 4. Absatz des GG Art. 20 mit der Einführung der Notstandsgesetzgebung aufgenommen.

Dietmar von der Pfordten: Widerstand

Zu den Aufgaben S. 336

1
- ziviler Ungehorsam ist in rechtlicher und moralischer Hinsicht erlaubt bzw. gerechtfertigt
- in einem Unrechtsstaat ist Widerstand, auch gewaltsamer (unter Berücksichtigung der Verhältnismäßigkeit der Mittel), legitim, allerdings nicht legal
- in einem Rechtsstaat ist Widerstand nicht zu rechtfertigen, da die demokratische Willensbildung missachtet wird (vgl. Z. 10 ff.), in der BRD ist in Artikel 20 IV des Grundgesetzes festgeschrieben, dass Widerstand gegen die rechtlich erlaubt ist, die die Kernelemente der Verfassung abschaffen wollen, wenn alle anderen Mittel ausgeschöpft wurden
- Tyrannenmord ist ein Mord und kann daher nicht rechtlich erlaubt werden, allerdings kann er „unter der Voraussetzung der Notwehrregeln" (Z. 20) moralisch gerechtfertigt werden

2 **Beispiele für Widerstand** im „Dritten Reich": bürgerlicher (z. B. Kreisauer Kreis), jugendlicher (z. B. Weiße Rose, Edelweißpiraten), religiöser (z. B. Bekennende Kirche, Weiße Rose) Widerstand

Formen des Widerstandes: Proteste (z. B. Rosenstraßen-Protest), Verteilung von Flugblättern, Verstecken von Verfolgten, Anschlag auf Hitler, Kriegsdienstverweigerung, Fahnenflucht, Anbringung von Parolen auf Hauswänden.

Zu **Wilhelm Krützfeld:** Wilhelm Krützfeld (1880 – 1953) war Polizeioberleutnant und Reviervorsteher der Polizeiwache am Hackeschen Markt in Berlin. In seinem Zuständigkeitsbereich lag auch die unter Denkmalschutz stehende Synagoge in der Oranienburger Straße. In der Reichspogromnacht am 9. November 1938 verjagt Krützfeld SA-Leute, die in den Vorräumen des Gebäudes bereits Feuer gelegt hatten, und weist die Feuerwehr an, den Brand zu löschen. Krützfeld wurde zwar von seinen Vorgesetzten verhört, blieb aber im Dienst, weil er seine Pflicht als Polizeibeamter ohne Wenn und Aber erfüllt hatte. „Die Berliner Polizei hat Anlass, seiner mit Hochachtung zu gedenken und unseren jungen Beamtinnen und Beamten sein Verhalten zum Vorbild zu machen", so der Berliner Polizeipräsident in einer Rede zum 38. Todestag Krützfelds 1991. Die Landespolizeischule Schleswig-Holstein trägt seit 1993 seinen Namen.

Weitere Beispiele: Der in Litauen stationierte Wehrmachtsmajor Karl Plage rettete zwischen 1941 und 1944 rund 250 Juden, die er als Kommandeur des „Heeres-Kraftfahrt-Park 562" für seine Dienststelle anforderte, obwohl sie größtenteils nicht gebraucht wurden. – Der Verwaltungsjurist Hans Georg Calmeyer (1903 – 1972) fälschte in seiner Funktion als „Judenreferent" in den besetzten Niederlanden Abstammungsurkunden und rettete somit zwischen 4 000 bis 6 000 Juden vor der Deportation.

Zum Bild S. 336

Georg Elser war der erste und (neben Claus Schenk Graf von Stauffenberg) einzige Deutsche, der ein Attentat auf Hitler verübt hat. Das Attentat mittels Zeitzünderbombe forderte sechs Tote und 63 Verletzte. Bei der Eröffnung der Gedenkstätte in Königsbronn 1998 sagte der Regierungsvertreter Baden-Württembergs: „Das Land Baden-Württemberg ist stolz auf einen seiner größten Söhne." Dass es so lange gedauert hat, bis man sich Georg Elsers ehrend besann, ist ein beschämendes Lehrstück des Umgangs mit Widerständlern gegen das Naziregime. Denn noch nach dem Krieg wirkte die Verleumdungskampagne der Nazis gegen Elser weiter. Hieß es zunächst, Elser sei Werkzeug des britischen Geheimdienstes gewesen, kolportierte kein Geringerer als der Mithäftling und spätere Kirchenpräsident Martin Niemöller haltlose Gerüchte und Lagerklatsch, Elser sei SS-Mann gewesen und er habe den Nazis nur als Werkzeug für das aus politischen Gründen opportune Attentat gedient.

„In jenen Jahren", so die Leiter der Gedenkstätte Deutscher Widerstand in Berlin, Peter Steinbach und Johannes Tuchel, „in denen gerade mal zaghaft die späte elitär-konservative Opposition gegen Hitler gewürdigt wird, passt der Einzeltäter und überzeugte Kriegsgegner nicht ins Bild. Im Übrigen steht Elser für überhaupt keine Gruppe des Widerstands: Er wählte kommunistisch, folgte aber nicht der Parteilinie. Er war Christ, engagierte sich aber nicht in der Kirche. Er passt weder in das konservativ-nationale noch in das bürgerlich-liberale Schema vom Kampf gegen die Diktatur. Und auch dem Arbeiter- und Bauernstaat DDR war Elser keine Erinnerung wert." – Ein Theaterstück von Peter-Paul Zahl (1982), ein Spielfilm von und mit Klaus-Maria Brandauer (1989) und „Elser – Er hätte die Welt verändert" (2015) dokumentieren seine einzigartige Tat. Problematisch an der Tat ist, dass von vornherein der Tod nicht nur des Diktators, sondern auch anderer Personen billigend in Kauf genommen wurde. Tatsächlich starben bei dem Attentat sechs Personen, darunter nicht nur fanatische Anhänger Hitlers, sondern auch eine Aushilfskellnerin. Da Elser zum Zeitpunkt der Explosion bereits auf der Flucht war, hätte er die Explosion nicht mehr verhindern können, wenn sich herausgestellt hätte, dass sein eigentliches Ziel, Hitler, entgegen allen Erwartungen an der Veranstaltung gar nicht teilnehmen würde.

Herbert Marcuse: Revolution und Terror

Zum Text S. 337

Der amerikanische Sozialphilosoph Herbert Marcuse entwickelte zusammen mit Max Horkheimer die sogenannte „Kritische Theorie" der Gesellschaft und gehörte neben Theodor W. Adorno zu den herausragendsten Vertretern der „Frankfurter Schule". Marcuse beeinflusste mit seiner neomarxistisch-radikalen Gesellschafts- und Konsumkritik wesentlich die Studentenbewegung und die Neue Linke, in der er eine gesellschaftlich revolutionäre Kraft sah. Militante Kräfte innerhalb der Studentenbewegung nahmen Marcuses Gesellschaftsanalysen und dessen Rechtfertigung revolutionärer Gewalt als theoretisches Fundament für das eigene Verhalten, wovon sich Marcuse erst sehr zögerlich und spät distanzierte, Werke u. a.: „Triebstruktur und Gesellschaft" (dt. 1965), „Der eindimensionale Mensch" (dt. 1967).

Zu den Aufgaben S. 337

3 Marcuse bezeichnet den Terror als „willkürliche Gewalt, Grausamkeit" und verurteilt dies als „unterschiedslose[n] Terror" (Z. 37 f.). Gewalt darf nicht Mittel für jeden Zweck sein. Gewaltformen, die dem Zweck widersprechen, für den die Revolution ein Mittel ist, sind nicht legitim. Daher muss jede revolutionäre Bewegung sich der ethischen Implikation ihrer Ziele (Befreiung von Unrecht und Unterdrückung) bewusst sein und bleiben. Weiterhin muss sie gewährleisten, dass die Revolution tatsächlich zum Erfolg im Sinne humaner Ziele führt. Nur so lassen sich die Opfer, die eine Revolution mit sich bringt, rechtfertigen. Die Übergänge zwischen Revolution und Terror sind fließend. Das Problem besteht darin, dass die ethische Beurteilung von Revolutionen immer die historische und gesellschaftliche Situation, die zur Revolution führte, mitbedenken muss: Die Verwirklichung von Ideen wie „Toleranz" oder „Freiheit, Gleichheit, Brüderlichkeit" (und den „droits de l'homme", s. Abbildung im SB, S. 326) „schloss ursprünglich Gewalt ein" (Z. 44 f.). Erst danach wurden sie allmählich zu allgemeingültigen Werten. Hier zeigt sich Marcuses marxistisch-materialistische Grundauffassung von Geschichte und Moral.

Louise Richardson: Was ist Terrorismus? Was verursacht Terrorismus?

Zu den Aufgaben S. 338

1 Merkmale des Terrorismus:
- politisch motiviert
- gewaltsam oder Androhung von Gewalt
- Verkündigung einer Botschaft
- Tat und Opfer haben symbolische Bedeutung
- Vorgehensweise von Gruppen auf substaatlicher Ebene
- Opfer sind Mittel zur Beeinflussung eines größeren Publikums, individuelle Opfer sind austauschbar
- gegen Zivilisten gerichtet

2
- Z. 12 ff.: Zwillingstürme als Symbol der „militärischen und wirtschaftlichen Macht" Amerikas
- psychologische Wirkung
- Aufmerksamkeit erlangen

4 Terroristen unterscheiden nicht zw. Repräsentanten eines Systems und der Zivilbevölkerung bzw. zw. Verantwortlichen und Unbeteiligten sowie Unschuldigen, sie wählen ihre Opfer zufällig/willkürlich aus bzw. die einzelnen Opfer sind austauschbar – unschuldige Menschen werden getötet, um Angst zu verbreiten. Ein Freiheitskämpfer differenziert zw. Repräsentanten eines Systems und der Zivilbevölkerung, sie versuchen, unschuldige Opfer zu vermeiden.
Ein weiterer Unterschied liegt in der Behandlung sowie dem Umgang von/mit Gefangenen: Freiheitskämpfer behandeln diese humaner als Terroristen.
Die Ziele der Aktionen unterscheiden sich: Ein Terrorist will mit den Gewalttaten Schrecken verbreiten, ein Freiheitskämpfer will mit der Gewaltanwendung „befreien", d. h. positive Konsequenzen für die Gruppe bewirken.

5 Ziele von terroristischen Gruppen (Auswahl):
- Rote Armee Fraktion: Aufzeigen von faschistischen Strukturen in der BRD (z. B. Schleyer), soziale Frage, Herstellen gerechter Verhältnisse, Protest gegen das Gewaltmonopol des Staates (1967 Tod von Benno Ohnesorg), Protest gegen den Vietnamkrieg, RAF verstand sich als Teil des internationalen Antiimperialismus
- Nationalsozialistischer Untergrund: auf der Grundlage einer fremden- und staatsfeindlichen Gesinnung Tötung von v. a. ausländischen Mitbürgern zum „Erhalt Deutschlands"
- IRA (Irisch-Republikanische Armee): Loslösung Nordirlands von Großbritannien und die Vereinigung mit der Republik Irland
- Tehrik-i-Taliban Pakistan (TTP): 2007 taten sich 40 Stammesführer und Militante zusammen, um ihre Anschläge auf die NATO- und ISAF-Truppen in Afghanistan zu koordinieren. Auch Angriffe auf das pakistanische Militär gehörten zum Programm. Ziel war die Durchsetzung islamischen Rechts überall in Pakistan und der „Heilige Krieg". Im Jahr 2009 erlangte die Gruppe, die enge Verbindungen zu al-Qaida unterhalten soll, zum Beispiel komplette Kontrolle über das Swat-Tal, in dem die bekannte jugendliche Aktivistin Malala von Islamisten überfallen und schwer verletzt wurde.
- ISIS (Islamischer Staat im Irak und Syrien)
- Boko Haram

6 Möglichkeiten, mit der terroristischen Bedrohung umzugehen:
- Ausbau der Sicherheitssysteme, z. B. Erhöhung der Polizeipräsenz, Ausbau der Kontrollen am Flughafen, in Zügen usw., Ausbau der Videoüberwachung
- „heroische Gelassenheit", mitfühlende Indifferenz (Herfried Münkler)
- militärisches Vorgehen gehen terroristische Gruppen
- Diplomatie: Verhandeln mit den Terroristen
- Louise Richardson: 1. Ein vertretbares und erreichbares Ziel setzen, z. B. Eindämmung der Terrorismusgefahr; 2. nach den eignen Prinzipien leben, d. h. das freiheitliche, demokratische System nicht ändern oder abbauen; 3. den Feind genau kennen, damit man effiziente Gegenmaßnahmen ergreifen kann (verdeckte Ermittlungen, Gespräche mit Terroristen); 4. die Terroristen von ihren Gemeinschaften isolieren (Konzentration auf potenzielle Rekruten, Immunisierung gegen die Attraktivität der Terrorismusgruppen); 5. Verbündete im Kampf gegen den Terror suchen; 6. Geduld haben und das Ziel im Blick behalten (L. Richardson: Was Terroristen wollen und wie wir sie bekämpfen können. Frankfurt/New York: Campus 2007, S. 262 – 298).

Ingrid Glomp: Was macht junge Männer zu Terroristen?

Zu den Aufgaben S. 339

1 Ursachen:
- Marginalisierung und Entfremdung
- keine Hoffnung für die Zukunft
- Suche nach Kameradschaft, Wertschätzung und Sinn, aber auch Nervenkitzel, Macht sowie Ruhm

2 „typischer Terrorist":
- stammt aus der Ober- und Mittelschicht
- aufgewachsen „in intakten, liebevollen, nur schwach religiösen Familien" (Z. 7 f.)
- in der Regel Collegeausbildung
- meist junge Männer in Umbruchsituationen, z. B. Immigration, Studium
- fühlen sich marginalisiert
- leben oft in einer fremden Kultur und sind auf der Suche nach einer sozialen Identität

3
4

Sarah O. aus Konstanz:
- Mutter ist Deutsche (zum Islam konvertiert), Vater Algerier – bikulturell; Sarah sucht nach ihrer Identität
- besuchte die 10. Klasse des Alexander-von-Humboldt-Gymnasiums, sie wird als aufgeschlossen, gute Schülerin beschrieben
- stammt aus einer bürgerlichen Familie, die Wert auf Bildung legt
- schaut regelmäßig islamistisch gefärbte Videos, legt sich in sozialen Netzwerken einen arabischen Namen zu und vernetzt sich mit der islamistischen Szene
- umgibt sich mit Frauen, die ihre extremistischen Gedanken teilen
- in der 8. Klasse trägt sie Kopftuch, geht mit Freundinnen im Bikini baden
- in der 9. und 10. Klasse verändert sie sich: sie will nicht mehr am Schwimmunterricht teilnehmen, gibt Männern nicht mehr die Hand, verschleiert sich, kleidet sich schwarz
- 2011 erlauben ihr ihre Eltern den Besuch einer islamischen Religionsschule in Algerien, sie wollte länger dort bleiben und sich von der Schule beurlauben lassen, dies erlaubten die Eltern nicht, der Aufenthalt in Algerien ist wohl so eine Art „Erweckungserlebnis"
- 2013 „Ausreise" nach Syrien, Heirat mit einem 21-jährigen Deutschen türkischer Herkunft

Eric Breininger:
- alias *Abdul Gaffar el-Almani* (* 3. August 1987, Deutschland; † vermutlich 30. April 2010 bei Mir Ali, Pakistan) wurde aufgrund terroristischer Aktivitäten vom Bundeskriminalamt gesucht; konvertierte zum Islam, hatte Kontakte zu Mitgliedern der Sauerland-Gruppe und hielt sich vermutlich seit 2008 in Afghanistan und Pakistan auf, soll Ende April 2010 bei Gefechten ums Leben gekommen sein
- stammt aus dem saarländischen Neunkirchen
- in der Grundschule ist er Durchschnitt, mit sechs Jahren beginnt er, Fußball zu spielen, mit neun geht er in den Verein, vier Jahre kickt er bei Borussia Neunkirchen
- er trifft sich mit seiner Clique auf dem Basketballplatz, fährt Inlineskates und verbringt die Sommer im Schwimmbad, geht ins Fitnessstudio
- der Polizei fällt Breininger damals wegen kleiner Delikte auf: wird beim Jointrauchen erwischt und muss 60 Sozialstunden im Altersheim leisten, weil er flach geschlagene 20-Cent-Münzen in den Zigarettenautomaten wirft
- besucht mit 17 das Berufsbildungszentrum in Neunkirchen, wählt hier die Handelsschule, um Industriekaufmann zu werden; seine Schwester sagt, er habe sich ein gutes Einkommen vorgestellt und wollte ein Häuschen haben, nebenbei jobbt er bei einem Paketunternehmen, dort lernt er 2006 Anis P., einen radikalen Muslim, kennen
- Anis P. führt ihn in eine Gruppe muslimischer Extremisten ein, 2007 konvertiert er zum Islam, die Gruppe gibt ihm Anerkennung, er hat das Gefühl, einer elitären Gruppe anzugehören
- er hört auf zu trinken und zu rauchen, betet fünfmal am Tag
- 2007: Reise nach Ägypten und dann weiter nach Afghanistan

6 Dschihad:
- arab. „Bemühung, Anstrengung, Einsatz, Kampf"
- Übersetzung mit „heiliger Krieg" ist falsch
- der große Dschihad ist der individuelle, innere Kampf gegen die eigenen schlechten Eigenschaften, Fehler und Laster
- der kleine Dschihad bezeichnet den bewaffneten Kampf im Verteidigungsfall, d. h. den Einsatz von Vermögen und Leben für die Verteidigung des Islams

Gibt es den gerechtfertigten Krieg?

Carl von Clausewitz: Was ist Krieg?

Zu den Aufgaben S. 340

1 Krieg:
- erweiterter Zweikampf
- „Der Krieg ist also ein Akt der Gewalt, um den Gegner zur Erfüllung unseres Willen zu zwingen" (Z. 6 f.); Zweck des Krieges ist, den Gegner wehrlos zu machen
- Kriegen eines gebildeten Volkes liegen politische Motive zugrunde, ergo ist Krieg ein politischer Akt bzw. ein politisches Instrument

2 Aufgrund der technischen Entwicklungen sind heutige Waffen zerstörerischer, daher sollte Krieg kein Mittel der Politik sein. Drohnenkriege sind kein „erweiterter Zweikampf", die Gegner stehen sich nicht mehr gegenüber. Zu Clausewitz' Zeiten fanden Kriege zw. regulären Armeen statt, heute gibt es eine Vielzahl von Gewaltakteuren.
Historischer Kontext:
- Koalitionskriege: 1792–97, 1799–1802, 1805
- 1806/07–1816 Krieg Preußens gegen Frankreich
- 1815 Wiener Kongress

Arbeitsgemeinschaft Kriegsursachenforschung (AKUF): Kriegsdefinition

Heidelberger Institut für Internationale Konfliktforschung (HIIK): Konfliktdefinition

Zu den Aufgaben S. 341

3 AKUF und HIIK:
- Gemeinsamkeiten: Mindestmaß an Organisation und planmäßigem Vorgehen, Einsatz von Gewalt
- Unterschiede: Beteiligte (AKUF: zwei oder mehr bewaffnete Streitkräfte, von der mindestens eine reguläre Streitkraft sein muss; HIIK: mindestens zwei Parteien müssen sich gegenüberstehen), Zeitaspekt (AKUF fordert eine gewisse Kontinuierlichkeit)

Wilhelm von Humboldt: Wozu Krieg gut ist

Ian Morris: „Kriege haben die Welt sicherer gemacht"

Zu den Aufgaben S. 343

1 Nutzen des Krieges:
- „Der Krieg [ist] eine der heilsamsten Erscheinungen zur Bildung des Menschengeschlechts" (Z. 1 f.).
- Mut gegen Gefahr, Arbeit und Mühseligkeit wird gestählt, Krieg formt den Geist und den Charakter
- Gleichwertigkeit von „Geist wahrer Krieger" und „[Geist] edler Bürger" (Z. 24 f.)

2 „Soldaten als Bürger in Uniform" ist das Leitbild der „inneren Führung" der Bundeswehr:
- Soldaten sind auch gleichzeitig Staatsbürger
- Soldaten setzen sich für die Werte des Grundgesetzes ein
- das Gewissen ist die letzte Entscheidungsinstanz, es geht nicht um unbedingten Gehorsam, die Gewissensschulung umfasst historische und politische Bildung

Bei Humboldt sollten Soldaten auch „edle Bürger" (Z. 25) sein, Humboldt würde der Aussage „Soldaten sind Bürger in Uniform" zustimmen.

3 Morris' Argumente:
- Differenzierung zw. produktiven und unproduktiven Kriegen
- produktive Kriege haben die Welt größer, sicherer und wohlhabender gemacht: die Sieger von Kriegen versuchen, die Besiegten einzuverleiben, d. h., nach der Vergrößerung der Gesellschaft kommt dann die Sicherung der friedlichen Ordnung nach innen
- die Wahrscheinlichkeit, durch Gewalt zu sterben, ist seit der Steinzeit um 90 Prozentpunkte gefallen (vgl. Z. 36 f.)

4 Beispiele für die „Produktivität" von Kriegen:
- ohne Kriege keine Nationalstaaten, die den Einzelnen vor Gewalt und Willkür schützen
- nach dem Deutsch-Französischen Krieg wurde 1871 das Deutsche Kaiserreich gegründet
- Unabhängigkeitskriege führen zur Souveränität, z. B. 1776 Gründung der USA, 1962 Unabhängigkeit Algeriens
- technologischer Fortschritt, d. h. militärische Erfindungen, die inzwischen zivil genutzt werden, z. B. Computer, kabellose Kommunikation

5 Gegenargumente: Die Entwicklung der EU ist ein Beispiel dafür, dass Staaten freiwillig Souveränitätsrechte abgeben ohne vorhergehenden Krieg. Der Zweite Weltkrieg hat die Welt nicht sicherer gemacht (unproduktiver Krieg). Im Verlauf von Kriegen wurden viele Gräueltaten begangen. Aspekte, die dafür gesorgt haben, dass die Welt heute sicher ist, beginnen mit den Veränderungen im Zuge der Aufklärung, z. B. Empathie für andere Menschen, Vernunft und Wissenschaft, diese Werte und Ideen könnten auch auf die internationalen Beziehungen einwirken bzw. sie verändern, sodass es zu freiwilligen Kooperationen kommt und die Welt friedlicher wird.

Bertrand Russell: Passiver Widerstand als Strategie im Krieg (1915)

Zu den Aufgaben S. 345

1 Für Russell sind die inneren, immateriellen Werte ausschlaggebend, dies geht einher mit der Wertschätzung der Vernunft, der Mensch ist ein animal rationale. Werte, die man nicht durch Gewalt verteidigen kann, wären z. B. unabhängiges Denken, Freiheit, Gerechtigkeit.

2 Kritik am Recht auf Selbstverteidigung:
- Recht auf Selbstverteidigung „ergibt sich aus einer zu materiellen Auffassung des menschlichen und nationalen Wohles" (Z. 6 f.)
- Widerstand gegen eine Invasion bringt sehr viel Leid mit sich (vgl. Z. 10 f., 23)
- die wirklichen Werte sind nicht in Gefahr
- führt nur zu weiterer Gewalt
- passiver Widerstand erfordert mehr Mut (vgl. Z. 55)

3 Derjenige, der Unrecht begeht, verfolgt nicht die „richtigen/guten" Werte bzw., er begeht aktiv etwas Falsches, er ist daher zu bemitleiden. Wer Unrecht begeht ist unwissend, er ist noch nicht einsichtig.
Derjenige der Unrecht erleidet, begeht keine moralisch verwerfliche Handlung, er bleibt integer.

4 Krieg ist unvernünftig und unrecht, weil
- er viel Leid hervorbringt,
- die Anwendung von Gewalt „einen brutalen und tyrannischen Geisteszustand" erzeugt und „zerstörerisch auf den inneren Frieden" wirkt (Z. 38 f.)

5 Bei einem Angriff sollte das Land passiven Widerstand leisten, z. B. in Form eines Generalstreiks, Hungerstreiks sowie in anderen Formen des friedlichen Protestes (z. B. Besetzungen, Demonstrationen, Blockade).

6 Russell und Humboldt vertreten diametral entgegengesetzte Auffassungen vom Krieg.

Martin Luther King: Was ist gewaltloser Widerstand?

Zu den Aufgaben S. 347

1 King gibt zunächst Rechenschaft über die Quellen seines gewaltlosen Kampfes: die Bergpredigt des Neuen Testamentes als geistig-religiöses Rüstzeug und das erfolgreiche Wirken Mahatma Gandhis als historisch geglücktes Vorbild.
Sodann erläutert er die Grundzüge des gewaltfreien Widerstandes: (1) Widerstand ist keine Methode für Feiglinge, sondern setzt aktive geistige Stärke voraus; (2) Widerstand strebt keine Vernichtung bzw. Demütigung des Gegners an, sondern das Gewinnen seines Verständnisses; (3) der Widerstand ist gegen das Böse selbst gerichtet, nicht gegen Personen, die Böses tun; (4) Widerstand leisten heißt, Demütigungen hinzunehmen, ohne sich zu rächen oder zurückzuschlagen.

2 Russell und King vertreten die Auffassung, dass Gewaltlosigkeit Mut erfordert. Beide unterscheiden zwischen dem geistigen und dem physischen Widerstand, demzufolge leistet man keinen physischen Widerstand, aber geistigen sowie „friedliche" Formen des Widerstandes. Beide sind der Meinung, dass durch diese Art des Widerstandes beim Gegner „Scham" hervorgerufen wird. Das Ziel beider Arten des Widerstandes ist die Durchbrechung der Gewaltanwendungen. Russell bezieht sich auf Krieg und Selbstverteidigung, King war in der Bürgerrechtsbewegung aktiv.

3 Es ist keine Methode für Feiglinge, weil sie Standhaftigkeit und Disziplin erfordert, sie verlangt geistige Anstrengungen, z. B. den Gegner versuchen zu überzeugen, die Personen, die böses Tun, nicht mit dem Bösen gleichzusetzen, sondern sie als Menschen anzusehen, die sich auf einem Irrweg befinden. Außerdem verlangt das Erdulden von Demütigungen eine hohes Maß an Selbstbeherrschung; den „Angreifern" zu begegnen erfordert Mut.

1989 – Eine „friedliche Revolution"?

Zum Text S. 347

„Die Leipziger Demonstrationen waren keine spontane Laune, sondern haben eine lange Vorgeschichte. Schon Anfang der Achtzigerjahre hat man mit Montagsgebeten für Frieden und Menschenrechte begonnen. Es war zur Zeit der Bewegung ‚Schwerter zu Pflugscharen', mit der junge Menschen zum ersten Mal die Strategie erprobten, die später bei den Rosa-Luxemburg-Demonstrationen und bei der Gründung des Neuen Forums angewandt wurde: die Machthaber beim Wort nehmen", so Jens Reich, Molekularbiologe, Bürgerrechtler und Mitgründer des Neuen Forums in der ehemaligen DDR. Die Massenflucht über Ungarn im Sommer 1989 löste in Leipzig ab dem 4. September die erste Montagsdemonstration neuen Stils aus, bei der 1 200 Menschen aus der Nikolai-Kirche zusammenströmten und für „Reisefreiheit statt Massenflucht" demonstrierten. Die lawinenartige Zunahme der Demonstrationsteilnehmer erreichte am 23. Oktober mit 150 000 und am 6. November mit 400 000 Personen ihre Höhepunkte. Zur letzten Kundgebung, die als Schweigemarsch gestaltet wurde, kamen nochmals 150 000 Teilnehmer. Das oberste Prinzip der Demonstration war Gewaltfreiheit: „Ohne Gandhi zu benennen, folgten wir seiner Strategie." (Jens Reich)

Zu den Aufgaben S. 347

4 Leipziger Montagsdemonstrationen sind ein Beispiel für passiven Widerstand, weil
- keine Gewalt angewendet wird,
- Menschen friedlich durch die Straßen ziehen und ihre Forderungen artikulieren,
- weitere friedliche Aktionen stattfinden: Kerzen aufstellen, Transparente an Rathäusern, Friedensgebete,
- in der DDR gegen die Verantwortlichen zu demonstrieren Mut erforderte.

Als „friedlich" kann die Umbruchszeit 1989/90 eingestuft werden, ob man es als Revolution bezeichnen kann, hängt davon ab, wie man Revolution definiert. Revolution (lat., „rückwärtsrollen", „zurückwälzen") bedeutet einen gesellschaftlichen, politischen sowie ökonomischen Bruch mit traditionellen Strukturen und Inhalten, der mehr oder weniger gewalttätig ablaufen kann. Der Umbruch vollzieht sich außerhalb des bestehenden Rechtssystems, ist also illegal. Der Beitritt der DDR zur BRD ist einerseits ein Bruch mit dem alten System, aber andererseits kein eigener neuer Anfang. Ferner erfolgte der Beitritt innerhalb der bestehenden Strukturen.

5 1.12.1955: Eine Afroamerikanerin namens Rosa Parks wurde in der Stadt Montgomery im US-Staat Alabama festgenommen, weil sie sich während einer Busfahrt weigerte, ihren Sitzplatz für einen weißen Fahrgast aufzugeben.
1968: Tschechen und Slowaken leisten passiven Widerstand gegen die Invasion der Warschauer-Vertrags-Truppen zur Niederschlagung des politischen „Prager Frühlings".
1992–2009: Die FREIeHEIDe-Bewegung und ihr erfolgreicher Kampf gegen einen Luft-Boden-Schießplatz in der Kyritz-Ruppiner Heide: Das ehemalige von den Sowjetstreitkräften zwischen den Städten Neuruppin, Rheinsberg und Wittstock genutzte Bombodrom, also ein Truppenübungsplatz auf dem jahrzehntelang Bombenabwurf geübt wurde, sollte nach den Plänen des Bundeminsters der Verteidigung nach der Wiedervereinigung von der Deutschen Luftwaffe als

Luft-Boden-Schießplatz genutzt werden. Die Bürgerinitiative organisierte Protestwanderungen, Platzbesuche, simulierte Platzbesetzungen. Nach 17 Jahren verzichtete das Bundesverteidigungsministerium auf die Nutzung als Luft-Boden-Schießplatz.

Thomas von Aquin: Über das Erlaubtsein des Krieges

Herfried Münkler: Die Fragwürdigkeit der Lehre vom „gerechten Krieg"

Zu den Aufgaben S. 349

1 Rechtfertigungsgründe: politische Legitimation („Vollmacht des Fürsten"), gerechter Grund (Ahndung von erlittenem Unrecht), rechte Absicht (das Gute mehren, das Böse meiden, Orientierung am Frieden). Der dritte Grund hat besonderes Gewicht, weil ein Krieg auch dann ungerechtfertigt ist, wenn die beiden ersten Bedingungen erfüllt sind, die dritte aber nicht. Krieg aus reiner Rachsucht oder Machtgier ist somit unbedingt abzulehnen. Aus all diesem ergibt sich das „ius in bello", dass überzogene Grausamkeiten u. Ä. unbedingt vermieden werden müssen.
Aktuelles Beispiel: Krieg in Syrien (Kriegsparteien: Türkei, Russland, syrisches Regime, USA, IS, syrische Rebellen): Die Punkte 1, 2 und 5 kann man als erfüllt ansehen, die restlichen Punkte allerdings nicht (nicht alle Kriegsparteien sind am Frieden interessiert, Aussicht auf Erfolg ist derzeit nicht gegeben, die Verhältnismäßigkeit der Mittel und die Schonung der Zivilbevölkerung werden missachtet).
Historisches Beispiel: Zweiter Weltkrieg: Die Alliierten erfüllten alle Kriterien bis auf die Punkte 4 und 7 (Bombardements von nicht militärischen Zielen/Städten, Atombombenabwürfe auf japanische Städte im August 1945, drei Monate nach Kriegsende in Europa). Diskussionswürdig sind die Atombombenabwürfe unter dem Aspekt, dass sie Punkt 3 beschleunigten, da unmittelbar danach Japan kapitulierte und der Krieg auch in Asien beendet wurde.

2 Krieg ist für Thomas von Aquin in jedem Fall Sünde.

3 Die Vorstellung von einer Gleichheit der Konfliktparteien und einer überstaatlich-neutralen Institution (UN als Legitimations- und Kontrollinstanz) wird untergraben; stattdessen werden asymmetrische Konstellationen konstruiert, um den Einsatz von Gewalt zu legitimieren (vgl. Z. 25 ff.). Das heißt, die Theorie des „gerechten Krieges" kann dazu missbraucht werden, Gewaltakte zu rechtfertigen. Beispiel aus dem Jahr 2003: die Selbstermächtigung der USA und Großbritanniens, zusammen mit einer sogenannten „Koalition der Willigen" (ohne UN-Mandat) unter dem Motto „enduring freedom" das diktatorische Regime im Irak zu beseitigen (vgl. Z. 19 ff.).

4 Ein Krieg kann nicht „gerecht" sein, er verursacht Leid und Zerstörung, Menschen werden schuldig. Kriege sind eine Niederlage für Menschen, weil sie nicht in der Lage sind, Konflikte bzw. Interessensgegensätze mit Vernunft beizulegen. Hier kann diskutiert werden, was unter „gerecht" zu verstehen ist.
Ein Krieg kann unter bestimmten Voraussetzungen legitim (gerechtfertigt) sein, nach Russell (SB, S. 344 f.) jedoch nicht.

5 Das Konzept der Schutzverantwortung umfasst drei Bereiche:

- Pflicht zu Prävention (Responsibility to Prevent): Vorbeugen von Situationen, in denen es zu Menschenrechtsverletzungen kommt, vor allem durch den Aufbau einer guten Verwaltung und die Bekämpfung von Ursachen für Konflikte, d. h. z. B. Minderheiten schützen, soziale Ungleichheiten beseitigen
- Pflicht zu Reaktion (Responsibility to React): Staatengemeinschaft muss Menschenrechtsverletzungen beseitigen, zunächst mittels nicht militärischer Maßnahmen, z. B. Waffenembargo, Einfrieren von Geldern, als letztes Mittel sind militärische Maßnahmen möglich, diese müssen vom UN-Sicherheitsrat autorisiert werden
- Pflicht zum Wiederaufbau (Responsibility to Rebuild): Konfliktnachsorge, dies umfasst z. B. Befriedung der verfeindeten Gruppen, Entwaffnung, Aufbau der zerstörten Infrastruktur, Errichtung eines stabilen Justizsystems

Die Entscheidung über militärische Interventionen als Reaktion auf schwerste Menschenrechtsverletzungen ist an bestimmte Kriterien gebunden:

- „gerechter" Grund (just cause): die Bedrohungslage muss ein extremes Ausmaß erreichen, dies betrifft Fälle von Massensterben, „ethnische Säuberungen", Kriegsverbrechen
- „rechte" Absicht (right intention): der primäre Zweck der Intervention muss darin bestehen, menschliches Leiden zu beenden
- letztes Mittel (last resort): Gewalt darf nur angewendet werden, wenn alle nicht militärischen Optionen ausgeschöpft sind
- Verhältnismäßigkeit (proportional means): die Maßnahmen müssen hinsichtlich ihres Umfangs, ihrer Dauer und Intensität auf das erforderliche Minimum begrenzt sein
- vernünftige Erfolgsaussichten (reasonable prospects): das Vorgehen muss Aussicht auf Erfolg haben, wobei die Konsequenzen des Handelns nicht nachteiliger sein dürften als die Folgen eines Nichthandelns
- zuständige Autorität (right authority): der UN-Sicherheitsrat sollte Militäraktionen autorisieren

Standpunkte kontrovers: Ist der Einsatz von Kampfdrohnen ein gerechtfertigtes Mittel?

Zu den Aufgaben S. 351

1 Pro-Argumente:
- Vermeidung von eigenen Opfern
- weltweiter Einsatz, ohne ein Großaufgebot an Heeren oder Kommandotrupps loszuschicken
- Drohnen sind präzise, sie kommen nah ans Ziel und können zeitnah eingesetzt werden, dies minimiert die Anzahl von unschuldigen Opfern
- Kriege haben sich verändert, v.a. terroristische Attacken oder Guerillaaktionen, diese müssen anders bekämpft werden

Kontra-Argumente:
- hohe Anzahl von unschuldigen Opfern
- Einsatz von Drohen provoziert weiteren Terrorismus aufgrund des Ohnmachts- und Rachegefühls der Bevölkerung
- Drohnenpilot hat keine emotionale Nähe zu seinem Zielobjekt, Hemmschwelle des Gebrauchs kann sinken
- Grenzen könnten sich verschieben: Wo ist die Grenze zw. Verteidigung eigener Leute und der gezielten Tötung?

Gerechter Frieden

Immanuel Kant: Zum ewigen Frieden

Zu den Aufgaben S. 353

1 Negativer Frieden ist die Beendigung bzw. Abwesenheit des Krieges. Dieser Zustand sollte in einen positiven Frieden münden, d. h. einen rechtlich geregelten und an humanen Leitprinzipien orientierten Zustand (Verwirklichung soziale Gerechtigkeit, Rechtsstaatlichkeit, Demokratie, Möglichkeit der politischen Partizipation), die Kriterien für den positiven Frieden zeigen, dass Frieden nicht ein Zustand ist, sondern ein Prozess.

2 Frieden muss für Kant gestiftet werden, weil sich Menschen und Staaten im Naturzustand „schon durch ihr Nebeneinandersein lädieren“ (Z. 40 f.), das Verhältnis von Staaten im gesetzlosen Zustand „lauter Krieg enthält“ (Z. 69).

3 Diskussion der Präliminarartikel:
1. Frieden setzt Vertrauen voraus und uneingeschränkten Willen zu einem fairen und unbedingten Friedensschluss, andernfalls wäre es nur ein provisorischer Waffenstillstand.
2. Ein Staat ist kein Objekt des Eigentums, sondern eine Gesellschaft von Menschen, dieser Artikel richtet sich gegen den Imperialismus.
3. Stehende Heere provozieren ein Hoch- und Wettrüsten, Kant plädiert für freiwillige periodisch vorgenommene Übungen „der Staatsbürger in Waffen“.
4. Schulden für die Landesökonomie sind nach Kant erlaubt, aber Schulden zum Aufbau von Heeren sind schädlich.
5. Soll die Autonomie des Staates sichern. Was kann einen Staat berechtigen, in die inneren Angelegenheiten eines anderen Staates gewalttätig einzugreifen? Verbale Einmischungen oder Sanktionen schließt Kant nicht aus.
6. Während eines Krieges sollten bestimmte Grundsätze eingehalten werden, ansonsten droht ein Ausrottungskrieg bzw. ein Frieden wird unmöglich. Angesichts der heutigen Waffen erscheint eine Einschränkung des Waffengebrauchs u.a. auch zum Schutz der Zivilbevölkerung notwendig.
   Waffenverbote: 1983: Übereinkommen über das Verbot oder die Beschränkung des Einsatzes bestimmter konventioneller Waffen, die übermäßige Leiden verursachen oder unterschiedslos wirken können (regelt Einsatz von Landminen, von Brandwaffen, verbietet Laserwaffen); 2010: Konvention über Streumunition (Verbot des Einsatzes, der Herstellung und Weitergabe von Streumunition).

4 Erster Definitivartikel betrifft das Staatsbürgerrecht:
- Problem: Wie muss ein Staat verfasst sein, um Frieden zu schaffen?
- Lösung: Die Verfassung muss republikanisch sein.
- Argumente: Eine republikanische Verfassung basiert auf den Prinzipien der Freiheit und Gleichheit der Staatsbürger sowie der Abhängigkeit von einer Gesetzgebung. Wenn die Staatsbürger selber entscheiden müssen, ob sie Krieg führen wollen oder nicht, werden sie es ablehnen, da sie alle Übel eines Krieges ertragen müssten.

Zweiter Definitivartikel betrifft das Völkerrecht:
- Problem: Wie sollte das Verhältnis der Staaten untereinander geregelt sein, um Frieden zu schaffen?
- Lösung: Es muss einen Völkerbund freier Staaten geben.
- Argumente: Die Vernunft macht den Frieden zur moralischen Pflicht (vgl. Z. 51 ff.). Frieden zwischen Staaten ist nur möglich, wenn sie einen Bund eingehen, der alle Kriege beendet. Dieser Bund soll die Freiheit eines Staates erhalten und sichern. Ausgangspunkt ist ein republikanisch verfasster Staat, dem sich andere anschließen.

Dritter Definitivartikel:
- Problem: Was umfasst das Weltbürgerrecht?
- Lösung: Das Weltbürgerrecht ist ein Besuchsrecht, solange sich jemand friedlich in einem fremden Land verhält, darf man ihn nicht feindselig behandeln.
- Argumente: Die Oberfläche der Erde ist gemeinschaftlicher Besitz der Menschen und aufgrund der Kugelgestalt der Erde gibt es nur begrenzten Platz. Ferner ist es Zufall, wo man lebt, keiner hat mehr Anspruch an einem Ort der Erde zu sein als ein anderer.

5 Mögliche Ratschläge an den deutschen Bundeskanzler:

- Militärausgaben senken, Abrüstung in der EU/weltweit vorantreiben
- Rüstungsexporte stoppen
- Friedensverhandlungen bei den aktuellen Konflikten institutionalisieren
- Sanktionen gegen Länder immer auf UN-Ebene verhängen

6 150 Jahre nach der Veröffentlichung „Zum ewigen Frieden" wurden die Vereinten Nationen (UN) gegründet. Die Charta der UN kann als juristische Ausformulierung der kantischen Ideen angesehen werden. Derzeit sind 193 Staaten Mitglieder in den UN, d. h., seit der Gründung sind ihr immer mehr Länder beigetreten, vgl. Zweiter Definitivartikel. Demzufolge ist die UN eine globale Friedensinstitution im Sinne Kants. Allerdings gehen die Kompetenzen der UN über Kants Ideen hinaus. Für Kant besteht die Aufgabe in der Friedenssicherung, die UN kümmert sich darüber hinaus auch um soziale und ökonomische Probleme.

Die globale Abrüstung ist Bestandteil der UN-Friedenspolitik, vgl. 3. Präliminarartikel.

Das Souveränitätsgebot (5. Präliminarartikel) findet sich in der UN-Charta wieder, allerdings entfernt die UN sich seit Beginn der 1990er aufgrund der begangenen Menschenrechtsverletzungen allmählich davon (1991: Irak, 1999: Kosovo).

Problematisch ist der UN-Sicherheitsrat, da ihm eine demokratische Legitimation fehlt und nicht alle Staaten gleichberechtigt sind.

Religion als Quelle der Moral? Religion und Ethik

Abschnitte	Texte	Zusatzmaterialien und Klausurvorschläge
• Zum Einstieg (SB, S. 356 f.)	– drei Kunstwerke zum Thema Religion (LB, S. 154)	
• Wesen und Bedeutung der Weltreligionen (SB, S. 358 ff.)	– Religion und religiös begründete Ethik – Maximilian Forschner: Grundzüge der Religion (LB, S. 154 f.) – Übersicht: Weltreligionen (LB, S. 155) – Sigmund Freud: Das „ozeanische Gefühl“ (LB, S. 155 f.) – William James: Religiöse Erfahrung (LB, S. 155 f.) – Mircea Eliade: Das Heilige und das Profane (LB, S. 155 f.)	– **Klausurvorschlag 15:** Karl Kardinal Lehmann: Wozu noch Religion? (LB, S. 234)
• Ethik der Weltreligionen (SB, S. 364 ff.)	– Judentum: Die Zehn Gebote (LB, S. 156) – Aus Lehre und Geschichte des Judentums – Christentum: Die Bergpredigt – den Nächsten lieben (LB, S. 156) – Dietrich Bonhoeffer: Brief aus dem Gefängnis an Eberhard Bethge, 21. Juli 1944 (LB, S. 156 f.) – Islam: Geschichte und Lehre – Koran: Sure 17 (LB, S. 157) – Angelika Malinar: Grundzüge einer Ethik des Hinduismus (LB, S. 157 f.) – Buddhismus: Das Leiden überwinden (LB, S. 158) – Aus Geschichte und Lehre des Buddhismus (LB, S. 158)	
• Religion und Staat im Spannungsfeld (SB, S. 372 ff.)	– Hans-Peter Müller: Säkularisierung und die Rückkehr der Religion? (LB, S. 158 f.) – Europäischer Gerichtshof für Menschenrechte: Presseerklärung zum „Kruzifixurteil“ (2009) (LB, S. 159) – Kruzifixe in Europas Schulen sind rechtens (2011) (LB, S. 159)	

Abschnitte	Texte	Zusatzmaterialien und Klausurvorschläge
• Religiöser Fundamentalismus (SB, S. 376 ff.)	– Sigrun Anselm: Wer glaubt, wird selig? (LB, S. 159 f.) – Reinhard Hempelmann: Was ist „Kreationismus“? (LB, S. 159 f.) – Gudrun Krämer: Anpassung oder Re-Islamisierung? (LB, S. 160) – Bernd Ridwan Bauknecht: Was ist „Salafismus“? (LB, S. 160 f.)	
• Die historisch-kritische Auslegung „heiliger Schriften“ (SB, S. 380 f.)	– Jörg Frey: Exegese (LB, S. 161) – Mouhanad Khorchide: An der historischen Kontextualisierung des Korans führt kein Weg vorbei (LB, S. 161)	

• Religion und Vernunft (SB, S. 382 ff.)	– Anselm von Canterbury: Ontologischer Gottesbeweis (LB, S. 161)
	– Blaise Pascal: Die Wette (LB, S. 161 f.)
	– **Standpunkte kontrovers:** *Hat Religion heute noch einen Sinn?* (LB, S. 162)
	  – Christopher Hitchens: „Wir misstrauen allem, was Wissenschaft und Vernunft widerspricht“ (LB, S. 162)
	  – Hans Küng: „Religionen beantworten die Frage nach dem Sinn“ (LB, S. 162)	

• Positionen der Religionskritik (SB, S. 386 ff.)	– Jan Assmann: Die mosaische Unterscheidung oder der Preis des Monotheismus (LB, S. 163) – Ian McEwan: „Es ist absolut möglich, ohne jede Beziehung zum Übernatürlichen zu leben“ (LB, S. 163) – Religionskritik der radikalen Aufklärung (LB, S. 163 f.) – Traktat über die drei Betrüger – Traité des trois imposteurs (LB, S. 163 f.) – Ludwig Feuerbach: Gott ist eine Projektion (LB, S. 164 f.) – Karl Marx: Religion ist das Opium des Volkes (LB, S. 165 f.) – Sigmund Freud: Religion als Illusion (LB, S. 166) – Friedrich Nietzsche: Der Antichrist (LB, S. 166)	
• Leben ohne Religion (SB, S. 394 f.)	– Dalai-Lama: Ethik ist wichtiger als Religion (LB, S. 166 f.) – Ronald Dworkin: Religion ohne Gott (LB, S. 167)	– **Zusatzmaterial 43:** „Wenn man gelernt hat, ohne Tröstungen zu leben, vergeht auch das Bedürfnis danach“ – Interview mit J.-P. Reemtsma (LB, S. 219)

Zur Konzeption

Im ersten Unterkapitel „Wesen und Bedeutung der Weltreligionen“ wird auf zweierlei Art und Weise definiert, was Religion ausmacht: Durch äußere Merkmale – hier findet auch eine Übersicht über die Weltreligionen ihren Platz – und innerliche Kriterien, bestimmte subjektive religiöse Bewusstseinsformen oder Gefühle, die in allen Religionen zu finden sind. Dieser Bezug auf das „religiöse Gefühl“ kommt dem heute in unserer Gesellschaft verbreiteten, eher informellen Religionsverständnis viel näher, als wenn der einleitende Abschnitt rein bei den äußerlichen Merkmalen von Religion stehen bliebe, die auch für viele unserer Schülerinnen und Schüler eine immer geringere Rolle spielen.
Nach einem Abschnitt, der sich mit den ethischen Grundvorstellungen der Weltreligionen befasst, thematisiert das dann folgende Unterkapitel das Spannungsverhältnis zwischen dem säkularen Staat und der institutionalisierten Religion. Der Fundamentalismus, Inhalt des darauffolgenden Abschnitts, versucht ja, eine ganz spezielle Lösung dieser Spannung zu finden, indem er die Religion absolut setzt.
Lösungswege aus dem Dilemma, die von der fundamentalistischen Versuchung wegführen, bieten die nächsten beiden Unterkapitel, die sich mit der Kontextualisierung „heiliger Texte“ und generell mit der Vereinbarkeit von Vernunft und Religion befassen. Während die Texte in diesem letzten Unterkapitel „Religion und Vernunft“ ein Zusammenwirken dieser beiden grundsätzlich für möglich halten, wird das von den Religionskritikern verneint, die im nächsten Abschnitt zur Sprache kommen. Hier finden sich klassische Texte neben zeitgenössischen Stellungnahmen.
Am Ende des Kapitels wird im letzten Unterkapitel ein Ausblick auf die Möglichkeit eines „Lebens ohne Religion“ gewagt.

Literaturhinweis:
- „Standpunkte der Ethik – brisant“: Religion im Widerstreit. Hg. von Hermann Nink. Paderborn: Schöningh 2011

Zum Einstieg und zu den Aufgaben S. 356

1
- „Der Mönch am Meer“ von Caspar David Friedrich (1774–1840): Dem Betrachter drängen sich vor allem die unbegrenzte Weite des Himmels und der Eindruck von Einsamkeit sowie Stille auf. Ungefähr in der Bildmitte ist ein Stück offener Himmel und die Helligkeit der dahinterliegenden Sonne zu erkennen. Das Licht setzt sich von der daruntergelegenen düsteren Wolkenwand über dem Meer ab und mutet erhaben an. Einzige Person auf dem Bild ist ein Mönch, der die Szenerie in Kontemplation zu betrachten scheint.
- Skulptur „Hand Gottes“ von Carl Milles (1875–1955): Der schutzlos nackte Mann auf der übergroßen Hand, den Blick in den Himmel gerichtet, nimmt eine angespannte, Orientierung suchende Pose ein. Stabiles Element ist die offene, Halt gebende Hand.
- Gemälde „Le Rossignol“ (1962) von René Magritte (1889–1967): Der auf den Wolken thronende, bildlich dargestellte Gott-Vater wirkt seltsam, wenig erhaben, fast grotesk deplatziert. Zur tristen, profanen Welt, in der eine Dampflok verkehrt, scheint es keinen Kontakt mehr zu geben.

2 In einer religiösen Deutung ist das Gemälde von Friedrich von dem göttlichen Licht bestimmt, das erhaben in die Welt hineinreicht und (dem betrachtenden Mönch) Hoffnung schenkt. Demgegenüber ist die göttliche Hand in der Skulptur zwar anwesend und beschützend – diese Wirkung übersetzt sich jedoch nicht in die Pose des Mannes, der hilflos um sich blickt. In Magrittes Gemälde schließlich scheint es zwischen dem Göttlichen und der Welt keine Verbindung mehr zu geben.

3 Die Aufgabe zielt darauf ab, prägnante Gesamtdeutungen der drei abgebildeten Kunstwerke, welche die zuvor gesammelten Aspekte mit berücksichtigen, zu erarbeiten und zu sichern. Die Erläuterungen sollen auf einen Vergleich mit den jeweils zwei übrigen Kunstwerken hinführen.

4 Die Aufgabe soll den Bezug zu dem Thema „Religion“ (spätestens an dieser Stelle) explizit herstellen und hierbei die gesammelten Deutungen aufgreifen. Die zur Sprache kommenden Aspekte (Transzendenzbezug, Sinngebung, Religionskritik, Bedeutungsverlust, Säkularisierung etc.) geben einen Vorausblick auf die Unterrichtsreihe.

5 Über die Diskussion sollen die Schülerinnen und Schüler erste Ansichten zu der Frage, welche Bedeutung Religion im Hinblick auf moralisches Handeln zukommt, erschließen und sammeln.

Wesen und Bedeutung der Weltreligionen

Maximilian Forschner: Grundzüge der Religion

Zu den Aufgaben S. 359

1 Islam, Judentum und Christentum sind sakramentale Religionen. Sakramente sind heilige Dinge, Handlungen und Zeichen, bei deren Inanspruchnahme Gott seine Gnade zugesagt hat. Die göttliche Gnade erhält man also, weil man und wenn man die heilige Handlung ausführt. Sakramente können daher nicht als Magie angesehen werden. Die Magie versucht nämlich, göttliche Gnade durch bestimmte Handlungen zu erzwingen.

Die drei Religionen sind auch prophetisch zu nennen, denn ihre Glaubenswahrheiten wurden durch historische Propheten übermittelt oder gedeutet. Eine mystische Religion ist der Buddhismus, aber auch im Christentum gibt es mystische Elemente. Hier sind vor allem begnadete Personen zu nennen, bei denen man annahm, dass sie zu einer inneren Schau göttlicher Wahrheiten fähig waren.

Weltreligionen

Zur Übersicht S. 360 f.

Jude: Jakob hatte seinen Bruder Esau um den väterlichen Segen, der dem Erstgeborenen zustand, betrogen. Aus Angst vor der Rache des Bruders war er nach dem Tode des Vaters zu einem entfernten Verwandten geflohen. Bei seiner Rückkehr nach vierzehn Jahren hatte er große Angst, seinem Bruder zu begegnen. In der Nacht vor dem Zusammentreffen überfiel ihn ein Unbekannter. Der Zweikampf dauerte bis zum frühen Morgen. Keiner der Gegner konnte gewinnen. Der Unbekannte verließ Jakob, indem er sich als Gott zu erkennen gab. Er gab Jakob den Namen „Israel" (der mit Gott streitet). Diese Geschichte wurde zu einem Bestandteil des jüdischen Gottesbildes. Der Mensch kann sich mit Gott auseinandersetzen, er kann seinen Zorn über göttliches Handeln hinausschreien und vielleicht den göttlichen Plan beeinflussen.

Davidstern: Als David König war, gelang es ihm, die beiden jüdischen Reiche, das Nord- und das Südreich, zu einem Reich zu vereinigen. Das Großreich Davids war immer auch mit der Messiashoffnung der Juden verbunden. Nach einer anderen Interpretation symbolisieren die Dreiecke das diesseitige und das jenseitige Reich.

Befreiung aus Ägypten: Jakob und seine Söhne waren wegen einer Hungersnot nach Ägypten ausgewandert und hatten sich dort angesiedelt. Ihre Nachkommen waren von den Ägyptern versklavt worden und mussten Frondienste leisten. Mose gelang es, das Volk mit Gottes Hilfe zu befreien und in die Heimat zurückzuführen. Auf dem Weg durch die Wüste gab er dem Volk die Zehn Gebote. Diese Befreiung aus Ägypten wird von den Juden als die wichtigste Erfahrung mit ihrem Gott angesehen. Die „Präambel" der Zehn Gebote lautet: „Ich bin der Herr, dein Gott, der dich aus Ägypten, dem Sklavenhaus, befreit hat."

Thora: Die fünf Bücher Mose heißen Genesis, Exodus, Levitikus, Numeri und Deuteronomium. Sie erzählen von der göttlichen Schöpfung, von den „Vätern" Abraham, Isaak und Jakob, vom Auszug aus Ägypten bis zur „Landnahme" in Palästina und enthalten die Gebote des Mose und ihre Auslegung.

Kirchliche Lehrtradition: Nach der Zusammenfassung der ältesten Schriften im „Neuen Testament" wurden andere theologische Darstellungen als Schriften der Kirchenlehrer wie Augustinus oder Thomas von Aquin und später als Dogmen oder kirchenamtliche Äußerungen weitergeführt.

Muslim: Muslime lehnen den Namen „Moh dieser bei ihnen als Prophet gilt. Er wird, and Christen, nicht als Sohn Gottes angesehen.

Sigmund Freud: Das „ozeanische Gefühl"

William James: Religiöse Erfahrung

Mircea Eliade: Das Heilige und das Profane

Zu den Aufgaben S. 362 f.

1 **Freud:** subjektives Gefühl des Grenzenlosen, Unbeschränkten, der Ewigkeit, der „Zusammengehörigkeit mit dem Ganzen der Außenwelt" (S. 362, Z. 15 f.).
James: Bereitschaft, „zu einem Nichts zu werden in den Fluten und Orkanen Gottes" (Z. 10), schon in der Wortwahl vergleichbar mit Freuds „ozeanischem Gefühl"; Gefühl der Sicherheit, Geborgenheit und Angstfreiheit, „absolute[s] und ewige[s] Glück" (S. 363, Z. 30).
Beide Autoren betonen ein grundlegendes entgrenzendes Gefühl als eigentliche Quelle aller Religiosität. Während Freud das Grenzenlose (= das „Erhabene") dieser Emotion mehr in den Mittelpunkt stellt, legt James mehr Wert auf deren trostbringende und glückspendende Effekte.

2 Freud zitiert aus einem Brief seines Freundes. Zudem deuten die Anführungszeichen aber auch an, dass der betont religionsferne Freud sich von den mit diesen Begriffen beschriebenen Gefühlen – ironisch? – distanziert. Weiterhin könnten die Anführungszeichen darauf hinweisen, dass es sich hier um unzulängliche Metaphern handelt, die ihr Bezeichnetes nur sehr unklar und behelfsmäßig ausdrücken können.

3 Der „moderne Abendländer" ist es spätestens seit der Reformation und der Aufklärung gewohnt, beim „Heiligen" an etwas Abstraktes zu denken. Das ursprüngliche Bilderverbot der monotheistischen Religionen hat hier voll durchgeschlagen. Dieses „Unbehagen" empfindet der „moderne Abendländer" dann auch häufig gegenüber den Hierophanien, die in der katholischen und der orthodoxen Spielart des Christentums eine große Rolle spielen.

5 „Mit der Formel von der ‚religiösen Unmusikalität' als Selbstprädikation will der Sprecher sagen, dass er über Religion in distanzierter, selbstbeobachtender Weise spricht. Er redet nicht aus der Perspektive eigener religiöser Erfahrung, also eines Gläubigen, sondern aus der Reflexion der Praxis anderer, von denen er sich durch sein Sprechen absetzt. Es gibt, so sagt er, Menschen, die das praktizieren, sogar gekonnt und zuweilen virtuos praktizieren, was ich nicht praktizieren kann. Dennoch sage ich nicht, dass ich das, was jene anderen praktizieren, für unsinnig, ja blödsinnig halte,

sondern eher für sachlich erforderlich, ja vielleicht sogar für notwendig. So wie uns Musik umgibt und jeden angeht, so umgibt uns auch Religion, auch die Nichtpraktizierenden. Und beides, Musik wie Religion, ist wichtig, vielleicht sogar schön. [...]
Wer sich selbst als ,religiös unmusikalisch' bezeichnet, sagt eben nicht, er sei ,unreligiös', sondern signalisiert vielmehr: Seht her, eigentlich bin ich ja überzeugt davon, dass Religion notwendig ist, ja wunderbar sein kann. Aber ich selbst kann nicht religiös sein, ich bin dazu nicht begabt. Religiosität wird analog zu Musikalität gesetzt, als etwas beschrieben, wofür man sich nicht entscheiden kann (,ich will musikalisch sein!'), als eine Begabung, die manche ,haben', andere nicht." (Dirk Kaesler, 2009) http://literaturkritik.de/id/13142 [26.05.2017]
Oft wird der Begriff „religiös unmusikalisch" aber auch als eine Art Schutzbehauptung gebraucht: Eigentlich halte ich ja nichts von Religion, traue mich aber nicht, das auch zu sagen und zu begründen. Also beschreibe ich mich selbst als „religiös unmusikalisch" und mache mich dadurch unangreifbar.

➧ **s. Klausurvorschlag 15, LB, S. 234**

Ethik der Weltreligionen

Judentum: Die Zehn Gebote

Zum Text S. 364

Nachdem Mose das Volk aus Ägypten herausgeführt hatte, musste er Gesetze erlassen, die das Zusammenleben regelten. Die ersten drei Gebote regeln das religiöse Leben. Hier wird der Glaube an Gott und die religiöse Verehrung festgelegt. Im dritten Gebot geht es nicht nur um die Verehrung Gottes, sondern auch um den Schutz der Menschen: Der siebte Tag sollte von Arbeit frei sein. Die anderen Gebote sind Gesetze, die das Leben regeln. Durch die Anordnung stellen auch die Gebote für das Zusammenleben eine religiöse Verpflichtung dar.

Marc Chagall: Moses empfängt die Gesetzestafeln

Zum Bild S. 364

Marc Chagall, russisch-jüdischer Maler, 1889–1985, stellte vor allem Themen des Alten und Neuen Testaments dar. Seine Bilder beeindrucken durch große Leuchtkraft und durch die Komposition der Farben.
Mose ist hier mit zwei leuchtenden Strahlen abgebildet, die sowohl an einen angedeuteten Strahlenkranz als auch an zwei Strahlenhörner erinnern. Andere Bilder, in denen Mose mit zwei Hörnern dargestellt ist, gehen tatsächlich auf einen Lesefehler des lateinischen Bibeltextes zurück. Gelesen wurde fälschlicherweise „cornutus" (gehörnt), richtig heißt es aber „coronatus" (bekränzt). Das Volk sieht hier – anders als im biblischen Text –, wie Mose die Tafeln erhält.

Christentum: Die Bergpredigt – den Nächsten lieben

Zum Text S. 366

Die Seligpreisungen stellen den bekanntesten Teil der Bergpredigt dar. Hier werden die Verlierer der Gesellschaft aufgezählt. Ihnen, die in der Gesellschaft ein geringes Ansehen haben, verheißt Jesus jenseitige Erfüllung.
Jesus hat das zwar für die damalige Gesellschaft gesagt, aber die Wertung ist heute wohl ähnlich, wenn auch die Namen gewechselt haben. Der Ellenbogenmentalität wird auch bei uns ein höheres gesellschaftliches Ansehen gelten als der kompromissbereiten Nachgiebigkeit. Bezüglich der Gesetze macht Jesus deutlich, dass er nicht an eine Aufweichung denkt, seine Absicht ist die Konkretisierung und Verschärfung. Jesus stellt sich mit dieser Formulierung auf eine Stufe mit Mose, dem jüdischen Gesetzgeber, der seine Weisung auf dem Sinai von Gott erhalten hat. Jesus verkündet seine Lehre allerdings aus eigener Vollmacht.
Bei den Kirchen ist der Umgang mit den Forderungen der Bergpredigt nicht eindeutig zu beschreiben. Die Interpretation wechselt von der Einschätzung als unerfüllbarer Maximalforderung bis zur Einstufung als Leitfaden für die private Moral der Menschen.

Dietrich Bonhoeffer: Brief aus dem Gefängnis an Eberhard Bethge, 21. Juli 1944

Zu den Aufgaben S. 367

3 Zentrale Kategorie in Bonhoeffers Verständnis des Christentums ist der Begriff der „Diesseitigkeit". Diesseitigkeit bedeutet – in Abgrenzung zur Heiligkeit einerseits und zur modernen Betriebsamkeit andererseits – ein Leben, das alle Facetten des menschlichen Daseins umfasst, auch und gerade das Leiden. Für Bonhoeffer bedeutet ein solches Leben auch, darauf zu verzichten, „etwas aus sich zu machen", eine Rolle zu spielen, ein authentisches Leben also. Ein so verstandenes „diesseitiges" und tätiges Leben mit all seinen Höhen und Tiefen ermöglicht es dem Menschen, Gottes Werk zu erkennen, im Mitleiden mit den Menschen Jesu Leiden mitzuempfinden, es ermöglicht somit erst echten Glauben und wirkliches Christentum.

4 Bonhoeffers Christentum passt sehr gut zu der folgenden berühmten Paulus-Passage:

> „1 Wenn ich in den Sprachen der Menschen und Engel redete, hätte aber die Liebe nicht, wäre ich dröhnendes Erz oder eine lärmende Pauke. 2 Und wenn ich prophetisch reden könnte und alle Geheimnisse wüsste und alle Erkenntnis hätte; wenn ich alle Glaubenskraft besäße und Berge damit versetzen könnte, hätte aber die Liebe nicht, wäre ich nichts. 3 Und wenn ich meine ganze Habe verschenkte und wenn ich meinen Leib dem Feuer übergäbe, hätte aber die Liebe nicht, nützte es mir nichts. 4 Die Liebe ist langmütig, die Liebe ist gütig. Sie ereifert sich nicht, sie prahlt nicht, sie bläht sich nicht auf. 5 Sie handelt nicht ungehörig, sucht nicht ihren Vorteil, lässt sich nicht zum Zorn reizen, trägt das Böse nicht nach. 6 Sie freut sich nicht über das Unrecht, sondern freut sich an der Wahrheit. 7 Sie erträgt alles, glaubt alles, hofft alles, hält allem stand. 8 Die Liebe hört niemals auf. Prophetisches Reden hat ein Ende, Zungenrede verstummt, Erkenntnis vergeht. 9 Denn Stückwerk ist unser Erkennen, Stückwerk unser prophetisches Reden. […] 13 Für jetzt bleiben Glaube, Hoffnung, Liebe, diese drei; doch am größten unter ihnen ist die Liebe."
>
> Neues Testament: Erster Brief des Apostels Paulus an die Korinther (1 Kor, Kap. 13); Einheitsübersetzung der Heiligen Schrift 1980 © Katholische Bibelanstalt, Stuttgart

Auch hier wird die Liebe, die Liebe zur Welt und zu allen Geschöpfen, die auch das Mitleiden mit ihnen umfasst, als vorrangig vor allen anderen religiösen Tugenden bezeichnet. Alles, was unter „Heiligkeit" subsumiert werden könnte, ist – wie bei Bonhoeffer – nichts wert, wenn dem Gläubigen die Liebe – zum „Diesseits" und zum Jenseits – fehlt.

Der Islam und seine Glaubensrichtungen

Zur Grafik S. 368

Die Grafik stellt Anlass der Bildung und Grundaussagen der verschiedenen Glaubensrichtungen des Islam dar. Muhammad hatte weder einen Erben noch einen designierten Nachfolger. Der dritte Kalif (Nachfolger) fiel Zwistigkeiten zum Opfer (656). Sein Nachfolger Ali, der mit Muhammads Tochter Fatima verheiratet war, nahm seine Residenz in Kufa (Irak). Er wurde nicht mehr überall anerkannt und im Kampf um die Macht 661 ermordet. Sein siegreicher Rivale gründete die erste große Kalifendynastie mit Damaskus als Hauptstadt. Die Partei (= Schia) des ermordeten Ali beanspruchte das Kalifat weiterhin für sich. Einer der beiden Söhne Alis, Husain, fiel beim Kampf um die Macht 680 im Irak. Da unter ihren Nachfahren, den Imamen, auch der 7., 9., 10. und 11. Imam im Irak begraben sind, befinden sich die wichtigsten schiitischen Heiligtümer außerhalb von Saudi-Arabien im sonst sunnitischen Irak.

Koran: Sure 17

Zum Text S. 369

Der Koran ist als Wort Gottes dem Propheten Muhammad durch den Engel Gabriel wörtlich (in arabischer Sprache) eingegeben worden, glauben die Muslime. Die Offenbarung begann am 17. Tag des Fastenmonats Ramadan und erfolgte mit zeitlichen Unterbrechungen. Der Text beinhaltet nicht nur Glaubensaussagen, sondern wie hier auch genaue gesetzliche Bestimmungen, nach denen das individuelle und gesellschaftliche Leben gestaltet werden soll.

Die 17. Sure gilt als der erste geoffenbarte Text. Es gibt in der Sure 17 einige Parallelen zum Dekalog und dem Dokument des Buddhismus. Es fällt aber die völlig andere Darstellung auf. In der Sure werden die Gebote mit eindringlicher Schilderung der Folgen bekräftigt – Folgen, die sowohl im Diesseits als auch im Jenseits eintreten werden. Das Tötungsverbot wird sehr stark relativiert, sodass viele Ausnahmen erlaubt sind. Aber im Dekalog heißt es auch: „Du sollst nicht morden" (im Sinne von ungerecht töten), während der Buddhismus ein generelles Tötungsverbot hat.

Angelika Malinar: Grundzüge einer Ethik des Hinduismus

Zu den Aufgaben S. 370

1 Grundlegendes Handlungsmotiv der hinduistischen Ethik ist nicht ein irgendwie geartetes Ziel, das einen selbst oder seine nächste Umgebung betrifft, sondern der Erhalt der bestehenden Weltordnung überhaupt. Nach hinduistischem Verständnis ist dazu die tätige Mitarbeit jedes Einzelnen nach den Regeln der Religion nötig. Deshalb ist diese Zielsetzung auch als tätige Verehrung der Gottheit zu verstehen, die diese Weltordnung ja geschaffen hat. Dahinter muss aller Egoismus zurückstehen, daher: „Selbstbeherrschung im Handeln".

2 Hinduistische und buddhistische Ethik sind sich in ihren Grundzügen ähnlich und unterscheiden sich nur in unterschiedlicher Schwerpunktsetzung sowie in der religiösen Zielsetzung ethisch korrekten Handelns. Während in beiden Ethiken Gewaltlosigkeit, situationsangemessenes Verhalten, Wahrheitsliebe, Beachtung von Reinheitsgeboten, Ablehnung von Sinnlichkeit und Förderung der Spiritualität eine große Rolle spielen, legt der Buddhismus noch stärker als der Hinduismus Wert darauf, dass das Leiden als Mittelpunkt irdischen Lebens erkannt und schließlich besiegt wird. Die daraus folgende Weltabwendung kulminiert in der ethischen Zielsetzung, das ewige Rad der Wiedergeburt – übernommen vom Hinduismus – auch durch moralisch einwandfreies Verhalten zu überwinden und die Kette der Reinkarnationen durch das Eingehen ins Nirwana zu beenden. Höchstes Ziel von Lehre und Ethik des Buddhismus ist anders als im Hinduismus das Verlöschen des Ichs.

Zum Bild S. 370

Die Insel Mauritius im Indischen Ozean wird größtenteils von den Nachfahren indischer Landarbeiter bewohnt, die von den ehemaligen britischen Kolonialherren nach der Abschaffung der Sklaverei auf den dortigen Zuckerrohrplantagen eingesetzt wurden. Deshalb ist der Hinduismus auf Mauritius die vorherrschende Religion. Weitere starke hinduistische Zentren sind Großbritannien und Südafrika. Auch hier sind die Anhänger der Religion indische Immigranten oder deren Nachkommen.

Buddhismus: Das Leiden überwinden

Zum Text und zur Randspalte S. 371

Nach seiner Erleuchtung unter dem Bodhi-Baum an der Stelle des heutigen Bodh Gaya im indischen Bundesstaat Bihar entschloss sich Buddha nach einigem Zögern, die von ihm erkannte Wahrheit zu verkündigen. Im Gazellenhain vor den Toren der Stadt Benares traf er fünf Wanderasketen, die er aus früherer Zeit kannte. Seine Predigt bewirkte ihre Bekehrung und führte zur Gründung der Ordensgemeinschaft (Sangha). Der Text ist Bestandteil des Pali-Kanons, der in indischer Sprache im 1. Jh. n. Chr. verfasst wurde und die Grundgedanken des Buddhismus enthält.
Zuverlässige Daten sind: Der Buddha stammte aus einer wohlhabenden Familie, er heiratete und zeugte einen Sohn, im Alter von 29 Jahren verließ er seine Familie. Bei verschiedenen Lehrern suchte er Wege zur Erlösung. Er lebte in äußerster Askese. Später wurde er erleuchtet und gründete eine Mönchsgemeinde. Er lebte 45 Jahre als Wanderprediger. Im Alter von 80 Jahren starb er.
Der Begriff „Nirwana" (Pali: „Nibbana") hat innerhalb des Buddhismus verschiedene Interpretationen erfahren. Sie reichen von der Vorstellung eines „Nichts" bis zur Annahme eines Paradieszustandes. Umstritten ist auch, ob mit dem Verlöschen des Leidens die individuelle Existenz ebenfalls erlischt oder aber vorhanden bleibt. Gemeinsame Überzeugung ist jedenfalls, dass das Nirwana ein Endzustand ohne Leiden, Hass, Gier und Verblendung ist. Diese Interpretationen (christliche Parallele: die Erde sei ein „Jammertal") des Lebens ist pessimistisch bezüglich des menschlichen Daseins. Dennoch ist der Buddhismus eine optimistische Religion, da dem Menschen Erlösung angekündigt wird.

Aus Geschichte und Lehre des Buddhismus

Zum Text S. 371

Die ersten Umgestaltungen des Urbuddhismus fanden noch in Indien selbst statt. Der ursprüngliche Buddhismus war kultlos und eröffnete nur weltabgewandten Mönchen den Weg zur Erlösung. Die Radikalität der Lehre (und des Lebens) Buddhas fordert von seinen Schülern bzw. Nachfolgern einen ebenso radikalen Lebensstil, der naturgemäß nur in mönchischer Existenz gelebt werden kann. Die Form des Buddhismus, der durch König Ashoka missionarisch verbreitet wurde, ist der Theravada-Buddhismus (Lehre der Ordensälteren). Er fand bis heute Eingang in die Länder Sri Lanka, Myanmar, Thailand, Laos und Kambodscha. (Den Begriff „Hinayana", „kleines Fahrzeug", lehnte das letzte Konzil dieser buddhistischen Richtung (1954 – 56 in Rangun) ab, weil darin die Vorstellung von etwas Niederem bzw. Minderwertigem enthalten sei.) Populär und der Ausbreitung außerordentlich förderlich wurde der Mahayana-Buddhismus („großes Fahrzeug" über den breiten Strom des Leidens), der einerseits den Geist Buddhas bewahrte, andererseits aus der Weisheitslehre für eine Elite eine durch viele kultische Formen lebendige Frömmigkeitsbewegung für die Massen machte. Er ist nicht einheitlich, sondern umfasst eine Vielzahl von Religionsformen und versteht sich als Ergänzung und Weiterführung der ursprünglichen Lehre. Im Gegensatz zum individuellen Erlösungsstreben des Theravada- und Hinayana-Buddhisten hat der Mahayana-Buddhist das Ziel, selbst ein Buddha und damit ein Verkünder des Erlösungsweges zu werden. Dieser Weg steht nicht nur wenigen Asketen, sondern allen Menschen offen. Der Buddha wird in ihm nicht mehr nur Wegweiser zum Heil, sondern zur Gottheit. Buddhas und Bodhisattvas (Anwärter der Buddhaschaft) sind Gegenstand der Verehrung. Die Bodhisattvas schieben ihren eigenen Eingang in das Nirwana so lange auf, bis sie auch allen anderen zur Erlösung verholfen haben. Das Heilsstreben gewinnt somit altruistischen Charakter: „Ein Bodhisattva sollte nicht in allzu vielen Tugenden unterwiesen werden. Einer Tugend sollte ein Bodhisattva sich ganz hingeben und ganz in ihr aufgehen. Dann sind alle Buddhatugenden von selbst vorhanden. Welches ist diese eine Tugend? Es ist das große Mitleid" (zitiert nach M. Winternitz: Der Mahayana-Buddhismus, Tübingen 1930, S. 75 f.).
Das dritte „Fahrzeug" (Fahrzeug der Tantras) ist eine Weiterentwicklung des Mahayana-Buddhismus und nimmt Elemente des Tantrismus auf (Tantra: Zauberspruch). Es spielt vor allem im tibetischen Buddhismus (Lamaismus) eine bedeutende Rolle, wo mystisch-magische Elemente, Zeremonien und Zauberformeln verschiedenster Art anzutreffen sind.

Religion und Staat im Spannungsfeld

Hans-Peter Müller: Säkularisierung und die Rückkehr der Religion?

Zum Text S. 372 f.

Der Text hilft, die historisch-kulturellen Vorzeichen zu verstehen, die den heutigen Stellenwert von Religion (in modernen, westlich-christlich geprägten Gesellschaften) bestimmen (Trennung von Kirche und privater Religion/Spiritualität, religiös-weltanschaulicher Pluralismus etc.). Die im Text aufgezeigten Entwicklungen, deren heutige Ergebnisse für Schülerinnen und Schüler selbst gegeben erscheinen mögen, können in ihrer Entstehung und Wirkung nachvollzogen sowie reflektiert werden. Allem voran betrifft dies den Verlust der Religion als der Instanz, die das (private wie öffentliche) Handeln primär anleitet(e) und auf ein endgültiges jenseitiges Heil gerichtet ist. Vor diesem Hintergrund wird vor allem auch die Brisanz der religionskritischen Positionen spürbar – müssen sich diese doch immer die Frage gefallen lassen, ob der Verlust dieser Orientierung gebenden Institution nicht ein Wertevakuum, das nach einer Antwort verlangt, nach sich zieht.

Zu den Aufgaben S. 372 f.

1 Die Entwicklungen betreffen vor allem den Rückgang an kirchlich-institutioneller Religionspraxis, den Bedeutungsverlust von Religion in Fragen der Moral und der Deutung menschlicher Existenz (Säkularisierung), demgegenüber aber auch die heutige Vielfalt religiös-spiritueller Angebote.

2 **Pluralisierung:** zunehmende Auffächerung und Nebeneinanderbestehen religiöser und spiritueller Lehren sowie Angebote

Individualisierung: Entwicklung hin zur Selbstbestimmung im Bereich religiöser Überzeugungen

Privatisierung: Loslösung religiöser Praxis und religiösen Glaubens von kirchlich-institutioneller Lehre und deren Vorgaben

3 Noch vor wenigen Generationen stärker und selbstverständlich(er) von Religion geprägte Bereiche sind zum Beispiel: Hauskultur (Tischgebet, Fastengebote, Hausaltar, Kreuz), Erziehung und Bildung, Partnerschaft und Sexualität, öffentliche Feste (am Kirchenjahr orientiertes Brauchtum), Begleitung wichtiger Lebensstationen (Taufe, Kommunion, Konfirmation, Krankheit, Sterben), wertbezogene politische Debatten (etwa um Schwangerschaftsabbruch).

4 Die Schülerinnen und Schüler sollen die im Text gezeichneten Entwicklungen anhand eigener Einschätzungen auf die Zukunft beziehen und hierbei vor allem der Frage, ob sich das Phänomen „Religion“ zunehmend erschöpfen oder aber, eventuell in neuen Formen (Glaube ohne Gott, neue Religiosität, Wellness-Religion etc.), neu vitalisieren wird, nachgehen.

5 Nicht im Text genannte Einflussgrößen auf Religion können etwa sein: Identitätsstiftung über Religion, religiöse Jugendkultur, religiöse Aufladung von Politik, Religion als Antwort auf Werteverlust.

Europäischer Gerichtshof für Menschenrechte: Presseerklärung zum „Kruzifixurteil“ (2009)

Kruzifixe in Europas Schulen sind rechtens (2011)

Zu den Texten S. 374 f.

Der Europäische Gerichtshof für Menschenrechte in Straßburg korrigierte im März 2011 das Urteil aus dem Jahr 2009, in dem er entschieden hatte, dass Kreuze in Klassenzimmern die Menschenrechte anders- oder nicht gläubiger Schüler verletzen würden. Dieses Urteil stieß auf vielfachen Protest; Italiens Regierung ging in die Revision. In dem neuerlichen Urteil erklärte das Gericht nun, dass das Kreuz ein „seinem Wesen nach passives Symbol“ sei und somit keine religiöse Indoktrination darstelle. Das Kreuz sei Teil einer Tradition und symbolisiere – unabhängig von seiner religiösen Bedeutung – die Werte und Prinzipien, die die westliche Demokratie und Zivilisation begründen würden. Zwar dürfe der Hinweis auf die Tradition die Beachtung der Menschenrechte nicht verhindern, wie dies jedoch im Einzelfall geregelt werde, bleibe dem Beurteilungsspielraum der einzelnen Staaten und deren Gesetzen und Gerichten überlassen. Für Deutschland gilt demgemäß weiterhin das Urteil des Bundesverfassungsgerichts aus dem Jahr 1995.

Zu den Aufgaben S. 375

1 **2** **3** Das Gericht betonte 2009 die staatliche Neutralität gegenüber den unterschiedlichen Religionen und Bekenntnissen. Entscheidung für oder gegen Religion ist Sache des Einzelnen, nicht des Staates. Der Staat darf gerade in den von ihm selbst betriebenen öffentlichen Einrichtungen, wie z. B. Schulen, nicht gegen diesen Grundsatz verstoßen, z. B. durch das Kreuz, das Symbol eines ganz bestimmten religiösen Bekenntnisses, nämlich des Christentums, ist. Indem das Gericht sich 2011 die Auffassung zu eigen machte, das Kreuz sei kein religiöses, sondern ein „volkstümliches Symbol“, fällt die Begründung des Urteils von 2009 in sich zusammen.

Religiöser Fundamentalismus

Sigrun Anselm: Wer glaubt, wird selig?

Reinhard Hempelmann: Was ist „Kreationismus“?

Zu den Aufgaben S. 376

1 Sehnsucht nach Geborgenheit, nach Ordnung, nach verbindlichen Deutungsmustern angesichts einer als unübersichtlich und undurchschaubar erfahrenen Welt; Vereinfachung; klare Trennung von Gut und Böse, von Richtig und Falsch; Absolutheitsanspruch; Gemeinschaftsgefühl; Sicherheit; besondere Situation heute: leichte Verbreitbarkeit der fundamentalistischen Botschaften durch das Internet, besonders anhand von Filmen und Bildern, die die Vereinfachungsideologie klarer und populärer transportieren können als Sprache und Schrift (Beispiel: IS)

2 In der Entwicklung der Evolutionstheorie wurde die naturwissenschaftliche Methodik in fast schon „klassischer“ Weise angewendet: Darwin stellte seine Thesen auf, zu denen er durch induktive Beobachtungen auf Forschungsreisen

gelangt war, und veröffentlichte sie dann in einem argumentierenden Buch, damit sich die wissenschaftliche Gemeinschaft und alle Interessierten damit auseinandersetzen konnten („On the origin of species", 1859). Nicht alle Thesen Darwins hielten stand – einige wurden „falsifiziert", um Poppers Ausdrucksweise zu verwenden –, manches wurde von anderen Forschern korrigiert und modifiziert. Seine grundlegenden Ideen setzten sich aber durch. Einige Fragen, die bei Darwin offengeblieben waren, wurden später durch Entdeckungen, die durch neue technische Apparaturen ermöglicht wurden, beantwortet (z. B. die Speicherung genetischer Informationen durch die 1953 entdeckte DNA). Im Laufe all dieser Forschungen taten sich wiederum neue Fragen auf, sodass die Arbeit an der Evolutionstheorie bis heute – wie bei allen ernst zu nehmenden Forschungszweigen – nicht abgeschlossen ist. Eine endgültige „Verifikation" (Popper) kann es nicht geben, Forschungsergebnisse bleiben immer vorläufig bis zu ihrer „Falsifikation". Bis dann *gelten sie als wahr*.
Ganz anders die religiösen Fundamentalisten und Kreationisten: Darauf vertrauend, dass der Wortlaut ihrer „Heiligen Schrift" der letztgültigen Offenbarung Gottes entspricht, glauben sie, dass die dort niedergelegten Aussagen wahr sind, auch wenn es sich um Sachverhalte handelt, die von der modernen (Natur-)Wissenschaft ganz anders erklärt werden, wie z. B. die Entstehung der Arten. Eine sich stetig weiterentwickelnde Forschung wie die Evolutionstheorie ist in diesem Denken völlig unmöglich, ja eigentlich überflüssig: Wozu der Wahrheit durch Forschung nahezukommen versuchen, wenn sie in den heiligen Schriften ja schon niedergelegt worden ist?

3 Der Kreationismus ist keine naturwissenschaftliche Theorie, weil er keiner naturwissenschaftlichen Methodik folgt, deshalb kann er natürlich nicht gleichrangig als „alternative Theorie" zur Evolutionstheorie in der Schule behandelt werden, schon gar nicht in einem Fach wie Biologie, das naturwissenschaftlichen Grundlagen verpflichtet ist.
Die Schöpfungsberichte, auf die sich der Kreationismus beruft, finden ihren Platz in den Fächern Religion und Ethik, wo sie nach der historisch-kritischen Methode der Textauslegung durchgenommen werden.

Gudrun Krämer: Anpassung oder Re-Islamisierung?

Zum Text S. 378

Das einschneidende Ereignis für die islamische Welt in der Neuzeit war die Landung der Truppen Napoleons in Ägypten 1798, wo sich erstmals eindeutig die Schwäche des Osmanischen Reiches zeigte. Den fortschreitenden Zerfall machten sich die europäischen Mächte zunutze, um die Staaten Nordafrikas und des Nahen Ostens zu Kolonien zu machen (Frankreich: Marokko, Algerien, Tunesien, Libanon, Syrien; Italien: Tripolitanien/Libyen; England: Ägypten, Palästina, Irak). 1945 kam es zwar zur Gründung der Arabischen Liga, der Versuch des ägyptischen Präsidenten Gamal Abdel Nasser (1918–1970), eine panarabische Einheit herbeizuführen, scheiterte jedoch ebenso wie das Bemühen des irakischen Präsidenten Hussein, im Golfkrieg 1991 die islamischen Nationen zu einer Einheitsfront gegen Israel und die westliche Welt zu bewegen. Dabei spielten auch die Gegensätze zwischen den islamischen Glaubensrichtungen der Sunniten und der Schiiten eine wesentliche Rolle. Die Reaktion auf die Gründung des Staates Israel 1948 mitten in der islamischen Welt waren die 1948/1949, 1967 (Sechstagekrieg) und 1973 (Jom-Kippur-Krieg) geführten Kriege der arabischen Anrainerstaaten gegen Israel, die jedoch mit Gebietsverlusten endeten und zur Anerkennung Israels als Staat und zu Friedensverträgen zwischen Ägypten und Jordanien mit Israel führten. Hauptstreitpunkte sind nach wie vor die Gründung eines Palästinenserstaates und die Rolle Jerusalems.
Inzwischen ist die Debatte weitergegangen, hat sich verbreitert und auf die Rolle des Islam in westlichen Gesellschaften überhaupt ausgedehnt. Eine besondere Zuspitzung erhielt sie durch die Entstehung des IS und dessen fortgesetzten Terror in europäischen Städten (Istanbul, Paris, Nizza, Brüssel, Berlin, St. Petersburg, Manchester, London…) sowie den Syrienkrieg und die dadurch bewirkte Flüchtlingskrise 2015/2016. Wichtige Beiträge zu dieser Debatte sind die Bücher von Necla Kelek, „Chaos der Kulturen. Die Debatte um Islam und Integration" (2012), Patrick Bahners, „Die Panikmacher. Die deutsche Angst vor dem Islam" (2011) und Hamed Abdel-Samad/Mouhanad Khorchide, „Zur Freiheit gehört, den Koran zu kritisieren. Ein Streitgespräch" (2016).

Zu den Aufgaben S. 378

2 „Eine Säkularisierung von Staat und Gesellschaft, die nicht nur stillschweigend hingenommen, sondern offen bejaht, rechtlich verankert und institutionell festgeschrieben wird" (Z. 20 ff.), widerspricht dem Anspruch des Islam, nicht nur die religiösen, sondern auch die weltlichen und politischen Angelegenheiten der Gläubigen allein regeln zu können, z. B. durch die Rechtsordnung der Scharia. Ein säkularer Staat steht mit der Religion immer in einer Art Konkurrenz um die Deutungshoheit in den menschlichen Dingen, was den Alleinvertretungsanspruch der Religion erheblich verletzt.
Ähnliche Konflikte zwischen Religion und säkularer Staatlichkeit gab und gibt es auch in europäischen Staaten, selbst in Deutschland (z. B. beim Kampf um die Konfessionsschulen in vielen Bundesländern in den 1950er- und 1960er-Jahren).

Bernd Ridwan Bauknecht: Was ist „Salafismus"?

Zu den Aufgaben S. 379

2 Siehe die Ausführungen im LB zu SB, S. 376, Aufgabe 1, S. 159.

3 Rückbesinnungen auf frühere „goldene Zeitalter" oder „reinere" und ursprünglichere Epochen gab es immer

wieder in der Kulturgeschichte („Renaissancen"). Damit waren aber stets Anstrengungen verbunden, auf der Grundlage dieser wiedergewonnenen Ursprünglichkeit eine bessere, modernere Gesellschaft zu schaffen. Renaissancen sind demnach immer ein „modernes" Phänomen. Genauso ist es beim „Fundamentalismus", dessen extreme und pedantische Rückwendung zum Ursprung nur in einer – als heillos empfundenen – Moderne ihren Platz hat. In den frühen Phasen der Weltreligionen war es immer klar, dass die heiligen Schriften der Auslegung und Anpassung an neue Verhältnisse bedürfen (z. B. im Talmud).
Neuere Forschungen betonen aber, dass dieser religiöse Extremismus bei bestimmten „puritanischen" Gruppen, welche es in allen monotheistischen Religionen gab und die besonders in Krisenzeiten Zulauf fanden, immer schon vorhanden war.

Literaturhinweis:
- Jan Assmann: Totale Religion: Ursprünge und Formen puritanischer Verschärfung. Wien: Picus 2016

4 Während die Fundamentalisten/Salafisten behaupten „die genaue Bedeutung einer jeden Koransure" (SB, S. 379, Z. 39 f.) zu kennen und „über die letztendliche Deutungshoheit" (Z. 42 f.) der Heiligen Schrift mit dem „Anspruch auf Eindeutigkeit und absolute Wahrheit" (Z. 44) zu verfügen, ohne dafür wissenschaftliche Hilfe in Anspruch genommen oder sich einer Diskussion über ihre Deutungen gestellt zu haben, versucht die historisch-kritische Methode der Textauslegung, die Entstehung und den Gehalt der heiligen Schriften mithilfe viefältiger und wissenschaftlicher Methoden zu erforschen. Einen Anspruch auf letztgültige Wahrheit vertritt sie dabei – wie alle Wissenschaften – nicht: „Wissenschaftlichkeit wird durch die Anwendung intersubjektiv nachvollziehbarer Methoden gewahrt. Beobachtungen an Texten können nachgeprüft, Hypothesen diskutiert und (wie alle historischen Erkenntnisse) mit ‚besseren' Argumenten oder neuen Quellen kritisiert werden." (SB, S. 380, Z. 36 ff.)

Die historisch-kritische Auslegung „heiliger Schriften"

Jörg Frey: Exegese

Mouhanad Khorchide: An der historischen Kontextualisierung des Korans führt kein Weg vorbei

Zu den Aufgaben S. 381

2 Siehe die obigen Ausführungen zu SB, S. 379, Aufgabe 4.

3 Die „Schule von Ankara" entstand in den 1990er-Jahren an der Universität Ankara. Ihr wichtigster Vertreter in Deutschland ist Ömer Özsoy, Professor für Koranexegese an der Universität Frankfurt/Main. Zu seinen Positionen s. http://de.qantara.de/inhalt/portrat-des-turkischen-koranexperten-omer-ozsoy-modernes-islamverstandnis-statt [27.05.2017].

Religion und Vernunft

Anselm von Canterbury: Ontologischer Gottesbeweis

Zum Text S. 382

Gedanken über „Gottesbeweise" wurden vor allem im Mittelalter formuliert. Es handelt sich dabei um das Bemühen, auch denjenigen, die der biblischen Überlieferung als „Offenbarung Gottes" kritisch gegenüberstehen, aufzuzeigen, dass die Existenz Gottes auch aus reinen Vernunftgründen begründbar sei. Anselm von Canterbury, in der platonischen Tradition stehend, bestimmte Gott als das Höchste schlechthin. Darüber hinaus kann nichts Höheres gedacht werden. Dies muss es allerdings auch in Wirklichkeit geben, einfach aus dem Grund, dass der Mensch in der Lage ist, es auf den Begriff zu bringen. Dagegen wandte schon Thomas von Aquin (1225 – 1274), in der Tradition Aristoteles' stehend, ein, dass Existenz keine Eigenschaft sei, die in einem Begriff a priori enthalten ist. Seine eigenen Gottesbeweise gehen daher statt vom Denken von der Wahrnehmung aus. Wichtigstes philosophisches Gegenargument gegen diese Art von Gottesbeweis ist natürlich das von Immanuel Kant, dem „Zerschmetterer der Gottesbeweise": Gott als das höchst vollkommene Wesen sei zwar als Ideal der Vernunft anzuerkennen, aber menschliches Erkennen und Begreifen könne niemals bis zur Einsicht in das schlechthin Unbedingte, weder seinem Wesen, noch seinem Dasein nach, gelangen.

Literaturhinweis:
- Joachim Bromand und Guido Kreis (Hg.): Gottesbeweise. Von Anselm bis Gödel. Berlin: Suhrkamp 2011

Blaise Pascal: Die Wette

Zu den Aufgaben S. 383

2 Pascals Argumentation basiert auf einer reinen Kosten-Nutzen-Rechnung. Seine Hauptthese ist, dass man beim Glauben an Gott nur gewinnen könne. Glaubt man an ihn und gibt es ihn wirklich, dann wird man belohnt. Glaubt man nicht an ihn, es gibt ihn aber doch, dann erwarten einen ewige Strafen. Gibt es Gott nicht, ist die Frage des Glaubens sowieso müßig, egal, ob man an ihn glaubt oder nicht. Es kann also nur vorteilhaft sein, an Gott zu glauben, das Risiko ist dagegen gering, die Wette auf ihn sollte also abgeschlossen werden. Als weiteres Argument für seine Position führt Pascal die „Beweise" für die Existenz des christlichen Gottes aus der Bibel und der religiösen Überlieferung an. Besonders wichtig ist ihm dabei neben vielen Berichten von religiösen Wundern, dass die alttestamentarischen Propheten mit ihren Voraussagen über das Kommen Jesu ins Schwarze getroffen hätten.

3 Pascals Argumentation, seine „Wette“, wurde schon immer stark kritisiert, wobei es immer auch um die Angemessenheit einer solchen Denkweise hinsichtlich des Glaubens ging. Kann die Überzeugung von der Existenz Gottes wirklich in dieser Form – als Wetteinsatz – angenommen werden? Gehört nicht vielmehr ein langer Denk- und Erfahrungsweg dazu, um eine solche Frage für sich beantworten zu können? Voltaire schrieb dazu in seinen Anmerkungen zu Pascals „Gedanken“: „Es ist offenbar falsch zu sagen: Nicht wetten, dass Gott ist, heißt wetten, dass er nicht ist; denn der, welcher Zweifel und Aufklärung sucht, wettet gewiss nicht, weder für noch wider. Auch sonst scheint dieser Artikel etwas indezent und knabenhaft: Diese Vorstellung von Spiel, von Verlust und Gewinn passt gar nicht zu der Wichtigkeit des Gegenstandes. Noch mehr, das Interesse, welches ich daran habe, etwas zu glauben, ist kein Beweis für die Existenz desselben.“

➡ Standpunkte kontrovers: Hat Religion heute noch einen Sinn?

Zum Text S. 384

Hitchens trägt in dem Auszug aus der Schrift „Der Herr ist kein Hirte. Wie Religion die Welt vergiftet“ ein ganzes Bündel von grob gestrickten Anfeindungen und Vorwürfen gegenüber Religion vor. Er kann ihr nichts Gutes abgewinnen und misst sie an den Standards naturwissenschaftlicher Erkenntnisgewinnung: Denen gegenüber sei Religion insgesamt als überkommen, im Anspruch irrational und im Auftreten als arrogant-rechthaberisch zu bewerten.
Ein Wille zur Differenzierung ist aus dem Text nicht herauszulesen und mit inhaltlichen Aussagen von Religion setzt sich Hitchens freilich kaum auseinander. Doch gerade aufgrund der polemisch gehaltenen Vorwürfe eignet sich der Text gut dazu, um den Stellenwert von Religion zu diskutieren, reizt doch der naiv-vorbehaltlos kritische Ton zu Gegenpositionen.

Zu den Aufgaben S. 384

1 Vorwürfe: Religion ist nicht an vorbehaltloser Wahrheitssuche interessiert, sondern letztlich wissenschaftsfeindlich; sie hält autoritär-ideologisch an bestimmten Aussagen fest; der Anspruch, Moral fuße unabdingbar auf Religion, ist zurückzuweisen; religiöser Ritus ist wertlos.
Selbstaussagen: Wissenschaft erlaubt Selbstkritik, ist objektiver Wahrheitssuche verpflichtet, verzichtet auf unnützes rituelles Beiwerk und pflegt bescheidenen Wahrheitsanspruch; Moral ist durchaus ohne Religion möglich.

2 Eine Würdigung der Position Hitchens’ kommt nicht umhin, den viel zu weiten bzw. unscharfen Religionsbegriff, den er heranzieht, zu klären: Er vergleicht Religion und Naturwissenschaft, ohne zuvor die Frage nach dem Anspruch und der Leistung von Religion zu erörtern. Eine differenzierte Auseinandersetzung mit religiös-theologischen Inhalten intendiert er nicht, mögliche Entgegnungen seitens der Theologie werden ausgespart. Dessen ungeachtet lassen sich aus der Pauschalkritik Hitchens sicherlich grundlegende Zweifel und Fragen gegenüber Religion herauslösen, die immer wieder Gegenstand von Religionskritik waren.

3 Einerseits zieht Hitchens das Vorgehen naturwissenschaftlicher Forschung als Maßstab seiner Kritik heran, andererseits verzichtet er durchweg auf nähere analytische Gedankengänge, gleich jedweder Richtung. Er wird als prominenter Vertreter der „Neuen Atheisten“, die sich selbst in einer aufklärerisch-humanistischen und naturalistischen Tradition sehen, gehandelt.

4 Ungeachtet aller Polemik wurde Hitchens vielfach zugestanden, Religionen mit Fakten zu konfrontieren, deren Widersprüchlichkeit zu den Selbstaussagen der Religion sich nur schwer in Abrede stellen lassen. Gleichwohl kann der Beitrag Hitchens’ nur am Beginn einer Auseinandersetzung mit dem Phänomen „Religion“ stehen, nicht an deren Ende.

Zum Text S. 385

Anders als Hitchens deutet Küng die Leistungen von Religion positiv und als nicht ersetzbar. Für ihn erklärt sich der Sinn von Religion vor allem im Hinblick auf deren existenzielle Bedeutung für den Gläubigen bzw. Praktizierenden: Religion ermöglicht dem Menschen eine positive Orientierung auch in Bezug auf letzte, metaphysische Fragen, die seine Existenz einrahmen und daher von grundlegendster Bedeutung sind. Somit versteht Küng den Nutzen von Religion in einem viel umfassenderen Sinn als Hitchens und spricht ihr eine Bedeutung zu, die zeitlos ist und nicht ohne Weiteres innerhalb einer naturalistischen Argumentation, die einseitig auf Wahrheitsansprüche abzielt, abgehandelt werden kann.

Zu den Aufgaben S. 385

2 Küng vertritt in dem Textauszug einen Religionsbegriff, der die Leistungen von Religion in den Vordergrund stellt: Sie ist auf die Bewältigung von Sinnfragen gerichtet und spendet einen existenziellen Halt. Dasselbe kann auch für Richtungen innerhalb der Philosophie ausgesagt werden – im Unterschied zur Religion baut diese jedoch nicht auf der Idee eines Offenbarungsgeschehens auf. Wissenschaft hingegen beansprucht für sich rationale und objektive Wahrheitssuche innerhalb bestimmter Teilgebiete. Kunst wiederum bezieht sich auf den Ausdruck von Gefühlen und/oder Gedanken und das schöpferische Erschaffen eines (wie auch immer gearteten) Gegenstandes (Musik, Malerei, Handlung etc.).

3 Die Schülerinnen und Schüler sollen hierbei die unterschiedlichen Blickwinkel, von denen aus Religion charakterisiert und bewertet wird, mit berücksichtigen und zu einem selbst begründeten Urteil gelangen.

Positionen der Religionskritik

Jan Assmann: Die mosaische Unterscheidung oder der Preis des Monotheismus

Zum Text S. 386 f.

Assmann charakterisiert und erklärt die drei großen monotheistischen Weltreligionen im Hinblick auf ein grundlegendes Wesensmerkmal: den Anspruch auf exklusive Wahrheit und infolge dessen den Willen, diesen gegenüber jeder anderen als unwahr verstandenen Weltanschauung geltend zu machen. Ihm geht es vor allem darum, dieses Merkmal monotheistischer Religionen in seiner historischen Entwicklung herauszustellen – gleichwohl lässt es sich als Grundlage einer fundamentalen Kritik dieser Religionen, die auch im Text spürbar ist, heranziehen. So macht Assmann als Ursache von Ausgrenzung, Verfolgung, Fundamentalismus, Religionshass etc. eben die „mosaische Unterscheidung“ aus.
Die Position bildet den Auftakt der Texte zur Religionskritik, da Assmann die monotheistischen Religionen derart grundlegend charakterisiert und kritisierbar macht. Die oft als selbstverständlich angenommene Vormachtstellung gegenüber nicht monotheistischen Religionen oder Richtungen wird fraglich. Dasselbe gilt für die Idee einer als wahr verstandenen religiösen Lehre als Merkmal von Religion überhaupt.

Zu den Aufgaben S. 386

1 Primäre Religionen: polytheistische Religionen, Kulturreligionen, historisch gewachsen innerhalb einer bestimmten Kultur, Kult- und Nationalreligionen;
sekundäre Religionen: monotheistische Religionen, Buchreligionen, Offenbarungsreligionen, Abgrenzung gegenüber primären Religionen, Trennung von wahrer und falscher Lehre, Abwehr und Bekämpfung konkurrierender religiöser Lehren („Gegenreligion“), Artikulation der als exklusiv wahr verstandenen Lehre in Form von Dogmen, Geboten, Richtlinien etc.

2 Im Grunde genommen kann jeder Religionskrieg oder -konflikt, der für sich die Verbreitung oder die Bewahrung der als einzig wahr verstandenen Lehre in Anspruch nimmt, als Nachwirkung der „mosaischen Unterscheidung“ angeführt werden. Auch der Wahrheits- und Ausschließlichkeitsanspruch der monotheistischen Religionen überhaupt kann als das Ergebnis einer geschichtlich-kulturellen Entwicklung, die auf dem Übergang zu den sekundären Religionen beruht, aufgefasst werden.

3 Zur Sprache kommen soll, in welchem Licht nicht monotheistische Religionen oder religiöse Traditionen (etwa die religiösen Kulturen indigener Völker oder religiösen Strömungen Südostasiens) generell wahrgenommen werden. Gemäß der Theorie Assmanns erscheinen diese aus dem Blickfeld der sekundären Religionen heraus als primitiv-archaische „Überbleibsel“ oder als lediglich kulturelle Traditionen mit pragmatischem Wert.

Ian McEwan: „Es ist absolut möglich, ohne jede Beziehung zum Übernatürlichen zu leben“

Zum Text S. 387

Mit einfachen Worten formuliert McEwan religionskritische Argumente, die Verbindungen zu den nachfolgenden Texten, welche die Positionen der Religionskritik vorstellen, erkennen lassen.

Zu den Aufgaben S. 387

1 Mögliche Gesprächspunkte können sein: Ist Moral ohne einen religiösen Bezug möglich? Ist der Mensch auf Antworten, die ihm Aufschluss über die „letzten Fragen“ geben, angewiesen? Reicht hierzu die Philosophie aus? Worin liegt der Mehrwert religiöser Antworten? Ist eine restlos naturwissenschaftliche Weltsicht erstrebenswert oder sogar unausweichlich?

2 In dem kurzen Text streift McEwan mit seinen Aussagen Eckpfeiler gängiger religionskritischer Positionen: Das Verhältnis der Religion zur Moral sei scheinheilig (Nietzsche), ein Festhalten an ein jenseitiges Heilsversprechen schwäche die Möglichkeiten des Menschen im Leben (Feuerbach und Marx). Der Wahlspruch der Aufklärung „Sapere aude!“ klingt in der Aussage an, eine autonome Begründung von Moral ohne einen Bezug auf Religion sei vorzuziehen. Im Unterricht kann auch zur Sprache kommen, dass McEwan eine naturalistisch-reduktionistische Weltsicht bedient (vgl. Z. 11 f.), indem er das menschliche Bewusstsein als „ein komplexes Arrangement von Zellen“ (Z. 12) identifiziert. Interessant ist auch, dass seine Position Platz lässt für ein Gefühl der „Ehrfurcht“, das wiederum religiös anmutet.

Religionskritik der radikalen Aufklärung

Traktat über die drei Betrüger – Traité des trois imposteurs

Zu den Aufgaben S. 388

1 – Die meisten Menschen sind unwissend, sie können ihre Unwissenheit nicht bekämpfen, wollen es häufig aber auch nicht: „Die einen können sie nicht selbstständig erforschen, die anderen wollen sich nicht darum bemühen. Kein Wunder also, dass die Welt voll ist von grundlosen

und lächerlichen Meinungen, die durch nichts wirksamer befördert werden als durch die Unwissenheit." (Z. 2 ff.)
→ Diese These passt genau zur Grundauffassung der Aufklärung als dem „Ausgang des Menschen aus seiner selbst verschuldeten Unmündigkeit" (aus dem Kant-Zitat auf SB, S. 388).

- Daraus ergibt sich, dass die Menschen ihre natürliche Furcht vor dem Unbekannten in der Natur nicht anders bekämpfen können, als sich selbst Götter zu erfinden, die sie sich entweder als furchterregend und schrecklich oder als liebend und beschützend vorstellen: „Daher neigen sie dazu, unsichtbare Ursachen zu erdichten, bloße Phantome ihrer Einbildungskraft, die sie um Hilfe bitten, wenn sie in Not sind, und preisen, wenn es ihnen gut geht. Schließlich schaffen sie sich ihre Götter." (Z. 18 ff.)
  → Diese These ähnelt der Religionsauffassung Freuds (s.u.).

- Die Götter, die die Menschen erfinden, ähneln den Menschen; die Menschen bilden sich ein, dass sie selbst im Mittelpunkt des Interesses und der Tätigkeit dieser Götter stehen: „Die Menschen glaubten, dass sie ihnen ähnelten und wie sie selbst alles um eines Zweckes willen tun. So bekennen und glauben sie alle einhellig, dass Gott alles nur um des Menschen willen geschaffen hat, und umgekehrt, dass der Mensch allein für Gott geschaffen wurde." (Z. 26 ff.)
  → Diese These ähnelt Feuerbachs Gedanken von der Gottesvorstellung als Selbstprojektion des Menschen; allerdings sieht Feuerbach diese Projektion und die daraus resultierende Selbstanbetung des Menschen ja positiv – anders als hier im „Traktat" (s.u.).

- Die Menschen interessieren sich nur noch für Religion und suchen Zusammenhalt nur noch in gemeinsam abgehaltenen religiösen Zeremonien, dadurch wird ihre Unwissenheit weiter zementiert. Die Natur und die Erforschung von deren Gesetzen wird ihnen zunehmend gleichgültiger: „Seit ihnen diese falsche Vorstellung in den Kopf gekommen war, brachten sie der Natur nur noch Geringschätzung entgegen und hatten Ehrfurcht nur noch vor jenen Scheinwesen, die sie ihre Götter nannten. Daher kommt die Unwissenheit, in der so viele Völker befangen sind." (Z. 43 ff.):
  → Diese These erinnert insofern an Marx' Aussage „Die Religion ist das Opium des Volkes", da in seiner Auffassung Religion ja dazu dient, das Unwissen der Menschen über ihre soziale Lage und deren Ursachen zu befestigen. Auch bei Marx verhindert Religion die Suche nach der eigentlichen Wahrheit und dient stattdessen als Ablenkungs- und Betäubungsmittel.

- Religion ist von einer kleinen Gruppe von Betrügern erfunden worden – den sogenannten „Religionsgründern" – und wird von ihren Nachfolgern weiter propagiert, um das Volk dumm zu halten und dadurch besser ausnutzen zu können: „Diese Betrüger haben ein zu großes Interesse an der Unwissenheit des Volkes, als dass sie es hinnehmen könnten, dass man ihm die Augen öffnet." (Z. 13 f.) „Diejenigen, die ein Interesse an der Disziplinierung des Volkes durch solche Hirngespinste hatten, haben für den Fortbestand dieses Keims der Religion gesorgt, aus ihm ein Gesetz gemacht und schließlich das Volk durch Androhung künftiger Schrecknisse zu blindem Gehorsam gezwungen." (Z. 22 ff.) „Die wahren Gelehrten könnten sie aus der Unwissenheit – so tief sie auch in ihr stecken – befreien, würden ihre Bemühungen nicht durch diejenigen hintertrieben, die diese Blinden führen und von ihren eigenen betrügerischen Machenschaften leben. [...] Kein Vernünftiger kann daher glauben, dass es Gott, Hölle, Geist oder Teufel gibt, wie man es gewöhnlich behauptet. Diese bedeutend klingenden Wörter sind sämtlich erfunden worden, um das Volk zu verblenden und einzuschüchtern." (Z. 46 ff.)
  → Diese These vom sogenannten „Priesterbetrug" ist die eigentliche Zentralthese in der Religionskritik der Radikalaufklärung. Auch Nietzsche unterstellt einer gewissen Gruppe, die Religion zu ihren Zwecken erfunden zu haben: Während es bei ihm aber die „Schwachen" sind, die die Religion und deren Leidenskult brauchen, um die „Starken" kleinzuhalten (s.u.), sind es hier im „Traktat" eher geschickte und geistig überlegene Betrüger, die die Dummheit und Trägheit der Menschen für egoistische (Macht-)Zwecke ausnutzen.

2 Natürlich ist die Religionskritik des „Traktats" sehr holzschnittartig, wirklich übertrieben scheint seine Polemik aber bei der Ausgestaltung der „Priesterbetrugs"-These zu sein. Diese erinnert fast schon an eine moderne Verschwörungstheorie.

Ludwig Feuerbach: Gott ist eine Projektion

Zum Text S. 390 f.

Zum Verständnis des Textes ist es von Nutzen, auf Feuerbachs philosophischen Hintergrund hinzuweisen. Er war – wie auch Karl Marx (s. SB, S. 406) – ein Schüler Hegels. Er knüpft an Hegels Darstellung der Bedeutung des Christentums zur Entwicklung der Freiheit an und argumentiert wie sein Vorbild dialektisch. Für Hegel ist die Dialektik eine Gesetzmäßigkeit, die der Natur des Denkens zugrunde liegt. Jede These birgt in sich schon ihre Antithese, beide werden in der Synthese aufgehoben. Aufhebung bedeutet bewahren und zugleich auf eine höhere Stufe heben.
Beispiel: Das in einer Gesellschaft qua Gesetz geltende Recht (These) steht häufig im Gegensatz zu den moralischen Grundsätzen des Individuums (Antithese). Beide werden „aufgehoben" in den formalen Bestimmungen der Sittlichkeit (Synthese). Diese dialektische Bewegung durchzieht auch Feuerbachs Text (These: der unvollkommene Mensch; Antithese: der vollkommene Gott; Synthese: das Wesen des Menschen). Weiterhin ist Feuerbach ein Vertreter

des Sensualismus und Empirismus: „Wahrheit, Wirklichkeit und Sinnlichkeit sind identisch." Diese Haltung lässt sich im ersten Abschnitt des Textes aufzeigen und auch kritisch diskutieren (vgl. die These „Aber, was keine Bestimmungen hat …", Z. 11 ff.). Diese These ist übrigens gegen die Tradition der „Theologia negativa", wie sie etwa Thomas von Aquin (1225 – 1274) und Nikolaus von Kues (1401 – 1464) vertreten, gerichtet. Gottes eigentliches Wesen bleibt dem Menschen verborgen, der menschlichen Vernunft unzugänglich. So kann über Gott nur in verneinenden Aussagen gesprochen werden, z. B. dass er nicht endlich, nicht räumlich, nicht sterblich etc. ist. Er ist die Negation jeglicher menschlich-weltlichen Begrenztheit und Unvollkommenheit.
Wichtig ist ebenfalls, dass Feuerbach der Vernunft die größte Bedeutung für das Fortschreiten der Menschheit beimisst. Nur durch sie kann er sich selbst von einem übergeordneten Standpunkt aus betrachten, sich lösen von den alltäglichen Verstrickungen durch Gefühle wie Wut, Hass etc. In seinem Glauben an die ethische Kraft der Vernunft steht er in der Tradition der Aufklärung. Hier ist auch eine deutliche Nähe zu Freuds Religionskritik und dessen Wissenschaftsoptimismus erkennbar.
Bei der Erarbeitung des Textes sollte die Besprechung des ersten Abschnitts ausführlich erfolgen. Der weitere Text lässt sich dann in Einzel- oder Partnerarbeit bearbeiten.
Vertiefung und Weiterarbeit: Beispiele für die Erfahrung von Begrenzung, Ohnmacht und Unvollkommenheit suchen und sich darüber austauschen, wie wir sie im Alltag zu bewältigen suchen. Diskussion darüber, ob sich Feuerbachs Hoffnungen im letzten Abschnitt heute erfüllt haben.

Zu den Aufgaben S. 390 f.

1 „Religion […] ist das Verhalten des Menschen zu sich selbst" (Z. 1) (seinem Wesen), allerdings verehrt sie dieses Wesen des Menschen als ein von ihm losgelöstes eigenes Wesen (Gott) (1). Dass Gott nichts anderes als das Wesen der Gattung Mensch ist, ist für Feuerbach die zentrale Erkenntnis der Religionskritik. Die Eigenschaften („Prädikate"), die Gott zugewiesen werden (etwa Gerechtigkeit, Liebe, Weisheit, Güte, Gnade, Macht etc.), sind menschlich, nicht göttlich. Daher ist die Religion „die Entzweiung des Menschen mit sich selbst" (Z. 17) (2). So setzt die Religion dem unvollkommenen, sterblichen, ohnmächtigen und sündhaften Menschen („das schlechtweg Negative", Z. 22 f.) den vollkommenen, ewigen, mächtigen und heiligen Gott („das schlechthin Positive", Z. 22) entgegen. Religion führt also zu einer Herabsetzung des Menschen. Die Religionskritik löst diesen Gegensatz auf, indem sie ihn als einen Zwiespalt des Menschen als Individuum (der Mensch erlebt sich im Alltag selbst als leiblich, begrenzt, gefährdet, gefühlsbestimmt etc.) mit seinem Wesen (für Feuerbach ist es Intelligenz/Vernunft/Verstand, losgelöst von den Begrenzungen des Individuums) begreift. Gott ist also der ideale, vollkommene Mensch, der sich in der Entwicklung der menschlichen Gattung realisiert. Am Beginn dieser Entwicklung steht die Religion. Sie „ist das erste Selbstbewusstsein des Menschen" (Z. 47) (3), dessen Wahrheit aber erst durch die Religionskritik herausgestellt wird. In der Religion wird der Mensch sich seiner selbst und seiner Möglichkeiten zum ersten Mal bewusst, allerdings benötigt er dafür die Fiktion Gott. Die Religionskritik leitet eine neue Stufe dieser Entwicklung ein, indem sie dem Menschen ermöglicht, sich seiner selbst ohne den Umweg über Gott bewusst zu werden.
Tafelbilder für die ersten beiden Absätze:

Tafelbild

Religion:	Verhalten des Menschen zu sich selbst als zu einem anderen Wesen (über den „Umweg" Gott)
Mensch:	Individuum (leiblich, wirklich, begrenzt, gefühlsbestimmt) Wesen des Menschen (abgesondert von Grenzen, Leib, Wirklichkeit)
Gott:	das vergegenständlichte menschliche Wesen (Intelligenz, Vernunft, Verstand)

Tafelbild

Religion: Entzweiung des Menschen mit sich selbst

Mensch	**setzt**	Gott
endlich		unendlich
unvollkommen		vollkommen
zeitlich		ewig
ohnmächtig		allmächtig
sündhaft		heilig
NEGATIV/ NICHTIG		POSITIV/REAL

Religion führt zu einer **Herabsetzung des Menschen,** alles Gute und Wünschenswerte wird auf Gott **projiziert,** der Mensch schreibt sich selbst alles Schlechte zu.

Karl Marx: Religion ist das Opium des Volkes

Zum Text S. 391

Zum Einstieg könnte man die Schülerinnen und Schüler dazu auffordern, sich spontan zu der These „Religion ist das Opium des Volkes" zu äußern. Interessant ist der Vergleich mit Lenins Formulierung „Religion ist Opium für das Volk". Die Ergebnisse könnten als Arbeitshypothesen zur Texterschließung verwendet werden.
Marx argumentiert auf der Basis eines materialistischen Welt- und Menschenbildes, dessen Kenntnis für das Verständnis seiner Religionskritik erforderlich ist. Daher empfiehlt es sich, Marx' berühmten Satz „Das (gesellschaftliche) Sein bestimmt das Bewusstsein" mit den Schülerinnen und Schülern zu reflektieren (s. SB, S. 147).

Zu den Aufgaben S. 391

3 Das große Verdienst Feuerbachs ist für Marx, dass er Gott als Projektion des Menschen und die Religion als Selbstentfremdung des Menschen entlarvt hat („Der Mensch macht die Religion"). Für Marx ist diese Leistung eine notwendige Voraussetzung für jede weitere Kritik. Er kritisiert jedoch, dass Feuerbach Gott lediglich durch ein von der gesellschaftlichen Wirklichkeit abstrahiertes menschliches Wesen, das dem einzelnen Individuum als Potenzial innewohnt, ersetzt und damit in einer idealistischen Denkweise verharrt. („Aber *der Mensch*, das ist kein abstraktes, außer der Welt hockendes Wesen. Der Mensch, das ist die Welt des Menschen, Staat, Sozietät", Z. 4 f.) Marx fordert, dass die Kritik der Religion in eine Kritik der gesellschaftlichen Verhältnisse münden muss.
Man kann die Forderungen des letzten Abschnitts direkt mit denen Feuerbachs vergleichen, um noch einmal die entscheidenden Unterschiede aufzuzeigen.

Sigmund Freud: Religion als Illusion

Zum Text S. 392

Freuds Religionskritik: Freud gesteht der Religion zu, dass es ihr um „Menschenliebe" und „Einschränkung des Leidens" geht. Kritik übt er jedoch an ihren Versprechungen und Tröstungen. Sie verspricht jedem einzelnen Menschen, dass Gott ihn für die Leiden des Lebens entschädigt – nach dem Tod. Sie erzeugt so übergroße Erwartungen, Ungeduld und Egoismus. Daher hindert sie den Menschen daran, sich mit der tatsächlichen Wirklichkeit auseinanderzusetzen. Sie produziert und unterstützt die zwanghafte Weigerung, erwachsen zu werden (hier liegt die Parallele zur Neurose), da sie den Menschen vollkommen abhängig von Gott (der übermächtige Vater, der für mich sorgt und mein Schicksal in der Hand hat) macht und ihn nie aus dieser Abhängigkeit entlässt. Sie richtet sich daher gegen Vernunft und Erfahrung und verhindert Selbstreflexion und Durcharbeitung. In diesem Sinne ist sie eine Illusion. Da die Menschen alles von der Religion erwarten, würden Zweifel an ihr zu einem völligen Zusammenbruch führen. Daher ist der religiöse Mensch zwangsläufig dogmatisch und intolerant.
Freuds Ziele: Der Mensch soll auf seine infantilen Wünsche verzichten und die Widerstände der Realität bei seinem Streben nach Glück in Rechnung stellen (Realitätsprinzip). „Unser Gott Logos wird von diesen Wünschen verwirklichen, was die Natur außer uns gestattet, aber sehr allmählich, erst in unabsehbarer Zukunft und für neue Menschenkinder." (S. 392, Z. 15 ff.) Die Wissenschaft kann dem Menschen dabei helfen, denn sie enthält sich überzogener Versprechungen; ihre Fortschritte sind klein und sie ist in der Lage, Irrtümer zuzugeben.

Zur Aufgabe S. 392

1 Gegen Freud könnte man einwenden, dass er das individuelle Glücksstreben des Einzelnen ignoriere und ihn zu einer Bescheidenheit und einem Altruismus auffordere, der nicht leistbar ist. Außerdem kann man problematisieren, warum gerade der Psychoanalytiker Freud derart optimistisch an die Macht der Rationalität glaubt. (Man sollte die Schülerinnen und Schüler aber darauf hinweisen, dass Freud seinen positivistisch gefärbten Optimismus bezüglich der Wissenschaft in seinen späten Schriften teilweise revidiert hat.)

Friedrich Nietzsche: Der Antichrist

Zu den Aufgaben S. 393

1 **Nietzsches Kritik am Christentum:** Alle Grundbegriffe der Religion sind Fiktionen, die von den Betreibern der Religion dazu erfunden wurden, Natur und Wirklichkeit zu verneinen. Interesse an einer solchen Wirklichkeitsverleugnung haben nur die schwachen Menschen, die deshalb das Christentum erfunden haben, um die Starken zu beherrschen. Dementsprechend finden sich im Christentum auch lauter Symptome von Nervenerkrankungen. Die starken Menschen müssen sich um ihrer selbst und um der Zukunft der Menschheit willen gegen diese leibfeindliche Religion wenden und den Triumph der Schwachen und Kranken verhindern.

2 Während Feuerbach Gott als Projektion sämtlicher positiver Eigenschaften des Menschen ansieht, die dieser aber nur in unvollständigem Maße besitzt, richtet sich Nietzsches Kritik gegen die Leidensverherrlichung der christlichen Religion. Für Feuerbach steht sozusagen der monotheistische Vater-Gott im Mittelpunkt, während Nietzsche sich auf den leidenden Christus konzentriert. Für beide sind die Gott zugeschriebenen Eigenschaften zwar genuin menschliche – hier die idealisierten menschlichen Grundbefindlichkeiten, dort die Schmerz- und Leidensanfälligkeit des Mängelwesens Mensch –, für Feuerbach kann eine richtig verstandene, „anthropozentrische" Religion aber Gutes bewirken, indem sie den Menschen zu seinem als Gott verstandenen Ideal emporhebt. Für Nietzsche bewirkt die Religion das Gegenteil: Sie legt den Menschen auf seine Schwäche fest, glorifiziert diese und tötet damit alles Hohe und Starke in ihm ab, sie erniedrigt ihn.

Leben ohne Religion

Dalai-Lama: Ethik ist wichtiger als Religion

Zum Text S. 394

In einfachen Worten skizziert der Dalai-Lama eine Ethik, die zwar ohne ein religiöses Lehrgebäude auskommt, gleichwohl einen Weg der geistigen Selbstschulung in den Mittelpunkt stellt, die vor allem im Buddhismus praktiziert wird. Ähnlich dem Ansatz der Tugendethik versteht er moralisches Handeln als Teil der Entwicklung und Formung der eigenen Persönlichkeit. Die im Text genannten moralischen Qualitäten werden als natürliche menschliche Anlagen angenommen, die vor allem durch Meditation und die innere Haltung der Achtsamkeit kultiviert werden können. Der Anleitung zur Entwicklung eines solchen Charakters räumt er einen höheren Stellenwert als die Annahme und Befolgung religiöser Lehren ein.

Zu den Aufgaben S. 394

1 Der Dalai-Lama geht von angeborenen positiven Charakteranlagen aus und betont die Möglichkeit und Notwendigkeit, als Person einen Charakter zu entwickeln, in dem solche Tugenden zur Geltung kommen. Das Mittel hierzu ist für ihn nicht die Klärung allgemeiner theoretischer Fragen, sondern die Pflege des eigenen Charakters bzw. die individuelle Praxis in Form von Meditation, der Einübung positiver innerer Haltungen und der Überwindung von inneren Zuständen, die als Hindernis verstanden werden.

2 Religion ist im Hinblick auf das eigene innere Wohl und das äußere Wohl in der Welt für den Dalai-Lama verzichtbar. Wesentlich demgegenüber aber sei die Einsicht in Art und Entwicklung der natürlichen und positiven charakterlichen Anlagen des Menschen, was er aber nicht als exklusive Leistung von Religion versteht. Zu erwähnen ist jedoch, dass die Entwicklung innerer Qualitäten auf der Basis von Meditation und Achtsamkeit eine originär buddhistische Praxis darstellt, die laut Dalai-Lama aber auch ohne einen solchen religiösen Überbau ihre Geltung besitzt.

3 Achtsamkeit kann als bewusst gelenkte und geschulte gegenwärtige Aufmerksamkeit gegenüber den eigenen Handlungen, Gedanken und Gefühlen verstanden werden. Ziel ist hierbei eine erhöhte Klarheit und Wachheit im Hinblick auf eigene Gewohnheiten des Handelns, Denkens und Fühlens, was wiederum die Pflege der eigenen moralischen Qualitäten und das Einüben einer insgesamt heilsamen Lebenspraxis ermöglicht.

4 Die vorgeschlagene „säkulare Ethik“ gründet nicht auf einem tradierten Offenbarungswissen und verzichtet auf von außen herangetragene moralische Regeln oder Gebote, was dem Zeitgeschmack in westlichen Gesellschaften sicherlich entgegenkommt. Gleiches gilt für den Vorschlag, die Anleitung zu einem bewussteren Verhältnis zu sich selbst und dem eigenen Leben sowie die Entwicklung von Tugenden, die als allgemein-menschlich aufgefasst werden, in den Fokus zu rücken. Vor allem die in Mode gekommenen Achtsamkeitsschulungen laufen aber Gefahr, zu einer reinen „Wellness-Technik“ oder zu einem Mittel der bloßen Leistungssteigerung zu verkommen.

Ronald Dworkin: Religion ohne Gott

Zum Text S. 395

Für Dworkin ist eine religiöse Haltung an den Glauben an objektive Werte gekoppelt, nicht notwendig an eine Gottesidee. Religion werde demnach getragen von der Vorstellung, dass dem eigenen Leben und der Natur Sinn, Ordnung und Wert zukommen. Für Dworkin geht hiermit eine Erfahrung von Ehrfurcht und die Verantwortung einher, ein Leben zu führen, das diesen objektiven Maßstäben gerecht wird, also selbst Bedeutung und Wert hat. Zudem würde infolge dieses neuen Verständnisses von Religion die Idee eines Schöpfergottes als Trennlinie zwischen Theisten und (religiösen) Atheisten verschwinden: Im Sinne von Dworkin besteht zwischen der Religiosität von Theisten und vielen Atheisten kein Unterschied, sondern weitgehende Übereinstimmung, ist für ihn doch die Frage nach einem Gott als Urheber dieser Werte weniger bedeutsam als die Verständigung über ihre Existenz und Relevanz.

Zu den Aufgaben S. 395

1 Der Religionsbegriff Dworkins kreist um den Glauben an unbedingte Werte, die sich am menschlichen Leben und der Natur ablesen lassen. Die Annahme eines Schöpfergottes ist für ihn nur eine mögliche, jedoch nicht notwendige Antwort auf diese Erfahrung.

2 Die Diskussion soll den geöffneten und stark veränderten Religionsbegriff Dworkins spürbar machen: So stellt sich zum einen die Frage, welche Gottesvorstellungen, die von dem im Text erwähnten Theismus abweichen (polytheistische, mystische, pantheistische, animistische etc.), mit seinem Verständnis von Religion in Übereinstimmung gebracht werden können. Zum anderen liegt es nahe, dass religiöse Erfahrungen, wie Dworkin sie versteht, auch in Kunst, Literatur oder Philosophie ihren Ausdruck finden können, was die Tragweite dieses Ansatzes deutlich werden lässt.

3 Kritisch anzumerken ist etwa, dass Dworkin den Gedanken und die Bedeutung eines religiösen Offenbarungswissens größtenteils außer Acht lässt bzw. diesem kaum Bedeutung schenkt. Sein Religionsverständnis ist vage und würde von einem überzeugten Theisten als unvollständig zurückgewiesen werden. Andererseits ist anzuerkennen, dass Dworkin religiöse Erfahrungen, wie er sie beschreibt, nicht auf theistische Positionen beschränkt und auch etwa Wissenschaftlern oder Skeptikern zubilligt.

➧ **s. Zusatzmaterial 43, LB, S. 219**

Mögliche Themen für Referate

Wie lässt sich Moral begründen? Modelle normativer Ethik

- zu SB, S. 164 ff.:
  Dystopien zum Glückstotalitarimus: Jewgenij Samjatin: „WIR"; Aldous Huxley: „Schöne neue Welt"; Juli Zeh: „Corpus delicti"

- zu SB, S. 189, Aufgabe 4:
  Erasmus von Rotterdam: Leben und Wirken

- Leben und Werk berühmter Denkerinnen und Denker, die den Versuchungen der Unfreiheit widerstanden haben: Karl R. Popper, Isaiah Berlin, Raymond Aron, Hannah Arendt

Problemfelder menschlichen Handelns – Herausforderungen für Moral und Ethik/Medien und Ethik

- zu SB, S. 256 f.:
  Das **Zusatzmaterial 7** (Charles Eisenstein: Die fabelhaften Pirahã, LB, S. 177) kann zum Vortrag ausgebaut werden:
  Einfluss der Sprache auf das Denken am Beispiel der Pirahã **oder:** Gibt es universell gültige Eigenschaften der menschlichen Sprache? (Charles F. Hockett, Noam Chomsky werden mit der Sprache der Pirahã konfrontiert)

- zu SB, S. 258 f.:
  Referat zu den „Publizistischen Grundsätzen des Deutschen Presserates" und deren Problematisierung anhand der Aufgaben (**Zusatzmaterial 34**: Deutscher Presserat: Publizistische Grundsätze, LB, S. 207)

- zu SB, S. 261 ff.:
  Referat über einen Artikel aus der FAZ vom 14.1.2015: „Brauchen wir noch Gesetze, wenn Rechner herrschen?": Die Netzgemeinde sieht eine „Algokratie" heraufziehen, einen autoritären Staat, der von Computern und einer Elite von Programmierern beherrscht wird. http://www.faz.net/aktuell/feuilleton/debatten/die-digital-debatte/big-data-und-politik-brauchen-wir-noch-gesetze-wenn-rechner-herrschen-13356219.html?printPagedArticle=true#pageIndex_2

- zu SB, S. 264 f:
  Einerseits wollen die staatlichen Behörden in Deutschland heute immer mehr von ihren Bürger wissen, andererseits sollen sie ihre Privatsphäre wahren/schützen. Referat darüber, welche Informationen der Staat über seine Bürger sammelt, und Bewertung vor dem Hintergrund der Wahrung der Privatsphäre.

Recht und Gerechtigkeit

- zu SB, S. 338:
  Vorträge über verschiedene terroristische Gruppen (Ziele, Verbreitung, Entstehung, Umgang)

- zu SB, S. 349, Aufgabe 5:
  Vorstellung und Bewertung des Konzepts der Schutzverantwortung, Veranschaulichung an einem Beispiel

- zu SB, S. 352:
  Friedenstheorien oder Strategien der Friedensdurchsetzung: Welche Institutionen sichern wie den Frieden in der Welt? Beispiele: NATO (Friedenssicherung durch Abschreckung und Entspannung), UN (Friedenssicherung durch Völkerrecht), Internationaler Gerichtshof (Frieden durch internationale Rechtsprechung), Vertrag der Europäischen Union (Frieden durch Integration), Entwicklungszusammenarbeit (Frieden durch Armutsbekämpfung)

- zu SB, S. 353, Aufgabe 6:
  Diese Aufgabe kann Grundlage eines Referats sein.

Liste der Zusatzmaterialien

Liste der Klausurvorschläge

Stolpersteine beim Definieren

Jens Soentgen

Definieren ist eine schwierige Kunst – und es ist leicht, dabei Fehler zu machen. Hier eine Übersicht über einige Stolpersteine:

1. Gegenbeispiel!

Eine Definition soll begrenzen: Daher ist es naheliegend, zu testen, ob sie auch leistet, was sie verspricht. Darauf kann man die Probe machen – indem man etwas heraussucht, das eigentlich unter den Begriff fallen müsste, und zeigt, dass es *nicht* darunter fällt. Dann ist die Definition zu eng. Das ist etwa der Fall bei der allerersten Definition des Laches, der meint, tapfer seien die, die in Reih und Glied standhalten, womit er die Tapferkeit allerdings auf einen konkreten Fall aus dem militärischen Bereich einschränkt. Definitionen, die auf Beispielen beruhen, sind *immer* zu eng.

Die Prüfung, ob eine Definition andererseits zu weit ist, erübrigt sich damit allerdings nicht. Auch darauf lässt sich die Probe machen, indem man Beispiele sucht, die von der Definition einsortiert werden, obwohl sie eigentlich nicht dazugehören. So hatte Nikias vorgeschlagen, die Tapferkeit sei das Wissen darum, was zu fürchten sei und was nicht. Sein Kollege Laches bot als Gegenbeispiel den Arzt und den Bauern auf, die beide wüssten, was in ihrem Gebiet zu fürchten sei und was nicht, und die man deshalb noch lange nicht tapfer nennt. Ein noch eleganteres Gegenbeispiel formuliert Aristoteles in seiner *Magna Moralia*, einer Moralvorlesung für junge Hörer. Soldaten, so schreibt er, haben oft ein ganz bestimmtes Wissen, so wissen sie etwa, dass ihnen in einem bestimmten Gelände auch im Falle eines Angriffs unmöglich etwas passieren kann. Aufgrund dieses Wissens bewegen sie sich in solchen Gegenden ruhig, obwohl ein unerfahrener Mann vielleicht in Panik verfallen würde. Sie wissen also tatsächlich, was zu fürchten ist und was nicht. Sind die Soldaten darum tapfer zu nennen? Wohl kaum. Sie sind gelassen, weil sie auf bestimmte Erfahrungswerte zurückgreifen können.

2. Nur negativ!

Definitionen, die einem nur mitteilen, was etwas *nicht* ist, verfehlen ihr Ziel. Wer zum Beispiel erklärt: „Gut erzogen ist das, was *du* nicht bist“, der klärt nicht wirklich auf. In politischen Streitgesprächen sind negative Definitionen beliebt, weil es meist einfacher ist, zu benennen, was man *nicht* will, als sich mit Erklärungen, was man tatsächlich beabsichtigt, aus dem Fenster zu lehnen.

3. Zirkulär!

Zirkelhaft ist eine Definition, wenn das, was definiert werden soll, in den definierenden Worten irgendwie wieder auftaucht, versteckt oder offen. Beispielsweise in folgender Definition der Note „sehr gut“ durch die deutsche Kultusministerkonferenz:

„Die Note ‚sehr gut‘ soll erteilt werden, wenn die Leistung den Anforderungen in besonderem Maße entspricht.“ Anders gesagt: „Sehr gut“ soll erteilt werden, wenn die Leistung sehr gut ist. Was man sich auch ohne Kultusministerkonferenz hätte denken können. Dabei könnte man die Note „sehr gut“ leicht ohne Zirkel definieren, etwa so: „Sehr gut“ ist eine Leistung dann, wenn sie *alle* Erwartungen des Lehrers erfüllt.

„Rechts ist da, wo der Daumen links ist“, lehrt ein populärer Kalauer, der ebenfalls wieder auf einer zirkulären Definition beruht. Das Problem lässt sich aber in diesem Fall nicht so leicht aus der Welt schaffen. Bei näherem Hinsehen stellt man fest, dass sich „rechts“ und „links“ kaum ohne Zirkel definieren lassen. Man muss es sich *zeigen* lassen, wo rechts und links ist, um den Sinn dieser Wörter zu verstehen.

4. Metaphorisch!

Ein anderer Gesichtspunkt für die Kritik von Definitionen ist die Deutlichkeit. Sie ist vor allem dann problematisch, wenn die Definition mit Bildern arbeitet. So etwa, wenn die Tapferkeit als „Perle der Tugend“ definiert würde. Dies ist keine Definition, sondern der Versuch, eine Definition durch eine emphatische Bezeichnung zu umgehen.

5. Der Passformtest

Eine Definition hat immer die Form: „Die Formulierung x bedeutet im Folgenden y.“ Der Autor, der eine Definition einführt, verpflichtet sich, seine eigene Festlegung tatsächlich zu beachten. Ob er dies auch einhält, muss allerdings immer wieder kontrolliert werden. Daher ist es nützlich, in einem Text die Formulierung x in allen Sätzen, in denen sie auftaucht, rein mechanisch durch die Formulierung y zu ersetzen und sich anzusehen, was herauskommt.

Der Ersetzungstest ist vor allem für die Überprüfung und Kritik von Theorien von großem Nutzen. Denn hier ist es gar nicht so selten, dass eine Definition feierlich eingeführt – und dann sogleich wieder vergessen wird.

Jens Soentgen: Selbstdenken! 20 Praktiken der Philosophie. Weinheim und Basel: Gulliver/Beltz & Gelberg 2012, S. 94 ff.

Best.-Nr. 025069

Erfahrungsorientierte und schülerzentrierte Arbeitsformen

Der Ethikunterricht hat es mit grundlegenden Lebenserfahrungen und -themen des Menschen zu tun. Die Chance des Ethikunterrichts besteht darin, Lebensthemen einmal ohne den Handlungsdruck des Alltags zu bearbeiten; dazu ist es jedoch nötig, dass die Erfahrungen der Schülerinnen und Schüler in den Unterricht eingehen. Die im Zusammenhang mit dem Lernen in der Schule häufig gestellte Frage an den Lernstoff „Was hat das mit mir und meinem Leben zu tun?“ muss daher gerade im Ethikunterricht besonders ernst genommen werden. In den letzten Jahrzehnten lieferte vor allem die humanistische Psychologie und Pädagogik Methoden, die die Erfahrungen der Lernenden in den Unterricht integrieren, sie als wichtigen Teil des Lernprozesses ernst nehmen. Sie ermöglichen durch die Verknüpfung von Erleben, Handeln und Denken einen lebendigen und offenen Lehr-/Lernprozess. Außerdem werden die sozialen Kompetenzen gefordert und gefördert (Zuhören, Toleranz, Empathie etc.). Im Folgenden werden einige dieser Arbeitsformen in ihren Grundformen kurz beschrieben. Sie lassen sich beliebig ausbauen und variieren. Es wird auf konkrete Beispiele, die in diesem Lehrerband ausführlich dargestellt sind, verwiesen. Beim Einsatz sind die folgenden Grundregeln zu beachten:

1. Die Arbeitsformen bedürfen der Erfahrung und genauen Kenntnis in Einsatz und Begleitung. Dies gilt vor allem für Interaktions- und Rollenspiele.

2. Die meisten dieser Arbeitsformen laden die Schülerinnen und Schüler zur Selbsterfahrung und Preisgabe von Persönlichem ein. Sie erfordern daher bestimmte Regeln, die den notwendigen Schutzraum bieten:
   - Jeder entscheidet selbst, was er von sich mitteilen möchte. Niemand sollte zu einer Äußerung gezwungen werden.
   - Kommentare und Bewertungen von Äußerungen unterbleiben. Rückfragen sind erlaubt.

3. Damit die Schülerinnen und Schüler einen unverstellten Zugang zu ihren eigenen Erfahrungen und ihren eigenen Kenntnissen erhalten und jeder sich beteiligen kann, sollte der folgende „Weg“ in der Regel eingehalten werden: Vom Ich (Einzelarbeit) über das Du (Arbeit mit einem (vertrauten) Partner oder in der Kleingruppe) zur Gruppe (Austausch und Auswertung im Plenum).

4. Die erfahrungsorientierten Arbeitsformen strukturieren einen Lernprozess mit offenem Ausgang. Sie sollten aber in einer Stunde zu einem – wenn auch vorläufigen – Abschluss gebracht werden. Auch empfiehlt sich eine Auswertung des Prozesses („Was habe ich als hilfreich/störend etc. erlebt?“) und eine abschließende, auch kritische Reflexion der Methode selbst. Die Lehrperson sollte auf Anfrage stets ihr Vorgehen erläutern.

5. Bevor man sich für eine dieser Arbeitsformen entscheidet, sollte man sich klarmachen, welches Ziel man damit verfolgt und ob die Situation der Klasse oder Kurs den Einsatz zulässt. Manchmal ist es geboten, auf einen Einsatz zu verzichten.

6. Die Lehrperson sollte sich auf ihre Rolle als Initiator und Moderator sowie als „Wächter“ über die Struktur beschränken. Sie sollte randständig sein. Bisweilen kann sie sich selbst auch aktiv beteiligen (z.B. an einer Standortbestimmung), wenn die Schülerinnen und Schüler das wünschen und sie selbst dazu bereit ist.

Originalbeitrag für diesen Band

Die Lehren der Philosophie

Michael Hampe

Auch nach 2500 Jahren abendländischer Philosophie gibt es keine *allgemeingültigen* philosophischen Lehren vorzutragen, so wie es gegenwärtig gültige Lehren aus der Physik, etwa die Einstein'sche Gravitationstheorie, die Quantenmechanik und Quantenfeldtheorie, und in der Biologie die Evolutionstheorie oder Genetik und neuerdings die Epigenetik gibt. Zwar existiert ein *Kanon philosophischer Texte*, doch werden an einem Seminar eher Heraklit, Platon, Hegel, Nietzsche, Heidegger und Derrida studiert, am anderen Aristoteles, Descartes, Locke, Kant, Frege und Dummett. Das kann man entweder als den Normalzustand der Philosophie ansehen, die nicht *notwendigerweise* eine akademische Disziplin ist, oder als einen Mangel betrachten, der in der weiteren Entwicklung der akademischen Philosophie „behoben" werden müsste, damit sie „richtig" gelehrt und die an der Philosophie Interessierten „richtig" philosophisch erzogen werden können.

Dass die Philosophie nicht wie Physik oder Biologie „funktioniert", kann man schon von ihrem Namen ableiten: Sie heißt ja nicht „Sopho-logie", ist keine Weisheitslehre, sondern eine *Liebe* zur Weisheit: „*Philo*-Sophia". Aber über eine Liebe zu etwas scheint man schwerlich öffentlich in einem Hörsaal vortragen oder gar in einem Lehrbuch Behauptungen sammeln zu können, weil Liebe ja etwas *Persönliches* ist. [...]

Trotzdem kann dieses Persönliche alle Menschen angehen oder betreffen. Deshalb sollte Philosophie vor allem als eine *reflektierende Tätigkeit*, der einzelne Menschen nachgehen, *unterrichtet* werden, so wie die Malerei und der Umgang mit Pinsel, Farbe und Leinwand. Aber das Lehren einer reflektierenden oder gestaltenden Tätigkeit besteht nicht in der Weitergabe einer Doktrin, einer Behauptungssammlung, an die sich „alle" zu halten haben. Es geht vielmehr um die Weitergabe von *Fertigkeiten*, wie übrigens auch in der Mathematik [...]. Sie muss vor allem *geübt* werden, wie eine Sprache, bis man in ihr denken kann, ähnlich den Künsten, wie der Malerei oder dem Klavierspiel. Auch sie müssen geübt werden, bis man die klanglichen und visuellen Gestalten so zu erzeugen in der Lage ist, dass sie eigener Ausdruck werden. Ebenso muss die Philosophie geübt werden, bis das Erwägen von Voraussetzungen und ihren Konsequenzen, das Wechselspiel von Rede und Gegenrede zu den Gedanken führen, die tatsächlich mit der eigenen Lebenserfahrung zusammenstimmen, ohne dadurch zu allgemeingültigen Behauptungen wie denen der Wissenschaft zu werden.

Wenn Philosophie tatsächlich etwas Persönliches ist und vor allem des Engagements einzelner Menschen bedarf und sie ferner eine *reflektierende Tätigkeit des Liebens* von etwas darstellt, wird die Deplaziertheit lehrbuchartiger Texte und die Merkwürdigkeit von Überblicksvorlesungen verständlich. Sofern jemand die Tätigkeit des Philosophierens in der Vorlesung oder dem Lehrbuch „vorgemacht" bekommt, so macht sie oder er als Zuhörerin und Aufschreiber ja noch nicht wirklich bei dieser Tätigkeit *mit*, so wenig wie jemand, der beim Boxen, Schwimmen oder Fahrradfahren zuschaut und sich Notizen macht, selbst boxt, schwimmt oder Fahrrad fährt. Selbst diejenigen, die eine philosophische Vorlesung *halten* oder ein philosophisches Lehrbuch *schreiben*, gehen nicht unbedingt der Tätigkeit des Philosophierens in diesem Sinne nach, sondern reden und berichten über Texte von Leuten, die dieser Tätigkeit einmal nachgegangen sind. Das ist dann, um bei unserem Beispiel zu bleiben, in etwa so, als würde eine Unterrichtsstunde in Schwimmen darin bestehen, zu berichten, was ein großer Schwimmer bzw. viele große Schwimmer über ihre Erfahrungen aufgeschrieben haben.

Michael Hampe: Die Lehren der Philosophie. Eine Kritik. Erweiterte Neuausgabe. Berlin: Suhrkamp Taschenbuch Wissenschaft 2016, S. 51–53

Platons Ideenlehre

REICH DER IDEEN

= der Urbilder des Seins – zeit- und raumlos

Direkte Anschauung der Ideen durch die Seele in der Präexistenz

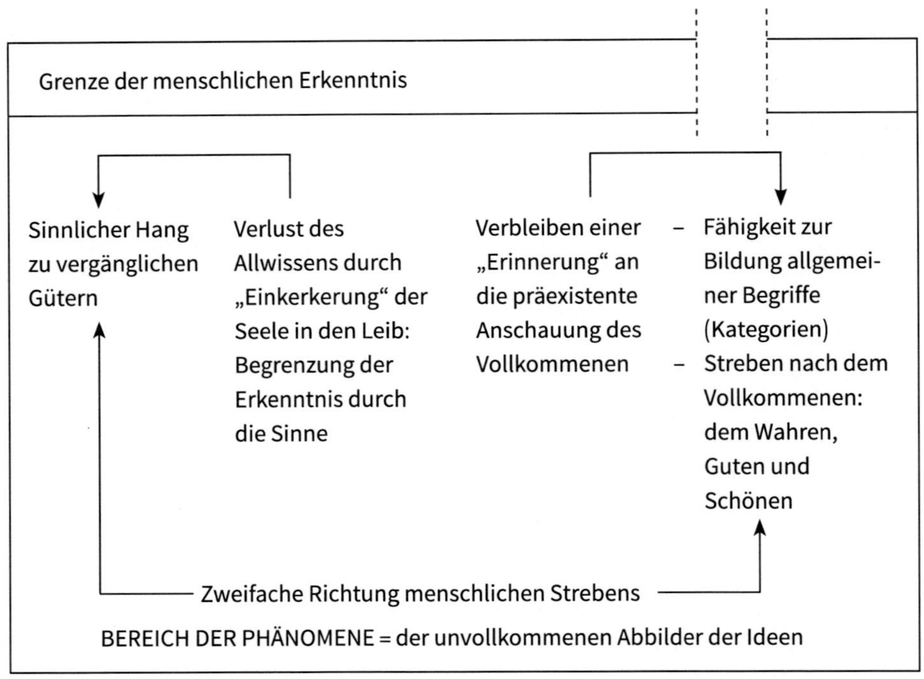

1 Erläutern Sie die Grafik zu Platons Ideenlehre.

2 Vervollständigen Sie die Gegenüberstellung.

Welt- und Menschenbild Platons und Kafkas

Platon: Höhlengleichnis	Kafka: Im Tunnel
Gang aus der Höhle als Erkenntnis- und Befreiungsprozess	...
Erfahrung der Ent-Täuschung	...
Mensch strebt nach Erkenntnis und Wahrheit; er ist erziehbar.	...
Objektives Wissen ist möglich.	...
Die Welt hat einen vernünftigen Sinn (das Wahre, Gute und Schöne sind eins). Sie hat Ursprung, Richtung, Ziel.	...
Klare Trennung von: Schein – Sein; Körper – Seele; Abbild – Urbild (Idee)	...

Best.-Nr. 025069

Zweifeln ist ja so geil

Sascha Lobo

Total modern: das Internet schlagen und die Gesellschaft meinen. In den vergangenen Monaten haben Ereignisse wie Montagsdemos, Pegida oder auch die Kommentarflut zur Ukraine-Situation eine mediale Renaissance der Diagnose „typische Internet-Verschwörungstheorie" bewirkt. Diese Einschätzung greift zu kurz, denn hinter dem scheinbaren Aufblühen der Verschwörungstheorien steht etwas Größeres. Das nicht bloß mit dem Netz zu tun hat.

Ein Hurra auf die große Weltperspektive der Antike, die der Philosoph Descartes und in der Folge die Aufklärung neu für sich entdeckten: die Skepsis. Zweifeln ist so geil. Zweifeln als Herangehensweise an Welt und Wahrnehmung, als Grundeinstellung gegenüber dem unablässigen Behauptungshagel fast schon eine Form von Notwehr.

Die gesunde Skepsis versucht, durch Zweifel, durch Hinterfragen zu verstehen. Sich zweifelnd Wissen erarbeiten, statt unüberprüft herumzuglauben. Den Wert der Skepsis für die moderne Wissenschaft und damit für die durchtechnisierte Welt von heute kann man kaum hoch genug einschätzen. Die Frage „Aber stimmt das überhaupt?" kann der Beginn sein einer Wissensreise über das Warum und das Wie bis hin zum Ziel, dem vorläufigen Verständnis.

Aber keine gute Idee der Zivilisation, die nicht auch Wirrläufer produziert. Skepsis ist da keine Ausnahme. Die moderne Medienmaschinerie hat im Verbund mit dem Internet einen schlechten Bastard der Skepsis ans bildschirmfahle Licht gebracht. Ein düsterer, dümmlicher Zwilling der Skepsis, den es schon immer gegeben haben mag, der aber durch das Netz besonders sichtbar wurde und aus allen Spalten quillt: die bitterfalsche Pseudoskepsis.

Nichts glauben, schon gar nicht denen da oben, drei Ausrufezeichen, „Lügenpresse", noch mehr Ausrufezeichen. Skepsis fragt, Pseudoskepsis ruft aus. Die Schaumkrone der Pseudoskepsis bildet eben die Verschwörungstheorie, die die Beweislast mithilfe des Zweifels schlicht umdreht: Zweifel an A werden als Beweis für B betrachtet.

Und ja, das Internet mit seinen Echokammern und Filterblasen ist hervorragend als Nährboden für Pseudoskepsis und Verschwörungstheorien geeignet. Das Netz kann für den geneigten Nutzer wie eine semipermeable Membran wirken, die nur passende Informationen durchlässt. Aber natürlich greift es viel zu kurz, hier alles aufs Netz und die doofen User zu schieben.

Denn die Blüte der Pseudoskepsis ist keine digitale, sondern eine gesellschaftliche. „Unser Wissen ist ein kritisches Raten, ein Netz von Hypothesen, ein Gewebe von Vermutungen", schrieb Karl Popper 1934 und verband so jedes Wissen mit dem Zweifel.

Skepsis in ihrer aufklärerischen Urform bedeutet deshalb immer auch, den eigenen Standpunkt in Frage zu stellen. Die Pseudoskepsis dagegen zweifelt an allem außer an sich selbst.

Eine tiefe Selbstgerechtigkeit steht dahinter, und die gehört leider den Verschwörungstheoretikern nicht allein. Im Gegenteil scheint sie sich durch die gesamte Gesellschaft zu ziehen, Medien, Politik, Bevölkerung, überall die Überzeugung, nein – die Gewissheit, auf dem ganz genau richtigen Weg zu sein.

Man kann eine Form von Autosuggestion darin erkennen, eine Reaktion auf die zunehmende und verstörende Komplexität der Welt: Man erfüllt sich den Wunsch nach Klarheit, nach Eindeutigkeit und nach Einfachheit per Deklaration: Das ist jetzt aber wahr, weil es wahr sein soll. Gefälligst.

Nebenbei stellt sich eine merkwürdige Parallele ein zwischen denen, die hysterisch „Lügenpresse" schreien, und denjenigen Medienleuten, die sich beim besten Willen nicht erklären können, worin dieser Schrei gründen könnte. Das Hinterfragen des eigenen Standpunkts erscheint nicht unbedingt als allergrößte Stärke des deutschen Journalismus. Eigentlich ja von niemandem.

Der schiefen Pseudoskepsis ist letztlich egal, ob irgendein Pressefuzzi sich jetzt hinterfragt oder nicht, sie ist tief in der Gesellschaft verankert. Die Begeisterung, mit der Esoteriker den aktuellen Stand der Wissenschaft aggressiv ignorieren, ist aus demselben Holz gedrechselt: aus der Pseudoskepsis. [...]

Eine Pseudoskepsis, eine selbstgerechte, scheinkritische Haltung – sie ist der wahre Nährboden der Verschwörungstheorien, nicht das Internet, das diese moderne Form des Aberglaubens googlebar macht. Die falsche Skepsis von der „richtigen" Skepsis zu unterscheiden im Zeitalter der digitalen Vernetzung, das könnte die Aufgabe einer neuen Aufklärung sein. Vielleicht.

Die offenkundig Verwirrten sind überzeugt, dass Flugzeuge im Regierungsauftrag Chemikalien versprühen. Und wir anderen, die wir uns sonnen im Licht der selbstbehaupteten Klugheit? Sind wahrscheinlich bloß weniger offenkundig verwirrt.

http://www.spiegel.de/netzwelt/web/lobo-kolumne-pseudoskepsis-zweifelt-an-allem-ausser-an-sich-selbst-a-1016636.html, 04.02.2015 [05.05.2017]

„Wir müssen uns Sisyphos als glücklichen Menschen vorstellen"

Albert Camus

Albert Camus (1913–1960), französischer Philosoph und Schriftsteller. Der Text ist der Abschluss seines Werkes „Der Mythos von Sisyphos. Ein Versuch über das Absurde" und stellt eine moderne Interpretation des Sisyphos-Mythos dar.
Sisyphos ist in der griechischen Mythologie der klügste, aber auch der gerissenste Mensch, der selbst die Götter überlistete. Es gelang ihm zum Beispiel, den Thanatos (Tod) in Ketten zu legen und aus dem Hades, der Unterwelt, zu entfliehen. Entsprechend hart war die Strafe, die die Götter ihm schließlich auferlegten.

Die Götter hatten Sisyphos dazu verurteilt, einen Felsblock unablässig den Berg hinaufzuwälzen, von dessen Gipfel der Stein kraft seines eigenen Gewichts wieder hinunterrollte. Sie meinten nicht ganz ohne Grund, es gäbe keine grausamere Strafe, als unnütze und aussichtslose Arbeit.

Es ist nicht schwer zu verstehen: Sisyphos ist der absurde[1] Held. Ebensosehr auf Grund seiner Leidenschaften wie seiner Qual. Seine Verachtung der Götter, sein Haß auf den Tod und sein leidenschaftlicher Lebenswille haben ihm die unsagbare Marter eingebracht, bei der sein ganzes Sein sich abmüht, ohne etwas zu vollenden. Das ist der Preis für die Leidenschaften dieser Welt. Über Sisyphos in der Unterwelt wird uns nichts berichtet. Mythen sind dazu da, von der Vorstellungskraft belebt zu werden. So sehen wir nur, wie ein angespannter Körper sich anstrengt, den gewaltigen Stein anzuheben, ihn hinaufzuwälzen und mit ihm wieder und wieder einen Hang zu erklimmen; wir sehen das verzerrte Gesicht, die Wange, die sich an den Stein preßt, sehen, wie eine Schulter den erdbedeckten Koloß abstützt, wie ein Fuß sich gegen ihn stemmt und der Arm die Bewegung aufnimmt, wir erleben die ganz menschliche Sicherheit zweier erdbeschmutzter Hände. Schließlich ist nach dieser langen Anstrengung, die sich an einem Raum ohne Himmel und einer Zeit ohne Tiefe mißt, das Ziel erreicht. Und nun sieht Sisyphos, wie der Stein innerhalb weniger Augenblicke in jene niedere Welt hinabrollt, aus der er ihn wieder hoch auf den Gipfel wälzen muß. Er geht in die Ebene hinunter.

Auf diesem Rückweg, während dieser Pause interessiert mich Sisyphos. Ein Gesicht, das sich so nahe dem Stein abmüht, ist selbst bereits Stein! Ich sehe, wie dieser Mann schwerfälligen, aber gleichmäßigen Schrittes zu der Qual hinuntergeht, deren Ende er nicht kennt. Diese Stunde, die gleichsam ein Aufatmen ist und ebenso zuverlässig wiederkehrt wie sein Unheil, ist die Stunde des Bewußtseins. In diesen Augenblicken, in denen er den Gipfel verläßt und allmählich in die Schlupfwinkel der Götter entschwindet, ist er seinem Schicksal überlegen. Er ist stärker als sein Fels.

Dieser Mythos ist tragisch, weil sein Held bewußt ist. Worin bestünde tatsächlich seine Strafe, wenn ihm bei jedem Schritt die Hoffnung auf Erfolg neue Kraft gäbe? Der Arbeiter von heute arbeitet sein Leben lang an den gleichen Aufgaben, und sein Schicksal ist genauso absurd. Tragisch[2] ist es aber nur in den wenigen Augenblicken, in denen er sich dessen bewußt wird. Sisyphos, der ohnmächtige und rebellische Proletarier der Götter, kennt das ganze Ausmaß seiner elenden conditio: über sie denkt er nach während des Abstiegs. Die Klarsichtigkeit, die Ursache seiner Qual sein sollte, vollendet zugleich seinen Sieg. Es gibt kein Schicksal, das durch Verachtung nicht überwunden werden kann. [...]

Darin besteht die verborgene Freude des Sisyphos. Sein Schicksal gehört ihm. Sein Fels ist seine Sache. Ebenso läßt der absurde Mensch, wenn er seine Qual bedenkt, alle Götzenbilder schweigen. Im Universum, das plötzlich wieder in seinem Schweigen ruht, werden die tausend kleinen, höchst verwunderten Stimmen der Erde laut. Unbewußte, heimliche Rufe, Aufforderungen von allen Gesichtern bilden die unerläßliche Kehrseite und den Preis des Sieges. Es gibt kein Licht ohne Schatten, und man muß auch die Nacht kennen. Der absurde Mensch sagt ja, und seine Anstrengung hört nicht mehr auf. Wenn es ein persönliches Geschick gibt, dann gibt es kein übergeordnetes Schicksal oder zumindest nur eines, das er unheilvoll und verachtenswert findet. Darüber hinaus weiß er sich als Herr seiner Tage.

In diesem besonderen Augenblick, in dem der Mensch sich seinem Leben zuwendet, betrachtet Sisyphos, der zu seinem Stein zurückkehrt, die Reihe unzusammenhängender Handlungen, die sein Schicksal werden, als von ihm geschaffen, vereint unter dem Blick seiner Erinnerung und bald besiegelt durch den Tod. Derart überzeugt vom ganz und gar menschlichen Ursprung alles Menschlichen, ein Blinder, der sehen möchte und weiß, daß die Nacht kein Ende hat, ist er immer unterwegs. Noch rollt der Stein.

Ich verlasse Sisyphos am Fuße des Berges! Seine Last findet man immer wieder. Sisyphos jedoch lehrt uns die höhere Treue, die die Götter leugnet und Felsen hebt. Auch er findet, daß alles gut ist. Dieses Universum, das nun keinen Herrn mehr kennt, kommt ihm weder unfruchtbar noch wertlos vor. Jeder Gran dieses Steins, jedes mineralische Aufblitzen in diesem in Nacht gehüllten Berg ist eine Welt für sich. Der Kampf gegen Gipfel vermag ein Menschherz auszufüllen. Wir müssen uns Sisyphos als einen glücklichen Menschen vorstellen.

Albert Camus, „Der Mythos von Sisyphos". Deutsche Übersetzung von Vincent von Wroblewsky.
(Aus lizenzrechtlichen Gründen folgt der Text der alten Rechtschreibung.)

[1] das Absurde: Sinnlosigkeit, Sinnwidrigkeit
[2] tragisch: zur Tragödie gehörend, erschütternd, ergreifend, unverschuldet Katastrophen herbeiführend

Die fabelhaften Pirahã

Charles Eisenstein

Einige Monate [später] [...] stolperte ich über die Arbeit von Daniel Everett, einem Linguisten, der mehr als zehn Jahre auf das Studium von Kultur und Sprache der Pirahã verwendet hatte. Die Pirahã, ein kleines Volk von Jägern und Sammlern in Brasilien, haben mit großer Hartnäckigkeit allen Entwicklungen sprachlicher Abstraktion, repräsentierender Kunst, des Zählens und der Zeit widerstanden.

Obwohl dieser Stamm mit anderen Brasilianern seit zwei Jahrhunderten in Kontakt stand, haben sie aus irgendeinem Grund eine extreme Form sprachlicher und kultureller Eigenart bewahrt und blieben bis heute einsprachig. Bemerkenswert ist, dass sie nicht nur in einem, sondern in allen hier beschriebenen Bereichen nur sehr wenig von der Trennung zeigen, die der modernen symbolischen Kultur eigen ist. Sie zwingen der Zeit keine Richtung auf. Sie abstrahieren das Bestimmte nicht in etwas Allgemeines durch die Zählung. Sie vereinheitlichen für gewöhnlich keine Einzelwesen durch Pronomen („er, sie, es"). Sie gefrieren die Zeit nicht in einer Wiedergabe durch die Abbildung. Sie vereinfachen die unendliche Vielfalt der Farben nicht durch eine begrenzte Endlichkeit von Farbnamen. Sie haben kaum unabhängige Vorstellungen für die einzelnen Finger, der Grundlage für die Zahlen, das Greifen und die Kontrolle; auch nicht nutzen sie ihre Finger, um auf etwas zu deuten. Am auffälligsten ist die Unfähigkeit der Pirahã zu zählen. Nicht nur, dass sie keine Wörter für Zahlen haben, ihrer Sprache fehlen auch solche Mengenwörter wie „viele", „einige" oder „alle". Noch erstaunlicher ist ihre anscheinende Unfähigkeit, das Zählen überhaupt zu lernen. Trotz achtmonatiger fortgesetzter Bemühungen scheiterte der Sprachpathologe Peter Brown bei dem Versuch trotz der begeisterten Mitarbeit der Pirahã. Sie können keine Serie von Klopfgeräuschen nachklopfen, weil sie die vorangegangenen Klopfer nicht mitzählen können.

Die Sprache der Pirahã zeichnet sich durch ein nahezu vollkommenes Fehlen von Abstraktion aus. [...] Wörter werden nur in konkretem Bezug auf Objekte der direkten Wahrnehmung verwendet. Es gibt zum Beispiel weder Mythen irgendwelcher Art bei den Pirahã, noch erzählen sie fiktionale Geschichten. Diese Abwesenheit der Abstraktion erklärt ebenfalls das Fehlen der Zahlwörter. [...]

Selbst die bloße Idee der abstrakten Bezeichnung ist den Pirahã anscheinend unmöglich zu erklären. Everett beschreibt seine eigenen Versuche:

„Wenn man versucht nahezulegen, wie wir es zum Beispiel in einer Mathematikstunde ursprünglich taten, dass es tatsächlich eine bevorzugte Antwort auf eine bestimmte Frage gibt, dann wird das nicht aufgenommen und führt sehr wahrscheinlich zu einem Themenwechsel oder Verwunderung. Als ein weiteres Beispiel diene dies: Stelle dir vor, Pirahãs haben auf von mir ausgehändigtem Papier eine ‚Geschichte aufgeschrieben', die nur aus zufälligen Zeichen besteht, um sie mir dann ‚vorzulesen', d.h. mir einfach etwas Zufälliges aus ihrem Tag zu erzählen oder Ähnliches, um dann zu behaupten, sie läsen aus ihren Zeichen vor. Sie konnten sogar Zeichen auf Papier machen und zufällige portugiesische Zahlen sagen, während sie mir das Papier zeigen. Sie verstehen überhaupt nicht, dass solche Symbole präzise sein sollten (das äußert sich, wenn ich sie dazu befrage oder sie auffordere, ein Symbol zweimal zu malen, und sie dann niemals das gleiche Zeichen reproduzieren), und erachten ihr ‚Schreiben' als genau die gleichen Zeichen, die ich mache."

Abstraktion fehlt auch in ihrer Kunst. [...] Wie Everett weiter schreibt: „In Leseklassen haben wir es allerdings nicht geschafft, einem Pirahã beizubringen, ohne fortwährende Unterstützung eine bloße gerade Linie zu zeichnen, und sie waren nie in der Lage, diese Leistung in folgenden Versuchen ohne weitere Unterstützung zu wiederholen." Das ist deshalb hoch bedeutsam, weil die gerade Linie selbst eine Abstraktion ist, die der Natur vollkommen fehlt. Es ist darüber hinaus eine Abstraktion, die aufgeladen ist mit kulturellen und psychologischen Implikationen. In diesem ganz wörtlichen Sinne beschäftigen sich die Pirahã nicht mit linearem Denken.

Die Abwesenheit linearen Denkens äußert sich in der Sprache, die keine Zeitformen hat, und das nicht nur grammatisch als Formen der Verben. Es gibt einfach keine sprachliche Möglichkeit, ein Ereignis in einem bestimmten Zeitpunkt in der Vergangenheit oder Zukunft zu fixieren, da die Pirahã keine Wörter für morgen, gestern, nächsten Monat oder letztes Jahr haben. Der Satz „Lass uns hier in drei Tagen treffen!" kann in Pirahã nicht ausgedrückt werden. Pirahã verfügt überhaupt nur über zwölf Zeitwörter, wie etwa Tag, Nacht, Vollmond, Hochwasser, Niedrigwasser, schon, jetzt, morgens und anderntags. Keines dieser Wörter erlaubt die Vorstellung eines Zeitstrahls. Entsprechend haben die Pirahã keinen Sinn für Geschichte, nichts, was über das Lebenszeitgedächtnis hinausreicht, keinen Schöpfungsmythos. „Pirahã sagen zum Beispiel einfach, wenn man sie hinsichtlich der Schöpfung nach Auskunft drängt: „Alles ist dasselbe", was heißt, nichts ändert sich, nichts ist erschaffen. Oft kennen sie nicht die Namen ihrer verstorbenen Großeltern; ihre Verwandtschaftsbezeichnungen beziehen sich nicht auf Verstorbene. Ihre Welt ist eine zeitlose. Die Vergangenheit ist schließlich nur eine weitere Abstraktion, sobald sie weiter zurückreicht als das lebende Gedächtnis.

Die Pirahã verzichten in gleicher Weise auf Vorausschau in die Zukunft, sind sorglos und lehnen die Vorratshaltung ab wie andere Jäger und Sammler. Sie sind sich durchaus der Methoden der Vorratshaltung, wie etwa der Trocknung, des Einsalzens und so weiter, bewusst, verwenden diese Techniken aber nur, um Waren für den Tauschhandel herzustellen. Für sich selbst bevorraten sie keine Nahrung [...] Wie andere Jäger und

Best.-Nr. 025069

Sammler haben die Pirahã wenig materiellen Besitz, und das, was sie besitzen, ist wenig dauerhaft: Körbe, die einen oder zwei Tage halten, Behausungen, die nur bis zum nächsten Sturm halten. Ihre materielle Kultur trifft keine Vorsorge zur Sicherung der Zukunft, keine Vorsorge für Fortschritt, Verbesserung oder Anhäufung.

Eine letzte Ablehnung der Trennung liegt in der Unfähigkeit der Pirahã, eine abstraktes Konzept der materiellen Wertigkeit zu formulieren. Unfähig, Geld zu verstehen, verlassen sie sich ganz auf Tauschhandel, und sie neigen bei solchen Transaktionen dazu, äußerst erfinderisch zu sein. Sie zeigen, was sie anzubieten haben (Paranüsse, Rohkautschuk o.Ä.), und deuten solange auf gewünschte Waren im Boot des Händlers, bis der Händler sagt, dass ihre Waren nun voll abgegolten sind. „Es gibt allerdings nur eine lose Verbindung zwischen der Menge, die sie liefern, und der Menge der Waren, die sie dafür verlangen“, so Everett. „Zum Beispiel mag einer nach einer ganzen Rolle harten Tabaks im Austausch für ein kleines Säckchen Nüsse verlangen oder nach einem kleinen Stück Tabak für einen großen Sack.“ Dennoch sind die Pirahã ein intelligentes Volk, fähige Jäger und Fischer mit einem wohlentwickelten Sinn für Humor.

Der Grundtenor von Daniel Everetts Artikel ist die Widerlegung einer weithin akzeptierten Hypothese der Linguistik – „Hocketts Konstruktionseigenschaften menschlicher Sprache“ –, die etwa ein Dutzend Charakteristika menschlicher Sprache beschreibt, die universell gültig sein sollen. Pirahã, so Everett, widersetzt sich mindestens drei dieser Charakteristika. […]

Von den Zahlen über die Farben bis hin zur Zeit gibt es vieles, was die Sprache der Pirahã wegen ihrer Anlage einfach nicht auszudrücken vermag. Dies lädt zur Folgerung ein, dass es sich bei den Pirahã wohl um ein kognitiv verarmtes und sozial isoliertes Volk handelt. […] Von großer Bedeutung in diesem Zusammenhang ist dann aber Everetts Beobachtung, dass die Pirahã etwa genauso viel, wie sie miteinander sprechen, auch durch Singen, Pfeifen und Summen kommunizieren, also durch nicht symbolische Arten der stimmlichen Kommunikation. Eine reichhaltige Betonungsweise erweitert zudem ihre Kommunikation mit Wörtern.

Kann es sein, dass sie der ursprünglichen Sprache näher sind, als der Rest der Welt, der im Morast von Symbolisierung und Abstraktion steckt? Vielleicht sind wir es, nicht sie, die an einer Verarmung der Kommunikation leiden.

Charles Eisenstein: Die Renaissance der Menschheit. Übersetzt von Eike Richter und Jürgen Hornschuh. Berlin/München: Scorpio 2012, gegenüber dem Original wurden einige Fremdwörter in deutsche Begriffe übersetzt.

Stellen Sie sich vor, auch Sie sind Sprachwissenschaftler und überprüfen die Aussagen von D. Everett an anderen Sprachen:

1 Sammeln Sie im Text die Betrachtungen Everetts.

2 Klären Sie zunächst folgende Begriffe:
- „Zeitstrahl“ = …
- „lineares Denken“ = …

Warum ist die „bevorzugte Antwort“ im Mathematikunterricht bevorzugt (Bsp. 5+27=)?
Was bedeutet es, wenn jemand das nicht lernen möchte?

3 Stellen Sie dann quer **in einer Tabelle** zusammen, welche Besonderheiten Everett für das Pirahã beobachtet hat, übersetzen Sie das in eigene Worte. **Stellen Sie** zuletzt **vergleichend daneben**, wie die sprachliche Form dieses Problems in weiteren Sprachen aussieht. Beobachten Sie hierzu mindestens zwei weitere Sprachen, die Sie kennen.

„Der Sex wird gewinnen“ – Interview mit dem Evolutionsforscher Steve Jones

Mr. Jones, in diesem Jahr ist Ihr viertes Buch über Charles Darwin erschienen – haben Sie sonst keine Interessen?

Jones: Ich behaupte immer, dass ich keine Obsession für Darwin habe, aber das ist natürlich eine Lüge. Für mich ist er der erstaunlichste Kerl, der je gelebt hat. Er hat ja nicht nur die Evolutionstheorie entwickelt, er hat auch entdeckt, wie aus Korallen Atolle entstehen, wie Regenwürmer Humus produzieren und warum manche Pflanzen Tiere fressen. 19 Bücher hat er geschrieben, alle sind zentral für die Biologie. […]

Dann können Sie sicher auch in aller Kürze erklären, warum „Die Entstehung der Arten“, das heute vor 150 Jahren veröffentlicht wurde, ein so wichtiges Buch ist?

Jones: *Die Entstehung der Arten* ist das Buch eines Genies, […] Darwin machte unzählige Beobachtungen während seiner fünfjährigen Reise, er brachte viele Tiere und Pflanzen mit nach England – und er deutete einfach alles richtig. […]
Darwin war immer voller Zweifel, ob seine Evolutionstheorie stimmte. Ein Physiker schrieb ihm: „Die Erde ist nur drei bis vier Millionen Jahre alt, es gab nicht genug Zeit für Evolution.“ Darwin machte sich darüber sehr viele Gedanken – er konnte nicht wissen, dass der Physiker total falsch lag mit seiner Schätzung. Man wusste damals auch nicht, wie Vererbung funktioniert. […] Und Darwin dachte: Oh mein Gott, meine Theorie wird widerlegt. […] [N]och die sechste und letzte Auflage des Buches, das zu Darwins Lebzeiten erschien, ist voll von „vielleicht“, „wenn“ und „aber“. […] Wenn ich die Chance hätte, ihm irgendetwas mitzuteilen, ich würde ihm sagen: „Am Ende hattest du Recht.“

Zuletzt machten Sie Schlagzeilen mit der Behauptung, die Evolution des Menschen sei beendet – „Darwins Albtraum“ titelte eine Zeitung.

Jones: Ich habe der Lehre Darwins mit keinem Wort widersprochen. Im Einklang mit der Evolutionstheorie habe ich gesagt: Es wird in absehbarer Zeit keine Anpassung an äußere Bedingungen geben. Die Evolution des Menschen ist beendet. […]

Warum arbeitet die Natur nicht daran, dass kommende Generationen gesünder, schlauer und schöner sind als wir?

Jones: […] Im Einführungskurs für meine Studenten sage ich immer: „Schaut euch eure Banknachbarn links und rechts an: Zwei von euch dreien werden an Krankheiten sterben, die mit euren Genen zusammen hängen: Herzkrankheiten, Diabetes, Krebs!“

Einen hoffnungsvollen Studienbeginn stellt man sich anders vor.

Jones: Ich heitere die Studenten gleich wieder auf, indem ich sage: „Wenn ich diese Vorlesung zu Shakespeares Zeiten gehalten hätte, wären zwei von dreien jetzt schon tot.“ Die Mehrzahl der Kinder in Europa starb an Infektionskrankheiten oder durch Hunger. Menschen, die widerstandsfähiger waren als andere, überlebten und deren Gene verbreiteten sich in der Population. Das hat sich komplett verändert. Heute werden 99 Prozent der Menschen so alt, dass sie sich fortpflanzen können. Keine Unterschiede in der Überlebensrate bedeutet: keine Chance für natürliche Selektion. Außerdem unterscheiden sich die Menschen nicht mehr in ihrem Fortpflanzungserfolg. Wenn aber jeder zwei Kinder hat, gibt es keine Evolution. […]
Die Unterschiede waren viel größer früher. Frauen können nicht mehr als 20 Kinder kriegen in ihrem Leben, aber Männer können theoretisch hunderte oder tausende Nachkommen haben. Sultan Moulay Ismael von Marokko, der im 19. Jahrhundert lebte, hatte 500 Frauen und 888 Kinder. Das heißt: Es gab früher hunderte von Männern, die keine Frau hatten. Im mittleren Osten gibt es ein sehr weit verbreitetes Y-Chromosom – wahrscheinlich stammt das von Dschingis Khan und seinen Brüdern, die mit Tausenden von Frauen geschlafen haben. Es gab also sehr häufig Unterschiede im Fortpflanzungserfolg. Aber wenn man heute nach Europa schaut, sind sie verschwunden.

Immer wieder wird behauptet, die Zähne der Menschheit würden schlechter, weil so viele Menschen sich von weichem Fast-Food ernähren – stimmt diese These?

Jones: Unsinn wäre zu argumentieren: Die Leute essen nur Hamburger, entwickeln schlechte Zähne – und deshalb erben ihre Kinder ein mangelhaftes Gebiss. Das wäre ein falsches Verständnis von Evolution. Aber wenn man unseren Kiefer vergleicht mit demjenigen von Schimpansen, erkennt man, dass er durch Mutationen stark geschädigt wurde. Gebiss und Muskulatur sind kümmerlich im Vergleich zu unseren nächsten Verwandten. Das hat damit zu tun, dass wir unsere Speisen kochen und Schimpansen nicht. Es kostete den Körper eine Menge Energie, Muskeln und Zähne im Kiefer herzustellen. Wenn man sie also nicht braucht, rationalisiert die Evolution sie weg.

Also gibt es doch eine Evolution beim modernen Menschen – und zwar zum Schlechteren hin?

Jones: Früher starben Menschen mit einem mangelhaften Gebiss und bekamen weniger Kinder. Heute überleben Menschen mit schlechten Zähnen ohne Probleme. Es ändert sich also etwas, denn diese Gene werden anders als früher in die nächste Generation weitergegeben. […]

Könnte eine tödliche Epidemie die Evolution wieder in Gang setzen?

Jones: Die Natur hält immer hässliche Dinge für uns bereit und am wahrscheinlichsten ist eine Influenza-Epidemie, die uns in großer Zahl umbringt.

Wer mehr Widerstandskraft hat, würde überleben – die Evolution würde also wieder anfangen, bei uns zu wirken?

Jones: Ich bin weit davon entfernt zu sagen: Die Evolution hat für immer aufgehört. Aber es lohnt sich darüber nachzudenken, dass eine Influenza-Epidemie wie die Spanische Grippe, die 1918 mehr Menschen umgebracht hat als der gesamte Erste Weltkrieg, sich seither nicht wiederholt hat. Wir sind gut darin geworden, unser Gehirn zu benutzen, um solche Epidemien zu verhindern – [...] Im Moment sieht es so aus, als ob sie sich mit Vorsichtsmaßnahmen und Impfprogrammen in den Griff bekommen ließe.

Wenn die Evolution des Menschen still steht, wäre dann ein Szenario, wie in „Der Planet der Affen" denkbar – Orang-Utans, Gorillas und Schimpansen überholen uns und regieren die Welt?

Jones: In 50 Jahren wird es keine Menschenaffen mehr außerhalb der Zoos geben, weil ihr Lebensraum zerstört sein wird. Aber auch falls die Menschenaffen überleben würden: Die Antwort ist nein. [...] Menschenaffen haben sich in eine andere Richtung entwickelt, sie sind perfekt angepasst – aber an ein komplett anderes Leben als wir Menschen. Eine Spezies, die mit uns konkurrieren könnte, müsste eine menschenähnliche Kultur entwickeln können. Es gibt aber nichts auf der Erde, das uns nahe käme.

Warum unterscheiden wir uns so stark von allen anderen Lebewesen?

Jones: Wenn man unsere DNA mit der von unseren nächsten Verwandten, den Schimpansen, vergleicht, sieht man, dass die Evolution bei ihnen viel stärker gewirkt hat als bei uns. Wir haben uns kaum verändert. [...] wenn sich ein Steinzeitmensch neben mich in die U-Bahn setzen würde, würde ich es nicht merken [...].

Aber wir haben uns doch ein bisschen weiterentwickelt seit der Steinzeit!

Jones: Natürlich, aber die Menschheit hat sich auch schon zu jener Zeit eine Umwelt konstruiert, die sie zumindest teilweise vor der Evolution schützte. Menschen benutzten Werkzeuge, betrieben Landwirtschaft, bauten Hütten. [...]

Die Menschheit hat sich eher auf kultureller Ebene entwickelt, körperlich sind wir noch auf Steinzeit-Niveau?

Jones: Absolut. Warum bleiben so viele Kinder am Leben, warum können sich alle fortpflanzen? Weil wir das so entscheiden! Nehmen wir das Beispiel der Erbkrankheit Hämophilie. Noch vor wenigen Jahrzehnten war die Chance, dass Bluter selbst Kinder bekamen, sehr gering. Meistens verletzten sie sich und verbluteten, bevor sie erwachsen waren. Heute kann man den fehlenden Blutfaktor ersetzen, die Erkrankten überleben und bekommen selbst Kinder. Biologisch macht das keinen Sinn. Es ist eine kulturelle Entscheidung zu sagen: Jeder hat das Recht zu leben und Kinder zu haben.

[...] *Mr. Jones, wie schätzen Sie unsere Perspektive ein: Werden wir eines Tages unsere eigene Evolution gestalten, indem wir durch Gentechnik unser Erbgut verändern?*

Jones: Das ist Science-Fiction. Tatsache ist: Menschen sind noch nicht gentechnisch manipuliert worden, außer bei wenigen sehr seltenen Krankheiten. Die Idee, dass wir mit Gentechnik zum Beispiel die Intelligenz unserer Kinder erhöhen könnten, ist Quatsch. Wenn man will, dass Kinder intelligent werden, muss man in ihre Bildung investieren, das ist viel effizienter. Außerdem glaube ich an die heilende Kraft der Lust. [...] Die Menschen haben gerne Sex. Um Kinder genetisch zu verändern, müssten wir Eizellen im Reagenzglas befruchten und manipulieren. Diese müssten dann in die Gebärmutter eingepflanzt werden. Das macht doch alles keinen Spaß. Am Ende werden die Ingenieure verlieren und der Sex wird gewinnen.

Interview: Frederik Jötten in der *Frankfurter Rundschau*, Dez. 2009, http://www.fr.de/panorama/biologe-steve-jones-im-interview-der-sex-wird-gewinnen-a-1064922 [25.07.2017]

„Das kann man doch gar nicht vergleichen“

Gerald Wagner

Eine der elementarsten Formen sozialen Handelns ist das Vergleichen. Ständig vergleicht man: sich selbst mit anderen, mein Einkommen mit dem des Chefs, den heutigen Partner mit dem, den man mal geheiratet hat, also die Vergangenheit mit der Zukunft oder das Wirkliche mit dem Möglichen. Nichts scheint davor sicher zu sein, überprüft, gemessen, kritisiert, bemängelt oder gelobt, also: verglichen zu werden.

Die moderne Gesellschaft verdient mit Sicherheit das Etikett einer Vergleichsgesellschaft, da sie – im Vergleich mit früheren Gesellschaften – nicht nur zum Vergleich auffordert, sondern auch sich selbst ständig an ihren eigenen Ansprüchen misst. Der Vergleich sozialer Wirklichkeit mit den Versprechungen etwa der Freiheit, Gleichheit und Brüderlichkeit unterscheidet die moderne Gesellschaft von einer traditionalen. Tradition macht Vergleichen zu einer überflüssigen Übung: Alles war schon immer so, ist auch gut so und soll auch so bleiben.

Das Gegenteil dieser Vergleichsindifferenz ist die im 17. Jahrhundert aufgekommene Idee des Fortschritts: Nichts wird je gut, aber alles kann immer noch besser werden. Das setzt auch wirklich alles und jeden unter Druck, an der Selbstoptimierung zu arbeiten. Die Vokabel dafür ist Stress. Das deutsche Schulsystem steht seit einiger Zeit unter Stress, weil es jetzt dank Pisa mit dem von Japan verglichen werden kann. Universitäten sind gestresst, weil sie exzellenter sein müssen als andere, also etwa ihre Drittmittel vergleichen lassen müssen. [...]

Nun ist es nicht so, dass die moderne Gesellschaft keine Vergleichsindifferenz mehr kennt. Es gibt sogar Vergleichsverbote, und die Luzerner Soziologin Bettina Heintz geht so weit zu behaupten, dass diese zunehmen werden.

Wie kommt sie zu dieser These? Dass sich Banken mit anderen Banken vergleichen lassen müssen, ist ebenso legitim wie der Vergleich etwa des FC Bayern München mit Manchester United. Auch das Gehalt eines VW-Vorstandschefs darf und soll mit dem Gehalt eines einfachen Arbeiters desselben Unternehmens verglichen werden. Aber warum vergleicht etwa der Angestellte Thomas Müller, der bei Volkswagen am Band steht, sein Gehalt nicht mit dem von jenem Thomas Müller, der bei Bayern München angestellt ist und dort ein- bis zweimal die Woche auf dem Platz steht? Oder warum muss die Universität München keinen Gewinn erwirtschaften, der sich mit dem Gewinn des in der gleichen Stadt beheimateten Fußballvereins vergleichen lässt?

Die soziologische Antwort hieße: Weil die moderne Gesellschaft es gewohnt ist, ihre Vergleichsgrenzen entlang der Grenzen der sozialen Funktionssysteme zu ziehen. Das unterscheidet sie zunächst von den vormodernen Gesellschaften, wo solche Grenzen von Standesunterschieden geprägt waren. Heute hingegen geht es bei den Grenzen des Vergleichens um die Unvergleichbarkeit sozialer Funktionen. So würde man es als geradezu anstößig empfinden, nach den Betriebskosten des Bundesverfassungsgerichtes zu fragen und dann festzustellen, dass ein privater Anbieter vergleichsweise günstiger wäre. Religionen wiederum sollte man eher nicht nach der Attraktivität ihrer Paradiesangebote vergleichen (man verfehlte damit wohl auch ihren Sinn) und Forschungsergebnisse nicht nach der politischen Nützlichkeit ihrer gesellschaftlichen Implikationen. [...]

Vergleichen kann man also nur innerhalb von Funktionssystemen. Man kann das als eine eingeübte Praxis unserer Gesellschaften beschreiben. Interessant wird es immer dann, wenn es zu Grenzverschiebungen kommt, also sozusagen zu Ausweitungen der Beobachtungszonen. [...] Heintz bemerkt, dass Vergleichsverbote zunehmen, sobald sich die strukturellen Grenzen des Vergleichens lockern. Das hieße, dass die Vergleichsmaßstäbe eines Subsystems auf eines oder gleich alle anderen Subsysteme übergriffen. Etwa wenn man feststellen muss, dass es für manche seltene Krankheiten nur deshalb keine Medikamente gibt, weil deren Entwicklung zu teuer wäre. Es dürfe nicht alles den Märkten überlassen bleiben, bemerkt Heintz und verweist auf die „Eigensinnigkeit nichtmarktlicher Sinnsphären“. Ein aktuelles Beispiel dafür wäre auch die Flüchtlingskrise: Es wird argumentiert, man dürfe Schutzsuchende nicht abweisen, nur weil es vergleichsweise zu teuer wäre, all diese Menschen aufzunehmen. Humanität darf also keinen Preis haben. Aber werden umgekehrt die Flüchtlinge nicht auch als „Investition in Deutschlands Zukunft“ gelobt? Wer entscheidet also über die Zulässigkeit einer ökonomischen Bewertung von Menschen? Anscheinend kein gesellschaftliches System allein, sondern die Gesellschaft selbst.

http://www.faz.net/aktuell/wissen/geist-soziales/soziale-systeme-das-kann-man-doch-gar-nicht-vergleichen-14557417.html, 08.12.2016 [08.12.2016]

Best.-Nr. 025069

„Wir müssen uns dem Bösen stellen“ – Interview mit Rüdiger Safranski

Ist die Sehnsucht nach einem geordneten System ein Versuch, das Böse abzuwehren?

Safranski: Zunächst muss man fragen, was die Lust an der Ordnung, an der systemischen Geschlossenheit ist. Die Kehrseite dieser Lust ist die Angst vor der Unordnung. Ein starker Ordnungswille konzipiert unterschwellig eine bestimmte Form des Bösen – das Böse ist das Zufällige, das Ungeordnete, das Chaotische. Das Chaos zu disziplinieren, in eine Form zu bringen ist eine Wiederauflage des alten Schöpfungsmythos[1]. Am Anfang war das Chaos und dann tritt der liebe Gott ein und schafft Ordnung.

Warum wird das Chaotische als bedrohlich empfunden?

Safranski: Alles, was nicht kontrollierbar, was Schicksal, was Gnade ist, alles das, was nicht zur Verfügung steht, ist nicht einfach eine Herausforderung, sondern ist zunächst eine Beängstigung. Aus diesem Beängstigungspotenzial, dem In-der-Welt-Sein, Im-Ungewissen-Sein, kommt ein Bedürfnis nach Berechenbarkeit auf. Es muss viel Arbeit aufgewandt werden, um die dramatische Ungerechtigkeit, die durch die Natur ins Leben kommt, wenigstens zu verstehen. [...] Unsere westliche Kultur ist besonders stark auf Sicherheit programmiert, und das erzeugt natürlich auch ganz große Schwächen. Je mehr man Sicherheit will, umso mehr gewöhnt man sich auch an sie und umso hysterischer wird man bei jeder kleinen Unsicherheit. Auch Religionen sind unter anderem große imaginäre Versicherungssysteme. [...] Es gab immer wieder Versuche, ultimatve Lösungen zu schaffen durch „Reinigung“ der Wirklichkeit, Beseitigung der Störquellen. Projekte wie zum Beispiel der real existierende Sozialismus in der Sowjetunion unter Stalin[2] waren Großversuche am Menschen. Durch die Eliminierung des Klassenfeindes und einer bestimmten Produktionsstruktur sollten die quasi objektiven Quellen des Bösen verstopft werden. Auch der Nationalsozialismus war ein solches Reinigungsprojekt. Die Gesellschaft sollte von Gift gereinigt werden. Für die Nazis waren die Juden und Kosmopoliten Gift. [...] Was für das Herrschaftsinteresse als das Böse galt, musste ausgerottet werden, um eine funktionierende Gesellschaft gestalten zu können. [...] Die Illusion der Reinigung der Welt und der Gesellschaft durch eine ultimative, vollständige Ausscheidung des Bösen, zum Beispiel durch Eroberung von „Schurkenstaaten“, kann selber zu einem Mechanismus werden, der die schlimmen Dinge erst produziert.

Was sagt der alttestamentarische Mythos von Kain und Abel über das Böse?

Safranski: Auch im Mythos von Kain und Abel[3] wird eine Grundsituation vorgeführt. Zwei Brüder, die sich vergleichen. Kain ist mit einer großen Ungerechtigkeit konfrontiert. Sein Opfer wird von Gott weniger wohlgefällig aufgenommen als das seines Bruders Abel. Es ist nicht einzusehen, warum der Unterschied gemacht wird. Und weil der Unterschied gemacht worden ist, scheidet er sich von seinem Bruder ab, indem er ihn totschlägt. Er will den Unterschied eliminieren. Einen Unterschied zu meinen eigenen Ungunsten nicht ertragen zu können und darauf mit einer gewalttätigen Eliminierung des Unterschiedenen zu reagieren, das ist im Mythos von Kain und Abel in sehr konzentrierter Form festgehalten. Mit diesem Modell können wir sehr viel begreifen, was immer noch geschieht: das Ressentiment[4], der Neid, die Empörung über die „Ungerechtigkeit“ der Natur, des Zufalls ...

Bedeutet, immer freier zu werden, auch, immer böser zu werden?

Safranski: Es kommt mir zunächst darauf an, dass der Zusammenhang, der zwischen der Freiheit und dem Bösen besteht, als grundsätzlich begriffen wird. Es macht keinen Sinn, über Freiheit zu reden, wenn man nicht zugleich feststellt, dass Freiheit heißt, nicht von einem Instinktprogramm gesteuert zu sein, sondern Optionen zu realisieren, und in dieser Skala der Optionen geht es von Hell nach Dunkel. Es gibt auch die Möglichkeit der Selbstvernichtung und der Vernichtung des anderen. Ich sage nicht, dass Freiheit das Böse ist, sondern Freiheit ist der Möglichkeitsraum, der es mit sich bringt, dass wir auch für die Negativität offen sind. Wir können Nein sagen, wir können auch das Nichts und die Vernichtung wählen. Wer sagt, dass gerade dann, wenn das sogenannte Böse in Erscheinung tritt, die Freiheit fehlt und nur der Triebzwang regiert, der hat einen sehr lebensfernen Begriff von Freiheit. Freiheit ist kein Erfolgsprogramm und das Böse ist nicht das Kranke, sondern es ist dasjenige, was ich tun kann, gerade weil ich ein freies Wesen bin. Deswegen ist die Freiheit das Abenteuer des Lebens und zugleich das Risikopotenzial. Steigerung der Freiheit heißt, dass man auch frei genug ist, die zerstörerischen Möglichkeiten, die man hat, selber zu zivilisieren. Steigerung der Freiheit heißt, die Negativität so integrieren zu können, dass etwas daraus wird. Steigerung der Freiheit ist nicht zugleich Steigerung des Bösen, sondern Steigerung der Freiheit bedeutet einen Gewinn an Fähigkeiten, mit unserer riskanten Natur produktiv umzugehen.

In: der blaue reiter. Journal für Philosophie, Heft 17. Stuttgart: Omega-Verlag 2003, S. 70 ff.

---

[1] Schöpfungsmythos: hier: Altes Testament, Buch Genesis (s. S. 28)
[2] Josef Stalin (1878–1953): sowjetischer Revolutionär und Politiker, wurde 1922 Generalsekretär der Kommunistischen Partei und errichtete eine diktatorische Herrschaft, indem er alle inneren Gegner umbringen („Große Säuberung“) oder in Lagern („Gulags“) internieren ließ
[3] Altes Testament, Genesis 4,1–16
[4] Ressentiment (frz.): auf Vorurteilen, Neid u. Ä. beruhende gefühlsmäßige Abneigung

Die Blinden und der Elefant

Der Titel des Films „Elephant“ spielt auf die folgende Parabel an:

Es waren einmal fünf Gelehrte. Sie alle waren blind. Diese Gelehrten wurden von ihrem König auf eine Reise geschickt und sollten herausfinden, was ein Elefant ist. Und so machten sich die Blinden auf die Reise nach Indien. Dort wurden sie von Helfern zu einem Elefanten geführt. Die fünf Gelehrten standen nun um das Tier herum und versuchten, sich durch Ertasten ein Bild von dem Elefanten zu machen. Als sie zurück zu ihrem König kamen, sollten sie ihm nun über den Elefanten berichten. Der erste Weise hatte am Kopf des Tieres gestanden und den Rüssel des Elefanten betastet. Er sprach: „Ein Elefant ist wie ein langer Arm.“ Der zweite Gelehrte hatte das Ohr des Elefanten ertastet und sprach: „Nein, ein Elefant ist vielmehr wie ein großer Fächer.“

Der dritte Gelehrte sprach: „Aber nein, ein Elefant ist wie eine dicke Säule.“ Er hatte ein Bein des Elefanten berührt. Der vierte Weise sagte: „Also, ich finde, ein Elefant ist wie eine kleine Strippe mit ein paar Haaren am Ende“, denn er hatte nur den Schwanz des Elefanten ertastet.

Und der fünfte Weise berichtete seinem König: „Also, ich sage, ein Elefant ist wie ein riesige Masse, mit Rundungen und ein paar Borsten darauf.“ Dieser Gelehrte hatte den Rumpf des Tieres berührt.

Nach diesen widersprüchlichen Äußerungen fürchteten die Gelehrten den Zorn des Königs, konnten sie sich doch nicht darauf einigen, was ein Elefant wirklich ist. Doch der König lächelte weise: „Ich danke euch, denn ich weiß nun, was ein Elefant ist: Ein Elefant ist ein Tier mit einem Rüssel, der wie ein langer Arm ist, mit Ohren, die wie Fächer sind, mit Beinen, die wie starke Säulen sind, mit einem Schwanz, der einer kleinen Strippe mit ein paar Haaren daran gleicht, und mit einem Rumpf, der wie eine große Masse mit Rundungen und ein paar Borsten ist.“ Die Gelehrten senkten beschämt ihren Kopf, nachdem sie erkannten, dass jeder von ihnen nur einen Teil des Elefanten ertastet hatte und sie sich zu schnell damit zufriedengegeben hatten.

Unbekannter Verfasser

Reihenanbindung der Filmanalyse
Der Mensch zwischen Gut und Böse (s. SB, S. 68–79)

Eine mögliche Sequenz ist:
- Facetten des Bösen (s. SB, S. 68 f.)
- Filmsicht und Bearbeitung des Films „Elephant“
- Texte von Buss und Schulz (s. SB, S. 74 f.)

Der Film und seine Besprechung kann hier als Einstieg in die Reihe genutzt werden:
- Systematisierung mit SB, S. 70 f. sowie 76 f.
- Podiumsdiskussion: SB, S. 78 f.

Best.-Nr. 025069

Impulse zur Bearbeitung des Films „Elephant“ im Unterricht

1. **Vorlesen der Parabel „Die Blinden und der Elefant“ – Deutungen**
2. **Erste Eindrücke, Wirkung des Films, Auffälligkeiten, Fragen und Themen formulieren**
3. **Welche Themen hat der Film? Wie stellt er sie dar? Welche „Botschaften“ enthält er?**
4. **Beschreibung und Analyse des Films**

Handlungsort:
eine Vorstadt-Highschool; typische Orte: Korridore, Schulhof, Klassenzimmer, Bibliothek, Cafeteria, Verwaltungsbüros, Umkleideräume

Handlung und Perspektive:
typischer Tagesablauf aus der Sicht verschiedener Personen, denen wir folgen; (personal) bisweilen dieselben Momente und Begegnungen aus verschiedenen Blickwinkeln, Normalität wird gezeigt, Schulalltag/Rituale/Beschäftigungen/typische Schulsituationen

Personen:
John: kümmert sich um seinen alkoholabhängigen Vater, erfährt disziplinarische Maßnahmen
Eli, der Fotograf (der Kreative)
Footballspieler Nate und Freundin Carrie (die Sportlichen)
Michelle: das unsportliche Mädchen, Probleme mit ihrem Körper, isoliert
Brittany, Jordan, Nicole: Tussen, Essstörung, Eifersucht zwischen Freundinnen

Wie wird das Schulleben gezeigt? Beschreibt!
Monotonie, Banalität, kleine Freuden, kleine und große Leiden, Gender-Diskussionen, Anonymität, Austauschbarkeit, Langeweile, Unübersichtlichkeit, Personen als Teil des Raums

Filmische Mittel? Lenkung des Zuschauers?
O-Ton, keine Musik außer Klavierspiel des Täters und seltsame Geräusche im Hintergrund (Brüchigkeit des Gezeigten, unterschwellige Bedrohung), Kamerafahrten, Steadycam, Figuren von schräg hinten wie in einem Third-Person-Shooter-Man begleitet die Personen, ohne ihnen wirklich nahe zu kommen; unterkühlt, keine mit „Tricks“ erzeugten Emotionen

Die Täter und ihre Handlung
Alex und Eric: Wie werden sie in die Handlung eingeführt? Was erfährt der Zuschauer über sie und ihre Motive?
Rückblenden: Hänseleien im Klassenraum (beiläufig, kaum einzuordnen), Alex macht sich Notizen (macht Andeutungen, Vorankündigungen), ein Nachmittag mit Shooter und Klavier, Waffenkauf, Fernsehen (Hitler), Familienleben (typischer Mittelstand), die Nacht davor, der Morgen (Duschszene, Hinweis auf Selbsttötungsabsicht, Anlegen der Kampfkleidung), die Anfahrt (Schnitte: Vorgriff auf Shooting/Planungsskizze/Vorfreude/Spaß haben/Machtgefühle/Entpersonalisierung der Opfer in der Wahrnehmung); Ineinanderübergehen von Schulalltag und Tatvorbereitung, Kulmination/Zusammenführen am Schluss = Täter, Opfer und Ort sind getrennt und gehören doch zusammen;
Wolkenhimmel bildet die Klammer; auffällig: Abwesenheit jeder echten Emotion, außer: Wutanfall am Klavier

Das Massaker: Wie wird es dargestellt? Was fällt auf?
Schüleräußerungen:
„Alex und Eric werden außer von John von niemandem wahrgenommen vor der Tat. Das kann doch nicht sein. Die müssen doch auffallen.“
„Gefühle kommen kaum vor. Die Schule ist ein trister, toter Ort. Seltsam, aber: Die beiden Täter bringen mit ihrer Gewalt Chaos, das heißt Leben in die erstarrten Abläufe.“
„Die Schlussszene hat mir richtig Angst eingejagt.“
Machart des Films: Verzicht auf Tricks und Kniffe zur Steuerung der Emotionen und des Denkens des Zuschauers (Vergleich mit anderen Filmen zum Thema)
Porträt des Ortes: realistisch, ästhetisch
Porträt der Jugendlichen: Laien, Improvisation
Sound-Design: Zurückhaltung/Sparsamkeit – Beethovens „Für Elise“ und Klaviersonaten 14 und 2; konkrete Musik: Geräusche des Alltags werden montiert.
Schnitttechnik: keine schnellen Schnitte, lange Einstellungen = realistische und ätherische Atmosphäre

5. **Ursachen und Motive: Teile des Films „Elephant“ zusammensetzen (Cluster auf Folie oder an der Tafel)**

Welche Erklärungsansätze kommen im Film vor?
Welche können Sie ergänzen?
Welche Ursachen für Alex’ und Erics Tat wurden damals angeführt?
Mögliche Ergebnisse: erweiterter Selbstmord, gewalthaltige Filme, Egoshooter (Einübung in die Tötung von Menschen oder Katharsis durch Abreaktion von Aggressionen), Nazi-Ideologie, medialer, bösartiger Narzissmus, Ausgrenzung und Mobbing, Anonymität in der Schule (Vermassung, Desinteresse), Frustrations-Aggressions-Hypothese, das Böse im Menschen (Störung der Ordnung als intensives Erleben) …

Diskussion über die Problematik einfacher Erklärungsmuster, ausgehend von dem Cluster und der folgenden Aussage des Regisseurs Gus Van Sant: „Wir zeigen nicht Ursache und Wirkung. Das birgt ein Risiko, weil die Leute klipp und klar gezeigt bekommen wollen, was die Ursache ist und was die schrecklichen Folgen sind.“

Best.-Nr. 025069

6. Prävention

Die Schule im Film und unsere Schule – Einschätzungen, Bewertungen und Konsequenzen

Wie erleben Sie die Schule? Ähnlichkeiten und Unterschiede zum Film

Was können wir (Lehrer, Schüler, Eltern) tun, um solchen Taten vorzubeugen?

Was wird bereits an unserer Schule getan?

Was ist eher hinderlich?

Welche Hilfen brauchen wir von Staat und Gesellschaft?

Idee nach Projekt/Zukunftswerkstatt: Schule als menschenwürdiger Lebensraum

Cluster zu Aufgabe 5

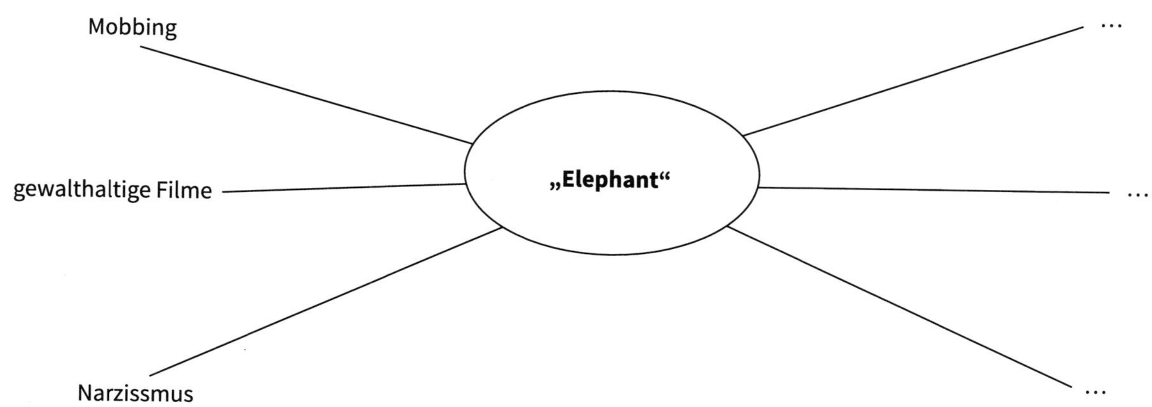

Best.-Nr. 025069

Die Freiheitsstatue in New York

Die amerikanische Freheitsstatue (engl. Statue of Liberty, offizieller Name „Liberty Enlightening the World") wurde am 28. Oktober 1886 eingeweiht und begrüßt seitdem im New Yorker Hafen die Heimkehrer und Neuankömmlinge. Sie war ein Geschenk Frankreichs an die USA und wurde hergestellt von dem französischen Bildhauer Frédéric-Auguste Bartholdi und dem Ingenieur Gustave Eiffel, der den Eiffelturm konstruierte. Die Freiheitsgöttin steht auf zerbrochenen Ketten, die die Sklaverei versinnbildlichen. Sie hält in ihrer linken Hand eine Tafel mit der Inschrift „July IV MDCCLXXVI" (4. Juli 1776), dem Datum der amerikanischen Unabhängigkeitserklärung. In der rechten Hand erhebt sie eine Fackel mit einer goldbeschichteten Flamme. Auf dem Kopf trägt sie eine siebenstrahlige Krone, die sieben Strahlen stehen für die sieben Meere und Kontinente. Auf dem Sockel ist eine Bronzetafel befestigt, auf der ein Gedicht von Emma Lazarus eingraviert ist: „The New Colossus". Die letzten Zeilen des Gedichts lauten (übersetzt): „Gebt mir eure Müden, eure Armen, / Eure geknechteten Massen, die frei zu atmen begehren, / Den elenden Unrat eurer gedrängten Küsten; / Schickt sie mir, die Heimatlosen, vom Sturme Getriebenen, / Hoch halt' ich mein Licht am gold'nen Tore!" Für viele Einwanderer war die Statue ein Symbol der Hoffnung, jedoch ist sie auch sehr umstritten als amerikanischer Mythos für eine Freiheit, die von der Gesellschaft der USA des Öfteren weder im eigenen Land noch international eingelöst wird.

Gerade das Thema Sklaverei ließ die Frage aufkommen, ob Lady Liberty nicht eher eine schwarze Amerikanerin sein sollte. Die US-Regierung ließ zum 225. Jahrestag der Declaration of Independance 2017 eine 100-Dollar-Münze prägen, die das Porträt einer schwarzen Frau trägt.

Im Zusammenhang mit Protesten gegen den sog. „Muslim travel ban", bei dem Menschen aus bestimmten muslimisch geprägten Ländern die Einreise in die USA verwehrt wurde, kursierten zahlreiche Cartoons, die die Menschenrechtsfrage ebenfalls mit der Lady Liberty verknüpften, um den Wahlkämpfer und dann künftigen Präsidenten Trump an die ursprünglichen Werte der USA zu erinnern.

Originalbeitrag für diesen Band

Courtesy of the United States Mint/Handout via REUTERS

Tafelbild zu Camus: „Nein!“

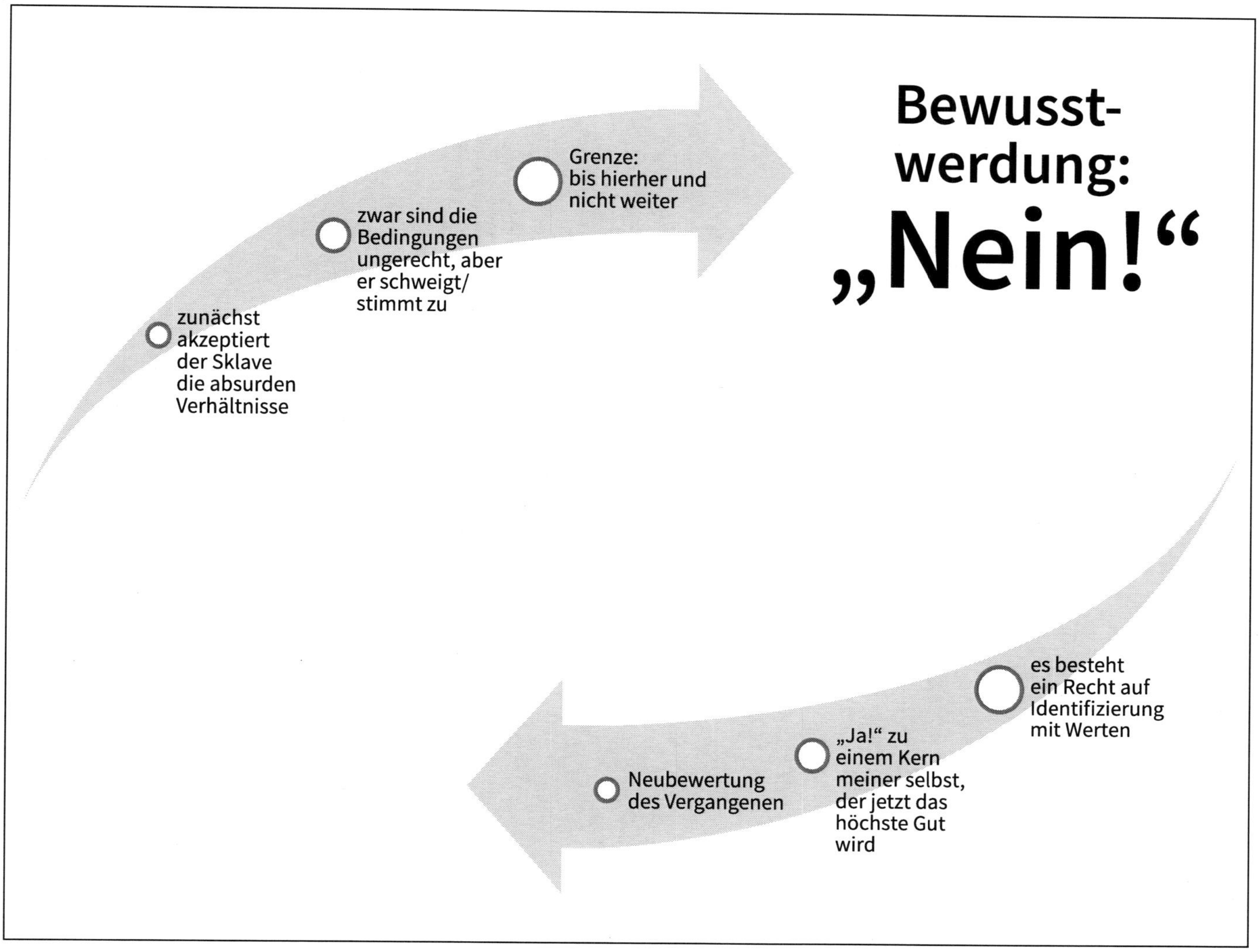

Grafik: Franz-Josef Domke

Best.-Nr. 025069

Mögliche Tafelbilder zu Sartre

Wesen des Papiermessers:

Handwerker hat einen Begriff dessen, was er herstellen will, sowie ein Rezept …

die Essenz des Papiermessers

„und Gott weiß, was er schafft“

→

Die Existenz des Papiermessers folgt der Essenz wie in den meisten Theologien: Der individuelle Mensch verwirklicht einen bestimmten Begriff, der im Verstande Gottes ist.

auch bei den meisten Atheisten besteht die Vorstellung einer vorherigen Essenz/Wesenhaftigkeit des Menschen,

anders bei den Existenzialisten …

Wenn Gott nicht existiert …

→

dann gibt es keine „menschliche Natur“, sondern ein Wesen, das zuerst existiert, bevor es definiert werden kann.

Der Mensch findet sich zunächst in der Welt vor, ist noch gar nichts … aber er existiert und begegnet sich …

→

Er plant, macht einen Entwurf für die Zukunft, so und so zu sein …

→

nach diesem Entwurf sich zu definieren, das wird erst seine Essenz ausmachen.

Best.-Nr. 025069

Am Fließband

Günter Wallraff

Der Journalist und Schriftsteller Günter Wallraff (*1942) entwickelte eine neue Form der dokumentarischen Literatur. Er arbeitete unter fremden Namen monatelang in den Betrieben, über die er berichtete: Nervenheilanstalt, Versicherungen, Fabriken, „Bild"-Redaktion und McDonald-Filialen. In seinen Reportagen deckte er Entwürdigung und Ausbeutung des Menschen in der Arbeitswelt, Manipulationen und Verstöße gegen Gesetze auf.

Alle anderthalb Minuten rollt ein fertiger Wagen vom Band. Ich bin am letzten Bandabschnitt eingesetzt. Muss kleinere Lackfehler ausbessern, die es an jedem Wagen noch gibt. „Da ist weiter nichts dabei", denke ich anfangs, als ich sehe, wie langsam das Band vorwärtskriecht.

Eine Frau arbeitet mich ein. Sie ist schon vier Jahre am Band und verrichtet ihre Arbeit „wie im Schlaf", wie sie selbst sagt. Ihre Gesichtszüge sind verhärtet.

Linke Wagentür öffnen. Scharniersäule nachstreichen. Das abgeschliffene Scharnier neu streichen. Griff für die Kühlerhaube herausziehen. (Er klemmt oft.) Kühlerhaube aufklappen. Wagennummer mit Lack auslegen. Rechte Wagentür wie bei der linken. Kofferraum öffnen und nach eventuellen Lackfehlern suchen. Zusätzlich noch auf sonstige Lackfehler achten, die bei sorgfältiger Prüfung immer zu finden sind. Mit zwei Pinseln arbeiten. Der große für die Scharniersäule, die von der Wagentür halb verdeckt ist und an die man schlecht herankommt; der kleine für feinste Lackfehler zum Auslegen, was besonders viel Zeit in Anspruch nimmt. Außerdem immer wieder zu den Lacktöpfen zurücklaufen, Pinsel säubern und Farbtöpfe wechseln, weil die Wagen auf dem Band in kunterbunter Reihe erscheinen. Zusätzlich auf den Laufzetteln der Wagen meine Kontrollnummer vermerken.

Punkt 15.10 Uhr ruckt das Band an. Nach drei Stunden bin ich selbst nur noch Band. Ich spüre die fließende Bewegung des Bandes wie einen Sog in mir.

Wenn das Band einmal einen Augenblick stillsteht, ist das eine Erlösung. Aber umso heftiger, so scheint es, setzt es sich danach wieder in Gang. Wie um die verlorene Zeit aufzuholen.

Die Bandarbeit ist wie das Schwimmen gegen einen starken Strom [...] Die vor mir am Band arbeiten und die hinter mir kenne ich nicht. Ich weiß auch nicht, was sie tun. Manchmal begegnen wir uns am Band im gleichen Wagen. Sie sind mit der Montage an ihrem Abschnitt nicht fertig geworden und in mein Revier abgetrieben – oder umgekehrt. Dann sind wir uns gegenseitig im Weg.

Da schlägt mir einer eine Wagentür ins Kreuz, oder ich beschütte einen mit Lack. Sich entschuldigen ist hier nicht drin. Jeder wird so von seinen Handgriffen in Anspruch genommen, dass er den anderen übersieht.

Das Zermürbende am Band ist das ewig Eintönige, das Nichthaltmachenkönnen, das Ausgeliefertsein. Die Zeit vergeht quälend langsam, weil sie nicht ausgefüllt ist. Sie erscheint leer, weil nichts geschieht, was mit dem wirklichen Leben zu tun hat. [...] Man hat mir von einem Arbeiter erzählt, der sich auf seine Art gegen das Band zu wehren wusste. Er soll am vorderen Bandabschnitt eingesetzt gewesen sein. Um eine einzige Zigarette rauchen zu können, beging er Sabotage am Band. Statt seinen Pressluftbohrer an die vorgesehene immer gleiche Stelle der Karosserie zu halten, bohrte er kurz ins Band hinein, und alles stand augenblicklich still. [...]

Die Arten der Entfremdung nach Karl Marx

1. **Entfremdung vom Produkt:** Das Produkt wird dem Arbeiter durch die hohe Arbeitsteilung entzogen, er stellt nur einen kleinen Teil her, der später im Gesamtprodukt aufgeht; er hat keine Verfügungsgewalt über das Produkt, kann nur andere Produkte von anderen Arbeitern (z. B. ein Auto) über die Entlohnung für seine Arbeit erwerben.
2. **Entfremdung von sich selbst:** In der marxistischen Anthropologie erfährt sich der Mensch als Person in seiner Arbeit. Im Produktionsprozess wie im Endprodukt erkennt er die formgewordene Kraft seines menschlichen Geistes wieder: Er hat seine geistige Planung an einem Stoff bewiesen. In den hoch spezialisierten Fließbandverfahren verliert der Mensch die Erfahrung seiner selbst. Er kann sich nicht mehr in seiner Arbeit erkennen.
3. **Entfremdung von den anderen Menschen:** Im gleichen Ausmaß, in dem der Arbeiter die Erfahrung seiner selbst verliert, entgeht ihm auch die Erfahrung der anderen als besondere Personen, als Menschen. Die Beziehung zu ihnen wird rein formal, oberflächlich.
4. **Entfremdung von der Gattung:** Ebenso verliert er die Einsicht in die Besonderheit des Menschen als Gattung. Er kann deshalb auch nicht mehr die Bedürfnisse der Gattung Mensch, seine Menschenrechte erkennen und für sie eintreten.

Diese Entfremdungstheorie (die eine Theorie der Aufhebung von Freiheit ist) wird anhand folgender Passagen in Wallraffs Reportage[1] dokumentiert:

Entfremdung 1 + 2:

- „Eine Frau arbeitet mich ein. Sie ist schon vier Jahre am Band und verrichtet ihre Arbeit ‚wie im Schlaf', wie sie selbst sagt. Ihre Gesichtszüge sind verhärtet."
- „Punkt 15.10 Uhr ruckt das Band an. Nach drei Stunden bin ich selbst nur noch Band. Ich spüre die fließende Bewegung des Bandes wie einen Sog in mir."

Entfremdung 3:

- „Ich weiß auch nicht, was sie tun."

Jenseits dieser Entfremdungstheorie des philosophischen deutschen Idealismus kann diese Reportage auch gelesen werden als Beschreibung von Unfreiheit und Fremdbestimmung in ganz alltäglichen Arbeitsverhältnissen der hoch arbeitsteiligen Industriegesellschaften.

Originalbeitrag für diesen Band

[1] Günter Wallraff: Am Fließband, aus: „Industriereportagen" von Günter Wallraff © 1991, 2006, 2011 by Verlag Kiepenheuer & Witsch GmbH & Co. KG, Köln

Keine Macht für niemand – Freiheit in der Popmusik

„Kein Mensch kann sie wissen, kein Jäger erschießen. Es bleibet dabei: Die Gedanken sind frei!" Jeder, der in Deutschland zur Schule ging, dürfte dieses Volkslied im Musikunterricht gesungen haben. Oder es in letzter Zeit als Untermalung des GMX-Werbespots gehört haben. Ob die Zeilen den Wunsch nach Freiheit weckten? Ganz sicher tat dies 1988 „Gimme Hope Jo'anna" von Eddy Grant, Jo'anna meint dabei keine Frau, sondern die südafrikanische Stadt Johannesburg. Die angesprochene Hoffnung ist der Wunsch nach dem Ende der Apartheid, die Schwarze aufgrund ihrer Rasse benachteiligte. Von einem friedvollen Erzbischof ist die Rede – gemeint ist der Erzbischof von Johannesburg Desmond Tutu –, der sagt, dass die Freiheitskämpfer die Herrschenden überwinden werden. „Gimme Hope Jo'anna" wird nicht nur in Europa ein Hit, sondern auch in Südafrika, wo die Befreiung des späteren südafrikanischen Präsidenten Nelson Mandela den politischen Umbruch und das Ende der Apartheid in den frühen 1990er-Jahren begleitet.

Nicht nur politische Ungerechtigkeiten werden in Liedern thematisiert: Anfang der 1970er-Jahre entsteht weltweit eine Frauenbewegung, die um Gleichberechtigung kämpft. 1972 erscheint „I Am Woman" von Helen Reddy. Reddy singt: „And I've been down there on the floor. No ones ever gonna keep me down again – I am strong! I am invincible! I am woman!" Das Stück wird mit einem Grammy ausgezeichnet; in der Dankesrede dankt Helen Reddy Gott mit den Worten: „Denn SIE macht alles möglich." Im gleichen Jahr veröffentlichen „Ton Steine Scherben" in Deutschland das Album „Keine Macht Für Niemand". Im gleichnamigen Lied heißt es: „Ich bin nicht frei und kann nur wählen, welche Diebe mich bestehlen, welche Mörder mir befehlen. Schreibt die Parole an jede Wand: Keine Macht Für Niemand!" Das Lied erreicht eine ganze Generation. Bob Dylans Stück „Hurricane" (1975) erzählt die Geschichte des schwarzen Boxers Rubin „Hurricane" Carter, der von einem rassistischen Justizsystem unschuldig verurteilt ins Gefängnis kam; angeklagt des dreifachen Mordes. Bob Dylan singt: „Here comes the story of the hurricane, the man the authorities came to blame for somethin' that he never done." Jahrelange Massenproteste und nicht zuletzt Dylans Lied führen zu einer Wiederaufnahme des Verfahrens: Nach 18 Jahren Haft kommt Hurricane 1988 frei.

Es gibt auch Stücke, die einfach im richtigen Moment auftauchen: Als 1989 die Berliner Mauer fällt, ist die erste Single, „Looking For Freedom", des amerikanischen Schauspielers David Hasselhoff überall zu hören. Gezielt wegen des Mauerfalls veröffentlicht Marius Müller-Westernhagen „Freiheit". Die Hymne steht für das damalige Bedürfnis der „Menschen nach Freiheitsliedern. Der vielleicht bekannteste Wendesong ist „Wind Of Change" von der Hannoveraner Band „Scorpions". Mit Zeilen wie „Let your balalaika sing what my guitar wants to say" führen die Scorpions wochenlang die deutschen Hitlisten an.

Im Timing geirrt hat sich dagegen Jahre später Eminem. Mit „Mosh" will er die Jugend Amerikas ermuntern, nicht George W. Bush zum Präsidenten zu wählen. Doch als das Stück acht Tage vor der Wahl 2004 auf den Markt kommt, sind alle Termine, sich in die Wahlregister einzutragen, bereits verstrichen. Am 2. November 2004 wird George W. Bush erneut zum Präsidenten der USA gewählt. An die amerikanische Bevölkerung wandte sich 1988 auch Tracy Chapmans „Talkin' 'bout A Revolution". Vierzig Jahre nach der Verabschiedung der „Universal Declaration of Human Rights" der Vereinten Nationen machten diese Zeilen die farbige Musikerin zur Stimme derer, die unter Arbeitslosigkeit und beruflicher Chancenlosigkeit litten: „Don't you know, talking about a revolution sounds like a whisper while we're standing in the welfare line, crying in the doorstep of those armies of salvation, wasting time, in the unemployment line, sitting around, waiting for a promotion." Im gleichen Jahr begann Tracy Chapman mit Bruce Springsteen und anderen die Konzerttour „Human Rights Now" und forderte im Namen von Amnesty International die Wahrung der Menschenrechte ein. In Artikel 9 der Menschenrechte heißt es, dass niemand willkürlich festgenommen, in Haft gehalten oder des Landes verwiesen werden darf. Ein Menschenrecht, das den Musikern Gilberto Gil und Caetano Veloso Ende 1969 verweigert wurde, als sie von der brasilianischen Militärdiktatur ohne konkrete Anklage verhaftet und nach einem mehrmonatigen Gefängnisaufenthalt für drei Jahre ins Zwangsexil nach London abgeschoben wurden. Dem Regime dürfte die Musik der beiden missfallen haben: In Velosos erfolgreichem Lied „Alegria Alegria" heißt es: „ohne Dokumente, ohne Taschentuch", womit er auf das Verschleppen eines Menschen anspielte. Gil wiederum sang zum Beispiel in „Miserere Nobis": „Ich hoffe, dass ein Tag kommen wird, an dem es nicht nur ein halbes Brot für alle geben wird." Er konnte seine politischen Aktivitäten erst nach dem Ende der Militärdiktatur 1985 legalisieren und unterstützte den Wahlkampf des heutigen brasilianischen Staatspräsidenten Luis Inácio „Lula" da Silva. Seit dem 1. Januar 2003 ist er brasilianischer Kulturminister. Dass Musik von Regierungen kritisch betrachtet wird, ist allerdings kein neues Phänomen. Denn auch das Volkslied „Die Gedanken sind frei" war Mitte des 19. Jahrhunderts für einige Jahre verboten. Es entstand zwischen 1780 und 1800, Komponist und Textdichter sind unbekannt. Die Epoche der Aufklärung, in der sich die Bevölkerung gegen die Bevormundung durch den Herrscher wehrte, prägte seinen Text. Zeilen wie „Und sperrt man mich ein in finstere Kerker, das alles, das sind vergebliche Werke. Denn meine Gedanken zerreißen die Schranken" waren damals von der Obrigkeit nicht gern gehört. GMX benutzt das Lied für seine Kampagne, da das Internet „das freieste Medium (ist), das es gibt" – der Internet-Provider sich somit als Freiheitsvermittler betrachtet. Davon halten kann jeder, was er möchte – die Gedanken sind ja frei.

Aus: Keine Macht für niemand. Freiheit war von jeher eines der großen Themen der Popmusik, von Barbara Streidl. In: FLUTER 2/2005 bpb

Schaubild zu Hegels Geschichtsphilosophie: Der Weltgeist in der Geschichte

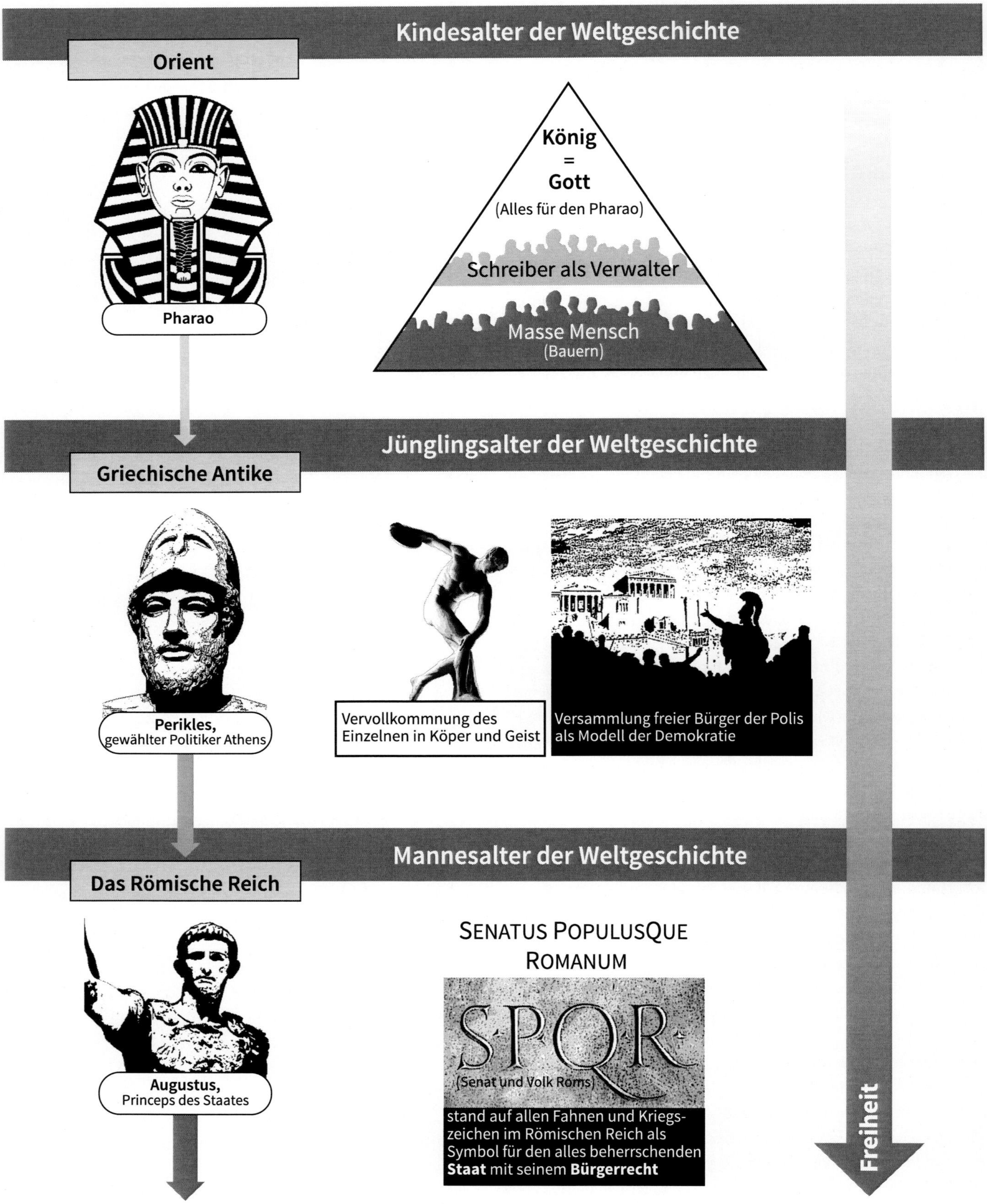

Grafik: Franz-Josef Domke

Best.-Nr. 025069

Der Amoralist

Bernard Williams

Bernard Williams (1929–2003) war ein englischer Moralphilosoph. Er gilt als einer der einflussreichsten Ethiker der zweiten Hälfte des 20. Jahrhunderts.

Sofern eine rationale Fundierung der Moral möglich ist, müsste sie sich in der Argumentation gegen den Amoralisten bewähren. [...]
Wir könnten zuerst einmal fragen, von welchen Motiven sich der Amoralist leiten lässt. Gegenüber moralischen Erwägungen ist er gleichgültig, aber es gibt Dinge, aus denen er sich etwas macht; es gibt bei ihm echte Präferenzen und Zielsetzungen. Möglicherweise handelt es sich dabei um ein Streben nach Genuss oder Macht, oder auch um etwas weniger Allgemeines; z.B. irgendeine Sammelleidenschaft. Für sich genommen schließt das Streben nach solchen Dingen moralische Normen keineswegs aus. Was also müssen wir dem Amoralisten absprechen, um ihn wirklich amoralisch erscheinen zu lassen? Nun vermutlich solche Dinge wie Rücksichtnahme auf die Interessen anderer, die Neigung, auch dann die Wahrheit zu sagen oder ein Versprechen zu halten, wenn es ihm nicht passt, und die Tendenz, bestimmte Handlungsweisen zu verwerfen, weil sie unfair, unehrenhaft oder selbstsüchtig sind. Dies wären einige der inhaltlichen Bestandteile der Moral. [...]
[Es zeigt sich], dass er nur als Parasit des Moralsystems existieren kann, dass es ihn und seine ihm eigentümlichen Befriedigungen nicht geben könnte, wenn die anderen sich nicht anders verhielten. Denn, ganz allgemein gesagt, kann es keine Gesellschaft ohne bestimmte moralische Regeln geben, und er braucht die Gesellschaft und macht sich die in ihr bestehenden moralischen Institutionen – wie z.B. die Verbindlichkeit von Versprechen und die moralischen Verhaltensdispositionen seiner Mitmenschen – zunutze. Er wird nicht bestreiten können, dass er sich faktisch als Parasit verhält; aber er wird sehr wenig empfänglich für die Behauptung sein, dass das irgendetwas zu besagen hat. Wenn man ihm entgegenhält: „Und wie würde es dir ergehen, wenn sich alle Leute so verhielten wie du?", wird er antworten: „Nun, nicht besonders gut, nehme ich an – obwohl es mir in dem Chaos, das sich daraus ergeben würde, vielleicht immer noch besser ergehen würde als anderen Leuten. Aber Tatsache ist, dass sich die meisten Leute eben nicht so verhalten werden; und sollten sie endlich doch einmal darauf kommen, werde ich schon längst tot sein." Der Appell an die Konsequenzen einer bloß *vorgestellten* Verallgemeinerung ist ein seinem Wesen nach moralisches Argument, und als solches kann es ihn konsequenterweise nicht sonderlich beeindrucken. [...]
Kann es für den Amoralisten irgendeinen anderen Menschen geben, aus dem er sich etwas macht? Kann es jemanden geben, von dessen Not oder Leiden er betroffen wäre? [...]
Man könnte sich vorstellen, dass er gelegentlich so etwas wie menschliche Zuneigung erkennen lässt und sich manchmal doch etwas aus einem anderen Menschen macht. [...] Denn er hat immerhin die Vorstellung, dass er etwas *für* einen anderen tut, weil der andere dies braucht. Diese Vorstellung wird bei ihm zwar nur in die Tat umgesetzt, wenn es ihm passt; aber dieses Ihm-Passen und dass es immer nach seinen Launen gehen muss, gehört nicht selbst zum Inhalt dieser Vorstellung. Selbst wenn er den betreffenden Menschen nur hilft, weil es ihm gerade so passt oder weil er sie gernhat und aus keinem anderen Grunde [...], will er ihnen doch deshalb helfen, *weil sie Hilfe brauchen*; wenn er jemanden gernhat und ihm hilft, denkt er „Der braucht Hilfe" und nicht „Ich mag ihn, und er braucht Hilfe". Dies ist ein entscheidender Punkt: Er ist fähig, unter dem Gesichtspunkt der Interessen anderer zu denken; und dass er kein moralisch Handelnder ist, liegt (zum Teil) daran, dass er dies nur gelegentlich und aus seinen Launen heraus tut. Aber zwischen dieser seiner Verfassung und der Grundhaltung des eigentlich moralischen Verhaltens klafft keineswegs ein unüberbrückbarer Abgrund. Es gibt Menschen, die Hilfe brauchen, denen er aber im Moment nicht helfen mag oder die er überhaupt nicht mag [...]. Ihn dazu zu bringen, sich diese Fälle vor Augen zu führen, wäre eher eine Erweiterung seines Vorstellungsvermögens und Denkens als ein Sprung über einen Abgrund hinweg auf eine völlig andere „moralische" Ebene. Wenn wir ihn dazu bringen, sich derartige Situationen vorzustellen und über sie nachzudenken, erweitern wir sein Mitgefühl und Verständnis; und wenn wir es fertiggebracht haben, Verständnis für ihm weniger nahestehende Personen, die Hilfe brauchen, in ihm zu wecken, könnten wir vielleicht auch sein Verständnis für Personen wecken, deren Interessen verletzt worden sind, und ihm eine gewisse Vorstellung, einen elementaren Begriff von Fairness nahebringen. Haben wir ihn erstmal so weit, wird sein Verhältnis zu moralischen Erwägungen sicher immer noch äußerst schwankend sein; aber er hat dann immerhin schon ein Verhältnis zu ihnen gewonnen, er ist nicht mehr der Amoralist, von dem wir ausgegangen sind.

Bernard Williams: Der Begriff der Moral. Eine Einführung in die Ethik. Übersetzt von Eberhard Bubser. Stuttgart: Reclam 2012, S. 10 ff.

Ist es okay, in armen Ländern Urlaub zu machen?

Ja: Wer vernünftig reist, stärkt die lokale Wirtschaft

Ich bin weder ein Fan von Slumtourismus, noch trample ich im Urlaub geschützte Pflanzenarten platt. Ich entführe keine Kulturschätze und feiere keine Partys auf Ahnenstätten. Auf Reisen möchte ich ein Bewusstsein dafür entwickeln, wie andere Menschen mit ihren Lebensumständen umgehen. Meine Erfahrung ist: Wenn man Menschen interessiert und höflich begegnet, dann gelingt das schnell. Zwischendurch entspanne ich mich am Strand oder tanze in dem einen oder anderen Club. Ich denke, all das ist möglich, ohne anderen zu schaden. Auch in armen Ländern.

Klar, Touristen schleppen nicht nur ihre Koffer ins Land, sondern können durch ihr Verhalten Probleme verschlimmern. Aber Probleme wie Prostitution, Armut, Korruption oder mangelnder Naturschutz werden nicht dadurch gelöst, dass Reisende fernbleiben. Stattdessen liegt es in der Verantwortung der örtlichen Politiker, die Schwächeren der Gesellschaft zu schützen und der breiten Bevölkerung einen Weg aus der Armut zu ermöglichen.

Wer vernünftig reist, schafft Arbeitsplätze und stärkt die lokale Wirtschaft. Wer seine Souvenirs nicht bei Ketten kauft, sondern bei lokalen Kunsthandwerkern, ermöglicht ihnen gesellschaftlichen Aufstieg. Ein Urlaub in Entwicklungsländern ist für mich zwar keine noble Wohltat. Das ist Tourismus vermutlich nie für die Einheimischen, man fällt ja als Reisender in deren Alltag ein. Aber es ist auch kein Ausnutzen von Schwächeren. Und bei rücksichtsvollem Verhalten vor allem: kein Problem.

Außerdem lässt sich auch für unsere Überflussgesellschaft etwas mitnehmen. Mit jeder Rückkehr aus einem armen Land wachsen in mir das Gefühl der Demut und der Respekt für die Menschen, die ihr Leben trotz der beschwerlichen Bedingungen meistern. Meinen Alltag daheim setze ich dann dankbarer und bewusster fort.

Michelle Janetschek, 24, studiert Journalistik in Hamburg

Nein: Tourismus schafft Abhängigkeiten

Wir Deutschen sind Reiseweltmeister. In der Rangliste der Urlaubsausgaben liegt nur China vor uns. Das heißt: Obwohl in Deutschland nur 80 Millionen Menschen leben, sind unsere Gesamtausgaben für Urlaube fast so hoch wie die von 1,3 Milliarden Chinesen. Viele Deutsche sind bereit, für exotische Erlebnisse absurd hohe Preise zu zahlen, insbesondere gemessen an den einheimischen Maßstäben. Doch bei aller Reiselust fällt ein Problem oft unter den Tisch: Tourismus schafft Abhängigkeiten. Wo Touristen Geld ins Land bringen, geben viele Einwohner ihre traditionellen Berufe auf und eröffnen stattdessen Hostels oder Pensionen. Kurzfristig ist das ein lukratives Geschäftsmodell und scheint verlockender als ein Leben als Landwirt oder Handwerker. Doch nachhaltige Entwicklung kann so nicht stattfinden: Bleiben die Touristen zu Hause, bricht diese Einnahmequelle weg. In Island hat sich in den letzten Jahren eine Tourismusblase gebildet, die irgendwann platzen wird. Für Island ist das wahrscheinlich kein Weltuntergang. Für ärmere Länder, die stärker auf das Geld der Urlauber angewiesen sind, ist es eine Katastrophe, wenn die Touristen ausbleiben.

Ohne es zu beabsichtigen, schaffen sich wohlhabende Westler ihre eigenen Abenteuerparks. Leider begegnen sich die Menschen dort nicht auf Augenhöhe, sondern als Konsumenten und Dienstleister. Oder, etwas zynischer formuliert: als reiche Touristen auf der einen und exotische Attraktionen auf der anderen Seite. Mit dem Einblick in fremde Kulturen, den sich viele von Reisen versprechen, hat das nichts zu tun. Dafür wäre ein Urlaub von einigen Tagen oder Wochen ohnehin zu kurz. Die Abenteuerreise gleicht eher einem Zoobesuch, dem jeglicher gegenseitiger Austausch fehlt. Es gibt 192 Staaten auf der Erde – da sollte es doch genügend interessante Reiseziele geben, die nicht in einem Entwicklungsland liegen.

Jonas Kellermeyer, 22, studiert Cultural Management in Friedrichshafen. Seine Meinung wurde protokolliert von Simon Hurtz.

aus: ZEIT Campus Nr. 05/2014, http://www.zeit.de/campus/2014/05/tourismus-entwicklungslaender-reisen [15.04.2017]

Erscheinungsformen des Glücks

(Hinweis: Die Tabelle kann als Vorlage für die Schüler eingesetzt werden.)

Erscheinungsform	Merkmale, Eigenschaften	Haltung gegenüber dem Glück bzw. Wege zum Glück	Symbol	Weitere Aufgaben
Zufallsglück	– kommt unverhofft – vorübergehend – unverfügbar – „Glück haben“ – Eigendynamik des Aufschaukelungsgesetzes	Offenheit, Aufmerksamkeit und Gespür für Zufälle Vorbereitung Erkennen und Ergreifen der glücklichen Fügungen bzw. Chancen Geduld	Kleeblatt Würfel	SB, S. 165/Aufgabe 4: „Zufallsglück [kann] sich [...] als Unglück erweisen“, Bsp.: Lottogewinn kann träge machen, falsche Freunde anlocken
Wohlfühlglück	– positive Erlebnisse, z. B. Spaß haben, angenehme Erfahrungen, Erfolg haben – Vermeiden von Leid – Glücksmaximierung und Leidminimierung bzw. -eliminierung – vorübergehend	Streben nach Glück	Mensch auf einer Treppe (Glücksmaximierung) Smiley und Daumen hoch	SB, S. 166/Aufgabe 3: Dauerlust macht unglücklich: Kontrasterfahrung fehlt, Glücksmoment bedarf der Anstrengung; zu viel von etwas führt zu Unwohlsein
Glück der Fülle	– Polarität/Ambivalenz/Gegensätzlichkeit des Lebens: Freud und Leid/Höhen und Tiefen gehören zusammen – negative Seiten des Lebens sollten integriert werden – dauerhaftes und zurückhaltendes Glück – epochales Glück – dies Glück umfasst auch das Unglück	Geisteshaltung des Menschen zum Leben = heitere Gelassenheit: „in allem was ist, ist auch noch etwas anderes möglich“	Meditierender/Buddha Ying-Yang-Zeichen	SB, S. 167/Aufgabe 4: Wanderer steht mit dem Rücken zum Betrachter auf einem Fels über den Dingen, er betrachtet die von Nebel eingehüllte Gebirgslandschaft mit Abstand, er nimmt das, was kommt, hin und weiß, dass Leid und Freud Bestandteile des Lebens sind. Stimmung: Stille, Gelassenheit, Standfestigkeit, Melancholie

Best.-Nr. 025069

Die Klugheit (phronēsis) – aus der „Nikomachischen Ethik“ VI 5 (1–3) und 8 (1, 2b–4)

Aristoteles

Was die Klugheit (*phronēsis*) ist, können wir erfassen, indem wir schauen, welche Menschen wir klug (*phronimos*) nennen. Es gilt als Kennzeichen eines klugen Menschen, dass er gut zu überlegen vermag über das für ihn Gute und Zuträgliche, und zwar nicht in einer besonderen Hinsicht, zum Beispiel darüber, was seiner Gesundheit und Kraft zuträglich ist, sondern darüber, was überhaupt dem guten Leben zuträglich ist. [...] So wird allgemein der Kluge derjenige sein, der gut im Überlegen ist.

Es überlegt aber niemand Dinge, die nicht auch anders sein können, ebenso wenig solche, die zu tun ihm nicht möglich ist. Wenn also die Wissenschaft Beweise enthält, es aber von den Dingen, deren Ursprünge auch anders sein können, keinen Beweis gibt (da sich [dies] alles auch anders verhalten kann), und wenn man nicht Dinge überlegen kann, die mit Notwendigkeit sind, wird folglich die Klugheit weder Wissenschaft noch Herstellungswissen sein, weil Handeln und Herstellen zu unterschiedlichen Gattungen gehören.

Es bleibt also, dass sie eine mit Überlegung verbundene wahre Disposition des Handelns ist, die sich auf das bezieht, was für den Menschen gut oder schlecht ist. Das Ziel der Herstellung (*poiēsis*) ist von dieser selbst verschieden, das der Handlung nicht. Denn das gute Handeln (*eupraxia*) selbst ist Ziel. [...]

Dagegen hat die Klugheit die menschlichen Dinge zum Gegenstand, dasjenige, worüber man überlegen kann. Denn dies bezeichnen wir vor allem als die Leistung des Klugen, gut zu überlegen. Nun überlegt niemand Dinge, die sich unmöglich anders verhalten können, auch nicht Dinge, die nicht ein Ziel haben, und zwar ein Gut, das Gegenstand des Handelns ist. Der Wohlberatene allgemein aber ist derjenige, der entsprechend der Überlegung auf das für den Menschen beste der durch Handeln erreichbaren Güter abzielt.

Auch hat die Klugheit nicht nur mit dem Allgemeinen zu tun, vielmehr muss sie auch das Einzelne erkennen. Denn sie ist handlungsbezogen, und das Handeln betrifft das Einzelne. Daher kommt es, dass manchmal – und das gilt auch auf anderen Gebieten – Menschen ohne [allgemeines] Wissen besser im Handeln sind als andere mit einem Wissen, nämlich die Erfahrenen. Wenn jemand nämlich weiß, dass leichtes Fleisch gut verdaulich und gesund ist, aber nicht weiß, welches Fleisch leicht ist, wird er keine Gesundheit bewirken; vielmehr wird das derjenige können, der weiß, dass Geflügelfleisch leicht und gesund ist. Nun bezieht sich die Klugheit aufs Handeln, sodass man Beides [Wissen des Allgemeinen und Erfahrung vom Einzelnen] haben muss, oder mehr noch das zweite. Aber auch hier wird es eine leitende Kenntnis geben. [...]

Dass man das für einen selbst Gute kennt, wäre also eine Art des Erkennens. Doch gibt es hier Raum für Meinungsverschiedenheiten. Wer das ihn selbst Betreffende kennt und sich damit beschäftigt, gilt als klug, während man Politiker für vielgeschäftig hält. [...] Denn man sucht das für einen selbst Gute, und man ist der Meinung, man solle so handeln. Aus dieser Meinung nun entstand die Auffassung, solche Menschen seien klug. Und doch ist vielleicht das für einen selbst Gute nicht möglich ohne die Verwaltung des Hauses und des Staats.

Ferner: Wie man seine eigenen Angelegenheiten ordnen soll, ist nicht klar und bedarf der Untersuchung. Ein Indiz für das Gesagte ist auch, dass nach verbreiteter Meinung junge Menschen zwar Geometer und Mathematiker werden und weise in solchen Dingen, aber nicht klug. Der Grund dafür ist, dass die Klugheit sich auch auf das Einzelne bezieht, womit man durch Erfahrung (*empeiria*) vertraut wird. Der junge Mensch aber ist nicht erfahren, denn die Länge der Zeit macht die Erfahrung. Weiter könnte man auch fragen, warum denn ein Kind Mathematiker, aber nicht Philosoph (*sophos*) oder Naturforscher (*physikos*) werden kann. Liegt das etwa daran, dass die mathematischen Dinge abstrakt sind, die Prinzipien (*archē*) der Philosophie und Naturforschung aber aus der Erfahrung kommen und dass junge Menschen keine begründete Überzeugung von den Letzteren haben, sondern nur reden, während ihnen bei den mathematischen Dingen ganz klar ist, was sie sind? [...]

Dass aber die Klugheit nicht wissenschaftliche Erkenntnis ist, ist offensichtlich. Denn sie bezieht sich wie gesagt auf das Letzte (*eschaton*); was Gegenstand des Handelns ist, ist ja von dieser Art. Sie bildet also den Gegensatz zum intuitiven Denken (*nous*). Denn das intuitive Denken hat die höchsten Begriffe zum Gegenstand, die sich nicht begründen lassen, die Klugheit aber das Letzte, von dem es keine Wissenschaft, sondern nur Wahrnehmung (*aisthēsis*) gibt – Wahrnehmung nicht derjenigen Dinge, die jeweils einem bestimmten Wahrnehmungssinn eigen sind, sondern so, wie wir wahrnehmen, dass das Letzte in der mathematischen Analyse das Dreieck ist; denn auch in der Mathematik wird man hier stehen bleiben. Aber dies ist eher Wahrnehmung als Klugheit, jedoch eine andere Art Wahrnehmung [als diejenige, die sich auf die Gegenstände jeweiliger Sinne bezieht].

Aristoteles: Nikomachische Ethik. Übersetzt und herausgegeben von Ursula Wolf. Reinbek bei Hamburg: Rowohlt Taschenbuch Verlag 2006, S. 199 f. und 204 ff.

Best.-Nr. 025069

Vergleich der Glücks- und Tugendauffassungen der Stoa von Epikur und Aristoteles

(Hinweis: Die Tabelle kann als Vorlage für die Schüler eingesetzt werden.)

	Stoa	Epikur	Aristoteles
Ziel	Eudaimonia		
	Tugendhaftes Leben Leidenschaftslosigkeit, Unerschütterlichkeit	Lust als Prinzip eines gelingenden Lebens	Vernunft als Garant des Glücks Tugendhaftes Leben ist ein maßvolles Leben
Weg	Erkennen, was in der Macht des Menschen steht und was nicht Übereinstimmung von Wollen und Können Glück in den Dingen suchen, die der Mensch beeinflussen kann Leben im Einklang mit der Natur (geordnetes Ganzes)	Befreiung von physischen Schmerzen Anspruchslosigkeit hinsichtlich Essen und Lebensverhältnissen Reduktion der Bedürfnisse auf ein Mindestmaß Selbstgenügsamkeit Einsicht Lust-Unlust-Kalkül Furcht vor dem Tod ablegen	Alle Menschen streben nach Glück (ist das letzte Ziel menschlichen Handelns, oberstes Gut). Der Mensch zeichnet sich durch vernunftgemäßes Handeln aus. Vernünftig ist die Mitte (Mesotes) zw. möglichen Extremen, diese muss jeder Mensch für sich bestimmen, die Klugheit lässt den Menschen die „richtige Mitte“ finden.
Strategie	Vermeidungsstrategie	Vermeidungsstrategie: Vermeiden von Schmerz bzw. kontrollierter Umgang mit Schmerz, Beherrschung der Triebe, Überwindung der Furcht	Vervollkommnungsstrategie: lebenslange Bildung, Erziehung und Kultivierung
Mittel	Vernunft		
Verhältnis zur Gesellschaft	Einfügen in die Gesellschaft, „Rolle“ ordentlich „spielen“	Kontemplatives Leben, Rückzug ins Private, „Lebe verborgen“	Engagierter Bürger oder Philosoph

Best.-Nr. 025069

Intensiv leben – bis zum Zusammenbruch

Tristan Garcia

Eine Norm ist vielleicht nichts anderes als ein Ideal, das man erbt und nicht aussucht. Das von den intensiven Menschen der Moderne gewählte Ideal hat sich also für die Menschen der heutigen Welt zu einem obligatorischen Wert verwandelt. Die zentrale Gestalt der liberalen Welt, die sich nach dem Sturz der meisten kommunistischen Regime, nach der Globalisierung des Handels, der Miniaturisierung und Demokratisierung der Telekommunikation und der Entwicklung einer Dienstleistungswirtschaft herausgebildet hat, ist ein nicht mehr nur intensiver, sondern auch *intensivistischer* Mensch. Unter einem „intensivistischen Menschen“ verstehen wir ein Subjekt, das dem *Anspruch* unterworfen ist, intensiv zu sein, das es erlernen muss, mit allen vorstellbaren Listen zu jonglieren, [...] um der gesellschaftlichen Forderung zu entsprechen, immer intensiver zu lieben, zu arbeiten und sich zu vergnügen. [...] Alle scheinbaren Perversionen der Moderne, von der Entwicklung der Pornografie bis zur physischen Leistung beim Bodybuilding mit Steroiden, vom Kokainkonsum bis zur Selbstverstümmelung [...], können dann auf uns nicht mehr wie der verfemte[1] Teil der liberalen Welt, sondern wie die gewissenhafte Verwirklichung des modernen Ideals der Intensität wirken. Es ist ein unablässiger Kampf gegen die Vereinnahmung der Intensitäten durch die gesellschaftlichen Normen. Der intensivistische Mensch, der sich auf einen ständigen Wettkampf gegen ihre gesellschaftliche Normierung eingelassen hat, verdoppelt die Intensität. [...] Das Gefühl der Verringerung und Entfernung von der Lebensintensität nimmt nun eine pathologische Erscheinungsform an: die Depression. Das zusammenhängende Gefühl, alles intensivieren zu müssen und es zugleich nicht tun zu können, außer wenn man das Bisherige endlos überbietet, also mit dem Gefühl seiner eigenen geistigen und physiologischen Grenzen in Konflikt gerät, führt das Individuum der liberalen Welt unausweichlich in eine Sackgasse. Damit sich die Intensität erhalten kann, ist sie zu einer hyperbolischen Steigerung verurteilt. Doch je mehr wir etwas Starkes empfinden, desto schwieriger wird es, tatsächlich etwas Starkes mit der Aussicht zu empfinden, etwas noch Stärkeres zu empfinden. Die *Überfülle* an Intensität neigt offenbar dazu, sie zu verringern – durch Konsum, Sexualität, sportliche Leistung wie auch durch Sucht [...].

[1] verfemt: geächtet, ausgestoßen

Um sich unablässig weiter zu steigern, muss daher jede erlebte Intensität *ihre Steigerung steigern*. Dies kann man als „Hysterisierung“ des Gefühls der Intensität bezeichnen [...]. Wenn diese Hysterisierung nicht mehr möglich ist, weil das Individuum nicht über die Intensivierung aller Intensitäten hinausgehen kann, die es wahrnimmt und die von seinen Leistungen verlangt werden, bricht es zusammen. Die heutige Philosophie und Soziologie haben die Symptome dieses Zusammenbruchs gründlich untersucht: die nun als *Burn-out* bezeichnete Pathologie, Erschöpfung, innere Zerrüttung ... [...]

Wir haben nicht mehr mit dem [...] Zwang der produktiven Arbeit, sondern mit dem neuartigen Zwang zu tun, Intensitäten aufrechtzuerhalten, die sich steigern müssen, um sich zu bewahren. Ursprünglich bezeichnete der Begriff *Burn-out* den Zustand eines Süchtigen, „der vom allzu intensiven Genuss harter Drogen überwältigt wurde“, daran erinnert Pascal Chabot[2]. Der Psychotherapeut Herbert Freudenberger[3] hat diesen Begriff auf seinen eigenen Ermüdungszustand angewendet, und schließlich hat das Wort die emotionale Erschöpfung und das Gefühl der Erfolglosigkeit von Arbeitern wiedergegeben, die ihr Arbeitstempo nicht halten können. Pascal Chabot erklärt, dass die von den Einzelnen verlangten Leistungen kein Ende haben und dass sie aus diesem Grund verhindern, sich einen Horizont der Selbstverwirklichung vorzustellen.

Das Verlangen nach einer Intensivierung des Lebens ruft eine Entmutigung hervor, deren psychologische und soziale Auswirkungen gut dokumentiert sind.

Tristan Garcia: Das intensive Leben. Eine moderne Obsession. Übersetzt von Ulrich Kunzmann. Berlin: Suhrkamp 2017, S. 133 f. und 137 ff.

[2] Pascal Chabot (*1973): belgischer Philosoph.

[3] Herbert Freudenberger (1926–1999): deutsch-amerikanischer Psychoanalytiker, er veröffentlichte 1974 den ersten wissenschaftlichen Artikel zum „Burn-out“-Syndrom.

„Die Absicht, dass der Mensch ‚glücklich' sei, ist im Plan der ‚Schöpfung' nicht enthalten"

Sigmund Freud

Die Frage nach dem Zweck des menschlichen Lebens ist ungezählte Male gestellt worden; sie hat noch keine befriedigende Antwort gefunden, lässt eine solche vielleicht überhaupt nicht zu. Manche Fragesteller haben hinzugefügt, wenn sich ergeben sollte, dass das Leben keinen Zweck hat, dann würde es jeden Wert für sie verlieren. Aber diese Drohung ändert nichts. Es scheint vielmehr, dass man ein Recht dazu hat, die Frage abzulehnen. Ihre Voraussetzung scheint jene menschliche Überhebung, von der wir so viel andere Äußerungen bereits kennen. Von einem Zweck des Lebens der Tiere wird nicht gesprochen, wenn deren Bestimmung nicht etwa darin besteht, dem Menschen zu dienen. Allein auch das ist nicht haltbar, denn mit vielen Tieren weiß der Mensch nichts anzufangen – außer, dass er sie beschreibt, klassifiziert, studiert. [...] Es ist nur die Religion, die die Frage nach einem Zweck des Lebens zu beantworten weiß. Man wird kaum irren zu entscheiden, dass die Idee eines Lebenszweckes mit dem religiösen System steht und fällt. [...] Wir wenden uns darum der anspruchsloseren Frage zu, was die Menschen selbst durch ihr Verhalten als Zweck und Absicht ihres Lebens erkennen lassen, was sie vom Leben fordern, in ihm erreichen wollen. Die Antwort darauf ist kaum zu verfehlen; sie streben nach dem Glück, sie wollen glücklich werden und so bleiben. Dies Streben hat zwei Seiten, ein positives und ein negatives Ziel, es will einerseits die Abwesenheit von Schmerz und Unlust, andererseits das Erleben starker Lustgefühle. Im engeren Wortsinn wird „Glück" nur auf das Letztere bezogen. Entsprechend dieser Zweiteilung der Ziele entfaltet sich die Tätigkeit des Menschen nach zwei Richtungen, je nachdem sie das eine oder das andere dieser Ziele zu verwirklichen sucht. – Es ist, wie man merkt, einfach das Programm des Lustprinzips, das den Lebenszweck setzt. Das Prinzip beherrscht die Leistung des seelischen Apparates vom Anfang an; an seiner Zweckdienlichkeit kann kein Zweifel sein, und doch ist sein Programm im Hader mit der ganzen Welt, mit dem Makrokosmos wie mit dem Mikrokosmos. Es ist überhaupt nicht durchführbar, alle Einrichtungen des Alls widerstreben ihm; man möchte sagen, die Absicht, dass der Mensch „glücklich" ist, ist im Plan der „Schöpfung" nicht enthalten. Was man im strengsten Sinn Glück heißt, entspringt der eher plötzlichen Befriedigung hoch aufgestauter Bedürfnisse und ist seiner Natur nach nur als episodisches Phänomen möglich. Jede Fortdauer einer vom Lustprinzip ersehnten Situation ergibt nur ein Gefühl von lauem Behagen; wir sind so eingerichtet, dass wir nur den Kontrast intensiv genießen können, den Zustand nur sehr wenig. Somit sind unsere Glücksmöglichkeiten schon durch unsere Konstitution beschränkt. Kein Wunder, wenn unter dem Druck der Leidensmöglichkeiten die Menschen ihren Glücksanspruch zu ermäßigen pflegen, wie ja auch das Lustprinzip selbst sich unter dem Einfluss der Außenwelt zum bescheideneren Realitätsprinzip umbildet, wenn man sich bereits glücklich preist, dem Unglück entgangen zu sein, das Leiden überstanden zu haben, wenn ganz allgemein die Aufgabe der Leidvermeidung die der Lustgewinnung in den Hintergrund drängt.

Aus: Sigmund Freud: „Das Unbehagen an der Kultur". In: Gesammelte Werke, Band XIV. Frankfurt am Main: Fischer 1976, S. 433

Tabelle zur „Berechnung“ des größtmöglichen Glücks

Skalenwert (z. B. von -10 bis +10)	**unmittelbare Freude, Freude in erster Linie**	**mittelbare Freude, Freude in zweiter Linie**	**Summe der Freude**	**unmittel- bares Leid, Leid in erster Linie**	**mittelbares Leid, Leid in zweiter Linie**	**Summe des Leids**	**Summe aus Freud und Leid**
Betroffener A							
Betroffener B							
Betroffener C							
Betroffener D							
Betroffener E							
evtl. weitere Betroffene							
Summe aller Freude				Summe allen Leids			

✂ -

Skalenwert (z. B. von -10 bis +10)	**unmittelbare Freude, Freude in erster Linie**	**mittelbare Freude, Freude in zweiter Linie**	**Summe der Freude**	**unmittel- bares Leid, Leid in erster Linie**	**mittelbares Leid, Leid in zweiter Linie**	**Summe des Leids**	**Summe aus Freud und Leid**
Betroffener A							
Betroffener B							
Betroffener C							
Betroffener D							
Betroffener E							
evtl. weitere Betroffene							
Summe aller Freude				Summe allen Leids			

Best.-Nr. 025069

Beispielberechnung anhand des hedonistischen Kalküls

Skalenwert (z. B. von -10 bis +10)	**unmittelbare Freude, Freude in erster Linie**	**mittelbare Freude, Freude in zweiter Linie**	**Summe der Freude**	**unmittelbares Leid, Leid in erster Linie**	**mittelbares Leid, Leid in zweiter Linie**	**Summe des Leids**	**Summe aus Freud und Leid**
Schüler A	10	5 (Leistung ohne Anstrengung)	15	0	-5 (andere Auswahlkriterien bei der Bewerbung)	-5	10
Schüler B	10	5	15	0	-5	-5	10
Schüler C bis ?							?
Lehrer	5 (keine Korrekturen notwendig)	7 (Korrekturzeiten können für guten Unterricht verwendet werden)	17	-3 (evtl. mangelnde Motivation der Schüler)	0	-3	15
Eltern	5	0	5	0	-3 (Was kann mein Kind eigentlich?)	-3	2
Betriebe	0	0	0	-5 (Bewerbungsverfahren ändern)	0	-5	-5
weitere Betroffene?							
Summe aller Freude			53	Summe allen Leids		-21	32

Ergo: Jeder sollte im Zeugnis **eine** Eins erhalten.

Best.-Nr. 025069

Gemischte Gefühle bei Empathie

Fritz Breithaupt

Empathie ist nicht unbedingt förderlich für moralische Prozesse. Wenn auch das Miterleben und Verstehen eines anderen uns nicht unbedingt moralischer macht, können wir das innere Erleben des anderen nun immerhin nicht mehr ignorieren. Es besteht als mentales Faktum in unserem Denken (was nicht heißt, dass es korrekt oder akkurat aufgefasst wird). Wir können und müssen den anderen mitbedenken. Empathie macht uns insofern empfänglicher für moralische Belange. Aufgrund von Empathie in all ihren Formen wird das (vielleicht nur projizierte, vielleicht tatsächliche) Leiden des anderen zum Faktum und Ereignis, ebenso wie auch seine anderen Emotionen, Empfindungen und Erlebnisse. Insofern ist Empathie in der Tat von zentraler Bedeutung für Moral und Ethik.

Allerdings widersetzt sich Empathie einer einfachen Instrumentalisierung für einen guten Zweck und gehorcht auch nicht der simplen additiven Logik, dass mehr Empathie bessere Menschen hervorbringt. Ein Medikament zur Steigerung von Empathie wäre mithin keine Lösung. Man kann immer mit dem Falschen mitfühlen, kann Empathie als Steigerung eigenen Erlebens unabhängig vom Wohlergehen des anderen kultivieren, kann bloße Identifikation als Empathie missverstehen und kann sich selbst verlieren. Ja, wir können vehement gegen die Nähe des anderen rebellieren. [...] Kommen wir also zu den schwierigen Fragen. Sollte Empathie gefördert werden? [...]

Die erste Frage ist, aus welchem Grund Empathie gelernt werden soll. Geht es um das Lernen von Moralität? In diesem Falle sollte man nicht zu viel Hoffnung mit Empathie verknüpfen. Empathie erweist sich als moralisch „gut" nur im komplexen Verbund mit einer guten Handlung, mit Erwartungen von fürsorglichen Handlungen, mit einem entsprechenden Habitus und mit dem Verständnis, dass man Teil einer Gemeinschaft ist. Empathie allein, ohne diesen Verbund, bleibt Sache des Individuums, das seine Wahrnehmung der Welt durch das Miterleben erweitert. Miterleben ist zunächst ein eigennütziges Verhalten. Wer Bücher liest, kann sich in vielfache Erlebniswelten einfühlen. Manche Philosophen und Theologen haben das moralisch sogar verurteilt. Darin bereits moralisch positive Empathie zu erkennen, [...] überspringt jedenfalls viele Schritte. [...]

Dennoch glaube ich, dass Empathie unbedingt erlernt und gefördert werden soll, doch weniger aus direkt moralischen Gründen. Befreien wir uns also in Bezug auf Empathie von einer Friede-Freude-Eierkuchen-Mentalität. [...] Mein einfacher Vorschlag lautet, dass ein Vorzug der Empathie zunächst und vor allem in einer erweiterten Wahrnehmung besteht. Mittels Empathie können wir das Erleben anderer imaginär miterleben, das heißt, wir teilen imaginär ihre Wahrnehmungen, fühlen leiblich, was die anderen bewegt, und partizipieren damit zugleich an ihren emotionalen und kognitiven Reaktionen auf das, was sie wahrnehmen. Durch Empathie leben wir in mehr als einer Welt. Eng verknüpft mit diesem In-vielen-Welten-Leben ist auch unser narratives Vermögen, das den Rezipienten (ebenso wie den Erzähler) in andere Welten versetzt [...]. Dank Empathie leben wir in mehr als einer tatsächlichen Situation, da wir mitdenken, mitfühlen, was ein jeder Gesprächspartner denkt und empfindet. Und auch in fiktiven Situationen sind uns die Tore zu vielfältigen Empfindungen und emotionalen Vorstellungen geöffnet. [...]

Der Vorteil, den wir aus Empathie ziehen, ist insofern zunächst Komplexitätssteigerung. Wer empathisch denkt und miterlebt, registriert, dass keine menschliche Handlung schlicht eine Handlung und kein Gefühl schlicht ein Gefühl ist, sondern auf unterschiedliche Art und Weise erlebt und erfahren werden kann. Empathie ist damit ein Mittel zur Intensivierung von Wahrnehmung, in einem Wort: Ästhetik. [...]

Menschen mit weniger Empathie verhalten sich nicht notwendig weniger moralisch als andere Menschen. Aber sie haben eine ärmere Wahrnehmung der Welt als andere Menschen. Allerdings ist es möglich, dass sie verbesserte Wahrnehmungen anderer Art haben, dass sie etwa genauer hören und so ästhetische Vielfalt erleben bzw. ihr Erleben auf andere Art und Weise intensivieren. [...]

Wer mehr mit-erlebt, dürfte zumindest dieses Mit-Erleben schätzen. Und aus diesem Grund hat er zumindest das Interesse, dass ihm der andere als Basis seines Mit-Erlebens zur Verfügung steht. Zwar kann auch dies negative Effekte haben [...]. Es gibt hier aber zumindest eine Tendenz zugunsten des anderen. Der andere darf nicht zugrunde gehen, um den Kanal des Mit-Erlebens offen zu halten. Und hier liegt nun tatsächlich eine gewisse Begünstigung moralisch positiven Handelns und Wünschens noch in der selbst-fokussierten Form des eher ästhetischen Mit-Erlebens und der Empathie. Insofern hilft die Förderung (ästhetischer) Empathie indirekt auch den moralisch-altruistischen Formen von Empathie.

Fritz Breithaupt: Die dunklen Seiten der Empathie. Berlin: Suhrkamp Taschenbuch Wissenschaft 2017, S. 204 ff.

Habermas und die heutige Gremienethik

Irmhild Saake

Eine bessere Welt, die ihren Anspruch der Demokratie auch wirklich einlösen könnte, wäre eine Welt, in der sich alle mit den guten Gründen einverstanden zeigen könnten. In einer solchen Welt der „Freien und Gleichen" würde die Verständigung nicht durch Statusunterschiede und blanke Macht erschwert. Die Habermas'sche Theorie des „zwanglosen Zwangs des besseren Arguments" interessiert sich für die eine Wahrheit des besseren Arguments. [...] Ob es einmal in Zukunft diese eine Wahrheit geben wird, wissen wir nicht. Unsere gegenwärtige Situation eines ständigen Zwangs zum ethischen Diskurs beschreibt die Theorie aber perfekt. [...]

Ethische Gremien in Krankenhäusern kann man zum Beispiel danach unterscheiden, ob sie über aktuelle, noch nicht entschiedene Fälle reden oder nicht. Über Fälle, die schon entschieden sind, zu reden, ist denkbar schwierig. Da macht sich jeder angreifbar, der seine Entscheidungen darstellen muss, denn im Nachhinein lässt sich die Plausibilität der konkreten Entscheidungssituation manchmal nicht mehr rekonstruieren. [...]

Über noch nicht entschiedene Fälle zu reden, ist dagegen viel einfacher. Aber auch da ist man überrascht, wie schwer sich die Beteiligten mit den guten Gründen tun. [...]

Dass in diesem Beispiel die Habermas'sche Idee eines geordneten Diskurses, bei dem sich mit „zwanglosem Zwang" das bessere Argument durchsetzt, noch sichtbar ist, ist nicht überraschend. Dass aber das „bessere Argument" selbst zu einem Problem geworden ist, ist schon verwunderlich. Auch Studierende sagen heute, wenn man sie zum Sinn und Zweck wissenschaftlichen Argumentierens befragt, dass es zum guten Stil gehört, alle Argumente – vornehmlich auch solche anderer Kulturen – zu akzeptieren – oder wertzuschätzen oder zu tolerieren. Dass sich ein Argument auf Kosten der anderen durchsetzt, erscheint ihnen fast schon brutal und unanständig. [...]

Wie sehr es in solchen ethischen Tischgemeinschaften um die gute Form des Argumentierens geht, zeigen auch Studien zu klinischen Ethikkomitees, die über bereits entschiedene Fälle diskutieren. Im Unterschied zu klinischen Ethikkommissionen, die bei Forschungen an Menschen zustimmen müssen, und Fallbesprechungen, die Entscheidungen vorbereiten, gibt es interessanterweise auch Krankenhausgremien, die nur dafür da sind, die ethische Sensibilität eines Krankenhauses darzustellen. Dieser Trend eines solchen Krankenhaus-Ethikrates kommt aus den USA und demonstriert, dass sich alle Beteiligten offenbar besser fühlen, wenn es einen Ort gibt, an dem ethische Kompetenz demonstriert wird. [...]

Wir können nicht vermeiden, dass wir uns nur gut fühlen, wenn alle in den Diskurs miteinbezogen sind. Die ethischen Gremien verwirklichen auf diese Weise eine Form von Herrschaftskritik, die viel alltäglicher daherkommt als die großen politischen Entwürfe. Diese Art von Herrschaftskritik ist aber auch noch um einiges radikaler, als es sich Habermas mit seinem ständigen Gespräch gedacht hatte. Während Habermas die Symmetrie als Mittel zum Zweck verwendet, um dem guten Argument zur Geltung zu verhelfen, verselbstständigt sich in ethischen Gremien die Symmetrie und zwingt uns auf Augenhöhe mit jedem Argument. Wichtig ist nicht, was gesagt wird, sondern, wer etwas sagt.

Während eine solche Praxis der Einübung in symmetrische Kommunikationsmuster und des Entwertens der Argumente in unseren organisatorischen Alltag einzieht, wird unsere Welt etwas egalitärer, etwas freier, etwas besser. Und auch etwas dümmer?

Irmhild Saake: „Alles wird ethisch. Gremienethik als neue Herrschaftskritik". In: Kursbuch 176: *Ist Moral gut?* Hamburg: Murmann Verlag 2013, S. 49 ff.

Die Herstellung des Menschen

Ulrich Greiner

[...] Erst allmählich begreifen wir die Revolution, die uns durch die fortgeschrittene und immer weiter fortschreitende Reproduktionsmedizin blüht. Sie kann Menschen machen. Das hat zwei Folgen, deren Tragweite noch nicht hinreichend bedacht worden ist. Die erste Folge ist die Eugenik. Die Welt des Machens unterliegt dem Gesetz der Steigerung und der Verbesserung. Wer Menschen macht, will sie optimal machen.

Die zweite Folge ist die Multiplizierung und somit die Aufhebung konventioneller Abstammung. Ahnentafeln, wie wir sie aus Geschichtsbüchern kennen, wird es für künftige „Geschlechter" nicht mehr geben, weil es das Abstammungssystem „Geschlecht" nicht mehr geben wird. Allein in Deutschland entstehen auf künstlichem Weg pro Jahr etwa tausend Kinder unklarer oder verborgener biologischer Herkunft. Die genealogische Ordnung, die eine kulturelle Leistung ersten Ranges darstellt, scheint an ihr Ende gekommen.

[...] Auch wenn die Befruchtungen mit wachsender Routine preiswerter werden, so lässt sich doch voraussehen, dass die optimierte Menschenherstellung den gebildeten und gut situierten Schichten vorbehalten bleibt, während sich das Volk am Boden auf hergebrachte Weise fortpflanzt. Dass es damit am Ende besser fährt, ist sehr gut möglich.

Die Optimierungsvision, die zugleich ein Optimierungswahn ist, fügt sich gut in die herrschende Ideologie der Selbstertüchtigung um jeden Preis. Lediglich altmodische Christen und wertkonservative Bildungsbürger erheben ihre Stimme. Vielleicht gibt es bei einer stillen Mehrheit ungute Gefühle. Von lautem Protest allerdings ist nichts zu hören. Es scheint aussichtslos, sich gegen das zu stemmen, was ohnehin geschieht und nach Fortschritt aussieht. [...]

Aber sicher dürfen wir das. Wir kommen jedoch nicht um die Frage herum, wie wir mit der zweiten Folge der neuen Techniken umgehen, mit dem Verlust der Genealogie. [...]

Die *consecutio temporum,* die Abfolge von zeugender und gezeugter Generation, ist wesentlich für die Selbstverortung des Menschen. Sie war es. Der reproduzierte neue Mensch findet seinen Ort außerhalb genealogischer Zusammenhänge. Eben das ist die neue Utopie, der Nirgendsort.

Die Generation, die in den Reproduktionsfabriken hergestellt wird, ist die Generation Neustart. Sie beginnt mit einer jungfräulichen Festplatte und hinterlässt nach Möglichkeit wiederum eine leere. Die Mahnung des Edmund Burke: „Wenn ihr eure Vorväter geachtet hättet, hättet ihr gelernt, euch selbst zu achten", geht an ihr vorbei. Die Macht der Vorväter ist erloschen, die Selbstachtung hängt nicht mehr an der Tradition, sondern am Hier und Jetzt – und an der Samenqualität.

Elternschaft, reproduktionstechnisch betrachtet, ist nur noch ein schwaches soziales Konstrukt, das mit Blutsbanden nichts mehr zu tun hat und sich von Fall zu Fall neu zusammensetzt. Die Liebe zwischen zwei Partnern ist erheblich nur für die Aufzucht, für Zeugung und Geburt jedoch bedeutungslos. Deshalb spricht alles dafür, die Reproduktion jenen zu überlassen, die sie am besten beherrschen: den Technikern. [...]

Mit der Einführung der Pille begann die Trennung von Sexualität und Fortpflanzung. Dem Prinzip Verhütung ist nun das Prinzip Herstellung ergänzend zur Seite getreten. Mehr kann man nicht wollen. Der Vater allerdings ist dabei abhandengekommen. [...] Die klassische Revolte einer jungen Generation gegen die etablierte erscheint als atavistisches Ritual. Die vom biologischen Fatalismus befreite Generation Neustart hält sich damit nicht auf. Man kann das als einen Gewinn betrachten [...]

Im *Spiegel* hat sich kürzlich eine Redakteurin zum „Social Freezing", zum Einfrieren ihrer Eizellen bekannt und sich gegen den Vorwurf des Egoismus mit der Frage gewehrt: „Was spricht dagegen, das Beste aus seinem Leben herausholen zu wollen?" Ja, was spricht dagegen? Wer so redet, dem bleibt gar nichts anderes übrig, als das Beste aus seinem Leben herauszuholen.

Den Fantasien der Selbstermächtigung und Selbsterlösung kommt die Reproduktionsmedizin aufs Verlockendste entgegen. Sie verspricht, jeden, der es bezahlen kann, zum Herrn oder zur Herrin des eigenen Lebens zu machen. Sie optimiert den Menschen als Kunstprodukt. Wie bei allen Optimierungsprozessen werden sich auch hier Fehlprodukte nicht vermeiden lassen. Es wird Abfall entstehen, wie es schon jetzt das Schicksal zahlloser per IVF befruchteter Eizellen ist. Man wird sich daran gewöhnen, doch ist und bleibt es ein krimineller Vorgang.

Die Zeit, Nr. 40/29.9.2014, S. 55, http://www.zeit.de/2014/40/reproduktionsmedizin-genealogie-eugenik/komplettansicht [02.06.2017]

Eine neue Ära?

Wolfgang Huber

Man hat diese Neuerung [die CRISPR-Cas9-Methode] bereits als „die medizinische Entdeckung des Jahrhunderts" bezeichnet. In populären Darstellungen wird sogar von einem „Gotteswerkzeug", in anderen von einer „Zauberschere" gesprochen. Wo eine wissenschaftliche Entdeckung mit derartigen Worten beschrieben wird, gerät das ethische Urteil leicht in den Sog gegenläufiger Deutungen. [...] Leitend ist für beide Zugänge das Fortschrittsparadigma, bei den Apokalyptikern allerdings mit negativem Vorzeichen. Euphoriker und Apokalyptiker eint eine Haltung des Alles oder nichts. Eine ethische Reflexion über die Verantwortbarkeit menschlichen Verhaltens ist demgegenüber gut beraten, den Weg des Abwägens zu gehen. Abzuwägen sind Chancen und Risiken; zu bedenken sind die intendierten Ziele ebenso wie die beabsichtigten oder nicht beabsichtigten Folgen möglichen Handelns.

[...] Bei Eingriffen in die Keimbahn sind zwei Aspekte zu unterscheiden. Der eine Aspekt bezieht sich auf unbeabsichtigte Mutationen an anderen Stellen im Genom (Off-target-Wirkungen), auf unbeabsichtigte Nebenwirkungen der gezielten Beseitigung eines genetischen Defekts oder auf epigenetische Effekte, die sich aus der Wechselwirkung zwischen Genen und Umweltfaktoren ergeben. Solche Auswirkungen – das ist der andere Aspekt – betreffen nicht nur das Individuum, an dem im embryonalen Entwicklungsstadium die betreffenden Interventionen vorgenommen wurden; sie betreffen ebenso dessen Nachkommen – und zwar über die Abfolge der Generationen hinweg in einer zeitlich nicht abgrenzbaren Weise.

[...] Nun mag man argumentieren, dass das Ausmaß des Nutzens genomchirurgischer Eingriffe in die Keimbahn ein erhöhtes Risiko rechtfertigt. [...] So lange solche Risiken weder ausgeschlossen noch in ihrem Ausmaß beschrieben werden können, ist ein international vereinbartes Verbot gentechnischer Eingriffe in die Keimbahn in einer moralischen Perspektive vergleichbar plausibel wie ein Verbot des Klonens.

[...] Ein egalitärer Universalismus der gleichen Würde kann sich mit unterschiedlich akzentuierten Vorstellungen von der menschlichen Person verbinden. Für den durch Christentum und Aufklärung geprägten Kulturkreis ist die Vorstellung von einer unverwechselbaren, zur Freiheit bestimmten und zur Verantwortung befähigten Person leitend geworden. Im Vergleich zu Sachen sind Personen durch Unverwechselbarkeit bestimmt. Zur Würde des Menschen gehört es, dass er als Person nicht austauschbar ist. Das bleibt er nur, solange er nicht einem von anderen entworfenen Bauplan gemäß konstruiert und produziert wird. Seine Freiheit hat mit der Unverfügbarkeit der Bedingungen wie den Gelegenheiten seines Lebens zu tun; Freiheit zeigt sich als Gestaltung von Kontingenz. Aus diesen Gründen spielt die Grenze zwischen Heilung und Verbesserung („enhancement"), zwischen Leidvermeidung und Glückskonstruktion, zwischen Bewahrung und Verfertigung, zwischen Therapie und Perfektion eine entscheidende Rolle.

[...] Mögen die Ziele einer genetischen Verbesserung des Kindes noch so begrüßenswert sein – beispielsweise der musikalischen Begabung oder des sportlichen Könnens –, so ist der Versuch, die eigenen Kinder genetisch zu verbessern, dennoch unvereinbar mit dem ethischen Paradigma der „bedingungslosen" elterlichen Liebe. Während das Vorsichtsprinzip eine universale moralische Norm darstellt, ist der Personbegriff, mit dem hier argumentiert wird, ein ethischer Wert, für den religiöse und kulturelle Prägungen geltend gemacht werden. Aber er verträgt sich ohne Zweifel besser als andere Menschenbilder mit dem Gedanken einer Menschenwürde, die für jeden, unbeschadet aller Unterschiede, in gleicher Weise gelten soll. Der Personbegriff führt mit einer inneren Notwendigkeit zu einer Haltung gegenüber neuen gentechnischen Möglichkeiten, in der diese auf therapeutische Ziele beschränkt und nicht für Maßnahmen der Verbesserung eingesetzt, in den Dienst des Heilens und nicht der Perfektion gestellt, also allein der negativen und nicht der positiven Eugenik dienstbar gemacht werden. [...]

Nehmen wir an, die Förderung von musikalischer Begabung, sportlichem Vermögen, wissenschaftlicher Exzellenz oder beruflicher Leistungsfähigkeit wäre tatsächlich durch positive Eugenik zu erreichen, dann würde gesellschaftliche Ungleichheit durch gentechnische Mittel verstärkt. Befähigungsgerechtigkeit und daraus folgend Beteiligungsgerechtigkeit würden, zusätzlich zu ohnehin bestehenden sozialen Unterschieden, auch noch durch den ungleichen Zugang zu Möglichkeiten der Verbesserung beeinträchtigt. [...]

Der Verfasser bekleidete von 1994 bis 2009 das Amt des Bischofs der Evangelischen Kirche Berlin-Brandenburg-schlesische Oberlausitz. Von 2003 bis 2009 war er auch Vorsitzender des Rats der Evangelischen Kirche in Deutschland (EKD). Dem im Jahr 2001 gegründeten Nationalen Ethikrat gehörte Huber bis zu der Übernahme des Ratsvorsitzes an; dem Deutschen Ethikrat gehörte er von 2010 bis 2014 an.

Frankfurter Allgemeine Zeitung, 07.10.2016, http://www.faz.net/aktuell/politik/die-gegenwart/genforschung-eine-neue-aera-14452596.html?printPagedArticle=true#pageIndex_2 [02.06.2017]

Für ein wirkliches „Gesundheitswesen“

Klaus Michael Meyer-Abich

Zur politischen Willensbildung für ein künftiges Gesundheitswesen gehört die lebendige Erfahrung, dass Gesundheit und Krankheit Charaktere des persönlichen, gesellschaftlichen und natürlichen Mitseins sind, auch deshalb, weil wirtschaftliche Interessen uns davon abzuhalten suchen. Insbesondere die Auto-, die Nahrungsmittel- und die Fernsehindustrie leben und profitieren davon, dass wir uns viel zu wenig körperlich bewegen und uns ungesund ernähren. Den dazu aufgebotenen Verführungen entgeht man leichter gemeinsam als alleine. Auch die [von mir] vorgeschlagenen tariflichen Anreize für ein gesünderes Leben dürften nur in Verbindung mit einem gewandelten Gefühlsbewusstsein stark genug sein, um den massiven Verlockungen durch die Mühelosigkeiten des Bewegt- und Unterhaltenwerdens sowie ihren Korrelaten in der Ernährung zu entgehen. Dass große Teile der Gesellschaft kaum noch Zigaretten rauchen, nachdem deren Schädlichkeit einer breiten Öffentlichkeit bewusst geworden war, ist ein gutes Vorbild, wie ein allgemeiner Bewusstseinswandel den persönlichen Widerstand erleichtern kann. Bloße Steuererhöhungen hätten diesen Wandel ebenso wenig bewirkt wie rein persönliche Anreize anderer Art.

Die Einsicht, dass unsere Lebensformen leibfremd und dadurch ungesund geworden sind, hat politische und wirtschaftliche Konsequenzen für fast alle Lebensbereiche. Soweit durch nicht medizinische Maßnahmen mittlerweile mehr für die Gesundheit getan werden kann als durch die medizinische Versorgung, sollte sich der gesundheitspolitische Diskurs also auch damit beschäftigen, wie insbesondere durch Bildungs-, Sozial-, Wirtschafts-, Beschäftigungs-, Verkehrs-, Städtebau- und Umweltpolitik umfassender als bisher für die allgemeine Gesundheit gesorgt werden könnte. Dabei dürften sich unerwartete Querverbindungen ergeben. Beispielsweise liegt eine Parallele zum Schulwesen darin, dass eine in ihren Grundfunktionen zunehmend versagende Gesellschaft wohl auch der medizinischen Versorgung Aufgaben zugeschoben hat, die anderweitig unerfüllt bleiben, für die ein Mediziner aber schwerlich kompetenter ist als ein Lehrer für das Nachholen der häuslichen Erziehung. Ich vermute, dass sich unsere Wirtschaft leichter an gesündere Bedürfnisse anpassen kann als die öffentlichen Einrichtungen.

Der öffentliche Diskurs über ein Gesundheitswesen würde wohl dazu beitragen, dass eine umfassende Gesundheitspolitik in absehbarer Zeit als eine Regierungsaufgabe wiederentdeckt und dabei die Alleinzuständigkeit des Gesundheitsministeriums für die Gesundheit aufgegeben wird. […]

Politisch geltend zu machen sind die längerfristigen Ziele aber tatsächlich nur, soweit die Öffentlichkeit sie zumindest tendenziell bejaht. Ich hoffe deshalb nicht in erster Linie darauf, dass Regierungen etwas tun, sondern auf den Wandel im allgemeinen Bewusstsein, der durch dem gesundheitspolitischen Diskurs ausgelöst würde. Politiker können dem Bewusstsein der Öffentlichkeit in Demokratien – anders als Philosophen – immer nur sehr begrenzt voraus sein, und einstweilen haben ja nur wenige Menschen überhaupt gemerkt, dass es in unserer Gesellschaft kein Gesundheitswesen im eigentlichen Sinn gibt. Der diskursive Wandel müsste vor allem mit sich bringen, dass wir über unsere Gesundheit und über unsere Krankheiten anders denken als bisher. Entscheidend ist, dass die Gesundheit und unsere Selbstverantwortung dafür uns in Zukunft mehr interessieren als die Krankheiten. Gesund zu sein bedeutet für Menschen in verschiedenen Lebensaltern, verschiedenen Religionen und verschiedenen Kulturen niemals dasselbe. Gerade unter sich wandelnden Bedingungen ist die Gesundheit vielmehr wie das Leben selbst eine immer wieder neu auf Erfüllung angelegte Möglichkeit, wie zu leben sei, damit die Teile einander zu einer Vollständigkeit des Daseins ergänzen.

Klaus Michael Meyer-Abich: „Was es bedeutet, gesund zu sein“. Philosophie der Medizin. München: Hanser 2010, S. 578 ff.

Publizistische Grundsätze

Deutscher Presserat

Der **Deutsche Presserat** wurde 1956 gegründet und ist das Selbstkontrollorgan der deutschen Presse. Sein Pressekodex umfasst 16 berufsethische Grundsätze. Der hier abgedruckte Auszug stammt aus dem Jahr 2015. Der Presserat ahndet begründete Beschwerden mit Hinweisen, Missbilligungen oder mit Rügen. 2015 sprach er 35 Rügen aus.

Präambel

Die im Grundgesetz der Bundesrepublik verbürgte Pressefreiheit schließt die Unabhängigkeit und Freiheit der Information der Meinungsäußerung und der Kritik ein. Verleger, Herausgeber und Journalisten müssen sich bei ihrer Arbeit der Verantwortung gegenüber der Öffentlichkeit und ihrer Verpflichtung für das Ansehen der Presse bewusst sein. Sie nehmen ihre publizistische Aufgabe fair, nach bestem Wissen und Gewissen, unbeeinflusst von persönlichen Interessen und sachfremden Beweggründen wahr.
Die publizistischen Grundsätze konkretisieren die Berufsethik der Presse. Sie umfasst die Pflicht, im Rahmen der Verfassung und der verfassungskonformen Gesetze das Ansehen der Presse zu wahren und für die Freiheit der Presse einzustehen.
Die Regelungen zum Redaktionsdatenschutz gelten für die Presse, soweit sie personenbezogene Daten zu journalistisch-redaktionellen Zwecken erhebt, verarbeitet oder nutzt. Von der Recherche über Redaktion, Veröffentlichung, Dokumentation bis hin zur Archivierung dieser Daten achtet die Presse das Privatleben, die Intimsphäre und das Recht auf informationelle Selbstbestimmung des Menschen.
Die Berufsethik räumt jedem das Recht ein, sich über die Presse zu beschweren. Beschwerden sind begründet, wenn die Berufsethik verletzt wird.
Diese Präambel ist Bestandteil der ethischen Normen.

Ziffer 1 – Wahrhaftigkeit und Achtung der Menschenwürde

Die Achtung vor der Wahrheit, die Wahrung der Menschenwürde und die wahrhaftige Unterrichtung der Öffentlichkeit sind oberste Gebote der Presse. Jede in der Presse tätige Person wahrt auf dieser Grundlage das Ansehen und die Glaubwürdigkeit der Medien.

Ziffer 2 – Sorgfalt

Recherche ist unverzichtbares Instrument journalistischer Sorgfalt. Zur Veröffentlichung bestimmte Informationen in Wort, Bild und Grafik sind mit der nach den Umständen gebotenen Sorgfalt auf ihren Wahrheitsgehalt zu prüfen und wahrheitsgetreu wiederzugeben. Ihr Sinn darf durch Bearbeitung, Überschrift oder Bildbeschriftung weder entstellt noch verfälscht werden. Unbestätigte Meldungen, Gerüchte und Vermutungen sind als solche erkennbar zu machen.
Symbolfotos müssen als solche kenntlich sein oder erkennbar gemacht werden.

Ziffer 4 – Grenzen der Recherche

Bei der Beschaffung von personenbezogenen Daten, Nachrichten, Informationsmaterial und Bildern dürfen keine unlauteren Methoden angewandt werden. [...]
4.1 Verdeckte Recherche ist im Einzelfall gerechtfertigt, wenn damit Informationen von besonderem öffentlichen Interesse beschafft werden, die auf andere Weise nicht zugänglich sind.

Ziffer 5 – Berufsgeheimnis

Die Presse wahrt das Berufsgeheimnis, macht vom Zeugnisverweigerungsrecht Gebrauch und gibt Informanten ohne deren ausdrückliche Zustimmung nicht preis. Die vereinbarte Vertraulichkeit ist grundsätzlich zu wahren.

5.1. [...] Vertraulichkeit kann nur dann nicht bindend sein, wenn die Information ein Verbrechen betrifft und die Pflicht zur Anzeige besteht. Vertraulichkeit muss nicht gewahrt werden, wenn bei sorgfältiger Güter- und Interessenabwägung gewichtige staatspolitische Gründe überwiegen, insbesondere wenn die verfassungsmäßige Ordnung berührt oder gefährdet ist. Über als geheim bezeichnete Vorgänge und Vorhaben darf berichtet werden, wenn nach sorgfältiger Abwägung festgestellt wird, dass das Informationsbedürfnis der Öffentlichkeit höher rangiert als die für die Geheimhaltung angeführten Gründe. [...]

Ziffer 8 – Persönlichkeitsrechte

Die Presse achtet das Privatleben und die Intimsphäre des Menschen. Berührt jedoch das private Verhalten öffentliche Interessen, so kann es im Einzelfall in der Presse erörtert werden. Bei einer identifizierenden Berichterstattung muss das Informationsinteresse der Öffentlichkeit die schutzwürdigen Interessen von Betroffenen überwiegen; bloße Sensationsinteressen rechtfertigen keine identifizierende Berichterstattung. Soweit eine Anonymisierung geboten ist, muss sie wirksam sein. Die Presse gewährleistet den redaktionellen Datenschutz.

Ziffer 9 – Schutz der Ehre

Es widerspricht journalistischer Ethik, mit unangemessenen Darstellungen in Wort und Bild Menschen in ihrer Ehre zu verletzen.

Ziffer 10 – Religion, Weltanschauung, Sitte

Die Presse verzichtet darauf, religiöse, weltanschauliche oder sittliche Überzeugungen zu schmähen.

Best.-Nr. 025069

Ziffer 11 – Sensationsberichterstattung, Jugendschutz
Die Presse verzichtet auf eine unangemessen sensationelle Darstellung von Gewalt, Brutalität und Leid. Die Presse beachtet den Jugendschutz.

11.1 Unangemessen sensationell ist eine Darstellung, wenn in der Berichterstattung der Mensch zum Objekt, zu einem bloßen Mittel, herabgewürdigt wird. Dies ist insbesondere dann der Fall, wenn über einen sterbenden oder körperlich oder seelisch leidenden Menschen in einer über das öffentliche Interesse und das Informationsinteresse der Leser hinausgehenden Art und Weise berichtet wird. Bei der Platzierung bildlicher Darstellungen von Gewalttaten und Unglücksfällen auf Titelseiten beachtet die Presse die möglichen Wirkungen auf Kinder und Jugendliche.

Ziffer 12 – Diskriminierungen
Niemand darf wegen seines Geschlechts, einer Behinderung oder seiner Zugehörigkeit zu einer ethnischen, religiösen, sozialen oder nationalen Gruppe diskriminiert werden.

Ziffer 13 – Unschuldsvermutung
Die Berichterstattung über Ermittlungsverfahren, Strafverfahren und sonstige förmliche Verfahren muss frei von Vorurteilen erfolgen. Der Grundsatz der Unschuldsvermutung gilt auch für die Presse.

Ziffer 14 – Medizin-Berichterstattung
Bei Berichten über medizinische Themen ist eine unangemessen sensationelle Darstellung zu vermeiden, die unbegründete Befürchtungen oder Hoffnungen beim Leser erwecken könnte. Forschungsergebnisse, die sich in einem frühen Stadium befinden, sollten nicht als abgeschlossen oder nahezu abgeschlossen dargestellt werden. […]

http://www.presserat.de/pressekodex/pressekodex/ [11.5.2016]

1 Erläutern Sie die Gefahren, die gegenwärtig die Pressefreiheit in Deutschland und in anderen Ländern einschränken und/oder bedrohen.

2 Charakterisieren Sie entsprechend dem Pressekodex einen „guten Journalisten“.

3 Sammeln Sie Presseveröffentlichungen und prüfen Sie, ob sie den infrage kommenden berufsethischen Grundsätzen entsprechen.

4 Recherchieren Sie politische Skandale, die durch Journalisten aufgedeckt wurden.

5 Geheimhaltung vs. Veröffentlichung? Beurteilen Sie, ob die von Edward Snowden an Journalisten weitergegebenen Informationen nicht hätten veröffentlicht werden dürfen (vgl. Ziffer 5).

6 Ziffer 9 und 10: Wie weit darf man gehen (z. B. Religionssatire „Charlie Hebdo“)?

Writers Against Mass Surveillance: Die Demokratie verteidigen im digitalen Zeitalter

Am Internationalen Tag der Menschenrechte 2013 haben sich 562 international anerkannte Autoren, darunter fünf Literaturnobelpreisträger, zu einer öffentlichen Intervention gegen die Gefahren der systematischen Massenüberwachung zusammengeschlossen. Der Aufruf der Autoren-Gruppe „Writers Against Mass Surveillance" wurde auf Initiative von Juli Zeh, Ilija Trojanow, Eva Menasse, Janne Teller, Priya Basil, Isabel Fargo Cole und Josef Haslinger am 10. Dezember 2013 in über 30 internationalen Zeitungen veröffentlicht.

In den vergangenen Monaten ist ans Licht gekommen, in welch ungeheurem Ausmaß wir alle überwacht werden. Mit ein paar Mausklicks können Staaten unsere Mobiltelefone, unsere E-Mails, unsere sozialen Netzwerke und die von uns besuchten Internetseiten ausspähen. Sie haben Zugang zu unseren politischen Überzeugungen und Aktivitäten, und sie können, zusammen mit kommerziellen Internetanbietern, unser gesamtes Verhalten, nicht nur unser Konsumverhalten, vorhersagen.
Eine der tragenden Säulen der Demokratie ist die Unverletzlichkeit des Individuums. Doch die Würde des Menschen geht über seine Körpergrenze hinaus. Alle Menschen haben das Recht, in ihren Gedanken und Privaträumen, in ihren Briefen und Gesprächen frei und unbeobachtet zu bleiben.
Dieses existenzielle Menschenrecht ist inzwischen null und nichtig, weil Staaten und Konzerne die technologischen Entwicklungen zum Zwecke der Überwachung massiv missbrauchen.

Ein Mensch unter Beobachtung ist niemals frei; und eine Gesellschaft unter ständiger Beobachtung ist keine Demokratie mehr. Deshalb müssen unsere demokratischen Grundrechte in der virtuellen Welt ebenso durchgesetzt werden wie in der realen.

Überwachung verletzt die Privatsphäre sowie die Gedanken- und Meinungsfreiheit.
Massenhafte Überwachung behandelt jeden einzelnen Bürger als Verdächtigen. Sie zerstört eine unserer historischen Errungenschaften, die Unschuldsvermutung.
Überwachung durchleuchtet den Einzelnen, während die Staaten und Konzerne im Geheimen operieren. Wie wir gesehen haben, wird diese Macht systematisch missbraucht.
Überwachung ist Diebstahl. Denn diese Daten sind kein öffentliches Eigentum: Sie gehören uns. Wenn sie benutzt werden, um unser Verhalten vorherzusagen, wird uns noch etwas anderes gestohlen: Der freie Wille, der unabdingbar ist für die Freiheit in der Demokratie.

Wir fordern daher, dass jeder Bürger das Recht haben muss mitzuentscheiden, in welchem Ausmaß seine persönlichen Daten gesammelt, gespeichert und verarbeitet werden und von wem; dass er das Recht hat, zu erfahren, wo und zu welchem Zweck seine Daten gesammelt werden; und dass er sie löschen lassen kann, falls sie illegal gesammelt und gespeichert wurden.
Wir rufen alle Staaten und Konzerne auf, diese Rechte zu respektieren.
Wir rufen alle Bürger auf, diese Rechte zu verteidigen.
Wir rufen die Vereinten Nationen auf, die zentrale Bedeutung der Bürgerechte im digitalen Zeitalter anzuerkennen und eine verbindliche Internationale Konvention der digitalen Rechte zu verabschieden.
Wir rufen alle Regierungen auf, diese Konvention anzuerkennen und einzuhalten.

http://www.authorsforpeace.com/die-demokratie-verteidigen-im-digitalen-zeitalter.html [27.4.2016]

1 „Ein Mensch unter Beobachtung ist niemals frei; und eine Gesellschaft unter ständiger Beobachtung ist keine Demokratie mehr." (Z. 18 f.) Erklären Sie die Aussage.

2 Nennen Sie Beispiele für die Überwachung durch Staaten und Konzerne.

3 Erarbeiten Sie eine internationale Konvention der digitalen Rechte.

Best.-Nr. 025069

Transparent ist nur das Tote

Byung-Chul Han

Die Transparenz manifestiert sich heute als ein systemischer Zwang, der alle gesellschaftlichen, ökonomischen und politischen Prozesse erfasst und sie einer tief greifenden Veränderung unterwirft.

Die Transparenzgesellschaft ist eine Positivgesellschaft. Transparent werden die Dinge, wenn sie jede Negativität abstreifen, wenn sie geglättet und eingeebnet werden, wenn sie sich widerstandslos in glatte Ströme des Kapitals, der Kommunikation und Information einfügen. Transparent werden die Handlungen, wenn sie sich dem berechen-, steuer- und kontrollierbaren Prozess unterordnen. Transparent werden die Dinge, wenn sie ihre Singularität ablegen und sich ganz in Preis ausdrücken. Transparent werden die Bilder, wenn sie, von jeder hermeneutischen Tiefe, ja vom Sinn befreit, pornografisch werden. In ihrer Positivität ist die Transparenzgesellschaft eine Hölle des Gleichen. [...]

Das Wort „Transparenz" setzt sich aus den lateinischen Wörtern *trans* und *parere* zusammen. *Parere* bedeutet ursprünglich: Auf jemandes Befehl hin erscheinen oder sichtbar sein. Wer „pariert", ist sichtbar, gehorcht ohne Widerspruch. Schon von seinem etymologischen Ursprung her haftet dem Wort „Transparenz" etwas Gewaltsames an. Entsprechend wird sie heute als Instrument der Kontrolle und Überwachung in den Dienst genommen. [...]

„Transparenz schafft Vertrauen". Dieses Motto verbirgt in sich einen Widerspruch. Vertrauen ist nur möglich in einem Zustand zwischen Wissen und Nichtwissen. Vertrauen heißt, trotz Nichtwissen gegenüber dem anderen eine positive Beziehung zu ihm aufzubauen. Es macht Handlungen möglich trotz Nichtwissen. Weiß ich im Vorfeld alles, erübrigt sich das Vertrauen. Die Transparenz ist ein Zustand, in dem jedes Nichtwissen eliminiert ist. Wo die Transparenz herrscht, ist kein Raum für das Vertrauen. Statt „Transparenz schafft Vertrauen" sollte es eigentlich heißen: „Transparenz schafft Vertrauen ab". [...]

In der totalen Ausleuchtung verkümmert die menschliche Seele

Die Forderung nach Transparenz wird gerade da laut, wo kein Vertrauen mehr vorhanden ist. Die Transparenzgesellschaft ist eine Gesellschaft des Misstrauens, die aufgrund des schwindenden Vertrauens auf Kontrolle setzt. Für eine politische Persönlichkeit, die in der Bevölkerung ein tiefes Vertrauen genösse, wäre schon die leiseste Forderung nach Transparenz eine Entwürdigung. Die lautstarke Forderung nach Transparenz weist gerade darauf hin, dass das moralische Fundament der Gesellschaft brüchig geworden ist, dass moralische Werte wie Ehrlichkeit oder Aufrichtigkeit immer mehr an Bedeutung verlieren. An die Stelle der wegbrechenden moralischen Instanz tritt die Transparenz als neuer gesellschaftlicher Imperativ. [...]

Nicht weniger naiv ist die Ideologie der „Post Privacy", die im Namen der Transparenz eine totale Preisgabe der Privatsphäre fordert. Den Vertretern dieser neuen Strömung im Netz wäre zu sagen: Der Mensch ist nicht einmal sich selbst transparent. Freud zufolge verneint das Ich gerade das, was das Unbewusste schrankenlos bejaht und begehrt. Das „Es" bleibt dem Ich weitgehend verborgen. Durch die menschliche Psyche geht also ein Riss, der das psychische System nicht mit sich übereinstimmen lässt. Dieser fundamentale Riss als Ort der Intransparenz macht die Selbsttransparenz des Ich unmöglich. Sie wäre nur als eine vielleicht notwendige Illusion denkbar. Auch zwischen Personen klafft ein Riss. So lässt sich unmöglich eine interpersonale Transparenz herstellen. Sie ist auch nicht erstrebenswert. Gerade die fehlende Transparenz des anderen erhält die Beziehung lebendig. [...] Angesichts des Pathos der Transparenz, das die heutige Gesellschaft erfasst, täte es Not, sich im Pathos der Distanz zu üben.

Außerdem braucht die menschliche Seele offenbar Sphären, wo sie bei sich sein kann, ohne die Sorge um den Blick des anderen. Eine totale Ausleuchtung würde sie ausbrennen. Die totale Transparenz führt womöglich zu einer Art Burn-out der Seele. Das wäre auch der Sinn der Aufzeichnung von Peter Handke: „Von dem, was die anderen nicht von mir wissen, lebe ich." Ganz transparent ist nur die Maschine. Die menschliche Seele ist aber keine Maschine. Innerlichkeit, Spontaneität und Ereignishaftigkeit, die das Leben überhaupt ausmachen, sind der Transparenz entgegengesetzt. Ja gerade die menschliche Freiheit macht die totale Transparenz unmöglich. Eine transparente Beziehung ist außerdem eine tote Relation, der jede Anziehung fehlt. Transparent ist nur das Tote. Es wäre eine Aufklärung, anzuerkennen, dass es positive, produktive Sphären des menschlichen Daseins und Mitseins gibt, die der Transparenzzwang regelrecht zugrunde richtet. [...]

Um Missverständnisse zu vermeiden: Gegen die Bekämpfung der Korruption oder gegen die Verteidigung der Menschenrechte im Namen der Transparenz ist nichts einzuwenden. Sie ist begrüßenswert. Die Kritik an der Transparenz gilt ihrer Ideologisierung, Fetischisierung und Totalisierung. Besorgniserregend ist vor allem, dass die Transparenzgesellschaft heute in eine Kontrollgesellschaft umzuschlagen droht. [...]

Die Kontrollgesellschaft vollendet sich dort, wo ihr Subjekt nicht durch einen fremden Zwang, sondern aus einem selbst generierten Bedürfnis heraus sich entblößt, wo also die Angst davor, seine Privat- und Intimsphäre zu verlieren, dem Bedürfnis weicht, sie schamlos zur Schau zu stellen. Die Kontrollgesellschaft folgt der Effizienzlogik der Leistungsgesellschaft. Die Selbstausbeutung ist effizienter als die Fremdausbeutung, weil sie vom Gefühl der Freiheit begleitet wird. Das Leistungssubjekt unterwirft sich einem freien, selbst generierten Zwang.

Diese Dialektik der Freiheit liegt auch der Kontrollgesellschaft zugrunde. Die Selbstausleuchtung ist effizienter als die Fremdausleuchtung, weil sie mit dem Gefühl der Freiheit einhergeht. Der Zwang zur Transparenz ist letzten Endes kein ethischer oder politischer, sondern ein ökonomischer Imperativ. Ausleuchtung ist Ausbeutung. Wer ganz ausgeleuchtet ist, ist der Ausbeutung schutzlos ausgeliefert. Die Überbelichtung einer Person maximiert die ökonomische Effizienz. Der transparente Kunde ist der neue Insasse, ja der Homo sacer des ökonomischen Panoptikums. Das Panoptikum der Transparenzgesellschaft unterscheidet sich von dem Panoptikum der Disziplinargesellschaft dadurch, dass es keiner Fesseln, keiner Mauern, keiner geschlossenen Räume bedarf.

Die Zeit, 3/2012, http://www.zeit.de/2012/03/Transparenzgesellschaft/komplettansicht [28.05.2017]

Was müssen wir noch besitzen?

Julia Maria Amberger

Das Teilen ist eigentlich eine uralte Sache. Warum tun seit einigen Monaten bloß alle so, als sei das etwas völlig Neues? Die *New York Times* findet sogar, Teilen zähle zu den zehn Dingen, die unsere Welt verändern werden.

Der gemeinschaftliche Konsum, das Teilen und Tauschen von Auto, Wohnung, Trampolin oder Pullovern wird beliebter. Laut einer Bitkom-Studie von 2012 teilen 17 Prozent der deutschen Internetnutzer Gegenstände oder ihre Wohnung über Online-Plattformen. Das sind immerhin neun Millionen Menschen. Und 85 Prozent können sich das grundsätzlich vorstellen.

Wissenschaftler wie Michael Kuhndt sehen darin Zeichen eines ganz neuen Lebensstils. „Besitz wird zunehmend als Belastung empfunden", sagt er, und „Status-Symbole fallen". Eine Kultur des Teilens könne sogar unsere Industrie verändern, sodass sich dort langlebigere Produkte durchsetzen.

Unseren Konsumstil, der die Wirtschaft antreibt, würde das auf lange Sicht infrage stellen. Seit der Nachkriegszeit schließlich verschreiben uns Regierung und Wirtschaft das Wachstum als Allheilmittel: kaufen, kaufen, kaufen. Wehe der Wert des BIP sinkt im Vergleich zum Vorjahr.

Eine Generation von jungen Unternehmern sagt jetzt, der Markt sei längst gesättigt. Sie versprechen genau so viel Spaß – aber weniger Verschwendung. Wenn wir Dinge lieber teilen, leihen oder austauschen, statt sie zu kaufen.

Teilen ist im Internet auf Facebook, Twitter und Google+ schon lange zum Programm geworden. Die Bereitschaft, Informationen zu teilen, wächst – überträgt sich aber auch auf Dinge aus Holz und Stein.

Seit Urzeiten teilen die Menschen Essen, Wohnraum und was sie sonst noch zum Leben brauchen mit anderen Menschen – ohne das Gefühl zu haben, dafür etwas zurückgeben zu müssen. Für den US-Anthropologen David Graeber ist Teilen gar der Naturzustand. Und jetzt soll das plötzlich der neueste Shit sein?

Vielleicht wird das Teilen gerade auch deshalb wieder so interessant und bedeutsam, weil es nicht mehr alltäglich ist, glauben die Autoren einer aktuellen Studie namens „Sharity" des Gottlieb Duttweiler Instituts in der Schweiz. Wachsender Wohlstand, sinkende Preise und die Massenproduktion haben es ab den 50er-Jahren immer mehr Menschen ermöglicht, die Objekte ihrer Begierde zu kaufen und für sich alleine zu nutzen. Einkindfamilien und Einpersonenhaushalte nahmen zu – und die Anzahl der Menschen, mit denen man Dinge teilt, ab. Teilen wird immer mehr zu etwas Besonderem, so die Autoren, das man bewusst tut, bis hin zum demonstrativen Akt.

Aber tun wir das wirklich gerne? Und tun wir es auch wirklich – wenn es darauf ankommt? Immerhin ist es so: Forscher wie der Soziobiologe Edward O. Wilson sind sich darin einig, dass auf lange Sicht Menschen und Gruppen erfolgreicher sind, wenn sie teilen.

Schrumpfende Ressourcen zwingen uns ohnehin, wieder mehr zu teilen, schrieb Elinor Ostrom in ihrem Buch „Was mehr wird, wenn wir teilen" (2011). Die US-Wissenschaftlerin erforschte Gemeinschaften, die ihren ökonomischen Alltag jenseits von Markt und Staat selbst regulieren, 2009 bekam sie dafür den Wirtschaftsnobelpreis.

Bei Essen, na klar, kein Problem. Ein Picknick im Park, jeder bringt was mit – ist doch großartig. Und wenn die Nachbarin klingelt, weil sie einen Kuchen backen will, aber kein Rührgerät hat, dann leiht man das auch schon mal aus. Wenn man darauf vertraut, dass die Griffe nicht klebrig sind, wenn sie es zurückbringt, und dass man ihr nicht hinterherlaufen muss.

Aber würden wir uns auch einen Laptop teilen? Oder einem Freund die Wanderschuhe für den Urlaub im Gebirge leihen, in denen eine Woche lang seine Schweißfüße stecken? Oder einer Freundin die Unterhose oder die Zahnbürste leihen, wenn sie spontan übernachtet? Je persönlicher und intimer es wird, je mehr es um Status geht, desto mehr setzt der alte Reflex des Habenwollens ein.

Genau diesen Reflex wollen junge Online-Unternehmer jetzt überwinden. Auch indem sie auf Online-Plattformen zeigen, wem man vertrauen kann. [...]

Kann man also auf die neuen Sharing-Unternehmer hoffen? Was teilen Sie selbst gerne? Und was gar nicht? Was bringt Ihnen das Teilen? Ein gutes Gefühl? Mehr Geld? Was müssen wir noch besitzen?

taz, 31.05.2013, http://www.taz.de/!5066333/ [19.05.2017]

Best.-Nr. 025069

Michael Kohlhaas – ein Fall von Selbstjustiz

Heinrich von Kleist

Heinrich von Kleist gestaltete in seiner Novelle „Michael Kohlhaas" einen Rechtsfall aus dem 16. Jh. Darin beschrieb er den Protagonisten Kohlhaas als „einen der rechtschaffensten und zugleich entsetzlichsten Menschen seiner Zeit", dessen „Rechtsgefühl ihn zum Räuber und Mörder machte".
Der Pferdehändler Michael Kohlhaas hatte einem Junker widerrechtlich seine Pferde überlassen müssen. Seine Versuche, auf dem Rechtsweg wieder in den Besitz der Tiere zu kommen, scheitern an der Unzulänglichkeit des Justizapparates. Kohlhaas zieht daraufhin mit einigen Getreuen auf der Suche nach dem Junker mordend und brandschatzend durch das Land. Es kommt schließlich zu einer Begegnung mit Martin Luther, der in dem Konflikt zu vermitteln versucht.

„Heilloser und entsetzlicher Mann!", rief Luther, durch diese Worte verwirrt zugleich und beruhigt: „Wer gab dir das Recht, den Junker von Tronka, in Verfolg eigenmächtiger Rechtsschlüsse, zu überfallen und, da du ihn auf seiner Burg nicht fandst, mit Feuer und Schwert die ganze Gemeinschaft heimzusuchen, die ihn beschirmt?" Kohlhaas erwiderte: „Hochwürdiger Herr, niemand, fortan! Eine Nachricht, die ich aus Dresden erhielt, hat mich getäuscht, mich verführt! Der Krieg, den ich mit der Gemeinheit der Menschen führe, ist eine Missetat, sobald ich aus ihr nicht, wie Ihr mir die Versicherung gegeben habt, verstoßen war!" – „Verstoßen!", rief Luther, indem er ihn ansah. „Welch eine Raserei der Gedanken ergriff dich? Wer hätte dich aus der Gemeinschaft des Staates, in dem du lebtest, verstoßen? Ja, wo ist, solange Staaten bestehen, ein Fall, dass jemand, wer es auch sei, daraus verstoßen worden wäre?" – „Verstoßen", antwortete Kohlhaas, indem er die Hand zusammendrückte, „nenne ich den, dem der Schutz der Gesetze versagt ist! Denn dieses Schutzes, zum Gedeihen meines friedlichen Gewerbes, bedarf ich; ja, er ist es, dessenhalb ich mich mit dem Kreis dessen, was ich erworben, in die Gemeinschaft flüchte; und wer mir ihn versagt, der stößt mich zu den Wilden der Einöde hinaus, er gibt mir, wollt Ihr das leugnen, die Keule, die mich selbst schützt, in die Hand." – „Wer hat dir den Schutz der Gesetze versagt?", rief Luther. „Schrieb ich dir nicht, dass die Klage, die du eingereicht, dem Landesherrn, dem du sie eingereicht, fremd ist? Wenn Staatsdiener hinter seinem Rücken Prozesse unterschlagen oder sonst seines geheiligten Namens, in seiner Unwissenheit, spotten: Wer anders als Gott darf ihn wegen der Wahl solcher Diener zur Rechenschaft ziehen, und bist du, gottverdammter und entsetzlicher Mensch, befugt, ihn deshalb zu richten?" – „Wohlan", versetzte Kohlhaas, „wenn mich der Landesherr nicht verstößt, so kehre ich auch wieder in die Gemeinschaft, die er beschirmt, zurück. Verschafft mir, ich wiederhol es, freies Geleit nach Dresden: So lasse ich den Haufen, den ich im Schloss zu Lützen versammelt, auseinandergehen und bringe die Klage, mit der ich abgewiesen worden bin, noch einmal bei dem Tribunal des Landes vor." Luther, mit einem verdrießlichen Gesicht, warf die Papiere, die auf seinem Tisch lagen, übereinander und schwieg.

Heinrich von Kleist: Sämtliche Werke und Briefe, Bd. 2. Hg. von Helmut Sembdner. München: Hanser 1952

1 Fassen Sie Kohlhaas' Begründung seines Handelns zusammen und die, welche Luther ihm entgegenhält.

2 Entwickeln Sie eine Lösung für den Konflikt. Vergleichen Sie Ihre Ansicht mit dem Ausgang der Kleist'schen Novelle.

3 Erklären Sie, warum es kein Recht auf Selbstjustiz gibt.

Best.-Nr. 025069

Massenüberwachung zeigt soziale Folgen

Jakob Steinschaden

Die Veränderungen, die Menschen in einer Atmosphäre der Überwachung durchmachen, ist [...] vorhanden, aber eher schleichender Natur. In der Wissenschaft spricht man vom sogenannten „Chilling Effect", also folgendem Prozess: Im vorauseilenden Gehorsam beschränken sich Menschen selbst, um etwaige spätere Konflikte zu vermeiden. Folgende Forschungsergebnisse zeigen, wie sich Überwachung im täglichen Leben auswirkt:

1. Suchanfragen beschränken: Einer Studie der norwegischen Datenschutzbehörde NDPA zufolge sagen 46 Prozent der Befragten, seit den Snowden-Aufdeckungen wesentlich beunruhigter in Bezug auf die eigene Privatsphäre im Netz zu sein. Etwa 16 Prozent beschränken sich selbst, wenn es um spezifische Suchanfragen geht, von denen sie glauben, dass sie ihnen Ärger einbringen könnten.
2. Spuren verwischen: Eine Untersuchung des renommierten Pew Research Centers hat gezeigt, dass bereits 86 Prozent der US-amerikanischen Internetnutzer Schritte gesetzt haben wollen, ihre Spuren im Internet zu verwischen. Zwei Drittel löschen Browser-Verlauf und Cookies, 41 haben Online-Postings geändert oder gelöscht, 14 Prozent haben einen Anonymisierungs-Dienst wie TOR ausprobiert.
3. Heikle Telefonate vermeiden: Der US-Organisation für digitale Bürgerrechte EFF zufolge haben 22 sehr unterschiedliche Interessensverbände (u.a. aus den Bereichen Religion, Menschenrechte, Umweltschutz, Waffenbesitz) gemeldet, dass sie seit dem Bekanntwerden der NSA-Überwachung weniger Anrufe bei ihren Hotlines verzeichnen. Viele Menschen würden heikle Themen nicht mehr am Telefon besprechen wollen.
4. Themen zensurieren: Eine Umfrage unter 520 US-Schriftstellern durch den linken Literaturverband PEN hat ergeben, dass jeder Sechste vermeidet, über bestimmte Themen zu schreiben oder zu sprechen. 28 Prozent haben ihre Social-Media-Aktivitäten eingeschränkt oder ganz eingestellt, 24 Prozent vermeiden bestimmte Themen am Telefon oder in E-Mails.
5. Informanten sind vorsichtiger: Eine Gruppe US-Medienwissenschaftler rund um Emily Bell von der Columbia University und Ethan Zuckerman vom MIT Media Lab hat festgehalten, dass Personen, die als Quelle für wichtige Informationen dienen könnten, weniger als früher gewillt sind, sich bei Journalisten zu melden – was wiederum eine Bedrohung für die Pressefreiheit darstelle.

Es gibt außerdem eine Reihe von Studien aus der Zeit vor den Snowden-Enthüllungen, die die Effekte von Überwachungsmaßnahmen untersucht haben:

1. Minderheiten fühlen sich beobachtet: Eine Studie an der Universität Maryland aus dem Jahr 2007 zeigte, dass 71,1 Prozent der in den USA lebenden Muslime glaubten, dass die US-Regierung ihre Internetaktivitäten nach den Anschlägen vom 11. September speziell unter die Lupe nehmen würde. Immerhin 8,4 Prozent änderten ihre Internetaktivitäten.
2. Stressfaktor am Arbeitsplatz: Eine Untersuchung aus dem Jahr 1992 an der University of Wisconsin-Madison zeigte, dass Personen, die am Arbeitsplatz elektronisch kontrolliert werden, ihre Arbeitsbedingungen als stressiger empfinden und öfter von Ängsten, Depressionen, Wut, Gesundheitsbeschwerden oder Müdigkeit berichten. Eine zweite Laborstudie zu dem Thema aus dem Jahr 1996 zeigt, dass Personen ohne elektronische Kontrolle ihrer Leistungen am Arbeitsplatz das Gefühl haben, mehr Selbstkontrolle zu haben.
3. Erhöhte Konformität: Ein berühmtes Experiment des Sozialpsychologen Solomon Asch im Jahr 1951 zeigte, dass Gruppenzwang eine Person so beeinflussen kann, dass sie eine offensichtlich falsche Aussage als richtig bewertet.

https://www.freitag.de/autoren/netzpiloten/massenueberwachung-zeigt-soziale-folgen, 08.05.2015 [08.05.2016]

Vergleich von Hayek, Nagel und Rawls

	August von Hayek	John Rawls	Thomas Nagel
Grundannahmen	• Marktmechanismen ermöglichen jedem, den für ihn lohnenden Einsatz zu erzielen • Markt ist fair, wenn für alle die gleichen Regeln gelten und nicht betrogen wird • natürliche Unterschiede sind Voraussetzung für höchstmöglichen Nutzen	• Menschen haben unterschiedliche Begabungen, Fähigkeiten und sozioökonomische Voraussetzungen • solange die Unterschiede dem Wohl der gesamten Gesellschaft dienen, sind sie gerecht, sinnvoll und legitim • Unterschiede können u.a. als Ansporn dienen	• Hauptquellen von unverdienten (zufälligen) Ungleichheiten sind unfair • Ursachen für Ungleichheiten: Unterschiede der sozioökonomischen Klassen, in die man hineingeboren wird, und in den natürlichen Fähigkeiten oder Begabungen
Umverteilung	• Wenn der Markt fair geregelt ist, ist Umverteilung „Betrug" (Z. 10) • außerhalb des Marktes kann Menschen ein „anständiges Minimum" (Z. 13 f.) bereitgestellt werden, falls sie es nicht vom Markt erhalten	• unter bestimmten Bedingungen ist Umverteilung gerecht, geboten	• Umverteilung von Einkommen (mittels Einkommens- und Erbschaftssteuer), Gewinn und Vermögen ist gerecht
Rolle des Staates	• Schutz der Freiheit und der Fairness am Markt	• Staat sorgt für faire Rechts- und Chancengleichheit	• über Steuern der Entstehung von großen Ungleichheiten entgegenwirken • Unterstützungsmaßnahmen für Bedürftige (Gesundheitsvorsorge, Nahrung, Wohnung, Ausbildung) • kostenloses Angebot von öffentlichen Dienstleistungen für jeden oder für Menschen mit geringen Einkommen
Theorie	Neoliberalismus betont den Grundsatz der Freiheit	liberaler Egalitarismus betont den Aspekt der Freiheit und Gleichheit	Egalitarismus betont den Grundsatz der Gleichheit

(Hinweis: Die Tabelle kann bei entsprechender Toner-Einstellung des Kopierers als Vorlage genutzt werden.)

Best.-Nr. 025069

„Die Schwere der Schuld“ – Gefängnisdirektor will Gefängnisse abschaffen

Thomas Galli, Chef der JVA Zeithain in Sachsen, ruft dazu auf, Gefängnisse abzuschaffen. Verblüffend ist dabei, dass der Aufruf von einem Gefängnisdirektor kommt.

Herr Galli, wie erklären Sie den Menschen auf der Straße, wie Sie das meinen: die Gefängnisse sollten abgeschafft werden?

Ich denke, wir müssen uns bewusst machen, was wir mit Gefängnissen erreichen wollen und was wir faktisch erreichen. Das Hauptziel vom Gefängnis sollte ja sein, dass wir die Kriminalität zumindest reduzieren. Ich bin jetzt im Laufe meiner fünfzehnjährigen Tätigkeit im Strafvollzug zu der Überzeugung gekommen, dass wir mit dem Gefängnis Kriminalität nicht reduzieren können, sondern sie teilweise sogar im Gegenteil erhöhen.

Was wären denn Alternativen der Bestrafung?

Als Alternativen für Straffällige würde ich verschiedene Strafformen vorschlagen, die aus meiner Sicht geeigneter und sinnvoller als eine Freiheitsstrafe wären. Insbesondere gemeinnützige Arbeit oder aber auch, dass man Straftäter verpflichtet, einen Teil ihrer Arbeitskraft dazu zu verwenden, Strafzahlungen an die Opfer zu leisten. Das wären Dinge, die für die Opfer und die Allgemeinheit sinnvoller wären, weil sie weniger kosten würden und dies auch die konkreten Straftäter weniger aus der Gesellschaft ausschließen und an den Rand der Gesellschaft drängen würde, was sie letztendlich nur gefährlicher macht.

Würden sich die Straftäter nicht ins Fäustchen lachen oder einfach abhauen?

Wenn ein Straftäter verpflichtet wird, vielleicht sogar über Jahre gemeinnützige Arbeit zu leisten, ist das für den Betroffenen vielleicht sogar noch eine härtere Strafe als ein Freiheitsentzug. Dazu würde die Strafe auch einen Sinn haben. Der Sicherungsgedanke ist ja sowieso relativ. Wir lügen uns letztendlich in die Tasche, wenn wir sagen, die Allgemeinheit ist sicher vor Straftätern, wenn sie im Gefängnis sind. So gut wie jeder Gefangene wird irgendwann wieder entlassen und was hat die Gesellschaft davon, wenn er jetzt drei, vier oder fünf Jahre weggesperrt ist und danach gefährlicher ist als vorher. Bei diesen ambulanten Maßnahmen, die ich vorschlage, könnten wir natürlich auch einen gewissen Sicherheitsgedanken verwirklichen. Durch elektronische Fußfesseln zum Beispiel, wo man jederzeit nachvollziehen könnte, wo derjenige sich aufhält. Dadurch wäre eine Flucht oder ein Sichentziehen auch unmöglich.

Gibt es international Erfahrungen mit Alternativen zum Gefängnis?

Es gibt international verschiedene Ansätze, wobei man auch sagen muss, dass wir in Deutschland schon relativ weit sind. Die skandinavischen Länder sind noch um einiges weiter, die arbeiten zum Beispiel viel stärker mit offenem Vollzug, auch für Schwerstkriminelle. Die Straftäter müssen dort letztendlich nur über Nacht ins Gefängnis kommen. Sie arbeiten auch mehr mit elektronischen Fußfesseln. Laut den wissenschaftlichen Daten dort, sind die Rückfallquoten wesentlich geringer. Der Erfolg gibt diesen Ländern also recht. Eine Nacht im Gefängnis kostet den Steuerzahler so viel wie eine Übernachtung in einem Viersternehotel.

[...] Warum ist das so teuer?

Gefängnissysteme sind riesige bürokratische Apparate, mit all den Kosten, die damit verbunden sind. Nicht nur die baulichen Kosten, sondern natürlich auch Kosten für das Personal. Letztendlich werden die Gefangenen ja rundum betreut – im medizinischen, psychologischen und therapeutischen Bereich. Da fallen ungeheure Kosten an. Man rechnet im Durchschnitt 100 Euro pro Gefangenem pro Tag. Dabei sind die Kosten für die allgemeine Justiz, also Gericht und Staatsanwaltschaft, noch gar nicht mit eingerechnet. Bundesweit kostet der Strafvollzug einige Milliarden Euro jedes Jahr. [...]

Ein Gefängnisaufenthalt ist nach wie vor ein Stigma. Ich kenne Leute, die würden mit jemandem, der im Knast war, nicht einmal mehr reden. Selbst wenn sie vorher befreundet waren. Wie steht es um die Reintegration?

Das ist einer meiner Hauptkritikpunkte am System. Wir sagen ja immer nach außen, dass wir die Leute resozialisieren und reintegrieren, aber faktisch ist es das Gegenteil. Es ist genau, wie Sie sagen: Jemand, der eine Freiheitsstrafe verbüßt hat, trägt diesen Makel lebenslang mit sich rum. Und oft ist der Makel der Freiheitsstrafe noch größer als der Makel der Tat, da heißt es dann: Das ist jemand, der hat fünf Jahre Knast hinter sich. Ginge mir übrigens genauso, wenn ich Arbeitgeber wäre. Wenn ich mehrere Bewerber hätte und sehen würde, dass derjenige fünf Jahre gesessen hat, dann würde ich auch den anderen nehmen. Ich denke, das ist ein ganz normaler menschlicher Prozess. Wir müssen es uns auf gesellschaftlicher Ebene bewusst machen, dass, wenn wir die Leute wegsperren, wir es ihnen noch mehr erschweren, sich zu integrieren. Sie haben dann noch weniger Chancen auf dem Arbeitsmarkt, werden noch weiter an den Rand der Gesellschaft gedrängt und werden damit noch gefährlicher.

Aber die ganz harten Jungs sollen schon weggesperrt bleiben, oder?

Ja. Von den über 60 000 Inhaftierten in Deutschland gibt es aus meiner Sicht vielleicht höchstens ein paar Hundert, die wirklich sehr gefährlich sind. Das sind beispielsweise Menschen, die mehrere Kinder sexuell missbraucht und umgebracht haben.

Best.-Nr. 025069

Momentan müssen diese Menschen über Jahre und Jahrzehnte therapiert werden, damit sie irgendwann entlassen werden können, obwohl jeder Insider weiß, dass diese Therapie letztendlich wirkungslos ist.

Inwieweit funktioniert denn überhaupt das Wegsperren? Werden die Straftäter wirklich daran gehindert, ihre krummen Deals weiterzumachen?

Es ist ein Irrglaube zu meinen, dass innerhalb vom Gefängnis nur Recht und Gesetz gilt. Menschen, die zum Beispiel mit Drogen handeln wollen, die haben es im Knast sogar noch ein Stück besser, weil die Gewinnspannen im Knast viel größer sind als draußen. Auch Leute, die sich in mafiösen Strukturen zusammenschließen, um zu erpressen und unter Druck zu setzen, können das im Gefängnis machen. Das sind alles Dinge, die man natürlich versucht, als Vollzugsverwaltung zu unterbinden. Man kann sie ein Stück weit reduzieren, aber niemals unterbinden. […]

Sputnik Deutschland 07.04.2016, Interview: Armin Siebert, https://de.sputniknews.com/gesellschaft/20160407309031964-schwere-schuld-gefaengnisse [31.05.2017]

Vergleich verschiedener Menschenrechtserklärungen

<table>
<tr><th></th><th>Allgemeine Menschenrechts-erklärung der UN</th><th>Kairorer Erklärung der Menschenrechte im Islam</th><th>Banjul Charta (Afrikanische Charta der Menschenrechte und Rechte der Völker)</th></tr>
<tr><td>Verabschiedung</td><td>1948</td><td>1990</td><td>1981</td></tr>
<tr><td>Individuum</td><td>• hat Rechte
• in Art. 29 werden Grundpflichten formuliert (Jeder hat Pflichten gegenüber der Gemeinschaft, in der allein die freie und volle Entfaltung seiner Persönlichkeit möglich ist.)</td><td>• hat Rechte und Pflichten, die im Einklang mit der Scharia sind</td><td>• hat Rechte und Pflichten
• Pflichten gegenüber der Familie, der Gemeinschaft und der Menschheit (Art. 27, 28, 29), z. B. Achtung und Toleranz, Steuern zahlen, Sicherheit des Landes nicht gefährden</td></tr>
<tr><td>Gemeinschaft, Gesellschaft</td><td>wird kaum explizit genannt, Fokus liegt auf dem Individuum</td><td>Schutz der Umma, Rechte dienen zum Aufbau einer wahren islamischen Gemeinschaft, Kern der Gesellschaft ist die Familie</td><td>starke Betonung der Rechte der Völker, Kollektivrechte, z. B. Recht auf saubere Umwelt, Recht auf Bodenschätze</td></tr>
<tr><td>Familie</td><td colspan="3">Familie ist natürliche Grundeinheit der Gesellschaft
Art. 16 (UN) – Art. 18 (Banjul Charta)</td></tr>
<tr><td>Religion</td><td>Religionsfreiheit, Privatsache</td><td>alle Gesetze kommen von Gott, Primat der Scharia, Religion hat begründende Rolle für das Zusammenleben der Menschen</td><td>Religion ist Privatsache</td></tr>
<tr><td>Staat</td><td>Staat muss Rechte achten und sichern</td><td>Staat = Gesellschaft = Individuum</td><td>aktive Rolle des Staates zum Schutz der Familie (sie ist die natürliche Kernzelle der Gesellschaft, Art. 18)</td></tr>
<tr><td>Fremde</td><td colspan="3">Asylrecht</td></tr>
<tr><td>Frauen</td><td>Gleichberechtigung zw. Mann und Frau</td><td>Frau ist dem Mann an Würde gleichgestellt (nicht an Rechten), Ehemann ist für den Unterhalt und das Wohl der Familie verantwortlich (Art. 6)</td><td>Beseitigung der Diskriminierung der Frau (Art. 18)</td></tr>
<tr><td>Körperliche Unversehrtheit</td><td>Recht auf Leben, Folterverbot</td><td>Recht auf Leben, es sei denn die Scharia verlangt es anders, Scharia entscheidet über Verbrechen oder Strafe</td><td></td></tr>
<tr><td>Soziale Rechte</td><td>Recht auf Bildung, Arbeit, Gesundheit</td><td>Bildung wird unter das Ziel gestellt, sich mit dem Islam zu befassen, Recht auf religiöse und weltliche Bildung</td><td>Recht auf Bildung, Arbeit, freie Berufswahl</td></tr>
</table>

(Hinweis: Die Tabelle kann bei entsprechender Toner-Einstellung des Kopierers als Vorlage genutzt werden.)

Best.-Nr. 025069

„Wenn man gelernt hat, ohne Tröstungen zu leben, vergeht auch das Bedürfnis danach" – Interview mit Jan-Philipp Reemtsma

Wir hatten ja eingeladen, weil wir Ihren Artikel in der Zeitschrift „Le Monde diplomatique" bemerkenswert fanden. Sie plädieren darin für Respekt vor dem religiösen Menschen, nicht aber für Respekt vor seinem Glauben. Wie war das Echo darauf?

[...] Ich respektiere Religiosität über den Respekt meines Mitbürgers, dessen private Lebensentwürfe ich respektiere. Was ich nicht respektieren muss, ist der Inhalt seines Glaubens, indem ich ihn für etwas Besonderes oder Höherwertiges halte.

Wo lässt sich eine Grenze ziehen zwischen dem, was Sie respektieren können, und dem, was sie in Ihrem Text als Unfug bezeichnen?

Unfug definiere ich in diesem Falle subjektiv. Es kann ja nicht erwartet werden, dass ich vor allem Respekt habe, was irgendwie durch den Kopf eines Menschen geistert. Das tut doch wohl niemand. Sehr wohl habe ich den Respekt dem Menschen gegenüber, ich lasse ihn denken, was immer er will. Ob ich dann auch sein Handeln respektieren kann und will, steht auf einem anderen Blatt. Ich nenne Ihnen mal ein Beispiel, aus eigenem Erleben. Jemand kam auf einer Tagung zu spät, er sollte einen Vortrag halten. Er kam deswegen zu spät, weil er sich daran gebunden fühlte, den Sabbat einzuhalten. So wollte er nicht persönlich Auto fahren. Er hätte ein Taxi nehmen können, er wollte aber auch nicht, dass der Taxifahrer diese Regel verletzt, obwohl sie für ihn nicht gilt. Darüber will ich nicht richten, wie weit jemand seine Überzeugungskreise zieht, dann müsste ich mich in einen innerreligiösen Dialog einschalten. Aber was ich von ihm erwarten kann, ist, dass er rechtzeitig losgeht. Nun gab es unter den Zuhörern, die auf ihn warteten, solche, die mit einer gewissen Emphase bewunderten, wie jemand wie er zu seinen Überzeugungen steht. Überzeugung hin oder her, aber der Mann hat sich einfach schlecht benommen.

Da machen sie bei Ihrer Einschätzung also vor keinem Glauben halt?

Selbstverständlich nicht.

Religion soll Privatsache sein, ist das in unserer Gesellschaft tatsächlich so?

Das ist die Geschäftsgrundlage des säkularen Staates. Allerdings, wer tief religiös ist, wird das als irgendwie defizitär erleben. [...]

Was man auch bei erklärten Humanisten wie unseren Mitgliedern ab und zu erlebt, ist, dass das Fehlen eines Trostes beklagt wird. Andere Aspekte der Religiosität wie Sinnsuche oder Gemeinschaftsleben kann man anders für sich lösen, doch in Krisenzeiten fehlt etwas. Oder sehen Sie irgendwo einen Ersatz?

Ich weiß nicht – wenn man gelernt hat, ohne Tröstungen zu leben, vergeht auch das Bedürfnis danach. Wer diese Bedürfnisse aber hat, der braucht Religion, denn nur dort können solche Gefühle einer, sagen wir: transzendentalen Geborgenheit geweckt werden. Aber auch in der transzendentalen Obdachlosigkeit (so hat Lukács[1] mal das moderne Lebensgefühl genannt) lässt sich leben. Mit einem gewissen Stolz, dass man erwachsen geworden ist.

Woraus erwächst dieser?

Die Seele des Menschen ist ein komplexes Gebilde. Wir alle haben einen Teil magischen Denkens, davon kommen wir nie weg, jeder ist ein bisschen abergläubisch. Dieser Teil magischen Denkens in uns wird von den Religionen mit bedient. Wendet man sich von Religion ab, dann muss man lernen, auch ohne diesen Bereich zu leben, und man pflegt den magiegläubigen Teil der Seele durch kleine Alltagsrituale [...]. Wenn ich von „Stolz" rede, so tue ich das vor dem Hintergrund der Geschichte der Herausbildung des säkularen Staates. Auf dieses Resultat ungeheurer Anstrengungen kann man mit Recht stolz sein – es hat viele gegeben, die große Schwierigkeiten auf sich genommen haben, um dazu beizutragen, das Weltdeutungsmonopol der Kirchen zu beenden.

Auszug aus einem Interview, das von der Zeitschrift des „Humanistischen Verbands Deutschlands", „Diesseits", im Jahr 2006 mit dem Hamburger Literaturwissenschaftler und Sozialforscher Jan-Philipp Reemtsma geführt wurde. https://hpd.de/node/85 [26.05.2017] Das Gespräch führten Patricia Block, Horst Groschepp und Jaap Schilt.

[1] Georg Lukács (1885–1971): bedeutender ungarischer marxistischer Philosoph

Best.-Nr. 025069

Busen, Natur und Vernunft

Margarete Stokowski

„Es ist eben nicht erbauend, eine Frau zu sehen, die wie eine Wespe in zwei Teile zerstückelt ist. Das beleidigt das Auge und verletzt die Fantasie." So schrieb Jean-Jacques Rousseau 1762 über Frauen mit Schnürbrüsten, also jenen formenden Korsetts, die damals Mode waren. Für Rousseau war klar: Die Natur hat gute Maße vorgegeben, wir sollten uns daran halten.

Heute würde Rousseau vielleicht beklagen, dass es ebenso wenig erbauend ist, die glibberigen, hellgelb-durchsichtigen Silikondinger der französischen Firma Poly Implants Prothèses (PIP) zu sehen, die als Brustimplantate weltweit bis zu 500 000 Frauen eingesetzt wurden. Doch dass eine Brustvergrößerung irgendwie „unnatürlich" ist oder mit unschönen Bildern einhergeht, ist nicht das Problem. Das Schlimme ist, dass Hunderttausende Frauen, die schönere Brüste haben wollten, wegen des Silikons von schweren gesundheitlichen Risiken bedroht sind.

Die Frage nach der „richtigen" Mode und mit ihr einhergehender Schäden stelle sich nicht erst heute, bemerkt auch die Germanistin Almut Hüfler, die am Dienstag im Berliner Museum für Kommunikation einen Vortrag im Rahmen der Ausstellung „Fashion Talks" hielt. „Wer schön sein will, muss leiden. Schnürbrüste, Corsagen und der Gegendiskurs einer freien Natürlichkeit", lautete der Titel.

Hüfler zeichnete die Linie von den steifen Miedern des 16. Jahrhunderts über Korsette zu Silikonbrüsten nach. Zwang zu Natürlichkeit sei, so Hüfler, genauso unvernünftig wie Zwang zu übergroßen Brüsten – aber um Vernunft allein gehe es eben nicht. „Erst wenn sich Gesundheitsargumente mit neuen Schönheitsidealen verbinden, werden alte Modetrends abgelöst", sagt Hüfler. Das sei auch bei der Korsettmode so gewesen, die um 1800 durch weite Empirekleider ersetzt wurde. Da war Rousseau übrigens schon tot. Doch es fällt auf, dass die Diskussion, die nun über medizinisch unbegründete, ästhetische Eingriffe neu entfacht wird, fast ausschließlich aus gesundheitlicher Sicht geführt wird, nicht aber aus kultureller. Debattiert wird über technische Zertifikate, Krankenkassen und Polypropylen. Das ist wichtig, klar. Doch dass der Diskurs sich hierzulande auf die Wissenschafts- und Gesundheitsressorts beschränkt und nicht in Feuilletons und Kulturredaktionen geführt wird, sagt viel über unseren Umgang mit Schönheits-OPs. Möglicherweise sitzt das prägende Idealbild der großbusigen Frau so fest, dass es mit seinen dicken Möpsen die Diskussion um Schönheitsideale einfach erstickt.

Denn nur wenig wird über Hintergründe und Motivationen zu Brustoperationen gesprochen. Einige der Eingriffe dienen der Rekonstruktion eines vorherigen Zustands, etwa nach Krebserkrankungen, doch rund 80 Prozent sind rein ästhetischer Art. Warum entscheiden sich so viele Frauen, ihren Körper in Richtung eines vollbusigen Ideals chirurgisch ändern zu lassen? Fehlen also zu den gesundheitlichen Argumenten gegen Brustvergrößerungen heute noch neue Körperideale, damit Frauen auch mit kleinen, spitzen oder hängenden Brüsten glücklich sein können?

Natürlich soll jeder Mensch selbst entscheiden, was sie oder er mit dem eigenen Körper macht. Der Satz „Mein Bauch gehört mir" aus der Abtreibungsdebatte gilt auch für den Rest des Körpers. Zur Emanzipation kann vieles gehören, auch die Entscheidung für eine OP. Doch spätestens, wenn daraufhin Krankheiten und Todesfälle auftreten, müssen auch Mode und Ästhetik hinterfragt werden, müssen sie wieder auf patriarchale Machtstrukturen und den definierenden, männlichen Blick zurückgeführt werden. Diese Ambivalenzen zwischen individuellen Bedürfnissen, persönlicher Freiheit und kritischer Aufklärung muss ein gesellschaftlicher Diskurs ertragen können. „Wenn wir Mode kritisieren, müssen wir bedenken, dass wir auch nur einen bestimmten Standpunkt im Diskurs einnehmen", sagt die Germanistin Hüfler. Die Korsette von früher seien heute womöglich verinnerlicht und lebten als Praktiken in Fitnessstudios und Schönheits-OPs weiter. „Es gibt dabei immer dieses Paradox, dass auf krankhafte Entwicklungen hingewiesen wird und doch die Freiheit des Handelns respektiert werden muss."

In diesem Spannungsfeld brauchen wir eine neue Debatte über Körperoptimierung, [...] eine informierte, offene Diskussion über Selbstbestimmung und Schönheitsindustrie.

http://www.taz.de/!5103401/ [25.07.2017]

1 Zeichnen Sie die Thesen Stokowskis in eigenen Worten nach und entwerfen Sie ein Dreieck zur Beschreibung des aufgezeigten Spannungsfeldes.

2 Beleuchten Sie den Begriff „Vernunft" im Sinne Stokowskis und diskutieren Sie seine Funktion in dieser Debatte.

3 Untersuchen Sie die These Z. 72 ff.:

„In diesem Spannungsfeld brauchen wir eine neue Debatte über Körperoptimierung, [...] eine informierte, offene Diskussion über Selbstbestimmung und Schönheitsindustrie."

Welches Plädoyer Stokowskis lesen Sie aus diesem Satz? Nehmen Sie begründet Stellung dazu.

Best.-Nr. 025069

Gut und Böse als Rätsel

Annemarie Pieper

Das Problem des Guten und Bösen hat keine bündige Lösung gefunden; Gut und Böse bleiben letztlich ein Rätsel. [...] So haben wir immer schon ein intuitives Verständnis von Gut und Böse, wenn wir handeln. Wir wissen, dass wir niemanden absichtlich verletzen, anderen nicht mutwillig Schaden zufügen dürfen, uns jederzeit anständig verhalten und allem voran die individuellen Freiheitsrechte achten sollen. Wir wissen dies auch und gerade dann, wenn wir gegen die moralischen Spielregeln verstoßen, denn im „Gewissen" meldet sich ein Unrechtsbewusstsein, das uns daran erinnert, dass wir die Pfade des Guten verlassen und uns schuldig gemacht haben. Erst wenn wir jemanden antreffen, der offenkundig ohne jedes Anzeichen von Schuld Handlungen begeht, die wir als schlecht, in schlimmen Fällen als böse zu beurteilen gewöhnt sind, stellt sich uns die Frage, was wir mit Gut und Böse eigentlich meinen. [...]
Wenn es also im wohlverstandenen Interesse des Einzelnen liegt, das Seine zum Erhalt der Gemeinschaft beizutragen, was hindert ihn daran, es auch wirklich zu tun? Was frustriert ihn am Guten, und was befriedigt ihn am Bösen? Das Rätsel Mensch spitzt sich letztlich auf die Frage nach dem Bösen zu: Weshalb tun Menschen, was sie nicht sollen, obwohl sie wissen, dass sie damit das Gute und sich selbst verfehlen? [...] Ist es die Sehnsucht nach Unsterblichkeit, die denjenigen, der nicht an ein Leben nach dem Tod glaubt, zu der Annahme verführt, er müsse ersatzweise das Leben in seiner vollen Breite auskosten und zur Ausweitung der Identität gehöre auch die Erfahrung der äußersten Gegensätzlichkeit? Das Gute soll dem Leben einen Sinn geben und dadurch seine Kontingenz[1] erträglich machen. Aber auch das Böse ist eine Form der Kontingenzbewältigung, insofern es einen verbotenen Genuss verschafft, den die betreffende Person ganz allein ihren eigenen, das in den allgemeinen Regeln festgehaltene Normalmaß sprengenden Fähigkeiten verdankt. Es gibt so etwas wie eine Autonomie im Bösen, die es dem Verbrecher erlaubt, sich als Herr der Welt zu fühlen, da seine Lust an Grausamkeit, an Vernichtung mit dem Abstand zum Guten wächst und er durch Steigerung dieser Spannung sein Selbstwertgefühl zu potenzieren vermag. Es hat sich gezeigt, dass die verschiedenen Anläufe zur Erklärung der Herkunft des Bösen immer dort an einen toten Punkt geraten, wo das Prinzip der Freiheit zur Disposition steht. Entweder ist der Mensch genetisch determiniert – dann muss die Rede von Gut und Böse fallen gelassen werden, weil niemand verantwortlich ist für sein Tun. Oder der Mensch ist frei – dann ist es unerklärlich, warum er sich trotz Einsicht in das Gute grundsätzlich oder gelegentlich für das Böse entscheidet. Das Rätsel Mensch entzieht sich wissenschaftlicher Lösungen. Und doch sind diese Lösungsvorschläge nicht überflüssig, denn sie führen in das Rätsel hinein. Sie nötigen zum Überdenken der eigenen Sinnansprüche im Kontext einer global vernetzten Welt, die mehr denn je in ihrem Bestand gefährdet ist. Wenn dort der Teufel im Detail steckt, kann er zweifellos den Untergang des Ganzen bewirken.

Annemarie Pieper: Gut und Böse. München: Beck, 2. Aufl., 2002, S. 119 f.

---

[1] Kontingenz: Möglichkeit und gleichzeitige Nichtnotwendigkeit

1 Wie veranschaulicht Pieper, dass sich „[d]as Rätsel Mensch [...] letztlich auf die Frage nach dem Bösen" zuspitzt (Z. 19 f.)?

2 Erläutern Sie den von Pieper aufgezeigten Zusammenhang von Bösem und menschlicher Freiheit.

3 „Gut und Böse bleiben letztlich ein Rätsel" (Z. 2). Erörtern Sie diese Aussage unter Berücksichtigung der Auffassung von Rousseau und Schulz.

Best.-Nr. 025069

„Das Böse lebt in der Tat" – Ein Gespräch mit dem Gerichtspsychiater Hans-Ludwig Kröber

DIE ZEIT: Herr Kröber, Sie sind seit 25 Jahren Gerichtspsychiater, haben rund tausend Straftätern gegenübergestanden. Was ist für Sie das Böse?

KRÖBER: Für mich ist das Böse eine Wahrnehmungskategorie, eine Form des unmittelbaren Erlebens. So wie wir spontan etwas als schön oder als eklig empfinden, so erleben wir auch ein bestimmtes Handeln – ob wir es wollen oder nicht – als böse. Im Angesicht des Bösen sind wir fassungslos, empört, die Welt ist aus den Fugen – weil jemand sie bewusst zerstört. Das gilt selbst dann, wenn man eine solche Tat später als Gutachter nachzuvollziehen versucht; häufig beschleicht einen da ein gewisses Kältegefühl, ein ungutes Kribbeln.

ZEIT: Was genau ruft in Ihnen dieses Kältegefühl hervor? Was ist die Signatur des Bösen?

KRÖBER: Wir reden vor allem dann vom Bösen, wenn wir das Gefühl haben, der Täter hätte die Freiheit gehabt, sich auch anders zu entscheiden, er spiele seine Möglichkeiten aus, er braucht jetzt nicht noch einmal zuzustechen oder zuzutreten. Könnte er wie ein tollwütiger Fuchs nicht anders handeln, wären wir nachsichtiger. Aber das Böse ist umso auffälliger, je eindeutiger es darauf abzielt, das Schöne, das Heile, das Kindliche, die Zukunft zu zerstören. [...]

ZEIT: Manche Psychologen versuchen, solche Verbrechen vor allem aus den Umständen heraus zu erklären, andere meinen, der Schlüssel dazu liege im Täter selbst, gleichsam in dessen intrinsischer[1] Bosheit. Was glauben Sie?

KRÖBER: Ich versuche, zwischen beiden Positionen zu vermitteln. Als Gutachter muss man sich darauf disziplinieren, nicht alles in der Person zu suchen, sondern zu schauen, welche Umstände dazu geführt haben. Die meisten Täter sind nicht a priori böse. Nur in bestimmten Situationen, wenn sie gedemütigt, wütend, verletzt sind, lassen sie sich zu entsprechenden Taten hinreißen. Anders gesagt: Das Böse lebt in der Tat. Man muss kein böser Mensch sein, um böse Taten zu begehen.

ZEIT: Aber sie schieben auch nicht alles nur auf Umstände?

KRÖBER: Nein. Es gibt tatsächlich auch böse Menschen. Die sind zwar erstaunlich selten, aber es gibt doch Einzelne, die so viel Hass und Vernichtungswillen aufgebaut haben, dass sie sich immer wieder Situationen suchen, in denen sie dies ausleben können. Selbst im späteren Erzählen töten sie ihr Opfer noch einmal genüsslich. [...]

ZEIT: Was halten Sie von der These von Hirnforschern, jegliche Tat sei biologisch determiniert, so etwas wie Schuld gebe es nicht?

KRÖBER: Ich glaube, dass dahinter ein Denkfehler steckt: der Fehler, das für nicht existent zu halten, was man mit einer bestimmten wissenschaftlichen Methodik nicht entdecken kann. Natürlich, solange ich mich nur mit naturwissenschaftlichen Beschreibungen und deterministischen Handlungsabläufen befasse, werde ich eine Kategorie wie Schuld nicht einfangen können. Genauso wenig können diese Wissenschaften aber auch mit der Aussage anfangen, eine Beethoven-Sonate sei schön. [...]

ZEIT: Wäre eine Gesellschaft überhaupt vorstellbar, die ausschließlich friedlich ist? Oder geht es nicht ohne ein gewisses Maß an Aggression?

KRÖBER: Das ist die Frage, ob ein Klavier ohne schwarze Tasten wünschenswert wäre ... Ich finde schon, dass in den vergangenen 50 Jahren ein wohltuender Zivilisationsprozess in Deutschland zu beobachten ist. Die Zahl der Tötungs- und Vergewaltigungsdelikte geht zurück, es gibt eine zunehmende Ächtung von Gewalt, etwa an Schulen, in den Familien. Ich selbst bin auf dem Gymnasium noch geohrfeigt worden, das gibt es heute nicht mehr. Aber einen Grundbestand an Aggressivität wird es immer geben.

Die Zeit, Nr. 44/2009 vom 22.10.2009. Das Gespräch führte Ulrich Schnabel.

---

[1] intrinsisch: von innen her, aus eigenem Antrieb heraus

1 Fassen Sie die Aussagen Kröbers über das Böse zusammen.

2 Welche Vorbehalte äußert der Autor gegen eine biologisch-deterministische Erklärung für das Böse?

3 Vergleichen Sie diese Erklärungen mit den Überlegungen anderer Autoren und nehmen Sie dazu begründet Stellung.

Best.-Nr. 025069

Die Republik des Schweigens

Jean-Paul Sartre

Diese Rede Sartres ist noch ganz von dem philosophischen Denken seines frühen, unvollendeten Hauptwerks „Das Sein und das Nichts“ geprägt, das er 1943, ein Jahr vor dieser Rede, veröffentlicht hatte.
Sartre spricht im Radio über die „Résistance“, die französische Widerstandsbewegung, die Verfolgungen, Verhaftungen und Folter erdulden musste.

„Wenn man mich foltert, werde ich durchhalten?“
So stellte sich selbst die Frage der Freiheit, und wir waren am Rand der tiefsten Kenntnis, die der Mensch von sich selbst haben kann. Denn das Geheimnis eines Menschen ist nicht sein Ödipus- oder Minderwertigkeitskomplex, es ist die Grenze seiner Freiheit selbst, es ist seine Widerstandskraft gegen Marter und Tod. Denen, die im Untergrund arbeiteten, brachten die Umstände ihres Kampfes eine neue Erfahrung: sie kämpften nicht offen wie Soldaten; in der Einsamkeit verfolgt, in der Einsamkeit verhaftet, widerstanden sie der Folter in vollkommenster Verlassenheit und Entblößung: allein und nackt vor gut rasierten, gut genährten, gut gekleideten Peinigern, die sich über ihr armseliges Fleisch lustig machten und denen ein selbstzufriedenes Bewusstsein, eine maßlose soziale Macht allen Anschein gaben, recht zu haben. Allein, ohne Hilfe einer freundschaftlichen Hand oder einer Ermutigung. Doch in dieser ihrer tiefsten Einsamkeit verteidigten sie die anderen, alle anderen, alle Widerstandskameraden. Ein Wort genügte, um zehn, hundert Verhaftungen herbeizuführen. Ist diese totale Verantwortung in der totalen Einsamkeit nicht die Enthüllung unserer Freiheit selbst?
(Auszug)

1 Weisen Sie in dieser Rede wesentliche Merkmale der existenzialistischen Philosophie Sartres nach.

2 Erörtern Sie, ob echte Freiheit und Verantwortung nur in solch extremen Grenzsituationen bewiesen werden können. Führen Sie konkrete Beispiele in Ihrer Erörterung an.

Was heißt es, sich frei zu entscheiden?

Julia Decker

Bieri sagt: „Der Wille ist nicht getrennt von der Lebensgeschichte oder der Situation, sondern die Freiheit des Willens besteht in der richtigen Bestimmung des Willens durch kontrollierendes Überlegen." Wenn jemand nach dem Abitur über die Berufswahl und die eigenen Fähigkeiten nachdenkt, ist er am Ende vielleicht überzeugt, Anwalt werden zu wollen. Die Entscheidung wurde dann aus freiem Willen getroffen. Nach Bieri lautet die Formel: Die Freiheit des Willens ist so groß wie die Selbsterkenntnis und die Selbstkontrolle. Je besser wir über uns Bescheid wissen – wer wir sind, wie wir denken, was wir möchten –, desto besser wird es uns gelingen, den Willen unter Kontrolle zu bringen, ihn zu bewerten und zu verstehen. All das kann man üben. So gesehen ist Willensfreiheit das Resultat von Arbeit.

Die Freiheit des Willens setzt sich zusammen aus Erinnerungen, Emotionen, Überzeugungen und Vorstellungen. Es ist auch dann eine freie Willensentscheidung, wenn jemand Anwalt werden möchte, weil seine Eltern es wünschen oder weil er denkt, er könnte sich als Anwalt am ehesten drei Autos und ein Haus kaufen – solange der Wille kontrolliert ist. Zur Kontrolle des Willens kommen zwei weitere wichtige Punkte, die einen Willen erst zu einem freien Willen werden lassen: Er muss von demjenigen, der ihn hat, gutgeheißen werden und der Mensch muss seinen Willen verstehen. Das Gegenteil wäre der Wille eines Süchtigen, der weiterraucht, obwohl er weiß, dass ihm Rauchen schadet; oder der neurotische Wille, immer die gleiche Art von Partner zu wählen, obwohl sich in der Vergangenheit herausgestellt hat, dass es jedes Mal zu einer schwierigen Trennung kommt. [...]

Abstrakte Intelligenz, wie etwa mathematische Begabung, hilft bei der Suche nach dem freien Willen nicht. Viel wichtiger ist die Beobachtung des eigenen Verhaltens und des Fühlens. Und eine spezielle Form von Bildung: Ein gebildeter Mensch ist einer, der nicht glaubt, dass seine Art zu leben die einzig richtige und mögliche ist. Er besitzt stattdessen die Fähigkeit, sich ganz verschiedene Lebensweisen vorstellen zu können. Deshalb ist der gebildete Mensch einer, der weiß, was in der Welt und im menschlichen Leben alles vorkommen kann. Auf Reisen zum Beispiel kann man solche Erfahrungen machen. Auch Lesen fördert das Einfühlungsvermögen in andere Personen: Wer sich mit Romanfiguren identifizieren kann, kann so seine Selbstwahrnehmung verbessern. In dem Maß, in dem der Mensch einen sogenannten Horizont hat, kann er sich fragen: Was will ich eigentlich? Je mehr er sich das fragt, desto mehr Möglichkeiten hat er, sich um den eigenen Willen zu kümmern und so Freiheit zu erlangen.

Der Zufall bestimmt, welches Los jemand in der genetischen Lotterie gezogen hat, mit welchen Begabungen er auf die Welt kommt: emotional wie intellektuell. Je fähiger jemand ist, auf sich selber zu achten, desto größer wird die Chance sein, einen freien Willen zu entwickeln. Bringt man einem Kind bei, sich in andere hineinzuversetzen, indem man ihm vermittelt, wie unterschiedlich es sich anfühlt, angelächelt zu werden oder angespuckt, dann wird das Kind später auch leichter einschätzen können, wie sein Handeln auf andere wirkt. Diese Fähigkeit wiederum ermöglicht eine genauere Eigenbeobachtung und in der Folge wieder einen freieren Willen.

Auch die Beobachtungen anderer helfen: Zwar haben die nicht immer recht mit der Deutung unserer Person, aber unsere Eigenwahrnehmung kann uns genauso täuschen. [...]

Der Mensch fühlt sich glücklich, wenn er tut, was er will. Es gibt aber auch Zustände des Glücklichseins, in denen man nicht mehr Herr des eigenen Willens ist. Der Moment des Verliebtseins ist ein harmloses Beispiel. Auch Sektenanhänger geben ihren Willen ab und erfahren so vorübergehend etwas Entlastendes. Sie sind zwar glücklich, haben aber die Kontrollinstanz ihrer Willensfreiheit an einen Guru delegiert. [...]

Die Möglichkeit, sich einen freien Willen zu erarbeiten, gibt es in jedem Alter. Denn die Lernfähigkeit und damit die Gedächtnisleistung nimmt mit den Jahren nicht ab, es kommt nur darauf an, wie man sie im Laufe seines Lebens trainiert. „Man sollte immer davon ausgehen, dass alle Leute lernen können. Und eine Politik, die das nicht beachtet, ist eine falsche Politik." Eine im politischen Sinne freie Gesellschaft ist nach Bieri eine, die für jeden Menschen die Chance so groß wie möglich macht, in seinem Willen frei zu werden. Folgt man Bieri, wäre eine Welt, in der alle Menschen einen freien Willen haben, eine friedliche Welt – weil sich die Menschen gut in die Lage anderer versetzen könnten: „Es gäbe Frieden. Denn jemand, der sich vorstellen kann, wie es ist, angegriffen zu werden, der greift nicht an."

Aus: Erläuterungen von Julia Decker zu Peter Bieri: Handwerk der Freiheit. In: bpb-Fluter, 29.6.2005

1 Fassen Sie knapp zusammen, durch welche Faktoren ein Wunsch zu einem freien Willen wird.

2 Prüfen Sie: Widerspricht die Konzeption der Willensfreiheit von Bieri der von Sartre?

3 Begründete Stellungnahme:
Lässt es sich auf eine freie Willensentscheidung nach Bieri zurückführen, dass Sie auf der Oberstufe des Gymnasiums sind und das Abitur anstreben?

Irgendwas mach ich mal

Franz J. Degenhardt

Während der Woche nach Schichtschluss macht er nicht viel,
mal 'n Bier und Fernsehn, Krimi und Länderspiel,
kein Kräfteverschleiß, fährt im leeren Lauf,
erst *Freitag* nach Schichtschluss dreht er auf!
Wegduschen erst mal den verdammten Gestank,
dann den Karierten an, braun, Jacke halblang,
Binder um farbig und breit, aber damit auch Schluss,
so 'n bisschen auf sweet, aber hart wenns sein muss.
Sehr guter Typ, sagt er vorm Spiegel und bläst
den Rauch durch die Nase, verspricht sich ganz fest:

Irgendwas mach ich mal, irgendwann
und dann, dann komm ich ganz groß,
ganz groß raus!

Im „Big Apple", sagt einer, soll'n paar Neue sein.
Die muss er mal ansehn, geht er mal rein.
Und wenn er so dasteht, sich so 'n bisschen bewegt,
dann guckt man schon rüber und wenn er dann loslegt,
na ja, er hat's eben und kennt auch sein Ziel.
Und um eins ziehn se los, die Neue quatscht bisschen viel.
Aber im Wagen im Stadtwald, da legt sich das dann,
Knopfdruck und Liegesitz und Radio an.
Und nachher beim Rauchen und so gegen vier,
da spricht er von sich und da sagt er ihr:

Irgendwas mach ich mal, irgendwann
und dann, dann komm ich ganz groß,
ganz groß raus!

Samstag und Sonntag fährt er mit ihr im Coupé
und 'ner ganzen Clique raus an den See.
Sein Bruder ist anders, so 'n stiller Typ,
geht seit zwei Jahren mit einer, weil die ham zu Haus 'nen Betrieb;
macht Abendschule auf Ingenieur für die,
überm Bett hat er nen Foto von Kennedy.
Mann, sagt der manchmal, was willst du denn noch,
mach doch mal fest, sieh mal, bei mir da läuft es doch.
Na schön, aber darauf steht er nun mal nicht
und er meint was ganz andres, wenn er im Traum manchmal spricht:

Irgendwas mach ich mal,
und dann, dann komm ich ganz groß,
ganz groß raus!

Das große Kotzen Montag früh;
um'n Block herum, und schon riecht er die:
Ernährerin, Fresserin, Söhne und Compagnie[1].
Abdrehen möcht' er bloß, weg hier und schnell.
Draußen am See wird es jetzt langsam hell.
Aber irgendwie weiß er auch, stimmt da was nicht,
die quasseln schon wieder von Feierschicht[2].
Manchmal denkt er so nach, aber viel fällt ihm nicht ein
und er drückt seine Karte und er möcht ganz laut schrein:

Irgendwas mach ich mal,
und dann, dann komm ich ganz groß,
ganz groß raus!

Text (OT): Degenhardt, Franz Josef

---

[1] Söhne und Compagnie: Name der Firma, wo er arbeitet
[2] Feierschicht: beschönigender Ausdruck für Kurzarbeit in der Fabrik wegen Auftragsmangels

1 Beschreiben Sie die Lebenssituation des jungen Erwachsenen, die in diesem Lied geschildert wird. Prüfen Sie dabei, wie „Determination" und „Freiheit" zum Ausdruck kommen.

2 Beurteilen Sie, ob die Wunschhaltung, die im Refrain deutlich wird, echt und realitätsgerecht ist.

3 Übertragen Sie die Lebenseinstellung des jungen Erwachsenen auf Ihre eigene und stellen Sie fest, inwiefern es Ähnlichkeiten und Unterschiede in Bezug auf „Freiheit" und „Determination" gibt.

Selbst das eigene Ende wurde unterschlagen

Günther Anders

Zur Fortschritts-Mentalität gehört also eine ganz spezielle Idee von „Ewigkeit", nämlich die Vorstellung des niemals abbrechenden Besserwerdens der Welt; bzw. ein ganz spezieller Defekt: nämlich die Unfähigkeit, ein Ende auch nur zu *meinen*. Aber gleich ob man diesen Charakter eine „Vorstellung" oder einen „Defekt" nennt, ausschlaggebend ist, dass dieses Nicht-Enden für den Fortschrittsgläubigen die Rolle eines Grundgesetzes spielt, also universell gilt, mithin auch für sein eigenes Leben. Das heißt: Auch seinem eigenen Ende blickt er nicht ins Auge, kann er nicht ins Auge blicken; *er unterschlägt seinen Tod.* Das ist durchaus folgerichtig, denn die Versuche, Fortschritt und die Blamage des Sterbens unter einen Hut zu bringen, sind zum Scheitern verurteilt. Natürlich, dass weitergestorben wird, kann er nicht verhindern; aber was ihm möglich ist, ist doch, dem Tod seinen Stachel zu nehmen und die Schande des Sterbens zu vertuschen; positiv ausgedrückt: eine Welt herzustellen, deren Posivität so nahtlos ist, dass sie keine Ritzen für peinliche Fragen über den Tod offenlässt; eine Welt, die durch keines ihrer Elemente an die Blamage mahnt; sodass auch nur möglichst wenige, und diese wenigen auch nur so selten wie möglich, an den Tod erinnert werden.

[...] Vermutlich wäre keine Generation vor dem 18. Jahrhundert, also vor dem Triumphzug der Fortschrittstheorien, auf die Angstaufgabe, mit der wir konfrontiert sind, so schlecht vorbereitet gewesen, wie wir es heute sind. [...]

Die Fähigkeit, uns auf „Ende" einzustellen, ist uns durch den generationenlangen Glauben an den angeblich automatischen Aufstieg der Geschichte genommen worden. Selbst denjenigen unter uns, die an Fortschritt schon nicht mehr glauben. [...] Kurz: *Auf „schlechtes Ende" war man nicht eingestellt, weil es weder etwas Schlechtes noch ein Ende gab.* Die Vorstellung „schlechtes Ende" fiel seelisch aus; sie war so wenig auffassbar wie für uns etwa die Vorstellung eines räumlich endlichen Weltalls.

Günther Anders: Die Antiquiertheit des Menschen. Bd. 1. (Becksche Reihe 319) 7. Aufl. München 1987, S. 277 ff.

1 Welchem der in diesem Kapitel „Mensch in der Geschichte" vorgestellten Denker würde G. Anders widersprechen, welchem zustimmen? Begründen Sie.

2 Beurteilen Sie die These, die G. Anders von Zeile 9 bis 20 aufstellt.
a.) Formulieren Sie knapp die These mit eigenen Worten.
b.) Nehmen Sie Stellung zu dieser These, indem Sie für Ihr Urteil Beispiele aus der Sie umgebenden Welt heranziehen.

Best.-Nr. 025069

Rückblick auf das letzte Jahrhundert

Eric Hobsbawm

Dieses Buch kann nichts darüber sagen, ob und wie die Menschheit die Probleme lösen wird, vor denen sie am Ende des Jahrtausends steht.

Vielleicht kann es dazu beitragen, die Natur dieser Probleme und die Grundbedingungen für ihre Lösungen zu erkennen, aber nicht, inwieweit diese Bedingungen bereits gegeben oder im Entstehen begriffen sind. Es kann vermitteln, wie wenig wir wissen und wie außerordentlich gering das Verständnis all der Männer und Frauen war, die die wichtigsten Entscheidungen dieses Jahrhunderts getroffen haben; und wie wenig vor allem in der zweiten Jahrhunderthälfte vom tatsächlichen Geschehen erwartet oder gar vorhergesagt wurde. Es kann bestätigen, was viele längst wussten, nämlich dass Geschichte – unter vielen anderen und wichtigeren Aspekten – die Aufzeichnung der Verbrechen und des Wahnsinns der Menschheit ist. Für Prophezeiungen ist sie keine Hilfe.

Wir wissen oder nehmen vernünftigerweise wenigstens an, dass dies nicht ad infinitum[1] so weitergehen kann. Die Zukunft kann keine Fortsetzung der Vergangenheit sein. Es gibt nicht nur äußere, sondern gleichsam innere Anzeichen dafür, dass wir am Punkt einer historischen Krise angelangt sind. Die Kräfte, die die technisch-wissenschaftliche Wirtschaft freigesetzt hat, sind inzwischen stark genug, um die Umwelt, also die materielle Grundlage allen menschlichen Lebens, zerstören zu können. Und die Strukturen der menschlichen Gesellschaften selbst, eingeschlossen sogar einige soziale Grundlagen der kapitalistischen Wirtschaft, sind im Begriff, durch die Erosion[2] dessen, was wir von der menschlichen Vergangenheit geerbt haben, zerstört zu werden. Unsere Welt riskiert sowohl eine Explosion als auch eine Implosion. Sie muss sich ändern.

Wir wissen nicht, wohin wir gehen. Wir wissen nur, dass uns die Geschichte an diesen Punkt gebracht hat, und wir wissen auch, weshalb […]. Doch eines steht völlig außer Frage. Wenn die Menschheit eine erkennbare Zukunft haben soll, dann kann sie nicht darin bestehen, dass wir die Vergangenheit oder Gegenwart lediglich fortschreiben. Wenn wir versuchen, das dritte Jahrtausend auf dieser Grundlage aufzubauen, werden wir scheitern. Und der Preis für dieses Scheitern, die Alternative zu einer umgewandelten Gesellschaft, ist Finsternis.

Eric Hobsbawm: Das Zeitalter der Extreme. Weltgeschichte des 20. Jahrhunderts. Aus dem Englischen von Yvonne Badal © 1995 Carl Hanser Verlag München

[1] ad infinitum: endlos
[2] Erosion: langsame Auflösung; schleichende Zerstörung

1 Wie wird „Geschichte“ hier verstanden und was kann man mit ihr anfangen?

2 Entspricht die Geschichtsauffassung Hobsbawms eher der Breytenbachs oder der Hegels?

3 Inwiefern könnte die Geschichte des 20. Jahrhunderts für Ihre eigenen ethischen Überzeugungen bedeutsam sein?

Die letzte Utopie

Caroline Fourest

Eine Utopie stirbt – die Utopie der Menschenrechte, die Perspektive einer Welt, in der alle menschlichen Wesen frei und gleich wären, ohne Unterschied. Ein Traum, der vom ersten Atemzug an in jedem Menschen lebt, dessen Spuren in allen Zivilisationen und Kulturen zu finden sind. Vor sechzig Jahren wurde dieses Ziel in der Allgemeinen Menschenrechtserklärung der UN formuliert. Fast ein Wunder. Vielleicht eine Illusion. [...]

Dank der neuen Technologien und der sozialen Netze schafft sich der Mensch immer weitere Horizonte und immer mehr Kontakte. So gesehen lässt sich die Globalisierung als ein Sprung in Richtung mehr Universalismus sehen – vor allem dann, wenn die Vernetzung dazu dient, die Propaganda von Diktaturen auszuspielen und auf der Basis eines gemeinsamen Ideals Solidarität zwischen Demokraten der ganzen Welt zu schaffen. Allerdings muss man mit dieser Unendlichkeit umgehen lernen. Die Globalisierung der Information bedeutet auch eine Globalisierung von Ängsten und Leidenschaften. Einige Ereignisse wie der 11. September oder der Nahostkonflikt lösen starke Reizreaktionen aus. Je schneller man in dieser Welt reagieren muss, desto unreflektierter, irrationaler sind die Reaktionen.

In der Flut der Nachrichten und Kommunikationsangebote hat der Bürger – der zugleich zappt und surft – Schwierigkeiten, eine Wahl zu treffen. Es ist immer leichter, Kontakte zu dem zu knüpfen, was einem ähnelt. Die Lektüre verliert sich. Wir bekommen Informationen durch das Prisma der Videos im Internet, aus Gruppen, denen wir uns zugehörig fühlen, aus Kanälen, die wir abonnieren. Die Arena der Debatte implodiert durch die Explosion der Medien.

Es handelt sich sicher nur um eine Übergangszeit, die wir brauchen, um diese Unendlichkeit zu fassen. Aber in dieser Zeit weht der Wind gegen den Idealismus. Auf der Tagesordnung stehen nicht mehr die großen Entwürfe, sondern eher der Rückzug: ins Regionale, in die Community, den Clan, den Stamm, die Familie. [...] [Das] zeigt, wo Universalismus immer schon am akutesten bedroht war: in der Überschätzung äußerlicher Unterschiede. Ob sie nun regional, sexuell, kulturell oder religiös sind. Nicht dass der Universalismus diese Unterschiede leugnet – er will sie überschreiten.

In den Vereinten Nationen berufen sich Staaten auf „nationale Umstände", um die Allgemeine Menschenrechtserklärung nicht in vollem Umfang anzuwenden. Und auf den Respekt für Religionen, um die Meinungsfreiheit einzuschränken. [...]. Im Namen der Vielfalt kultiviert man das Trennende. [...] Und schließlich toleriert man im Namen der Toleranz die Intoleranten. Ohne Blick dafür, dass die kulturelle Gettoisierung in dem Maß voranschreitet, wie die individuelle Freiheit zurückweicht. [...]

Kanada, die Vereinigten Staaten, Südafrika, Australien, Indien, Belgien, Großbritannien, die Niederlande, Brasilien, Frankreich – all diese Länder stehen vor der gleichen Herausforderung ... Überall, wo der Respekt vor den Minderheiten und der Kult der Vielfalt voranschreiten, zerbricht man sich den Kopf über die Frage, wie man den Respekt für die Differenz mit der Aufrechterhaltung der gemeinsamen Werte vereinbaren soll. [...] Steht der Respekt fürs Kopftuch über der Gleichheit von Mann und Frau? Soll man unterschiedliche Speisekarten an den Schulen einführen? Und getrennte Zeiten für Jungen und Mädchen in den Schwimmbädern? Sind Weihnachtsbäume auf öffentlichen Plätzen inopportun, weil sie religiöse Minderheiten beleidigen könnten? [...]

[Heute] erscheint die Frage nach dem Gleichgewicht zwischen gemeinschaftlichen Werten und individuellen Freiheiten als eine der größten Herausforderungen der Gegenwart. Sie schließt an eine alte Debatte an, in der sich seit Langem die Verfechter des Rechts auf Differenz (ich erkenne deine Andersheit an, um dich besser als Gleichen behandeln zu können) und die Anhänger des Rechts auf Indifferenz (Gleichheit heißt, dich so zu behandeln, als wärest du nicht anders, also ohne Unterschied) gegenüberstehen.

https://www.perlentaucher.de/essay/eine-utopie-stirbt.html [15.04.2017]; übersetzt von Thierry Chervel

1 Definieren Sie „Kulturrelativismus".

2 Stellen Sie heraus, wodurch laut C. Fourest die Menschenrechtsideale in der heutigen Welt immer schwächer werden.

3 Nennen Sie zwei weitere Beispiele für den Widerstreit zwischen „Respekt vor den Minderheiten" und „Kult der Vielfalt" (Z. 52 f.) in der heutigen Gesellschaft.

4 Nehmen Sie begründet Stellung zu der „alte[n] Debatte" (Z. 65) zwischen den Kulturrelativisten und den Vertretern einer menschheitsübergreifenden Minimalmoral und beziehen Sie sich dabei auch auf Fourests Darstellung dieser Debatte in Z. 65–70.

Betrachtungen über die Französische Revolution, 1790

Edmund Burke

Am 26.8.1789 beschloss die (revolutionäre) Nationalversammlung von Frankreich die Verabschiedung eines Menschenrechtskatalogs, der noch vor allem anderen Recht allgemein/universell gelten sollte. Dies gilt als eine der größten Errungenschaften dieser Phase der Französischen Revolution. Unser heutiger Menschenrechtskatalog (UNO) beruht darauf.
Edmund Burke (1729–1797) war ein englischer Politiker und Denker, der sich durch seine Schrift „Betrachtungen über die Französische Revolution“ an die Spitze der europäischen gegenrevolutionären Bewegung setzte und den europäischen Konservativismus mitbegründete.

Erfahrung verachten sie [die französischen Revolutionäre, die den Menschenrechtskatalog entwarfen und beschlossen] als die Weisheit ungelehrter Menschen: Alle übrigen Einwendungen bedeuten ihnen nichts. Sie haben unter ihrem Boden eine Mine gegraben, die in einem furchtbaren Ausbruch alle Beispiele des Altertums, alle Statuten, alle Parlamentsakten in die Luft sprengen soll. Sie haben „die Rechte des Menschen“. Gegen diese findet keine Verjährung statt, gegen diese kann kein Vertrag verbinden, bei diesen gelten keine Einschränkungen, keine Vergleichsvorschläge; die geringste Abweichung von der Strenge ihrer Forderungen sei Betrug und Tyrannei. [...]
Wenn diese philosophischen Menschenrechte ins praktische Leben eintreten, so werden sie wie Lichtstrahlen, die in eine andere Schicht eindringen, vermöge eines Naturgesetzes von der geraden Linie abgebrochen. Tatsächlich erfahren in der unendlich wirren Masse menschlicher Leidenschaften und Interessen die ursprünglichen Rechte so viele Brechungen, dass es lächerlich ist, von ihnen so zu sprechen, als behielten sie die ursprüngliche Einfachheit ihrer Richtung noch bei. Die Natur des Menschen ist verwickelt, ebenso sind es die Zwecke der Gesellschaft, deshalb kann die berühmte Einfachheit der Verfassung für beide Fälle nicht das Richtige sein. – Die angeblichen Menschenrechte dieser Theoretiker sind Extreme; und in dem Maße, als sie philosophisch wahr sind, sind sie politisch falsch; die wirklichen Menschenrechte liegen in der Mitte, schwer in Worte festzulegen, aber trotzdem klar und deutlich. – Ich verkenne die Menschenrechte weder in der Theorie noch in der Praxis. Wenn ich lieber ihre falschen Forderungen bekämpfe, so will ich die berechtigten durchaus nicht beeinträchtigen, die im Gegenteil gerade durch die verkehrten Forderungen geschädigt werden.
Die Fehler der französischen Versammlung werden alle mit dem allversöhnlichen Namen der Freiheit zugedeckt. Was aber ist Freiheit ohne Weisheit und Tugend? Sie kann das größte Übel sein, und gerade die, die eine tugendhafte Freiheit kennen, werden unwillig, wenn sie sie von unfähigen Menschen missbraucht sehen, die nur große Worte im Munde führen.

Edmund Burke: Bemerkungen über die Französische Revolution und das Betragen einiger Gesellschaften in London bei diesen Ereignissen. Übersetzt von Friedrich Gentz. Berlin: Friedrich Vieweg d. Ä. 1793, S. 85 ff.

1 Arbeiten Sie die Argumentation Burkes gegen die Menschenrechte und deren Geltungsanspruch heraus. Halten Sie sie für schlüssig?

2 Setzen Sie Burkes Kritik in Beziehung zu der heute gängigen relativistischen Kritik an der Idee universeller Menschenrechte. Geben Sie ein Beispiel für eine solche Kritik.

3 Erläutern Sie die Gegenposition der Verteidiger einer „Minimalmoral“, wobei Sie Beispiele aus dem heute geltenden, von der UNO verabschiedeten Menschenrechtskatalog benutzen können.

4 Nehmen Sie selbst begründet Stellung zu dieser Auseinandersetzung.

Best.-Nr. 025069

Was ist das Glück? – Interview mit dem Glücksforscher Alfred Bellebaum

Alfred Bellebaum (*1931) ist Soziologe und Glücksforscher. Von 1990 bis 2006 leitete er das „Gemeinnützige Institut für Glücksforschung e. V." in Vallendar.

Was passiert eigentlich mit dem Glück, wenn Sie es wissenschaftlich zu fassen suchen?
Es erhellt sich. Meine Frage lautet: Wer weiß was mit welcher Begründung und welchen Folgen über Glück? Die unterschiedlichsten Wissenschaftsdisziplinen antworten. Das Material fällt einem nur so zu.

Können Sie die Antworten zu einem Gesamtergebnis zusammenschließen? Oder sprechen der Hirnforscher und der Psychologe und der Philosoph von etwas völlig Verschiedenem?
Ob es eine generelle Theorie des Glücks geben kann, weiß ich nicht. Ich bezweifle es. Zusammenführen kann man die einzelnen Disziplinen schon. Wie das Gehirn Glücksgefühle herstellt, ist eine Sache. Welche Glücksvorstellungen jeweils vorherrschen, ist eine andere. Eine Biologie des Glücks erledigt eine Soziologie des Glücks durchaus nicht!

In welcher Glücks-Zeit leben wir denn heute? In einer der Lustbefriedigung?
Achtzig Millionen Deutsche kann keiner über einen Kamm scheren. Darum wäre es vermessen zu sagen, die moderne Gesellschaft sei von nur einer einzigen Glücksvorstellung geprägt. [...]

Es wird ja schon lange über Glück nachgedacht. Ist man heute schlauer?
Von der Antike über das Alte Testament und die Philosophie der Neuzeit bis hin zum heutigen Tag gibt es eine Übereinstimmung in zumindest zwei Fragen: darin, dass der Mensch nach Glück strebt. Aristoteles brachte das auf die kurze Formel: Alle Menschen möchten glücklich sein. Und darin, dass Glückserlebnisse zeitlich begrenzt sind. In diesen Einsichten sind wir nicht weiter als früher.

Taugt das für eine Definition?
Ich definiere das Glück nicht. Für mich ist Glück das, was sich Menschen unter Glück vorstellen. Aristoteles verstand unter Glück eine vernunftgemäße Lebensweise. Das hat aber mit dem Glück der Psychotikerin, die nach einem Klinikaufenthalt erstmals ihr Kind wiedersieht, nicht das Geringste zu tun! Es gibt so unterschiedliche individuelle und gesellschaftlich vermittelte Glücksvorstellungen, dass alle Versuche, zu einer verbindlichen Definition zu kommen, fehlschlagen müssen.

Deutsches Allgemeines Sonntagsblatt, 29.01.1999

1 Geben Sie die Hauptaussagen Bellebaums in Ihren eigenen Worten wieder.

2 Unterscheiden Sie die Begriffe „Glück" – „Erfolg" – „Zufriedenheit".

3 In einer Heidelberger Schule wird seit 2007 das Fach „Glück" unterrichtet. Diskutieren Sie, ob die Einführung eines solchen Fachs Ihnen sinnvoll erscheint.

Glück ist nicht das Wichtigste im Leben

Wilhelm Schmid

Was häufig gemeint ist, wenn nach „Glück“ gefragt wird, ist eigentlich „Sinn“. Glück kann auch ein Ersatzbegriff für Sinn sein. Es ist die Frage nach dem Sinn, die moderne Menschen in wachsendem Maße umtreibt. […]

Die Dringlichkeit des Strebens nach Glück kann als ein Indiz für die Verzweiflung gelten, die die Entbehrung von Sinn hervorruft. Menschen entbehren Sinn in der modernen Gesellschaft in allen Bereichen des Lebens […]: Sinn der Arbeit, Sinn des eigenen Lebens, Sinn des Lebens überhaupt.

Was aber ist Sinn? Davon, dass etwas Sinn macht, ist immer dann die Rede, wenn Zusammenhänge erkennbar werden, wenn also einzelne Dinge, Menschen, Begebenheiten [und] Erfahrungen nicht isoliert für sich stehen, sondern in irgendeiner Weise aufeinander bezogen sind. So lässt sich sagen: *Sinn, das ist Zusammenhang*, Sinnlosigkeit demzufolge *Zusammenhanglosigkeit.* Das gilt schon bei einem einfachen Satz: Lässt die Anordnung der Wörter einen Zusammenhang erkennen, wird gar eine Aussage formuliert, macht der Satz Sinn, ansonsten ist eher von einem sinnlosen Gestammel die Rede. Das gilt ebenso für ganze Ketten von Sätzen, die zu einem Text werden, der lesbar ist – oder auch nicht. […].

Wenn keine Ordnung der Dinge erkennbar ist, weil Zusammenhänge fehlen, ergibt eine Sache „keinen Sinn“. Ob dies der Realität entspricht oder nur Einbildung ist, lässt sich, soweit zu sehen ist, nur subjektiv nach dem Maßstab der Plausibilität, nicht aber objektiv entscheiden. „Kein Sinn“ heißt nicht, dass da kein Sinn ist – es scheint vielleicht nur so. Wo aber Sinn erfahrbar wird, ist Glück die Folge […]. Zusammenhänge, die das Selbst sieht und in die es vielleicht selbst eingegliedert ist, sorgen für das Glück der Stimmigkeit: Etwas stimmt zusammen, das sehr wohl auch auseinanderliegen könnte. In der Stimmigkeit „macht es Sinn“.

Das Wichtigste im Leben ist somit Sinn, auf allen dafür möglichen Ebenen: Fülle der Sinnlichkeit im *Körperlichen*, Fülle des Fühlens im *Seelischen*, Fülle des Denkens im *Geistigen*, Fülle der Erfahrung von Transzendenz[1] im *Metaphysischen*, um alle Ebenen des Sinns auszuschöpfen und keine auszulassen.

Wilhelm Schmid: Glück. Alles, was Sie darüber wissen müssen, und warum es nicht das Wichtigste im Leben ist. Frankfurt am Main/Leipzig: Insel Verlag, 2007, S. 45–47

1 Erläutern Sie den Zusammenhang von Glück und Sinn.

2 Ordnen Sie die bekannten Glückskonzepte begründet in die vier Sinnkategorien ein. Nennen Sie je ein weiteres Beispiel für jede Sinnkategorie.

3 „Glück ist nicht das Wichtigste im Leben“ – diskutieren Sie diese Aussage unter Berücksichtigung bekannter Glückskonzepte.

---

[1] die Transzendenz: (lat. transcendentia, „das Übersteigen“) meint einen Bereich, der die Gegenstände möglicher Sinneserfahrung übersteigt und darum nur dem Denken zugänglich ist. Erfahrungen in diesem Bereich, wie Gotteserfahrungen, die Frage eines Lebens nach dem Tod u. Ä. nennt man auch metaphysisch, das, was nach dem Physischen kommt.

Best.-Nr. 025069

Die Anspruchstheorie

Robert Nozick

Der Minimalstaat ist der weitestgehende Staat, der sich rechtfertigen lässt. Jeder weiter gehende Staat verletzt die Rechte der Menschen [...]. Die Frage der Gerechtigkeit bei den Besitztümern hat drei Hauptgegenstände. Der erste ist der *ursprüngliche Erwerb von Besitz*, die Aneignung herrenloser Gegenstände [...]. Die komplizierte Wahrheit in diesen Dingen, die wir hier nicht formulieren werden, nennen wir den Grundsatz der gerechten Aneignung.

Der zweite Gegenstand ist die *Übertragung von Besitztümern* von einer Person auf eine andere. Durch welche Vorgänge kann sie erfolgen? Wie kann jemand Eigentum von jemand anderem erwerben? Hierunter fallen allgemeine Beschreibungen des freiwilligen Austausch, der Schenkung und (auf der anderen Seite) des Betruges [...].

Wäre die Welt völlig gerecht, so wäre die Frage der Gerechtigkeit bei Besitztümern durch folgende induktive Definition völlig geklärt.

1. Wer ein Besitztum im Einklang mit dem Grundsatz der gerechten Aneignung erwirbt, hat Anspruch auf dieses Besitztum.
2. Wer ein Besitztum im Einklang mit dem Grundsatz der gerechten Übertragung von jemandem erwirbt, der Anspruch auf das Besitztum hat, der hat Anspruch auf das Besitztum.
3. Ansprüche auf Besitztümer entstehen lediglich durch (wiederholte) Anwendung der Regeln 1 und 2.

Der vollständige Grundsatz der Verteilungsgerechtigkeit würde einfach besagen, eine Verteilung sei gerecht, wenn jeder auf die Besitztümer Anspruch hat, die ihm bei der Verteilung zugehören [...].

Das Bestehen älterer Ungerechtigkeiten (früherer Verletzungen der ersten beiden Grundsätze der Gerechtigkeit bei Besitztümern) bildet den dritten Hauptgegenstand der Gerechtigkeit bei den Besitztümern: die Berichtigung ungerechter Besitzverhältnisse [...].

Vom Standpunkt der Anspruchstheorie aus ist die Umverteilung etwas sehr Problematisches, da sie mit der Verletzung der Rechte von Menschen verbunden ist [...] Die Besteuerung von Arbeitsverdiensten ist mit Zwangsarbeit gleichzusetzen [...]. [...]: Entzieht man jemandem den Verdienst von n Arbeitsstunden, so ist das, als nähme man ihm n Stunden; es ist, als zwänge man ihn, n Stunden für andere zu arbeiten.

Manche finden diese Behauptung absurd. Doch auch diese, *sofern* sie etwas gegen Zwangsarbeit haben, wären dagegen, dass man beschäftigungslose Hippies zur Arbeit zugunsten Bedürftiger zwingt [...]. Und sie wären auch dagegen, jeden zu zwingen, jede Woche zusätzlich fünf Stunden zugunsten der Bedürftigen zu arbeiten. Doch ein System, das den Ertrag von fünf Stunden in Form von Steuern wegnimmt, erscheint ihnen nicht wie eines, das zu fünf Stunden Arbeit zwingt, da es dem Betroffenen mehr Möglichkeiten offenlässt als eine Naturalsteuer in Form bestimmter Arbeit [...].

Ob es nun durch Besteuerung der Arbeitsverdienste oder der Arbeitsverdienste oberhalb einer gewissen Grenze oder durch Wegnahme von Gewinnen oder in Form eines großen Topfes geschieht, sodass nicht klar ist, was woher kommt und was wohin geht – strukturelle Grundsätze der Verteilungsgerechtigkeit legen die Hand auf die Tätigkeit anderer Menschen. Nimmt man jemandem die Früchte seiner Arbeit weg, so ist das gleichbedeutend damit, dass man ihm Stunden wegnimmt und von ihm bestimmte Tätigkeiten verlangt. Wenn jemand gezwungen wird, eine Zeit lang eine bestimmte Arbeit oder unentgeltliche Arbeit zu leisten, so wird unabhängig von seinem Willen darüber entschieden, was er tun muss und für welche Zwecke er arbeiten muss.

Christoph Horn, Nico Scarano (Hg.): Philosophie der Gerechtigkeit. Texte von der Antike bis zur Gegenwart. Frankfurt am Main: Suhrkamp Verlag 2002, S. 387 ff.

1 Fassen Sie Nozicks Position zusammen.

2 Vergleichen Sie Nozicks Anspruchstheorie mit Rawls Gerechtigkeitstheorie.

3 Ist Erben ungerecht? Verfassen Sie einen Dialog zwischen Nozick, Rawls und Nagel.